Deutschland und Japan im globalen Wettbewerb

Wirtschaftswissenschaftliche Beiträge

Informationen über die Bände 1–51 sendet Ihnen auf Anfrage gerne der Verlag.

Band 52: K. Sandmann, Arbitrage und die Bewertung von Zinssatzoptionen, 1991, ISBN 3-7908-0551-3

Band 53: P. Engelke, Integration von Forschung und Entwicklung in die unternehmerische Planung und Steuerung, 1991, ISBN 3-7908-0556-4

Band 54: F. Blumberg, Wissensbasierte Systeme in Produktionsplanung und -steuerung, 1991, ISBN 3-7908-0557-2

Band 55: P.-U. Paulsen, Sichtweisen der Wechselkursbestimmung, 1991, ISBN 3-7908-0561-0

Band 56: B. Sporn, Universitätskultur, 1992, ISBN 3-7908-0563-7

Band 57: A. Vilks, Neoklassik, Gleichgewicht und Realität, 1991, ISBN 3-7908-0569-6

Band 58: M. Erlei, Unvollkommene Märkte in der keynesianischen Theorie, 1991, ISBN 3-7908-0571-8

Band 59: D. Ostrusska, Systemdynamik nichtlinearer Marktreaktionsmodelle, 1992, ISBN 3-7908-0582-3

Band 60: G. Bol, G. Nakhaeizadeh, K.-H. Vollmer (Hrsg.), Ökonometrie und Monetärer Sektor, 1992, ISBN 3-7908-0588-2

Band 61: S. Feuerstein, Studien zur Wechselkursunion, 1992, ISBN 3-7908-0590-4

Band 62: H. Fratzl, Ein- und mehrstufige Lagerhaltung, 1992, ISBN 3-7908-0602-1

Band 64: G. Untiedt, Das Erwerbsverhalten verheirateter Frauen in der Bundesrepublik Deutschland, 1992, ISBN 3-7908-0609-9

Band 65: R. Herden, Technologieorientierte Außenbeziehungen im betrieblichen Innovationsmanagement, 1992, ISBN 3-7908-0610-2

Band 66: P.B. Spahn et al., Mikrosimulation in der Steuerpolitik, 1992, ISBN 3-7908-0611-0

Band 67: M. Kessler, Internationaler Technologiewettbewerb, 1992, ISBN 3-7908-0615-3

Band 69: H. Grupp, U. Schmoch, Wissenschaftsbindung der Technik, 1992, ISBN 3-7908-0620-X

Band 71: R. Schmidt, Modelle der Informationsvermittlung, 1992, ISBN 3-7908-0633-1

Band 72: M. Kaiser, Konsumorientierte Reform der Unternehmensbesteuerung, 1992, ISBN 3-7908-0636-6

Band 73: K. Meier, Modellbildung bei Mehrfachzielen, 1992, ISBN 3-7908-0645-5

Band 74: J. Thiele, Kombination von Prognosen, 1993, ISBN 3-7908-0657-9

Band 75: W. Sesselmeier, Gewerkschaften und Lohnfindung, 1993, ISBN 3-7908-0659-5

Band 76: R. Frensch, Produktdifferenzierung und Arbeitsteilung, 1993, ISBN 3-7908-0663-3

Band 77: K. Kraft, Arbeitsmarktflexibilität, 1993, ISBN 3-7908-0666-8

Band 78: R.P. Hellbrück, Synergetik und Marktprozesse, 1993, ISBN 3-7908-0668-4

Band 79: L. Linnemann, Multinationale Unternehmungen und internationale Wirtschaftspolitik, 1993, ISBN 3-7908-0670-6

Band 80: K. Cuhls, Qualitätszirkel in japanischen und deutschen Unternehmen, 1993, ISBN 3-7908-0672-2

Band 81: B. Erke, Arbeitslosigkeit und Konjunktur auf segmentierten Arbeitsmärkten, 1993, ISBN 3-7908-0695-1

Band 82: M. Hillmer, Kausalanalyse makroökonomischer Zusammenhänge mit latenten Variablen, 1993, ISBN 3-7908-0703-6

Band 83: M. Heinisch, W. Lanthaler, Im Brennpunkt Universität, 1993, ISBN 3-7908-0713-3

Band 84: M. Göcke, Starke Hysteresis im Außenhandel, 1993, ISBN 3-7908-0722-2

Band 87: M. Raab, Steuerarbitrage, Kapitalmarktgleichgewicht und Unternehmensfinanzierung, 1993, ISBN 3-7908-0734-6

Band 88: K.-J. Duschek, Ein sequentielles empirisches allgemeines Gleichgewichtsmodell zur Beurteilung von Steuerreformprogrammen, 1993, ISBN 3-7908-0736-2

Band 89: R. Schwager, Geld überlappende Nachfragestruktur und bilaterale Transaktionen, 1994, ISBN 3-7908-0739-7

Band 90: M. Sander, Die Bestimmung und Steuerung des Wertes von Marken, 1994, ISBN 3-7908-0742-7

Band 91: T. Ursprung, Propaganda, Interessengruppen und direkte Demokratie, 1994, ISBN 3-7908-0743-5

Band 94: F. Kugler, Preisbildung auf spekulativen Märkten, 1994, ISBN 3-7908-0750-8

Band 95: J. Schmoranz, Die Energienachfrage privater Haushalte, 1994, ISBN 3-7908-0761-3

Band 96: M. Carlberg, Makroökonomische Szenarien für das vereinigte Deutschland, 1994, ISBN 3-7908-0763-X

Fortsetzung auf Seite 307

Bodo Wilmes

Deutschland und Japan im globalen Wettbewerb

Erfolgsfaktoren
Empirische Befunde
Strategische Empfehlungen

Mit 63 Abbildungen

Physica-Verlag

Ein Unternehmen
des Springer-Verlags

Reihenherausgeber
Werner A. Müller

Autor
Professor Dr. Bodo Wilmes
Frankenhöhe 17
D-74589 Satteldorf

ISBN-13: 978-3-7908-0961-9

Die Deutsche Bibliothek – CIP-Einheitsaufnahme
Wilmes, Bodo:
Deutschland und Japan im globalen Wettbewerb: Erfolgsfaktoren, empirische Befunde, strategische Empfehlungen/Bodo Wilmes. – Heidelberg: Physica-Verl., 1996
(Wirtschaftswissenschaftliche Beiträge; Bd. 131)
Zugl.: Tübingen, Univ., Diss., 1996
ISBN-13: 978-3-7908-0961-9 e-ISBN-13: 978-3-642-48216-8
DOI: 10.1007/978-3-642-48216-8

NE: GT

SPIN 10545222 88/2202-5 4 3 2 1 0 – Gedruckt auf säurefreiem Papier

Vorwort

Deutsche Industrieunternehmen sehen sich auf globalen Märkten einem zunehmenden Wettbewerb ausgesetzt. In diesem Zusammenhang kommt der japanischen Industrie eine besondere Bedeutung zu. In vielen Branchen ist es den japanischen Unternehmen gelungen, eine globale Spitzenposition zu Lasten der deutschen Wettbewerber zu besetzen.

Die Ursachen des japanischen Erfolgs waren insbesondere in der jüngeren Vergangenheit wiederholt Gegenstand wissenschaftlicher Untersuchungen. Dabei wurde die japanische Wettbewerbsfähigkeit auf Managementkonzepte zurückgeführt, die unter den Begriffen *Lean Production* und *Lean Management* auch in vielen deutschen Industrieunternehmen eingeführt wurden. Die einfache Übertragung der japanischen Konzepte verursachte in deutschen Unternehmen jedoch oft erhebliche Friktionen. Gründe dafür sind in den Unterschieden bei den unternehmensexternen und -internen Umfeldfaktoren der beiden Wirtschaftsnationen zu finden.

Im Rahmen der vorliegenden Arbeit wird für die deutsche Industrie ein eigenständiger Ansatz zur Verbesserung der internationalen Wettbewerbsposition entwickelt. Zunächst wird die Stellung der deutschen und die der japanischen Industrie auf den Weltmärkten bezogen auf ausgewählte Schlüsselbranchen beschrieben. Anschließend werden auf der Grundlage einer Darstellung der unternehmensexternen und -internen Umfeldfaktoren die Rahmenbedingungen des Erfolgs japanischer Industrieunternehmen untersucht. Aus den vorgestellten Umfeldfaktoren werden Erfolgsfaktoren im internationalen Wettbewerb ausgewählt, die die Basis für die empirische Ermittlung eines Stärken/Schwächen-Profils der deutschen im Vergleich zur japanischen Industrie bilden. Das Stärken/Schwächen-Profil sowie weitergehende Auswertungen des empirisch erhobenen Datenmaterials werden für die Entwicklung eines Gesamtkonzepts strategischer Handlungsempfehlungen zur Verbesserung der Wettbewerbsposition deutscher Unternehmen auf globalen Märkten verwendet.

Die vorliegende Arbeit wurde von der Wirtschaftswissenschaftlichen Fakultät der Universität Tübingen unter dem Dekanat von Herrn Prof. Dr. Gerd Ronning als Dissertation angenommen. Dem akademischen Betreuer der Arbeit, Herrn Prof. Dr. Ralph Berndt, gilt mein besonderer Dank. Seine vielfältigen inhaltlichen und methodischen Anregungen und Hinweise waren in allen Phasen der Erstellung der Arbeit von außerordentlichem Wert. Besonders zu betonen ist, daß Herr Prof. Dr. Ralph Berndt trotz einer ohnehin schon hohen Belastung bereit war, die Betreuung des Promotionsvorhabens eines externen Doktoranden zu übernehmen. Mein Dank gilt auch Herrn Prof. Dr. Marcell Schweitzer für die Übernahme und zügige Abwicklung der Zweitberichterstattung. Herrn Dr. Matthias Sander und Herrn Dr. Michael Streich danke ich für ihre ständige Diskussionsbereitschaft und für vielfältige inhaltliche Kommentare und Empfehlungen während der Erstellung der Arbeit. Für die Unterstützung bei der Durchführung der Faktorenanalyse mit Hilfe des Statistikprogramms SPSS danke ich Herrn Dr. Michael Streich besonders.

Den im Anhang aufgeführten Japanexperten bin ich ebenfalls zu besonderem Dank verpflichtet. Ohne ihre Bereitschaft, sich für ein mehrstündiges Interview zur Verfügung zu stellen, wäre die empirische Erhebung und damit die Erstellung dieser Arbeit nicht möglich gewesen. Es hat mich überrascht, mit welchem Engagement die befragten Gesprächspartner in Deutschland und Japan an der Untersuchung mitgewirkt haben. Ein immer wieder genannter Grund dafür, insbesondere bei den befragten deutschen Expatriates, war die Befürchtung, daß die deutsche Industrie die Gefährdung durch japanische Industrieunternehmen noch nicht Ernst genug nimmt. Mein besonderer Dank gilt auch meinem Freund und ehemaligen Kollegen, Herrn Rainer Kläring, der als Geschäftsführungsmitglied eines deutsch-japanischen Joint-Ventures mit Sitz in Osaka vielfältige Hilfestellungen bei der Vorbereitung und Durchführung der empirischen Untersuchung während meiner Japanreise geleistet hat.

Meiner Ehefrau Gabriele möchte ich von ganzem Herzen danken. Für sie bedeutete die Durchführung der empirischen Erhebung und die Erstellung der Arbeit einerseits den Verzicht auf die zeitliche Inanspruchnahme des Ehemannes. Andererseits hat sie durch vielfältige Diskussionen, zahlreiche inhaltliche und gestalterische Anregungen sowie die Bereitschaft, das Korrekturlesen zu übernehmen, erheblich zur Fertigstellung der Arbeit beigetragen.

Abschließend danke ich dem Physica-Verlag, insbesondere Frau Gabriele Keidel, für die lobenswerte Zusammenarbeit bei der Drucklegung der Arbeit.

Satteldorf, im Juni 1996 Bodo Wilmes

Inhaltsverzeichnis

Abbildungsverzeichnis

1. Einleitung

1.1 Themenstellung

Japan hat nach dem Ende des zweiten Weltkrieges eine wirtschaftliche Entwicklung vollzogen, die bei den westlichen Industrienationen zunächst hohe Aufmerksamkeit, später aber auch Skepsis und Kritik hervorgerufen hat (vgl. *Kuwahara*, 1994, S. 294). Nur der wirtschaftliche Aufstieg Deutschlands, einem weiteren Verlierer des zweiten Weltkriegs, kann noch mit dem Japans verglichen werden. Dabei sollte aber berücksichtigt werden, daß die Ausgangsposition Japans in bezug auf die Rohstoffe relativ zu Deutschland noch weitaus schlechter war. Zudem hatte Japan in wesentlichen Schlüsselbranchen wie der Chemie und dem Maschinenbau zu Beginn des wirtschaftlichen Aufstiegs nach dem zweiten Weltkrieg noch nicht die Weltmarktposition Deutschlands erreicht (vgl. *Porter*, 1991, S. 406 ff.).

Die Ursachen und Wirkungen der bis heute anhaltenden wirtschaftlichen Expansion Japans waren immer wieder Gegenstand einer Vielzahl von wissenschaftlichen und journalistischen Analysen und Veröffentlichungen. In dem Maße, wie es den japanischen Unternehmen gelang, mit preiswerten und qualitativ hochwertigen Produkten westliche Wettbewerber zu verdrängen, stieg einerseits die Kritik an japanischen Managementpraktiken[1]. Andererseits wuchs aber gleichzeitig das Interesse daran. Die Übernahme japanischer Managementmethoden wurde in jüngerer Zeit von westlichen Unternehmen als Patentrezept angesehen, Defizite im Wettbewerb gegen japanische Unternehmen abzubauen.

Das Interesse an japanischen Managementpraktiken fand nach der Veröffentlichung der Studie des Massachusetts Institute of Technology im Jahr 1990[2] einen Höhepunkt. Gegenstand der Studie war die Untersuchung von Produktionsverfahren der Automobilindustrie. Ein besonderes Interesse galt den Unterschieden zwischen der europäischen und nordamerikanischen Massenproduktion sowie der japanischen sog. „schlanken" Produktion (vgl. *Womack/Jones/Roos*, 1992). Ausgehend von den Begriffen *Lean Production* und *Lean Management*[3] wurde anschließend eine Begriffswelt entwickelt, die nach westlicher Anschauung das japanische Erfolgsgeheimnis beinhaltete.

---

[1] Die antijapanische Kritik blieb in Japan nicht ohne Gegenreaktionen. So veröffentlichte *Ishihara* (1992) ein Buch mit dem Titel „*Wir sind die Weltmacht: Warum Japan die Zukunft gehört*", das aufgrund seiner provokanten Thesen in den USA große Aufmerksamkeit erregte.

[2] Im Jahr 1990 erschien in New York die Originalausgabe „The Machine That Changed the World" der Autoren *Womack/Jones/Roos*. In dieser Arbeit wird die deutsche Übersetzung aus dem Jahr 1992 verwendet.

[3] Vgl. dazu auch 4.2.2 *Lean Management - ein (japanisches ?) Gestaltungsmodell für Organisation, Logistik, Produktion und Qualität.*

Mit dem Ziel, den Erfolg der japanischen Unternehmen auf die eigenen zu übertragen, wurden die japanischen Methoden in der folgenden Zeit von vielen westlichen Unternehmen kritiklos kopiert. Vielfach wurden dabei allerdings die soziokulturellen Umweltfaktoren Japans, die die Entwicklung dieser Managementtechniken erheblich mitprägten, nicht berücksichtigt. Entsprechend negativ waren deswegen die ersten Erfahrungen einzelner Unternehmen mit den neuartigen Konzepten (vgl. dazu u.a. *Krogh*, 1993; *Meyer*, 1992; *o.V.*, 1993a). Die Sinnhaftigkeit eines unzureichend reflektierten und nicht kulturangepaßten Imitierens japanischer Managementmethoden ist bei kritscher Betrachtung eher zu bezweifeln.

Darüber hinaus werden in jüngerer Zeit zunehmend Berichte publiziert, nach denen sich japanische Unternehmen in steigendem Maße von der Lean Production und dem Lean Management abwenden und neue Führungskonzepte ausprobieren (vgl. dazu u.a. *Hofmann*, 1992; *Jürgens*, 1992; *Satori*, 1992b; *Odrich*, 1993a). Das macht deutlich, daß japanische Unternehmen auch bewährte Konzepte permanent weiterentwickeln. Das hohe Maß an Flexibilität sowie das permanente Bemühen um Verbesserung sind typisch japanische Eigenschaften, auf die an anderer Stelle noch eingegangen wird.

Sollten sich die westlichen Unternehmen auf das Kopieren oder Imitieren der gegenwärtig in Japan praktizierten Managementtechniken beschränken, sind zu dem Zeitpunkt, an dem die Einführung abgeschlossen ist, diese Techniken bereits veraltet. Für die Industrieunternehmen, die auch langfristig im internationalen Wettbewerb gegen japanische Unternehmen bestehen wollen, ist es deshalb von essentieller Bedeutung, eigenständige Wege zur Verbesserung der Wettbewerbsposition zu finden.

Das gilt auch für die deutsche Industrie. Die Notwendigkeit, speziell im Vergleich zur japanischen Industrie eine Verbesserung der Wettbewerbsposition anzustreben, ist unbestritten. Zwar mehreren sich vor dem Hintergrund der aktuellen japanischen Wirtschaftsprobleme die Stimmen, die zum Teil mit einiger Schadenfreude zur Krise in Japan Stellung beziehen[4]. Doch warnen Japan-Kenner davor, die Fähigkeit der japanischen Industrie zur Krisenbewältigung zu unterschätzen (vgl. *Machetzki*, 1993a, S. 80 ff.; *Streib/Ellers*, 1994, S. 43 ff.; *Rack/Schwarzer*, 1992, S. 74 ff.). Es wird prognostiziert, daß die japanische Industrie aus der gegenwärtigen Rezession gestärkt hervorgehen wird (vgl. *Eggimann*, 1994, S. 47).

Sollte also die deutsche Industrie in ihrem Bemühen um eine Verbesserung der eigenen Wettbewerbsposition nachlassen, wird Japan seinen Wettbewerbsvorsprung möglicherweise sogar weiter ausbauen können. Vorschläge, auf welchem Wege eine

---

[4] „Der Lack ist ab“ (Titelseite der Wirtschaftswoche, Nr. 17/92), „Ein Niemand“ (*Satori*, 1992a, S. 27 ff.), „Der Goldrausch ist vorbei“ (*Schmitt*, 1992, S. 10), „Versagt das große Vorbild?“ (*Heuser*, 1994, S. 29) oder „Land des Hechelns“ (*Schwarzer*, 1994, S. 93 ff.) sind einige Beispiele für journalistische Schlagzeilen, mit denen man das Ende der japanischen Vormachtstellung auf den Weltmärkten vorherzusehen glaubt.

Verbesserung erreicht werden kann, werden viele gemacht. Häufig sind diese Vorschläge jedoch einseitig politisch beeinflußt. Speziell die Auseinandersetzung zwischen Gewerkschaften und Unternehmerverbänden über die tarifliche Arbeitszeit, die Höhe der Löhne und Lohnnebenkosten sei hier angeführt.

Auch das oben beschriebene und kritisierte Kopieren japanischer Managementmethoden kann keinen dauerhaften Erfolg bewirken. Zum einen bedingen die in Japan entwickelten Managementmethoden sehr tiefgreifende und langfristige Änderungen in der Kultur und Organisation der deutschen Unternehmen (vgl. z.B. *Pfeiffer/Weiß*, 1992, S. 189 ff.). Zum anderen kann Japan wegen seiner besonderen, im Vergleich zu Deutschland sehr unterschiedlichen, soziokulturellen Bedingungen nur mit Einschränkungen als Vorbild dienen.

Folglich sollte nicht das Imitieren japanischer Managementmethoden der Gegenstand deutscher Unternehmensführung sein. Vielmehr sollten eigene praktikable, dem soziokulturellen Umfeld angepaßte Wege zur Verbesserung der relativen Wettbewerbsposition beschritten werden. Es muß das Ziel sein, durch konsequente Entwicklung der Fähigkeiten sowie nachhaltigen Abbau der Schwächen deutscher Industrieunternehmen einen eigenständigen Ansatz im wettbewerblichen Umfeld zu finden. Dabei können japanische Managementmethoden auf nutzbringende Elemente hin überprüft werden. Diese sollten jedoch nicht unreflektiert übernommen werden.

Die Grundlage für eine Verbesserung der Wettbewerbsposition muß deshalb zunächst durch eine präzise Bestimmung der Stärken und Schwächen der deutschen im Vergleich zur japanischen Industrie gelegt werden. Eine auf Arbeitszeiten, Löhne und Lohnnebenkosten reduzierte Diskussion reicht hierzu nicht aus. Die Erfolgsfaktoren, die das Wettbewerbsprofil eines Industrieunternehmens auf den Weltmärkten determinieren, sind deutlich vielfältiger.

Eine gezielte Auseinandersetzung mit diesen Erfolgsfaktoren und der Position der deutschen im Vergleich zur japanischen Industrie in bezug auf diese Erfolgsfaktoren besitzt eine besondere Aktualität. Deutsche und japanische Unternehmen sind derzeit gleichermaßen von der weltweiten Rezession betroffen und suchen nach Wegen aus der Krise.

Zudem treffen die Industrien beider Länder auf einem neuen, attraktiven Wettbewerbsschauplatz, der asiatisch-pazifischen Region, aufeinander. In diesem Zukunftsmarkt haben die japanischen Industrieunternehmen schon einen erheblichen Marktanteil erobert (vgl. *Roßbach*, 1994, S. 17 ff.; *Abegglen*, 1994; *Fallows*, 1994). Regierung, Gewerkschaften und Unternehmerverbände fordern einhellig von der deutschen Industrie, die Präsenz in diesem Markt zu erhöhen (vgl. dazu u.a. *Presse-*

und Informationsamt der Bundesregierung, 1993). Das ist aber nur dann möglich, wenn eine ausreichende Wettbewerbsfähigkeit gegenüber den japanischen Unternehmen gegeben ist.

Gegenstand der vorliegenden Arbeit soll es sein, Vorschläge für die Verbesserung der Wettbewerbsfähigkeit der deutschen Industrie zu erarbeiten. Sie soll Wege aufzeigen, wie die deutsche Industrie im globalen Wettbewerb zu den Japanern aufschließen kann. Dazu ist vor allem eine genauere Bestimmung der deutschen Wettbewerbsposition relativ zu den japanischen Industrieunternehmen erforderlich. Im Verlauf der Arbeit soll die Wettbewerbsposition aus einem empirisch ermittelten Stärken/Schwächen-Profil abgeleitet werden. Wenn auch eine Beschreibung der Determinanten des japanischen Erfolgs in der Literatur häufiger vorgenommen wurde (vgl. u.a. *Schneidewind,* 1994; *Fruin,* 1992; *Ederer,* 1992; *Wolferen,* 1989), so kommt doch die empirische Fundierung in einer umfassenden Gesamtschau noch zu kurz (vgl. *Eli,* 1993, S. 172). Sowohl aus wissenschaftlicher als auch aus praktischer Sicht besitzt die empirische Fundierung der deutschen im Vergleich zur japanischen Wettbewerbsposition eine hohe Aktualität und Bedeutung.

1.2 Zielsetzung und Aufbau der Arbeit

Wie oben skizziert, ist es das Ziel dieser Arbeit, strategische Handlungsempfehlungen zur Verbesserung der Wettbewerbsposition der deutschen im Vergleich zur japanischen Industrie auf der Grundlage eines empirisch ermittelten Stärken/Schwächen Profils abzuleiten.

Dazu soll nach einem knappen Überblick über die japanische Geschichte zunächst in einer kurzen Zusammenfassung die wirtschaftliche und technologische Position der deutschen und japanischen Industrie auf den Weltmärkten beschrieben werden. Die Beschreibung umfaßt einige ausgewählte Kennzahlen über die beiden Volkswirtschaften. Zusätzlich werden die Anteile beider Industrienationen am Welthandel - auch bezogen auf Technologien und Schlüsselbranchen - vorgestellt. Das Kapitel wird abgeschlossen mit einem Vergleich der Images der beiden Industrienationen auf den internationalen Märkten.

Anschließend werden die Rahmenbedingungen und Einflußfaktoren des Erfolgs japanischer Industrieunternehmen auf der Grundlage einer Literaturanalyse ermittelt und erläutert. Dabei werden externe Erfolgsdeterminanten - die Umwelt-, Markt- und

Wettbewerbsbedingungen - sowie ausgewählte interne, unternehmensbezogene Erfolgsdeterminanten unterschieden.

Entwicklung strategischer Handlungsempfehlungen zur Verbesserung der Wettbewerbsposition deutscher im Vergleich zu japanischen Industrieunternehmen auf der Grundlage empirischer Befunde			
Kapitel 2 und 3	**Kapitel 4**	**Kapitel 5**	**Kapitel 6**
Beschreibung der Wettbewerbsposition der deutschen und japanischen Industrie auf den Weltmärkten	**Beschreibung der Erfolgsdeterminanten der japanischen Industrie im globalen Wettbewerb**	**Empirische Ermittlung eines Stärken/Schwächen-Profils der deutschen im Vergleich zur japanischen Industrie**	**Entwicklung strategischer Handlungsempfehlungen zur Verbesserung der Wettbewerbsposition der deutschen Industrie**
Überblick über die japanische Geschichte Bedeutung der deutschen und der japanischen Industrie auf den Weltmärkten - Vergleich der Volkswirtschaften - Anteile am Welthandel - Exporttechnologien - Branchenvergleich - Automobilbau - Elektrotechnik - Maschinenbau/ Werkzeugmaschinen - Chemie Imagevergleich der deutschen und der japanischen Industrie	Unternehmensexterne Determinanten - Gesellschaft und Kultur - Staatlicher Einfluß - Markt und Wettbewerb - Gewerkschaften, Tarife und Mitarbeiter - Sonstige Determinanten Unternehmensinterne Determinanten - Führung, Mitarbeiter, Organisation - Lean Management - Innovationsmanagement - Internationales Marketing und Management	Ermittlung der Haupterfolgsfaktoren im globalen Wettbewerb Ermittlung der Stärken und Schwächen der deutschen im Vergleich zur japanischen Industrie - Unternehmensexterne Erfolgsfaktoren - Unternehmensinterne Erfolgsfaktoren Eingrenzung des Handlungsbedarfs für die deutsche Industrie Eingrenzung von Handlungsfeldern mit Hilfe der Faktorenanalyse	Managementphilosophie - Kaizen - Mitarbeiterorientierung - Außenbeziehungen Standortfaktor Arbeit - Mitarbeitervertretung - Mitarbeiterengagement - Arbeit und Entlohnung Managementmethoden - Innovationsmanagement - Fertigungsmanagement - Qualitätsmanagement Strategische Stoßrichtungen - Integrierte Strategien - Erschließung der asiatisch-pazifischen Region

Abbildung 1: Aufbau der Arbeit

Einen Schwerpunkt der Arbeit bildet die empirische Studie zur Ermittlung eines Stärken/Schwächen-Profils der deutschen im Vergleich zur japanischen Industrie. Ein umfassender Erfolgsfaktorenkatalog wird mit Hilfe mündlicher Expertenbefragungen zunächst auf Vollständigkeit geprüft und gewichtet. Darauf aufbauend wird in einem weiteren Schritt auf der Grundlage dieser Erfolgsfaktoren eine Bewertung der deutschen relativ zur japanischen Position vorgenommen. Zusätzlich wird aus den gewichteten und bewerteten Erfolgsfaktoren eine Prioritätenliste der Schwächen abgeleitet, deren Abbau am dringlichsten erscheint. Mit Hilfe von Faktorenanalysen wird versucht, einzelne Handlungsfelder als Grundlage für die Verbesserung der deutschen Position zu identifizieren. Prognosen über die weitere Entwicklung des deutsch-japanischen Wettbewerbs sowie Strategieempfehlungen für die deutsche Industrie, die in den Expertengesprächen erhoben wurden, schließen den Abschnitt ab.

Die empirischen Ergebnisse bilden den Bezugsrahmen für die strategischen Handlungsempfehlungen zur Verbesserung der Wettbewerbsposition der deutschen Industrie, die sich in die vier übergeordneten, miteinander vernetzten Handlungsfelder Managementphilosophie, Standortfaktor Arbeit, Managementmethoden und strategische Stoßrichtungen aufteilen.

Die wesentlichen Erkenntnisse der Arbeit werden abschließend in knapper Form zusammengefaßt. Zusätzlich wird ein Ausblick auf die mögliche Entwicklung der deutschen Industrie im zukünftigen globalen Wettbewerb gegeben.

1.3 Begriffserklärung

1.3.1 Strategische Erfolgsfaktoren, Erfolgspotentiale und Wettbewerbsvorteile

Im Rahmen der Unternehmensführung besitzt die Frage eine hohe Bedeutung, welche Faktoren den dauerhaften Erfolg eines Unternehmens sicherstellen oder gefährden. Faktoren, die einen derartigen Einfluß auf ein Unternehmen oder einzelne strategische Geschäftseinheiten ausüben, sollen im weiteren als **strategische Erfolgsfaktoren** verstanden werden (vgl. u.a. *Dunst*, 1983, S. 65).

Die strategischen Erfolgsfaktoren sind von den **strategischen Erfolgspotentialen** zu unterscheiden. Strategische Erfolgspotentiale sind die Aktivitätsfelder, die es den Unternehmen ermöglichen, langfristig überdurchschnittlichen Erfolg zu erzielen. Eine wesentliche Aufgabe des strategischen Managements besteht also darin, vorhandene oder zukünftige strategische Erfolgspotentiale aufzubauen, auszubauen oder mindestens zu sichern (vgl. *Fischer*, 1993, S. 16).

Ziel der Gestaltung von Erfolgspotentialen ist der Aufbau von **Wettbewerbsvorteilen.** Wettbewerbsvorteile sind Präferenzen, die ein Anbieter gegenüber anderen Anbietern aus der Perspektive des Kunden genießt. Derartige Wettbewerbsvorteile sollten aus Kundensicht relevant und wahrnehmbar sein. Darüber hinaus sollten Wettbewerbsvorteile dauerhaft, d.h. nicht kurzfristig von der Konkurrenz einholbar oder imitierbar sein (vgl. *Aaker*, 1988, S. 202 ff.; *Backhaus*, 1992, S. 28 f.; *Simon*, 1988, S. 4).

Die Erfolgsfaktorenforschung wird schon seit Jahrzehnten wissenschaftlich intensiv betrieben. Umfassendere empirische Untersuchungen, die sich mit den wesentlichen Erfolgsfaktoren von Unternehmen befassen, wurden seit den siebziger Jahren veröffentlicht (vgl. *Fischer*, 1993, S. 21 ff.; *Nagel*, 1991, S. 1000 f.). Als Beispiele für die Erfolgsfaktorenforschung können die folgenden Untersuchungen genannt werden:

- die PIMS-Datenbank (vgl. u.a. *Buzzell/Gale*, 1989; *Abell/Hammond*, 1979),

- das Modell „Strategischer Erfolgspositionen" (SEP) von Pümpin (vgl. *Pümpin*, 1986),
- das 7-S-Modell von McKinsey (vgl. *Peters/Waterman*, 1984),
- das Modell der 6 Erfolgsfaktoren von Nagel (vgl. *Nagel*, 1989).

Die große Zahl der empirischen Erfolgsfaktorenstudien führt zu der Frage, ob die Inhalte und Ergebnisse dieser Studien von den Adressaten überhaupt noch wahrgenommen werden und welche Einsichten daraus gewonnen werden (vgl. *Diller/Lücking*, 1993, S. 1229 ff.). Die wissenschaftlich-empirische Auseinandersetzung mit den japanischen Erfolgsfaktoren weist insbesondere im deutschen Sprachraum noch einige Lücken auf. Hier bieten sich noch viele Möglichkeiten für eine intensivere Forschungsarbeit, die allerdings durch die große räumliche Distanz zum Forschungsobjekt sowie die schwierige japanische Sprache und Schrift merklich erschwert wird.

1.3.2 Internationale Wettbewerbsfähigkeit

Die siebziger und achtziger Jahre waren durch eine starke Ausweitung des internationalen Warenaustauschs und durch eine Zunahme der weltwirtschaftlichen Integration gekennzeichnet. Die traditionellen Industriebranchen der großen Wirtschaftsnationen[5] waren einem zunehmenden internationalen Wettbewerbsdruck ausgesetzt. Dadurch ausgelöste Verdrängungsprozesse verursachten umfassende Veränderungen der industriellen Strukturen (vgl. *HWWA*, 1984, S. 2 ff.). Diese Strukturveränderungen wurden begleitet von einer Diskussion um die internationale Wettbewerbsfähigkeit der „traditionellen Industrieländer" (vgl. *Gries/ Hentschel*, 1994, S. 416), die in der Bundesrepublik Deutschland auch heute noch mit großer Intensität geführt wird. Die umfangreiche Anzahl von Veröffentlichungen zur Standortqualität und zum Standortwettbewerb veranschaulicht die besondere Aktualität dieses Themas, das vor allem in konjunkturellen Abschwungphasen besonders sorgfältig beleuchtet wird (vgl. *Michel*, 1994; *Härtel*, 1994/95, S. 13).

Trotz der intensiven Diskussion auf politischer und wirtschaftlicher Ebene besteht über den Inhalt des Begriffs der internationalen Wettbewerbsfähigkeit noch kein einheitliches Verständnis (vgl. *Orlowski*, 1982, S. 3 ff.). Ebensowenig besteht Einigkeit darüber, wie die internationale Wettbewerbsfähigkeit zu messen ist.

---

[5] In der Bundesrepublik Deutschland z.B. Kohle-, Stahl-, Schiffbau- und Textilindustrie.

Die Beurteilung der Wettbewerbsfähigkeit eines Unternehmens auf internationaler Ebene ist weniger schwierig als die Beurteilung einzelner Sektoren oder gesamter Volkswirtschaften. Ein Unternehmen gilt als international wettbewerbsfähig, wenn es in der Lage ist, sein Leistungsangebot gegen den Wettbewerb am Markt durchzusetzen und dabei gleichzeitig ein angemessenes Realeinkommen zu erzielen (vgl. *Schelbert-Syfrig/Inderbitzin*, 1982, S.13; *Schneider*, 1982, S. 32 ff.). Diese Definition führt allerdings dann zu Problemen, wenn es durch Subventionen oder andere wettbewerbsbeschränkende Praktiken zu einer Wettbewerbsverzerrung kommt. Ebenso kann die Wettbewerbsfähigkeit nach dieser Definition nur anhand von statischen, auf vergangene Perioden bezogene Kennzahlen wie Gewinn, Eigenkapitalquote und Marktanteil im Vergleich zu den Wettbewerbern einer Branche ermittelt werden (vgl. *Berg*, 1982, S. 15 f.). Ein zukunftsbezogener, potentialorientierter Wettbewerbsvergleich ist demgegenüber ungleich schwieriger.

Eine allgemein anerkannte Definition für die volkswirtschaftliche Wettbewerbsfähigkeit existiert nicht. Weder eine Aggregation der Unternehmenspositionen auf den Weltmärkten noch eine Saldierung nationaler Handelsvor- und -nachteile, obwohl mitunter als Definition verwendet (vgl. *von Stackelberg*, 1991, S. 11 f.; *Amling*, 1993, S. 66 ff.), genügen zur Definition der nationalen Wettbewerbsfähigkeit (vgl. *Feser*, 1990, S.12).

Die aggregierte Wettbewerbsfähigkeit der Unternehmen auf den Weltmärkten reicht als Definition nicht aus, weil die komparativen Vor- und Nachteile einzelner Branchen aufgrund der internationalen Wettbewerbsdynamik permanenten Veränderungen unterliegen. Der Verlust an Wettbewerbsfähigkeit der einen Branche steht der Zunahme an Wettbewerbsfähigkeit anderer Branchen gegenüber. Es ist unklar, wie diese Verschiebungen im Unternehmens- und Branchenwettbewerb in ihren Wirkungen auf die gesamte volkswirtschaftliche Wettbewerbsfähigkeit zu bewerten sind.

Auch die Saldierung der Exporte und Importe allein kann keine zufriedenstellende Definition der volkswirtschaftlichen Wettbewerbsfähigkeit bieten. Zum einen bleiben bei dieser Kennzahl konjunkturelle Einflüsse und Wechselkursschwankungen unberücksichtigt. Zum anderen gehen Kapitalbewegungen als Gegenposten zum Güter- und Dienstleistungsfluß in die Betrachtung nicht ein. Ein aufgrund von Wachstumsaussichten überdurchschnittlich attraktives Land würde, gesteuert durch Renditeüberlegungen im Ausland, netto Kapital importieren. Ausgehend vom Leistungsbilanzsaldo wäre diese Volkswirtschaft jedoch als weniger wettbewerbsfähig zu beurteilen (vgl. *Gries/Hentschel*, 1994, S. 417).

Indikatoren der internationalen Wettbewerbsfähigkeit	
Ergebnisorientierte Indikatoren	Determinantenorientierte Indikatoren
* Leistungsbilanzsaldo * Terms of Trade, realer Wechselkurs * Realeinkommen pro Kopf * Weltmarktanteile (CMS) * Präsenz in Hochtechnologiesektoren * offenbarte komparative Vorteile (RCA = Revealed-Comparative-Advantage) Der RCA-Wert ergibt sich aus den Exportüberschüssen einer Branche im Verhältnis zur Summe der Exporte und Importe.	* Faktorausstattungen * Lohnstückkosten/Faktorkosten * Technologieausstattung * Innovationstätigkeit und technologische Lücke * staatliche Infrastruktur * staatliche Kostenkomponenten * Wirtschaftsordnungsrahmen
Quelle: Gries, T., Hentschel, C., Internationale Wettbewerbsfähigkeit - was ist das?, in: Wirtschaftsdienst 1994/VIII, S. 417 u. 420	

Abbildung 2: Indikatoren der internationalen Wettbewerbsfähigkeit

Aufgrund der Probleme, eine zufriedenstellende Definition für die internationale Wettbewerbsfähigkeit von Volkswirtschaften zu finden, versucht man, diese mit Hilfe von Indikatoren grob zu bestimmen. Dabei wird neben anderen Ansätzen (vgl. z.B. *Feser*, 1990, S. 16 ff.; *Porter*, 1990 und 1991 sowie darauf aufbauend *van der Linde*, 1992, insb. S. 24 ff.) auch nach ergebnisorientierten und determinantenorientierten Indikatoren differenziert (vgl. *Gries/Hentschel*, 1994, S. 417 ff.).

Mit den ergebnisorientierten Indikatoren wird die tatsächlich erreichte Wettbewerbsposition einer Volkswirtschaft auf der Basis von ex post Aussagen bestimmt. Bei den determinantenorientierten Indikatoren wird ein Zusammenhang zwischen diesen Determinanten und der Wettbewerbsfähigkeit einer Volkswirtschaft unterstellt. Aussagen über die Wettbewerbsfähigkeit einer Volkswirtschaft werden mit Hilfe einer Messung dieser Determinanten getroffen.

Keiner der aufgeführten Indikatoren ist unkritisierbar und beschreibt die volkswirtschaftliche Wettbewerbsfähigkeit allgemeingültig und umfassend. Vor allem kulturelle Determinanten des Unternehmenserfolgs fehlen in dieser Zusammenstellung. Im Kontext einer kulturvergleichenden Managementforschung wurde festgestellt, daß unter vergleichbaren technischen Bedingungen die japanische Produktionsweise gegenüber der amerikanischen bessere Ergebnisse zeitigt. Daraus folgt, daß auch kulturelle Determinanten einen Einfluß auf die internationale Wettbewerbsfähigkeit ausüben (vgl. *Meffert*, 1994, S. 425).

Zum Vergleich der Volkswirtschaften Japans und Deutschlands wird deshalb in dieser Arbeit eine breitere Auswahl auch kultureller Determinanten herangezogen. Die Auswahl hängt dabei von dem jeweilig beleuchteten Aspekt der internationalen Wettbewerbsfähigkeit ab. Eine entsprechende Erläuterung der ausgewählten Determinanten wird im vierten Kapitel dieser Arbeit vorgenommen.

2. Überblick über die japanische Geschichte

Ein Überblick über die Geschichte Japans erleichtert das Verstehen dessen, was in den aktuellen Veröffentlichungen über Japan berichtet wird. Auch Einsichten in die soziokulturellen Rahmenbedingungen, in das Verhältnis der Mitarbeiter zum Unternehmen sowie der Unternehmen zu den Mitarbeitern, in die japanische Führungsphilosophie, Gruppenorientierung und Entscheidungsfindung, sind vor dem Hintergrund eines geschichtlichen Überblicks eher möglich.

In dieser Arbeit kann die japanische Geschichte nicht in allen Facetten geschildert werden. Um den Rahmen der Arbeit nicht zu sprengen, kann eine Darstellung nur in groben Zügen erfolgen. Die Schilderung wird in zwei großen Blöcken vorgenommen. Zunächst wird der Zeitraum von den Anfängen japanischer Geschichte bis zum zweiten Weltkrieg stark komprimiert dargestellt. Dabei wird mehr auf die kulturprägenden Einflüsse als auf die wirtschaftliche Entwicklung eingegangen. Im Anschluß daran wird die Zeit nach dem zweiten Weltkrieg beschrieben. Den Schwerpunkt bildet dabei die wirtschaftliche Entwicklung Japans.

Diese Aufteilung wurde gewählt, weil sich die Staatsform Japans nach dem zweiten Weltkrieg deutlich von der vor dem zweiten Weltkrieg unterscheidet. Wie unten noch ausgeführt wird, wurde Japan erst nach dem zweiten Weltkrieg demokratisiert. Auch die Internationalisierung der Wirtschaft erfolgte in dem heutigen Maße erst nach dem zweiten Weltkrieg.

2.1 Die japanische Geschichte vor dem zweiten Weltkrieg[6]

Die Besiedlung Japans erfolgte vor mehr als 100.000 Jahren, als die japanische Inselgruppe noch Bestandteil des asiatischen Festlandes war. Um 300 v. Chr. wurde der Reisbau vom Festland eingeführt[7]. Nach einer Phase der Bildung von vielen

---

[6] Zu den folgenden Ausführungen vgl. *Bito/Watanabe*, o.J. und *Inoue*, 1993. Während *Bito/Watanabe* einen sehr knappen Überblick über die japanische Geschichte liefern, eignet sich *Inoue* für eine tiefergehende historische Analyse. *Inoues* Veröffentlichung ist eine Übersetzung seines dreibändigen Werks mit dem Titel *„Nihon no rekishi"*, das in Tokyo in den Jahren 1963, 1965 und 1966 erschienen ist.

[7] Das Pflanzen und Ernten von Reis ist in Japan in ein „patriotisches Gefühlsklima eingebettet" (*Vahlefeld*, 1992, S. 240). In der Reisbauerntradition ist die Fähigkeit und Neigung zur langfristigen Planung als einem Merkmal japanischer Exportpolitik verwurzelt (vgl. *Pauly*, 1991, S. 99). Auch die Gruppenorientierung der japanischen Gesellschaft findet im Reisbau eine ihrer Begründungen. Es war zwar die Bearbeitung eines Reisfeldes durch den einzelnen Bauern noch möglich, doch das komplexe und komplizierte Bewässerungssystem der Reisfelder konnte nur durch größere Gruppen oder (Dorf-)Gemeinschaften aufgebaut und erhalten werden (vgl. *Schneidewind*, 1994, S. 14).

Kleinstaaten zwischen 300 v. Chr. und 300 n. Chr. setzte sich im 4. Jahrhundert eine politische Zentralherrschaft durch. Der heutige Kaiser leitet seine Herkunft vom damaligen Herrscherhaus ab. Zwischen dem 4. und 6. Jahrhundert übte, ausgehend von Korea, die chinesische Kultur einen großen Einfluß auf Japan aus. Der Konfuzianismus und der Buddhismus wurden wie die Schriftzeichen in dieser Zeit aus China übernommen.

Zeitabschnitte japanischer Geschichte vom sechsten Jahrhundert bis zum Ende des zweiten Weltkriegs	
* Die Asuka-, Nara-, und Heian-Zeiten (593 - 1192)	* Entstehung und Entwicklung des Alten Staates
* Die Kamakura-Zeit (1192 - 1333)	* Herausbildung der Samurai-Regierung
* Die Muromachi-Zeit und das Zeitalter der Kriegsstaaten (1333 - 1573)	* Beginn der Daimyo (Feudalherren)
* Die Azuchi - Moyama-Zeit (1573 - 1603)	* Staatenvereinigung durch die Samurai-Klasse
* Die Edo - Zeit (1603 - 1868)	* Zeit des langen Friedens
* Von der Meiji-Restauration bis zum Ende des zweiten Weltkriegs (1868 - 1945)	* Der Beginn des modernen Staates
Quelle: Bito, M., Watanabe, A., Chronologie der Japanischen Geschichte, hrsg. v. International Society for Educational Information, Tokyo, ohne Jahresangabe, S. 4 - 21	

Abbildung 3: Zeitabschnitte japanischer Geschichte

Wie die Abbildung 3 zeigt, teilen *Bito/Watanabe* die japanische Geschichte zwischen dem sechsten Jahrhundert und dem zweiten Weltkrieg in sechs Phasen auf.

In der ersten Phase, der Zeit vom sechsten bis zum zwölften Jahrhundert, gelang es den verschiedenen Tennos[8], den Einfluß mächtiger Familien, die sich bis dahin einer Zentralregierung widersetzt hatten, zu reduzieren. Alle Einwohner des Landes wurden der Zentralregierung unterstellt. Die mächtigen Familien des Landes wurden in den Adelsstand übernommen und erhielten hohe Staatsämter. Den Bauern wurde Land zugeordnet, für das sie anteilsmäßige Abgaben abführen mußten. Das gesamte bürokratische System wurde zunächst stark dem chinesischen Muster nachempfunden, später - in der Heian-Zeit (794 - 1192) - jedoch den japanischen Verhältnissen entsprechend angepaßt.

[8] Der Begriff „Tenno“ wurde zu Beginn des siebten Jahrhunderts als Bezeichnung für den Herrscher der Zentralregierung eingeführt (vgl. *Bito/Watanabe*, o.J., S. 4).

Der Buddhismus entwickelte sich in dieser Zeit zu einer Religion, die von den einflußreichen Ständen gepflegt wurde. Auch der Konfuzianismus, mit seiner Morallehre, die strenge Grundsätze für die hierarchische Ordnung der Gesellschaft enthält, gewann in dieser Zeit an Bedeutung (vgl. *Meckel*, 1981, S. 12). Am kaiserlichen Hof entstand ein Zentrum für Kunst und Kultur. Als im 10. Jahrhundert das Regierungsland in Privatbesitz überging, gewannen mächtige und einflußreiche Großgrundbesitzer, die ihre Position im Staat durch eigene Armeen festigten[9], erheblich an Einfluß. Die zentrale Verwaltung wurde in dieser Zeit immer schwieriger und brach schließlich vollkommen zusammen. Die Bemühungen des Kaisers, den ursprünglichen politischen Einfluß zurückzugewinnen, führten zu einer Reihe von kriegerischen Auseinandersetzungen.

Während der Kamakura-Zeit existierten zwei starke politische Kräfte nebeneinander, das Kaiserhaus und das Shogunat. Der Kaiser ernannte den Shogun (General), dem es gestattet war, Statthalter für die Verwaltung privater Besitztümer einzusetzen. Als Konsequenz entstand ein feudalistisches System.

Das Ende der Heian-Zeit sowie die Kamakura-Zeit brachten neue, leichter verständliche Formen des Buddhismus[10] hervor, zu denen auch die breitere Bevölkerung Zugang fand.

Die Muromachi-Zeit und das Zeitalter der Kriegsstaaten waren geprägt von einem Zerfall der zentralstaatlichen Ordnung. Zunächst konnte jedoch der Kaiser, unterstützt durch die Samurai, das Shogunat stürzen und ab 1333 wieder die alleinige politische Macht zurückgewinnen. Da die Erwartungen der Samurai vom Kaiserhaus aber nicht erfüllt wurden, wurde von ihnen ein Gegen-Kaiser eingesetzt. Die Folgezeit war geprägt von kriegerischen Auseinandersetzungen zwischen den beiden Kaiserhäusern. Nachdem eines der Kaiserhäuser kapituliert hatte, war die Macht des siegreichen Kaisers jedoch so geschwächt, daß dem steigenden Einfluß der Provinzstatthalter wenig entgegengesetzt werden konnte. Diese regionalen Herrscher, die sogenannten Daimyo, hatten eigene Armeen aufgestellt und kämpften häufig gegeneinander, aber auch gegen die Zentralregierung. Ganz Japan wurde vom Krieg überzogen (Onin-Krieg 1467) und zerfiel in Kriegsstaaten. Die alte Staatsordnung sowie das Grundbesitzsystem brachen zusammen. Der Einfluß der Samurai und der Bauern wurde größer.

Die ersten Kontakte mit der westlichen Kultur hatte Japan mit der Landung eines portugiesischen Schiffes im Jahr 1543 auf der kleinen Insel Tanegashima südlich von Kyushu. Die Portugiesen führten Schußwaffen und Pulver in Japan ein. Ab 1549

---

[9] In dieser Zeit bildete sich eine neue Klasse, die sog. „Samurai" (Krieger).

[10] Auch der Zen-Buddhismus entstand in dieser Zeit.

versuchten der spanische Jesuitenpater Francis Xavier und andere Patres, im Rahmen ihrer Missionstätigkeit das Christentum in Japan zu verbreiten. Nach anfänglichen Erfolgen - die Zahl der christianisierten Japaner soll um 1580 etwa 150.000 betragen haben - wurden die christlichen Missionare 1587 jedoch wieder vertrieben, weil die Christianisierung der Ideologie der herrschenden Klasse Japans widersprach (vgl. *Inoue*, 1993, S. 181 ff.).

Während der Azuchi-Momoyama-Zeit wurde die Autorität des Kaiserhauses wiederhergestellt und das Land vereinigt. In der folgenden, weitgehend friedlichen Zeit entwickelten sich Handel und Kultur. In der Edo-Zeit wurde vom Kaiser 1603 erneut ein Shogun ernannt. Basierend auf einem stabilen, im konfuzianischen Sinne hierarchischen Sozialgefüge mit drei Ständen - den herrschenden Samurai, den Bauern und den Stadtbürgern (Handwerker und Händler)[11] - verliefen die folgenden 264 Jahre friedlich[12].

Japan veschloß sich während dieser Zeit ausländischen Einflüssen. Es wurde eine Abkehr vom Christentum verlangt. Japaner durften das Land nicht mehr verlassen (vgl. *Vahlefeld*, 1992, S. 94 f.) Der Handel mit dem Ausland (Holland und China) verlief nur noch über Nagasaki. Erst im 19. Jahrhundert, nach einer Phase zunehmenden ausländischen Drucks[13], die Grenzen Japans für den Handel zu öffnen, trat Japan in engere vertragliche Beziehungen mit dem Westen ein[14].

Während der nun folgenden Zeit der Meiji-Restauration (1868 - 1912) wurden einige bedeutende soziale und wirtschaftliche Veränderungen eingeführt[15]. Es entstand eine

---

[11] Gelegentlich wird auch eine Einteilung in die vier Klassen Samurai, Bauern, Handwerker und Händler bzw. Kaufleute vorgenommen. Unter diesen vier Klassen wurden die *„Unberührbaren (Eta)"*, die aufgrund der Schlachtung von Tieren und dem Umgang mit Fellen, Leder etc. vom Buddhismus geächtet waren, eingeordnet. Das geringe Ansehen der Kaufleute lag im Umgang mit Geld begründet, der aus der Perspektive des traditionellen Standes- und Ehrbegriffs verachtenswert war (vgl. *Meckel*, 1981, S. 12).

[12] Die Epoche zwischen 1603 und 1868 wird auch häufig Tokugawa-Zeit (nach dem Tokugawa-Shogunat) genannt (vgl. *Streib/Ellers*, 1994, S. 117; *Vahlefeld*, 1992, S. 95; *International Society for Educational Information*, 1989, S. 10 f.)

[13] Der Druck des Auslandes zur Öffnung Japans fand im Jahr 1853 einen Höhepunkt, als Admiral Matthew C. Perry mit seiner Flotte in japanische Gewässer einlief und die japanische Regierung zwang, einen Brief vom Präsidenten der Vereinigten Staaten von Amerika entgegenzunehmen. 1854 erreichte Perry den Abschluß eines amerikanisch-japanischen Freundschaftsvertrages. In der Folgezeit boten auch England, Rußland und Holland den Abschluß derartiger Verträge an (vgl. *Inoue*, 1993, S. 294 ff.).

[14] Vor dem Hintergrund des chinesischen Opiumkriegs hielt Japan es für vorteilhafter, sich den westlichen Ländern zu öffen. Zwar wurde in Japan diese Öffnung als Kapitulation vor der ausländischen Militärmacht kritisiert, dadurch ausgelöste Spannungen führten jedoch nicht zu ernsthafteren innenpolitischen Auseinandersetzungen.

[15] Auch das Entstehen der *„gyosei shido"* (administrative guidance) (vgl. auch 4.1.2 *Rolle und Einfluß des Staates*) läßt sich auf die Zeit der Meiji-Restauration zurückführen. Der Tenno ließ in dieser Zeit verstärkt Unternehmen - auch von begünstigten Privatpersonen - gründen. Mit der Führung betraute er teilweise die Samurai, die in dieser Zeit auch die ersten *Sogo Shosha* (vgl. dazu 4.1.3.4) gründeten (vgl. *Meckel*, 1981, S. 12). Die Gegenleistung für die Begünstigungen (auch materieller Natur) bestand in einem solidarischen Verhalten gegenüber der wirtschaftspolitischen Ausrichtung des Staates (vgl. *Lücke*, 1988, S. 197).

konstitutionelle Regierungsform, die Bauern wurden vom Lehnsystem befreit. Alle Klassen wurden vor dem Gesetz gleichgestellt.

Es begann eine Phase der Industrialisierung, die von infrastrukturfördernden Maßnahmen der Regierung flankiert wurde (vgl. *Hiromatsu*, o.J., S. 2). Gleichzeitig versuchte Japan, auch außenpolitisch eine größere Bedeutung zu gewinnen. Die *„ungleichen Verträge"* (*Bito/Watanabe*, o.J., S. 18), die mit den westlichen Ländern gegen Ende der Edo-Zeit abgeschlossen worden waren, wurden neu verhandelt. In Ostasien setzte eine Expansionspolitik Japans ein, die in einer Besetzung Taiwans (1895) und Koreas (1910) gipfelte. Gegen Ende der Meiji-Ära im Jahr 1912 war Japan die größte Militärmacht Asiens und hatte sich zu einer Industrienation mit einer stabilen Zentralregierung entwickelt.

Während des ersten Weltkriegs baute Japan seine außenpolitische und wirtschaftliche Position weiter aus. Allerdings brachte die Industrialisierung auch soziale Probleme und Unruhen mit sich, die durch die Arbeiterbewegung - auch durch den Marxismus - geschürt wurden. In den zwanziger Jahren dieses Jahrhunderts war Japan von einer ernsthaften Wirtschaftskrise betroffen, die zu Börsencrashs, Banken- und Firmenzusammenbrüchen, einer hohen Inflationsrate und einem Leistungsbilanzdefizit führte. Während dieser Zeit erhöhten große Firmenkonglomerate im Familienbesitz, die sog. *Zaibatsu*[16], ihr wirtschaftliches und politisches Gewicht durch Aufkäufe von Banken und Unternehmen, die in den Konkurs gegangen waren (vgl. *Hiromatsu*, o.J., S. 6). Im Jahr 1928 kontrollierten drei dieser *Zaibatsu* immerhin dreißig Prozent des japanischen Kapitals.

Die innenpolitischen Probleme, die Konsequenzen der Weltwirtschaftskrise und ein erstarkendes China führten in den dreißiger Jahren zu einem steigenden Einfluß militärischer Extremisten auf die Regierungspolitik (vgl. *Redaktion Japan Brief/Kurwan*, 1990, S. 16 f.). Der japanische Nationalgedanke und die Theorie der japanischen Einzigartigkeit wurden, vergleichbar mit dem Gedankengut im nationalsozialistischen Deutschland, propagiert. Japan sah sich als Führungsmacht in Asien und suchte weltweite Anerkennung als Großmacht.

Mit einer sinkenden Bedeutung der politischen Parteien ging eine expansive Politik der Militärs einher, die zunächst in einer militärischen Auseinandersetzung mit China (1937) gipfelte und später mit dem Eintritt in den zweiten Weltkrieg endete. Nach der Zündung der Atombomben über Hiroshima und Nagasaki kapitulierte Japan am 15. August 1945 und akzeptierte schließlich die Bedingungen der Potsdamer Konferenz.

[16] Eine Erläuterung des Begriffs *Zaibatsu* wird unter 4.1.3.2 *Funktion und Einfluß der Keiretsu* vorgenommen.

2.2 Die japanische Geschichte und wirtschaftliche Entwicklung nach dem zweiten Weltkrieg

Das Ende des zweiten Weltkriegs brachte für Japan sehr tiefgreifende Veränderungen. Japan verlor die überseeischen Kolonien und erstreckte sich danach über ein Staatsgebiet von dem des Jahres 1868 (vgl. *Bito/Watanabe*, o.J., S. 22).

Demgegenüber blieb die politische Verwaltung in Japan weitgehend erhalten und funktionsfähig. Sie diente der Besatzungsmacht USA zur Demokratisierung und Dezentralisierung der politischen und wirtschaftlichen Strukturen. (vgl. *o.V.*, 1988, S. 1). Bereits 1947 erhielt Japan eine demokratische Verfassung, nach der der Premierminister vom Parlament gewählt wird. Das Adeligensystem wurde abgeschafft. Der ehemals gottgleiche Kaiser wurde zum „Symbol des Staates und der Einheit des Volkes" erklärt (*Bito/Watanabe*, o.J., S. 22). Den Arbeitern wurde ein Recht zur Gewerkschaftsbildung und zum Streik zugestanden. Die *Zaibatsu* wurden aufgelöst (vgl. *Hiromatsu*, o.J., S. 7).

Eine umfassende Demontage der Industrieanlagen, wie sie zur gleichen Zeit in Deutschland stattfand, wurde in Japan nicht durchgeführt. Darüber hinaus waren die Industrieanlagen durch Kriegshandlungen nicht in dem gleichen Umfang wie in Deutschland zerstört.

Die von Japan zu leistenden Reparationszahlungen wurden, um die Bindung Japans an den kapitalistischen Block der westlichen Länder zu sichern, 1947 zunächst auf ein Viertel reduziert und 1949 schließlich völlig erlassen (vgl. *Redaktion Japan Brief/ Kurwan*, 1990, S. 18; *Inoue*, 1993, S. 608 ff.). Die Wiederaufbauphase in Japan wurde wie in Deutschland durch Zahlungen der USA unterstützt. Japan erhielt eine Rehabilitationshilfe zu Beginn des Wiederaufbaus. Deutschland wurde 1949 in den Marshall-Plan einbezogen (vgl. u.a. *Rexin*, 1979, S. 65; *Inoue*, 1993, S. 608).

In Japan hatte das *Ministry of International Trade and Industry (MITI)*, auf das später noch detaillierter eingegangen wird, die Schwer- und Chemieindustrie schon kurz vor dem Krieg als Wachstumsbranchen identifiziert. Nach dem Krieg entschied man sich für die weitere aktive Förderung dieser strategisch bedeutenden, aber auch kapital- und technologieintensiven Industriezweige. Während des Korea-Krieges, der im Jahr 1950 begann, diente Japan den USA als Nachschubbasis. Die Versorgung der amerikanischen Truppen löste einen ersten konjunkturellen Aufschwung aus (vgl. *Inoue*, 1993, S. 610; *Hiromatsu*, o.J., S. 7). Die sogenannte Rekonstruktionsperiode der japanischen Wirtschaft begann. Unter dem „System der Prioritätsproduktion" (*Redaktion Japan Brief/Kurwan*, 1990, S.19) wurden die Schwerpunkte der industriellen Produktion auf eine gesteigerte Kohleförderung und Stahlerzeugung gelegt.

Der Aufschwung in diesen Bereichen trug zu einem generellen industriellen Aufschwung bei, der durch steigende Investitionen und zunehmenden Konsum getragen wurde. Neben der Entwicklung bei den traditionellen Schlüsselindustrien ließ sich auch eine deutliche wirtschaftliche Belebung bei der Kraftfahrzeugindustrie und der Unterhaltungselektronik feststellen. Bereits 1951 erreichte das japanische Bruttosozialprodukt das Niveau der Vorkriegsjahre 1934 - 1936, schon 1955 fast das Doppelte davon. Im Jahr 1960 hatte sich die Industrieproduktion, insbesondere in den Bereichen Schwerindustrie und Chemie, im Vergleich zu 1955 noch einmal mehr als verdoppelt. Japan war damit nach den USA, der Bundesrepublik Deutschland und Großbritannien die viertstärkste Industrienation der Welt[17] (vgl. *Inoue*, 1993, S. 610; *The International Society for Educational Information*, 1989, S. 36).

Die Periode zwischen 1956 und 1961 wurde von den Japanern als *„Zeit des größten Aufschwungs seit Staatsgründung"* (*Redaktion Japan Brief/Kurwan*, 1990, S. 19) bezeichnet. In der industriellen Struktur verloren während dieser Zeit kleine sowie auch mittlere Unternehmen an Bedeutung und gerieten als Zulieferer in die Abhängigkeit von Großunternehmen[18]. Das starke wirtschaftliche Wachstum setzte sich, unterbrochen von kürzeren rezessiven Phasen in den Jahren 1962, 1965 und 1973 (erste Ölkrise), bis in die siebziger Jahre fort. Dabei lag das durchschnittliche Wachstum in den sechziger Jahren bei real fast 11%, mit Spitzenwerten von bis zu 14%[19] (vgl. *International Society for Educational Information*, 1989, S. 36 f.). Als Gründe dafür können eine gezielte staatliche Industriepolitik, ausreichende Mittel zur Investitionsfinanzierung aufgrund einer hohen inländischen Sparquote der privaten Haushalte sowie eine ausreichende Zahl an Arbeitskräften mit einem hohen Bildungsstand angeführt werden[20] (vgl. *Redaktion Japan Brief/Kurwan*, 1990, S. 19).

Darüber hinaus trugen umfangreiche Anlageinvestitionen seitens der japanischen Industrieunternehmen zur Erweiterung und Modernisierung der industriellen Fertigung bei. Das führte einerseits zu weiterem Wirtschaftswachstum und andererseits zu einer Steigerung der Produktivität. Deshalb konnten sich japanische Unternehmen vor allem

[17] Wenn auch die Kohle- und Stahlindustrie in der Bundesrepublik Deutschland ebenfalls die frühen Wachstumsmotoren waren, so unterscheidet sich die japanische Wirtschaftsentwicklung doch deutlich von der der Bundesrepublik. Während Japans Wachstum vorwiegend von inländischen Anlage- und Ausrüstungsinvestitionen getragen wurde, wurden in der Bundesrepublik die ersten Erfolge bei den Exporten erzielt (vgl. *Lilge*, 1979, S. 183)

[18] Vgl. dazu auch 4.1.3.3 *Subcontracting in Japan.*

[19] Die Bundesrepublik Deutschland erreichte im Vergleich dazu zwischen 1960 und 1972 ein durchschnittliches jährliches Wachstum von knapp unter 5% (Quelle: *BMWI*, 1978, S. 44; eigene Berechnungen)

[20] Eine detailliertere Darstellung der Determinanten japanischen Erfolgs wird unter Punkt 4. gegeben.

mit Produkten aus der Massenfertigung früh eine führende Position auf den Weltmärkten erobern.

Ebenso erhöhte der Bezug technischen Know-hows in Form von Lizenzen[21] aus den USA und auch aus der Bundesrepublik Deutschland die technologische Wettbewerbsfähigkeit der japanischen Unternehmen auf den Weltmärkten (vgl. *Porter*, 1991, S. 419). Inzwischen nimmt Japan aufgrund eigener Forschungsaktivitäten auf vielen Gebieten der Spitzentechnologie, wie noch ausführlicher dargestellt wird, eine weltführende Stellung ein.

Nach einem auch in den achtziger Jahren fortgesetzten Wirtschaftswachstum hatte Japan 1991/92 mit dem Zerplatzen der *„bubble economy"* eine ernsthafte volkswirtschaftliche Krise zu bewältigen. Aufgrund niedriger Zinsen und eines starken Yen waren Aktienkurse und Immobilienpreise spekulativ in die Höhe getrieben worden. Die spekulativ überzogenen Immobilienpreise wurden wiederum zur Absicherung nahezu zinsloser Kredite verwendet (vgl. *Hagan Kuwayama*, 1994, S. 383 f.). Japanische Unternehmen hatten diese Kredite unter anderem für Investitionen in Fertigungsautomation und in die Forschung und Entwicklung genutzt (vgl. *Kohno*, 1992). Darüber hinaus wurden erhebliche Direktinvestitionen in vielen globalen Schlüsselmärkten getätigt. Das verspätete Eingreifen der Finanzbehörden führte schließlich zu einem Platzen der *„bubble"* (vgl. *Streib/Ellers*, 1994, S. 26)[22]. Sowohl der Staat als auch das Bankensystem wurden in den Grundfesten erschüttert. Die Wirtschaft Japans fiel in eine tiefe Rezession (vgl. *Emmot*, 1993, S. 163 ff.), deren Auswirkungen noch heute zu beobachten sind (vgl. auch *Natusch*, 1995, o. S.; *Rack*, 1995, S. 33 und 35).

---

[21] Vgl. dazu auch 4.2.3 *Innovationsmanagement*.

[22] Als General Manager der Commerzbank AG in Tokyo und Präsident der Deutschen Industrie- und Handelskammer Japan schildert Folker Streib das Zerplatzen der „bubble" und seine Auswirkungen aus persönlichem Erleben. Ergebnisse des Interviews mit Folker Streib zum Thema dieser Arbeit sind in die empirische Auswertung eingeflossen.

3. Die Bedeutung der deutschen und der japanischen Industrie auf den Weltmärkten

Vor dem Hintergrund des Rückblickes auf die geschichtliche Entwicklung soll im weiteren Japan als erfolgreicher Wettbewerber der deutschen Industrie auf den Weltmärkten beschrieben werden. Dazu soll zunächst ein quantitativer Überblick über einige volkswirtschaftliche Eckwerte der beiden Nationen gegeben werden. Anschließend wird die Bedeutung Deutschlands und Japans auf den Weltmärkten behandelt. Um einen detaillierteren Einblick in die industrielle Leistungsfähigkeit beider Nationen zu erlauben, wird zusätzlich in einem weiteren Kapitel die Position einzelner bedeutender Industriebranchen analysiert und kommentiert.

3.1 Vergleich der deutschen und der japanischen Volkswirtschaft

Mit einer Fläche von 377.700 km² ist Japan nur geringfügig größer als die Bundesrepublik Deutschland, die seit der Wiedervereinigung 356.970 km² umfaßt. Die japanische Bevölkerung umfaßte im Jahr 1992 rund 124,5 Mio. Einwohner, gegenüber 81,0 Mio. in der Bundesrepublik Deutschland. Von der japanischen Bevölkerung waren 1992 ca. 63,0 Mio. Menschen (= 50,6%) berufstätig. Der Anteil lag zur gleichen Zeit in Deutschland bei 36,9 Mio. Menschen (= 45,8%). Das Bruttosozialprodukt Japans betrug 1992 ca. 3,7 Bio. US$, das Deutschlands ca. 1,9 Bio. US$. Je Einwohner lag das Bruttosozialprodukt in Japan im gleichen Jahr mit 29.800 US$, weit vor dem Deutschlands mit 24.000 US$ (vgl. dazu *The Japan Institute of Labour*, 1992, S. 14 ff.; *Japan Institute for Social and Economic Affairs*, 1993 S.11; *JETRO*, 1993a, S. 1; *Deutsche Industrie- und Handelskammer in Japan*, 1993b; *Ostasiatischer Verein*, 1994, S. 225 ff.; *Bundesministerium für Wirtschaft*, 1994a, S. 11 ff.; *Statistisches Bundesamt*, 1994a, S. 6 ff. und 1994b, S. 19).

Die japanische Konjunktur befindet sich zur Zeit immer noch in einer rezessiven Phase. Noch gibt es wenig Anzeichen dafür, daß der Tiefpunkt überwunden wurde. Für 1995 wird ein Wirtschaftswachstum von rund 1,3% prognostiziert. Das Wachstum wird jedoch mehr von der Inlandsnachfrage als vom Export getragen, weil der starke Yen Exporte aus Japan verteuert (vgl. dazu auch *Natusch*, 1995, o. S.; *Rack*, 1995, S. 33 u. 35).

Im Gegensatz zu Japan wird das in Deutschland für 1995 prognostizierte Wachstum überwiegend vom Export angeregt. Erst wenn die stabilere Ertragslage der Unternehmen zu einer regeren Investitionstätigkeit führt, wird auch die Binnennachfrage in Deutschland einen Beitrag zum Wirtschaftswachstum leisten (vgl. *OECD*, 1994b, S. 68 ff.).

Sorgen bereitet derzeit der hohe Beschäftigungsrückgang in der Bundesrepublik Deutschland. Die Arbeitslosenquote in den alten Bundesländern stieg zwischen 1992 und 1993 von 6,6% auf 8,2%, in den neuen Bundesländern von 14,8% auf 15,8%. Insbesondere die exportorientierten deutschen Unternehmen versuchen, die hohen Lohnsteigerungen der vergangenen Jahre durch einen Personalabbau oder durch eine Produktionsverlagerung in Niedriglohnländer zu kompensieren.

In Japan hat sich die Arbeitsmarktlage demgegenüber nur geringfügig verschlechtert. Während die Arbeitslosenquote im Juni 1993 bei 2,5% lag, wurde 1994 ein Jahresdurchschnittswert von 3,0% erreicht[23]. Dem Arbeitskostenanstieg konnten japanische Unternehmen mit einem Abbau von Überstunden, einer Verringerung von Prämien- und Gratifikationszahlungen sowie einer Begrenzung der Neueinstellungen entgegenwirken[24]. Darüber hinaus ist auch in Japan eine Verlagerung der lohnintensiven Fertigung ins Ausland - vorzugsweise in asiatische Länder - zu verzeichnen (vgl. *OECD*, 1994b, S. 61 ff. und 68 ff.; *Bundesministerium für Wirtschaft*, 1994a, S. 16; *Institut der deutschen Wirtschaft Köln*, 1995, Ziff. 144; *Rack*, 1995, S. 33 und 35).

3.2 Anteile der deutschen und der japanischen Industrie am Welthandel

Hinter den USA liegen die deutsche und die japanische Industrie auf Platz zwei und drei in der Rangliste der weltgrößten Exportnationen. Wie die Abbildung 4 zeigt, ging der deutliche Vorsprung bei den Weltmarktanteilen, den die deutsche Industrie gegenüber Japan noch 1992 hatte, 1993 und 1994 erheblich zurück. Im Jahr 1994 lagen die deutsche und die japanische Industrie mit 10,8% bzw. 10,3% Weltmarktanteilen nahezu gleichauf (vgl. *Deutscher Industrie- und Handelstag*, 1995, S. 42 f).

Japan erwirtschaftete 1992 mit Exporten von 339,7 Mrd. US$ und Importen von lediglich 233,0 Mrd. US$ einen Handelsbilanzüberschuß von 106,7 Mrd. US$. Im Jahr

[23] Vgl. dazu auch 4.1.4.1 *Die aktuelle Situation auf dem japanischen Arbeitsmarkt*.
[24] Der Produktionsfaktor *Arbeit* wird in dieser Arbeit sowohl im deskriptiven als auch im empirischen Teil ausführlicher dargestellt.

1993 betrug der Exportüberschuß sogar 144 Mrd. US$. Die Kritik an den japanischen Exportpraktiken hat in diesem gewaltigen Überschuß einen ihrer wesentlichen Gründe. Bei einer genaueren Analyse müssen die hohen Exportüberschüsse jedoch relativiert werden. Vergleicht man die japanischen Exporte auf Yen-Basis, so haben sie zwischen 1985 und 1993 sogar um 5,6% abgenommen (vgl. *iwd*, 1994f, S. 2). Grund für den hohen dollarbezogenen Exportüberschuß ist demzufolge der starke Yen.

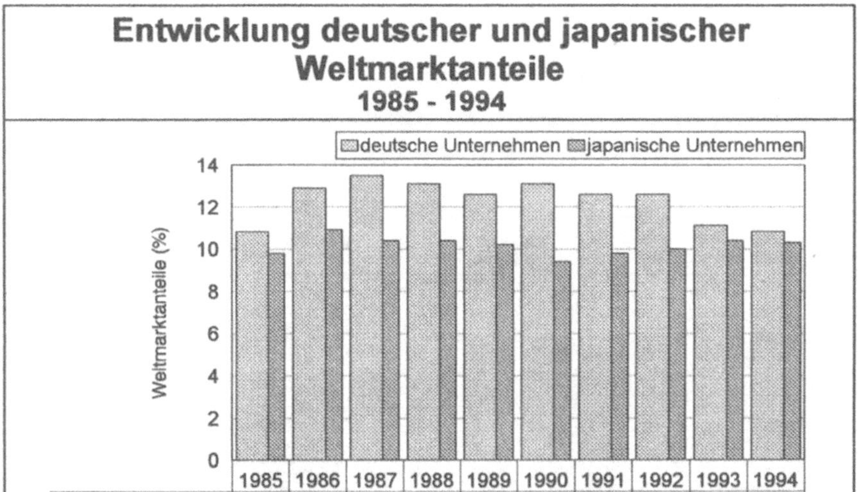

	1985	1986	1987	1988	1989	1990	1991	1992	1993	1994
deutsche Unternehmen	10,8	12,9	13,5	13,1	12,6	13,1	12,6	12,6	11,1	10,8
japanische Unternehmen	9,8	10,9	10,4	10,4	10,2	9,4	9,8	10	10,4	10,3

Quelle: Deutscher Industrie- und Handelstag, 1995, S. 42 f.; Zusammenstellung d. Verf.

Abbildung 4: Entwicklung deutscher und japanischer Weltmarktanteile

Rund 50% der japanischen Importe sind Rohstoffe. Der größte Importeur von Fertigerzeugnissen nach Japan waren 1992 die USA mit einem Anteil von 27,3%. Es folgten China und die Bundesrepublik Deutschland, die bei 9,2% beziehungsweise 8,9% Anteil lagen (vgl. *JETRO*, 1993b, S. 26).

Der regionale Schwerpunkt der japanischen Exporte liegt mit einem Anteil von deutlich über 30% in den asiatischen Wachstumsregionen. Der Marktanteil Japans betrug 1994 in Asien 22,2% gegenüber nur 4,5% der deutschen Industrie. Allein die NICs[25] beziehen für 72,6 Mrd. US$ Produkte aus Japan, das entspricht einem Anteil von 21,4% an den japanischen Exporten. Hier erzielte Japan mit 46,5 Mrd. US$ 1992 den größten Anteil des Exportüberschusses. In die USA werden 95,8 Mrd. US$ (28,2% der japanischen Exporte) ausgeführt und somit ein Exportüberschuß von 43,6 Mrd. US$ erwirtschaftet. Die Ausfuhr in die EU betrug 1992 rund 62,5 Mrd. US$. Der

[25] Zu den Newly Industrialized Countries (NICs) werden Hongkong, Singapur, Süd-Korea und Taiwan gezählt (vgl. z.B. *Ostasiatischer Verein e.V.*, 1993, S. 9).

Exportüberschuß lag bei 31,2 Mrd. US$ (vgl. *JETRO*, 1993a, S. 56; *JETRO*, 1993b, S. 23 ff.).

Während der Marktanteil Japans in den USA immerhin einen Wert von 15,6% (Deutschland 4,3%) erreicht, ist die japanische Position in Europa mit einem Marktanteil von 4,2% wesentlich schwächer. In Europa dominiert die deutsche Industrie mit 19,5% Marktanteil sehr deutlich (vgl. *Deutscher Industrie- und Handelstag*, 1995, S. 42 f.).

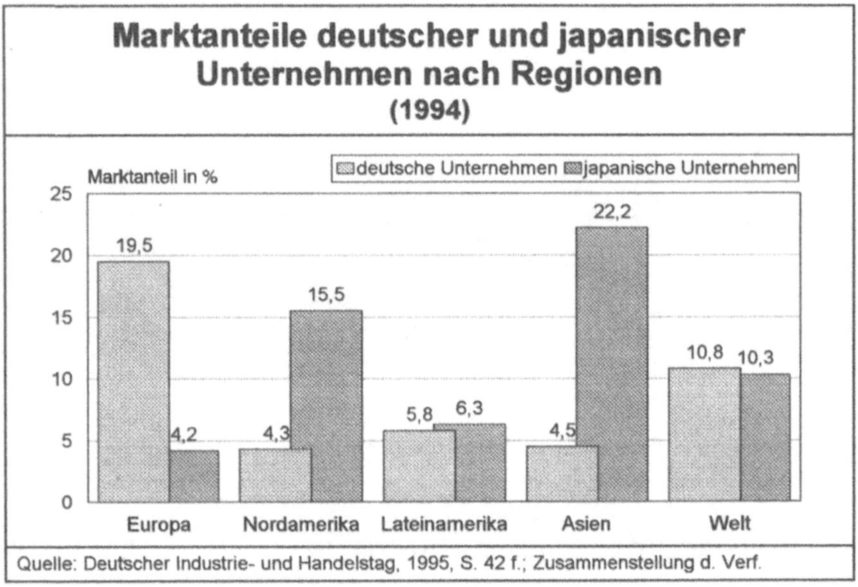

Abbildung 5: Marktanteile deutscher und japanischer Unternehmen nach Regionen

Mit einem Export von 429,7 Mrd. US$[26] und einem Import von 408,2 Mrd. US$ erzielte die Bundesrepublik Deutschland (einschl. der neuen Bundesländer) 1992 einen Exportüberschuß von 21,5 Mrd. US$. Deutschlands Exporte überstiegen somit die Japans 1992 noch recht klar.

Den größten Teil des Außenhandels wickelte die Bundesrepublik Deutschland allerdings mit den Industrieländern in Europa ab. Rund 274,3 Mrd. US$, das sind 67,2% der Importe Deutschlands, kamen 1992 aus den europäischen Industrieländern. Bei den deutschen Exporten fällt die Europaabhängigkeit noch deutlicher aus. Mit 306,7 Mrd. US$ wurden 71,2% der deutschen Exporte im Jahr 1992 in die

---

[26] Die Dollarwerte wurden mit einem Wechselkurs von 1,562 DM/US$ (Jahresdurchschnittskurs für 1992, Quelle: *OECD*, 1994, S. A38) errechnet.

Industrieländer Europas ausgeführt. Im Vergleich mit Japan fällt der Außenhandel mit den asiatischen Wachstumsnationen viel zu gering aus. Für nur 11,0 Mrd. US$ exportierte Deutschland 1992 Waren in die vier NIC-Länder. Das sind gerade einmal 15% der japanischen Exporte in diese Region. Zwar konnten die Ausfuhren in die NICs 1993 auf 12,9 Mrd. US$ gesteigert werden, dennoch ist der deutsche Export in dieser Region noch viel zu schwach vertreten. Im globalen Wettbewerb gegen japanische Unternehmen müssen deutsche Industrieunternehmen ihre Anstrengungen in der asiatisch-pazifischen Region verstärken. Diesbezügliche Empfehlungen werden am Ende dieser Arbeit gegeben (vgl. *Bundesministerium für Wirtschaft*, 1994a, S. 90 ff.; eigene Berechnungen).

3.3 Ermittlung der Position der deutschen und japanischen Industrie auf der Basis eines Vergleichs der exportierten Technologien

Die deutsche Industrie war 1990 mit einem Anteil von 20,6% an den Ausfuhren der 13 OECD-Länder der größte Exporteur dieser Länder. Japan lag hinter den USA mit einem Anteil von 15,0% auf dem dritten Rang. Analysiert man die Struktur der deutschen und der japanischen Exporte, wird allerdings ein Problem der deutschen Industrie sichtbar. Der Schwerpunkt des deutschen Exports liegt bei den Mitteltechnologien. Danach folgen die Niedrigtechnologien, deren Anteil noch größer als der der Hochtechnologien ist. Bei den japanischen Exporten überwiegt der Anteil der Hochtechnologieprodukte. Der Anteil der japanischen Industrie am OECD-Export bezogen auf die Hochtechnologien übersteigt den der deutschen Industrie klar. Japan besetzt hinter den USA bei diesen Produkten den zweiten Platz noch vor Deutschland.

Aufschlußreich ist die Dynamik der japanischen Industrie im Hochtechnologiesektor. Noch 1970 lag der Exportanteil der Hochtechnologieprodukte Japans bei nur 13,2%, der Deutschlands bei 17,7%. Noch klarer fiel die Steigerung des japanischen Exportanteils bei den Mitteltechnologien aus. Hier konnte die japanische Industrie den Exportanteil von 8,5% auf 16,9% zwischen 1970 und 1990 nahezu verdoppeln. Der Anteil Deutschland stieg lediglich von 23,1% auf 24,7% (vgl. *OECD*, 1994a, S. 86).

Exportanteile der deutschen und japanischen Industrie am Gesamtexport der 13 OECD-Länder		
	Exportanteil 1990 (%)	
(Quelle: OECD, 1994a, S. 86)	Japan	Deutschland
Insgesamt	15,0	20,6
- Hochtechnologie	21,1	16,2
- Mitteltechnologie	16,9	24,7
- Niedrigtechnologie	7,1	17,9

Abbildung 6: Technologieexportanteile der deutschen und japanischen Industrie

Es ist der deutschen Industrie zwar insgesamt gelungen, mit einer hohen Innovationsintensität ihre Weltmarktposition bei den Mitteltechnologien zu behaupten (vgl. *Maurer*, 1994, S. 316)[27], um jedoch weiterhin eine Spitzenposition bei den Exporten zu besetzen, darf der Hochtechnologiebereich zukünftig nicht vernachlässigt werden. Diesbezüglich wird jedoch der deutschen Industrie vorgeworfen, unfähig zu sein, starke Positionen in neuen Branchen aufzubauen (vgl. *Porter*, 1991, S. 402; *Jens*, 1993b, S. 6)[28].

Der Vorwurf *Porters* wird im *Bundesbericht Forschung 1993* (vgl. *Bundesministerium für Forschung und Technologie*, 1993, S. 52) bestätigt. Danach hat die deutsche Industrie in den letzten Jahren FuE-intensive Waren vorwiegend in Bereichen mit unterdurchschnittlichem Wachstum angeboten. Parallel dazu hat die Spezialisierung der deutschen Industrie in überdurchschnittlichen Wachstumsbereichen, wie beispielsweise der Telekommunikationstechnik, sichtbar abgenommen. Zusätzlich ist anzumerken, daß die Patentstatistik in den Technologiefeldern, in denen die deutsche Industrie bereits heute Schwächen aufweist, eine unterdurchschnittliche Erfindungstätigkeit erkennen läßt.

---

[27] vgl. dazu auch die Ausführungen zur Position des deutschen Maschinenbaus unter 3.4.3.

[28] Ob und in welchen Bereichen des Innovationsmanagements die deutsche Industrie Schwächen aufweist, wird im empirischen Teil dieser Arbeit untersucht.

3.4 Vergleich ausgewählter deutscher und japanischer Branchen im internationalen Wettbewerb

Der Erfolg der deutschen und der japanischen Industrie auf den Weltmärkten soll im weiteren anhand einiger bedeutender Schlüsselbranchen untersucht werden. Ausgewählt wurden die vier deutschen Branchen, die im Jahr 1993 den größten Umsatz aufwiesen. Zusätzlich wurde dem Werkzeugmaschinenbau als Teilbereich des Maschinenbaus wegen seiner besonderen Eignung, japanische Weltmarktstrategien darzustellen, ein eigenes Kapitel gewidmet.

Umsatzanteile der vier deutschen Schlüsselbranchen am Gesamtumsatz des Verarbeitenden Gewerbes (inkl. Bergbau) von 1.822,0 Mrd. DM im Jahr 1993

(Quelle: BMWi, 1994a, S. 54; eigene Berechnungen)	Branchenumsatz 1993 (alte Bundesländer)	
	Umsatz in Mrd. DM	Anteil am Verarbeitenden Gewerbe (inkl. Bergbau)
Straßenfahrzeugbau	238,7	13,1%
Elektrotechnik	209,9	11,5%
Maschinenbau	195,5	10,7%
Chemische Industrie	194,2	10,7%

Abbildung 7: Umsatz der vier deutschen Schlüsselbranchen im Jahr 1993

In der Volkswirtschaft der Bundesrepublik Deutschland haben die in Abbildung 7 aufgeführten Branchen den größten Umsatzanteil. Mit einem zusammengefaßten Betrag von 838,3 Mrd. DM repräsentieren sie 46,0% aller Umsätze des Verarbeitenden Gewerbes (inkl. Bergbau) der alten Bundesländer im Jahr 1993 (vgl. *Bundesministerium für Wirtschaft*, 1994a, S. 54).

Die Anzahl der Branchen, in denen deutsche und japanische Unternehmen im globalen Wettbewerb stehen, ist damit keinesfalls vollständig erfaßt. Anders als Japan besitzt Deutschland in großen Branchen zwar keine beherrschende Position auf den Weltmärkten, hat aber eine starke Stellung in einer großen Anzahl von Branchen (vgl.

Porter, 1991, S. 388 und 406 ff.). Damit jedoch der Rahmen dieser Arbeit nicht zu weit gespannt wird, wird von einer Untersuchung weiterer Branchen abgesehen.

3.4.1 Vergleich des deutschen und japanischen Automobilbaus

Die japanische und die deutsche Automobilindustrie besetzen führende Positionen auf den Weltmärkten. Nach vielen Jahren stetigen Wachstums erreichte die Kraftfahrzeugproduktion[29] im Jahr 1990 in Japan mit 13,5 Mio. Fahrzeugen ihren Höhepunkt. Das Wachstum der japanischen Industrie wurde in den fünfziger und sechziger Jahren von einem stark wachsenden Inlandsbedarf getragen. Trotz des steigenden Bedarfs wurde der japanische Markt damals gegen Importe abgeschottet. Gleichzeitig wurden einheimische Investitionen und der Kraftfahrzeugexport durch öffentliche Zuschüsse, zinsgünstige Darlehen und Steuervergünstigungen gefördert. Ausländische Investitionen wurden unterbunden. Die zum Teil heftige Kritik, die hauptsächlich von den USA an den japanischen Exportpraktiken geübt wurde, war deshalb nicht verwunderlich (vgl. *Cheung*, 1991, S. 48).

Seit 1990 ging die japanische Inlandsproduktion kontinuierlich zurück. Im Jahr 1993 wurden mit 11,2 Mio. Kraftfahrzeugen rund 17% weniger als 1990 produziert. Ein entsprechender Rückgang war auch bei den inländischen Neuzulassungen zu verzeichnen. Während im Jahr 1990 in Japan noch 7,7 Mio. Kraftfahrzeugneuzulassungen gezählt wurden, waren es 1993 nur noch knapp 6,5 Mio. Neuzulassungen. Der Rückgang betrug demzufolge nahezu 16% (vgl. *Japan Automobile Manufacturers Associaton (JAMA)*, 1994, S. 25 ff.). Die Rezession auf dem japanischen Inlandsmarkt hat die Verletzlichkeit der japanischen Hersteller deutlich gemacht. In der Branche ist eine erhebliche Verunsicherung spürbar. Diese Verunsicherung findet in den für Japan ungewöhlichen Anpassungsmaßnahmen wie Stellenabbau und Betriebsschließungen ihren Ausdruck (vgl. *Knust*, 1995, S. 11).

Auch in Deutschland war 1993 konjunkturbedingt ein erheblicher Rückgang der Kraftfahrzeugproduktion zu beobachten. Mit rund 4,0 Mio. gefertigten Fahrzeugen lag die Produktion in Deutschland um 22,4% unter dem Wert des Jahres 1992. Die inländischen Neuzulassungen gingen ebenfalls stark zurück. Mit 3,2 Mio. war 1993 die Anzahl der Neuzulassungen bei den Personenkraftwagen in Deutschland rund 18,7% niedriger als 1992 (vgl. *Verband der Automobilindustrie (VDA)*, 1995).

---

[29] Personenkraftwagen und Nutzfahrzeuge.

Der Export der japanischen Kraftfahrzeugindustrie lag 1993 bei 5,0 Mio. Kraftfahrzeugen. Der Exportanteil an der inländischen Gesamtproduktion betrug 44,6%. Die Hauptexportregionen sind die USA mit rund 1,6 Mio. Fahrzeugen (32,2% der Gesamtexporte), die Europäische Union mit rund 977.000 Fahrzeugen (19,5% der Gesamtexporte) sowie die asiatischen Nachbarländer mit 744.000 Fahrzeugen (14,8% der Gesamtexporte) (vgl. *Japan Automobile Manufacturers Associaton (JAMA)*, 1994, S. 26).

Im Vergleich zu 1992 ging der Fahrzeugexport Japans um 11,5% zurück. Gleichzeitig steigerte die japanische Fahrzeugindustrie den Anteil der in Europa gefertigten Kraftfahrzeuge. Allein in Großbritannien wuchs der Anteil der Zulassungen von in Europa gefertigten japanischen Fahrzeugen an den gesamten japanischen Zulassungen von 13,1% im Jahr 1992 auf 35,1% (= 79.139 von 225.428 japanischen Fahrzeugen) im Jahr 1993. In Deutschland stieg dieser Anteil von 6,4% 1992 auf 13,8% 1993 (= 63.512 von 460.228 japanischen Fahrzeugen). Aufgrund des starken Yen wollen die japanischen Hersteller den Anteil der in Europa gefertigten Fahrzeuge weiter erhöhen. Angesichts sinkender Marktanteile in Europa - der Marktanteil fiel von 12,4% 1993 auf 11% im Jahr 1994 und erreichte damit den niedrigsten Wert seit fünf Jahren (vgl. *o.V.*, 1995b, S. 9) - ist es jedoch zumindest zweifelhaft, ob ein Kapazitätsausbau tatsächlich durchgeführt wird (vgl. *Knust*, 1995, S. 11).

Von der deutschen Gesamtkraftfahrzeugproduktion wurden 1993 54,5% exportiert. Mit rund 2,2 Mio. Fahrzeugen lagen die Exportwerte der Kraftfahrzeugindustrie rund 19,5% unter denen des Jahres 1992. Etwa 61% (1,35 Mio. Fahrzeuge) der deutschen Kraftfahrzeugexporte wurden 1993 in die Länder der Europäischen Union geliefert, weitere 18% (392.000 Fahrzeuge) in die restlichen europäischen Länder. Einmal mehr zeigt sich die Europaabhängigkeit der deutschen Industrie. Weitere wichtige Exportmärkte der deutschen Kraftfahrzeugindustrie waren 1993 die Länder Asiens (inkl. Japan) mit einem Anteil von 10% (227.000 Fahrzeuge) und Nordamerika mit 8% (185.000 Fahrzeuge) (vgl. *Verband der Automobilindustrie*, 1995).

Deutschland exportiert nach Japan vorwiegend Luxusfahrzeuge. Von den 1993 insgesamt 97.684 in Japan neuzugelassenen deutschen Personenkraftwagen entfielen 28,6% auf Mercedes Benz und 26,4% auf BMW. Die Exporte der deutschen Kraftfahrzeugindustrie nach Japan entsprachen in diesem Jahr wertmäßig zu 69,3% den japanischen Ausfuhren. Bezogen auf die Stückzahl fällt dieser Vergleich aus der Sicht der deutschen Industrie erheblich ungünstiger aus. Die Anzahl der nach Japan exportierten Kraftfahrzeuge betrug 1993 nur rund 21% der japanischen Ausfuhren nach Deutschland (vgl. *Japan Automobile Manufacturers Associaton (JAMA)*, 1994, S. 27). Die Ursache für den höheren wertmäßigen Anteil der deutschen Anbieter liegt darin, daß der Durchschnittswert eines von deutschen Unternehmen nach Japan exportierten Fahrzeugs den eines von Japan nach Deutschland exportierten Fahrzeugs um ein mehrfaches übersteigt (vgl. *Meckel*, 1993, S. 145).

Die deutsche Kraftfahrzeugindustrie unternimmt derzeit erhebliche Anstrengungen, den in der MIT-Studie (vgl. *Womack/Jones/Roos*, 1992) veröffentlichten Vorsprung der japanischen Kraftfahrzeugindustrie hinsichtlich Produktivität und Qualität einzuholen[30]. Mit einem Umsatz von 238,7 Mrd. DM war die Kraftfahrzeugindustrie 1993 die größte deutsche Branche (vgl. *Bundesministerium für Wirtschaft*, 1994a, S. 54). Für die deutsche Volkswirtschaft hängt deshalb angesichts der erheblichen direkten und indirekten Beschäftigungseffekte dieser Branche sehr viel vom Erfolg dieser Bemühungen ab. Entsprechend sorgfältig sind die standortbezogenen Rahmenbedingungen für diesen wesentlichen Industriezweig zu gestalten. Einfluß auf die Rahmenbedingungen, die in dieser Arbeit noch näher untersucht werden, haben der Staat, die Gewerkschaften, die Gesellschaft und auch die Hersteller selbst.

3.4.2 Vergleich der deutschen und japanischen Elektrotechnischen Industrie

Der Umsatz der japanischen Elektroindustrie betrug 1992[31] rund 653,3 Mrd. DM. Davon entfielen ca. 52% auf den Investitionsgütersektor, 23% auf den Gebrauchsgütersektor und 25% auf die Vorerzeugnisse, die auch die Mikrochipumsätze beinhalten. Im Gebrauchsgütersektor hatte die Unterhaltungselektronik mit 91,1 Mrd. DM im Jahr 1992 den weitaus größten Umsatzanteil. Gemessen am Umsatz von 700,1 Mrd. DM im Jahr 1991 verzeichnete die japanische Elektroindustrie 1992 einen Umsatzrückgang von knapp 7% (vgl. *Zentralverband Elektrotechnik- und Elektronikindustrie (ZVEI)*, 1995a).

Auch in Deutschland (gesamt) ging der Umsatz seit Anfang der 90er Jahre zurück. Während 1991 noch 181,3 Mrd. DM Umsatz erzielt wurden, lag dieser Wert 1992 mit 177,0 Mrd. DM rund 2,4% niedriger. Schließlich wurden mit 165,7 Mrd. DM 1993 gegenüber 1992 nochmals ca. 6,4% weniger Umsatz erwirtschaftet. Der Anteil der Investitionsgüter am Branchenumsatz betrug 102,6 Mrd. DM (rd. 62%), der der Gebrauchsgüter 26,0 Mrd. DM (rd. 16%) und der der Vorerzeugnisse 37,1 Mrd. DM (rd. 22%). Der im Vergleich zu Japan geringe Umsatzanteil der deutschen Elektro-

[30] Vgl. dazu auch Kapitel 4.2.2 *Lean Management - ein (japanisches ?) Gestaltungsmodell für Organisation, Logistik, Produktion und Qualität.*

[31] Zahlenmaterial aus den Jahren 1993 und 1994 lag bezogen auf Japan noch nicht vor.

gebrauchsgüter ist hauptsächlich auf die schwache Position der deutschen Unterhaltungselektronik zurückzuführen. Mit 6,6 Mrd. DM betrug die deutsche Produktion weit weniger als 10% der japanischen. Der Umsatz der deutschen Haushaltsgerätehersteller lag demgegenüber bei immerhin rund 35% des Umsatzes der japanischen Hersteller[32] (vgl. *Zentralverband Elektrotechnik- und Elektronikindustrie (ZVEI)*, 1995b, S. 1 ff.).

Die elektrotechnische und elektronische Industrie beeinflussen in zunehmendem Maße die weitere Entwicklung verschiedenster Industriebranchen von der Informations- und Kommunikationstechnik bis zur Feinmechanik und Optik. Eine herausragende Bedeutung hat dabei der Mikrochip. Auch die technologische Wettbewerbsfähigkeit der Maschinenbau- und Kraftfahrzeugindustrie hängt in zunehmendem Maße von den Mikrochips ab. In der Halbleiterindustrie, die für viele Industriebereiche eine strategische Bedeutung besitzt, haben sich die Japaner seit 1979 im intensiven Wettbewerb mit den lange dominierenden amerikanischen Herstellern eine weltführende Position aufgebaut. Deutsche Unternehmen besitzen in der Halbleiterindustrie nur eine untergeordnete Bedeutung. Unter den weltweit 20 größten Halbleiterherstellern im Jahr 1990 waren elf japanische Hersteller und lediglich ein deutsches Unternehmen, die Firma Siemens auf Platz 16 (vgl. *von den Hoff*, 1991, S. 19).

Japan hat vor allem aufgrund eines sehr hohen inländischen Bedarfs schon in den siebziger Jahren erhebliche Ressourcen auf die Halbleiterentwicklung konzentriert. Der Zusammenhang zwischen dem Mikrochip als „Rohstoff" für viele Schlüsselbranchen und der technologischen Wettbewerbsposition dieser Branchen wurde in Japan schon sehr frühzeitig erkannt. Die Unternehmen, die die Mikrochip-Märkte kontrollieren, haben indirekt auch eine Kontrollmöglichkeit über die davon abhängigen Branchen.

Bei der Bearbeitung der Zielmärkte gingen die japanischen Unternehmen außerordentlich aggressiv vor. Mit einem Preis, der in der Spitze bis zu 77% unter dem nach einer unterstellten 30% Lernkurve möglichen Preis lag, hatten die Japaner bis 1987 ihren Weltmarktantteil bei den DRAMs[33] auf 50% gesteigert. Mit erheblichem Ressourceneinsatz gelang es den ehemals führenden amerikanischen Herstellern erst 1993, die Weltmarktführerschaft von den Japanern zurückzugewinnen. Am Weltmarktvolumen von 83,1 Mrd. US$ hatten die amerikanischen Hersteller 1993 einen Anteil von 41,9%, die japanischen Hersteller 41,4%. Der Anteil der europäischen Hersteller zusammengefaßt betrug lediglich 9,3% (vgl. *Bagger*, 1993, S. 77 ff.; *Zimmermann*, 1992, S. 9; *Dataquest*, 1994).

---

[32] Da für 1993 noch keine japanischen Umsatzzahlen vorlagen, wurde der Vergleich auf der Grundlage der Werte des Jahres 1992 durchgeführt.
[33] Digital Random Access Memories

Die starke Position der japanischen im Vergleich zur deutschen Elektronikindustrie wird jedoch nicht nur bei den Mikroprozessoren sichtbar. Vor allem der Markt der Büroautomatisierung, darunter Telefaxgeräte, Fotokopierer und elektronische Drucker, wird von den Japanern weltweit beherrscht. Der japanische Marktanteil bei den Büroautomationsprodukten betrug 1990 in den USA 57%, in Europa 61% und in Japan 87% (vgl. *Kappler*, 1991, S. 29 ff.).

Die Stärke der japanischen Industrie wird auch an der Zahl der Großunternehmen im Bereich der Elektrobranche erkennbar. Während 1970 unter den 15 weltgrößten Elektrounternehmen nur drei japanische Hersteller waren, waren es 1990 schon sieben (vgl. *Zimmermann*, 1992, S. 4 f.). Lediglich ein deutsches Unternehmen läßt sich den 15 weltgrößten Elektroherstellern zuordnen .

3.4.3 Vergleich des deutschen und japanischen Maschinenbaus

Der Maschinenbau kann mit einem Umsatz (Produktionswert) von 190,5 Mrd. DM 1993, von denen 113,3 Mrd. DM exportiert wurden, als eine der Schlüsselbranchen der deutschen Industrie angesehen werden (vgl. *Verband Deutscher Maschinen- und Anlagenbau (VDMA)*, 1994, S. 30). Die japanische Industrie lag 1990 zwar mit einem Umsatz (Produktionswert) von 294,1 Mrd. DM noch deutlich vor dem deutschen Maschinenbau, der zu diesem Zeitpunkt noch einen Umsatz (Produktionswert) von 187,0 Mrd. DM erreichte. Ihr Export war 1990 mit 62,1 Mrd. DM aber verglichen mit dem deutschen Exportumsatz von 104,3 Mrd. DM erheblich niedriger. Die japanischen Maschinenbauunternehmen produzieren demzufolge überwiegend für die Versorgung des Heimmarktes. Wegen der hohen Eigenversorgung sind die Maschinenbauimporte Japans entsprechend gering. Nur 12,6 Mrd. DM japanischer Maschinenbauimporte stehen einem Wert von 38,2 Mrd. DM der deutschen Industrie im Jahr 1990 gegenüber (vgl. *Vieweg/Hilpert*, 1993, S. 20).

Mit einem branchenbezogenen Exportüberschuß von annähernd 60 Mrd. DM im Jahr 1990 war der deutsche Maschinenbau noch vor dem Straßenfahrzeugbau der größte deutsche Nettoexporteur (vgl. *Link*, 1992, S. 6). Im Jahr 1993 betrug der Exportüberschuß des deutschen Maschinenbaus noch 47,3 Mrd. DM (vgl. *Verband Deutscher Maschinen- und Anlagenbau (VDMA)*, 1994, S. 30).

Deutschland war mit einem Anteil von 18,2% (1990 noch 21,5%) an der Maschinenausfuhr der westlichen Industrieländer 1992 Weltmarktführer. Der entsprechende Anteil Japans betrug im gleichen Jahr 17,3% (1990 noch 16,9%). Es ist allerdings die Dynamik des japanischen Wachstums zu beachten. Im Jahr 1974 lag der Anteil Deutschlands bei 26,2%, der Japans bei 8,3%. Innerhalb von nur 10 Jahren verdoppelte Japan seinen Anteil auf 16,8% im Jahr 1984. Das Wachstum Japans ging vor allem zu Lasten des amerikanischen und ebenso des deutschen Maschinenbaus, der 1984 mit 18,7% Anteil an der Ausfuhr der westlichen Industrieländer einen ersten Tiefstand zu verzeichnen hatte. Nach einer kurzen Hochphase mit einem Anteil von 21,5% im Jahr 1990 fiel der deutsche Maschinenbau jedoch wieder auf 18,2% im Jahr 1992 zurück (vgl. *Verband Deutscher Maschinen- und Anlagenbau (VDMA)*, 1992, S. 274 und 1994, S. 216).

Das seit Mitte 1991 deutlich abgeflachte Wachstum der japanischen Wirtschaft schlug sich auch auf den Maschinenbau des Landes nieder. Die Situation war vergleichbar mit der in Deutschland, wo ebenfalls Produktionsrückgänge hinzunehmen waren (vgl. *Link*, 1992, S. 1). Da auch die USA und einige europäische Länder lange unter der Rezession litten, waren für die deutsche und die japanische Industrie aus dem Export keine Impulse zu erwarten (vgl. *VDMA-Japan*, 1992, S. 3).

Die Zahl der Beschäftigten, die in Deutschland im Maschinenbau tätig sind, liegt seit vielen Jahren bei ca. 1 Mio., mit einem Spitzenwert von 1,28 Mio. im Jahr 1992 (vgl. *VDMA*, 1994, S. 16). In der japanischen Industrie sind nur ca. 70% der Zahl der deutschen Mitarbeiter in dieser Branche beschäftigt. Allerdings läßt die im Durchschnitt um 60% höhere Ausbringung der japanischen Maschinenbauunternehmen auf eine höhere Produktivität schließen (vgl. *Vieweg/Hilpert*, 1993, S. 21). Beim detaillierten Vergleich der Leistung und Kostenstruktur des deutschen und japanischen Maschinenbaus wird diese Annahme klar bestätigt. Der durchschnittliche Umsatz je Beschäftigtem im japanischen Werkzeugmaschinenbau lag 1990 bei 495 TDM, im deutschen demgegenüber bei 186 TDM. Der Anteil der Personalkosten am Umsatz des Maschinenbaus betrug in Japan 1990 nur 14,4% gegenüber 27,5% in Deutschland. Die Wertschöpfung pro Kopf lag 1990 im japanischen Maschinenbau mit 123 TDM rund 50% höher als im deutschen mit nur 81 TDM. Der Wertschöpfungsanteil am Umsatz des japanischen Maschinenbaus beträgt nur 24,9% gegenüber 40,4% in deutschen Maschinenbauunternehmen (vgl. *Vieweg/Hilpert*, 1993, S. 23 ff.; *Verband Deutscher Maschinen- und Anlagenbau (VDMA)*, 1992, S. 22 f.).

Die Ursachen für die höhere Produktivität der japanischen Unternehmen sind sehr komplex und für eine rein mathematische Herleitung wenig geeignet. Einige Determinanten sollen jedoch kurz erwähnt werden. Ein Erklärungsansatz für die auf Jahresbasis gemessene höhere Produktivität liegt in der um ein Drittel höheren

Jahresarbeitszeit in Japan[34]. Ein weiterer Erklärungsansatz liegt in der für Japan typischen Zuliefererstruktur begründet. Ein großer Teil der Vorleistungen der japanischen Original Equipment Manufacturer (OEM) wird durch Unterlieferanten erbracht. Diese Unterlieferanten arbeiten, da Flächentarifverträge wie in der deutschen Industrie nicht existieren, auf einem deutlich geringeren Lohnniveau. Hinter einer nominell geringeren Wertschöpfung je Mitarbeiter bei den Unterlieferanten verbirgt sich demnach eine real höhere Leistung. Die im Vergleich zu deutschen Unternehmen „unterbewerteten" Vorleistungen erlauben den japanischen OEM somit die Realisierung einer im Vergleich zu deutschen Unternehmen „überbewerteten" Wertschöpfung[35] (vgl. *Vieweg/Hilpert*, 1993, S. 24 f.). Auch die im deutschen Maschinenbau vorherrschende Produktionstechnik der Einzelfertigung und der begrenzten Losgrößen führt im Vergleich mit Japan zu einer geringeren Produktivität (vgl. *Link*, 1992, S. 12 f.). Die Strategie der flexiblen Massenfertigung (vgl. *Brödner/ Schultetus*, 1992, S. 12 f.) bringt den Japanern sichtbare produktivitätsbezogene Vorteile.

Technologisch besetzt die deutsche Maschinenbauindustrie weltweit die Spitzenposition, was sich vor allem in der Anzahl bedeutender Erfindungen niederschlägt. Die deutsche Industrie hat im Bereich des Maschinenbaus zwischen 1987 und 1990 mit fast einem Viertel aller weltweit in diesem Technologiebereich gemachten Erfindungen deutlich mehr Patente angemeldet als Japan, das nur auf rund ein Fünftel kommt (vgl. *Vieweg*, 1993, S. 13). Dabei liegt die technologische Stärke des deutschen Maschinenbaus vor allem in der Breite der abgedeckten Technologiefelder. Die Forschungs- und Entwicklungsaktivitäten der japanischen Maschinenbauer sind demgegenüber auf einzelne Technikgebiete konzentriert. Bedenklich ist allerdings, daß bei einigen fortschrittlichen Schlüsseltechnologien für Maschinenbauprodukte die deutsche Industrie international keine führende Rolle spielt. Das kann zu einer verzögerten Einführung innovativer Produkte führen. Als Beispiel sei dafür die verzögerte Einführung der NC-Technik zu Beginn der achtziger Jahre angeführt. Damals hat der deutsche Maschinenbau vorübergehend erhebliche Marktanteile verloren (vgl. *Vieweg/Hilpert*, 1993, S. 45 f.).

Mit Blick auf die Zukunft muß ein weiterhin intensiver Technologiewettbewerb zwischen der deutschen und japanischen Industrie vor allem bei Serienmaschinen befürchtet werden. Die stark anwendungsorientierte Forschungs- und Entwicklungsarbeit der japanischen Unternehmen zeitigt sichtbare Erfolge bei Spitzentechnologieprodukten des Maschinenbaus. Hochgeschwindigkeits-Bearbeitungszentren, hochautomatisierte CIM-Fabriken und 32-bit NC-Systeme werden als Beispiele dafür genannt (vgl. *Dannenberg*, 1991, S. 55). Seine führende Position wird

---

[34] vgl. dazu die Ausführungen in Kapitel 4.1.4.4 *Arbeitszeiten in Japan*.

[35] Die Struktur der Zulieferbeziehungen im japanischen Markt wird unter 4.1.3.3 *Subcontracting in Japan* ausführlicher erläutert.

der deutsche Maschinenbau nur behaupten können, wenn es ihm gelingt, technisch anspruchsvolle Produkte auch zukünftig zu wettbewerbsfähigen Preisen herzustellen (vgl. *Oppenländer*, 1993, S. 8).

3.4.4 Vergleich des deutschen und japanischen Werkzeugmaschinenbaus

Der Werkzeugmaschinenbau ist ein Teilbereich des Maschinenbaus, von dem wichtige Impulse für die Leistungsfähigkeit der Produktion anderer Branchen wie beispielsweise der Automobil- und Elektroindustrie ausgehen. Wegen des intensiven Wettbewerbs, der zwischen deutschen und japanischen Unternehmen des Werkzeugmaschinenbaus seit vielen Jahren auf den Weltmärkten stattfindet, soll dieses bedeutende Segment des Maschinenbau-Marktes in diesem Kapitel vertieft dargestellt werden. Im Rahmen der Darstellung können wichtige Einblicke in die Strategie der japanischen Unternehmen auf den Weltmärkten gewonnen werden. Ebenso werden einige der japanischen Erfolgsdeterminanten sichtbar.

Die japanische Werkzeugmaschinenindustrie verzeichnet seit Mitte der siebziger Jahre ein sehr starkes Wachstum. Der Produktionswert der japanischen Werkzeugmaschinenhersteller liegt seit 1981 vor dem der amerikanischen und deutschen Anbieter. Nach einer Schwäche, die auf die verzögerte Einführung der NC-Technologie zurückzuführen war, gelang es der deutschen Werkzeugmaschinenindustrie jedoch, den Anschluß an die Japaner wiederzufinden. Die deutsche Werkzeugmaschinenproduktion betrug im Jahr 1990, kurz vor dem Beginn der Rezession, rund 16 Mrd. DM (vgl. *Brödner/Schultetus*, 1992, S. 12)[36] und lag damit gleichauf mit der japanischen Industrie. Der Anteil der beiden Länder am Weltmarktvolumen von 70 Mrd. DM betrug 1990 ca. 23%. Allerdings exportierte die japanische Industrie 1990 mit rund 658 Mio. DM nahezu doppelt soviel Werkzeugmaschinen nach Deutschland, wie sie aus Deutschland importierte. Der japanische Import aus Deutschland betrug 1990 lediglich 348 Mio. DM (vgl. *Verband Deutscher Maschinen- und Anlagenbau (VDMA)*, 1992, S. 104 f.).

Den japanischen Anbietern gelang es, in den achtziger Jahren durch die Ausstattung der Werkzeugmaschinen mit numerischen Steuerungen eine starke Position in Asien,

---

[36] Die Studie von *Vieweg/Hilpert*, 1992, S. 12 ff. weist hier andere Werte auf. Für Deutschland wurde ein Produktionswert von 14 Mrd.DM, für Japan ein Wert von 18,5 Mrd.DM angegeben. Da *Vieweg/Hilpert* als Quelle den *American Machinist* angeben, kann der Unterschied wechselkursbedingt sein. Die Werte, die *Brödner, Schultetus* verwenden, stimmen auf Deutschland bezogen mit denen des *VDMA*, 1992, überein.

den USA und sogar in Europa aufzubauen (vgl. *Makino/Hoshino*, 1991, S. 48). Außerhalb Europas mußte die deutsche Werkzeugmaschinenindustrie demgegenüber zur gleichen Zeit Marktanteilsverluste hinnehmen. Im europäischen Markt konnte Deutschland seine Position jedoch deutlich festigen (vgl. *Vieweg*, 1991, S. 29; *Vieweg/Hilpert*, 1992, S. 57 f.). Die unter 3.2 geäußerte Kritik an der starken Europaabhängigkeit der deutschen Industrie gilt auch für den Werkzeugmaschinenbau. Will dieser Industriezweig auch weiterhin im Wettbewerb gegen japanische Industrieunternehmen bestehen, müssen alle globalen Schlüsselmärkte intensiv bearbeitet werden[37].

Das Wachstum der japanischen Werkzeugmaschinenindustrie ging hauptsächlich zu Lasten der USA, die zwischen 1981 und 1988 einen Produktionsrückgang von 4 Mrd. US$ auf 1,5 Mrd. US$ hinzunehmen hatte (vgl. *Brödner/Schultetus*, 1992, S. 12 f.; *Vieweg*, 1991, S. 28 f.). Die Gründe für das starke japanische Wachstum liegen in der Entwicklung des Inlandsmarktes. Vor allem die Wechselwirkung zwischen der Entwicklungsdynamik der Autoindustrie und des Maschinenbaus ließen den Bedarf an programmierbaren Werkzeugmaschinen und anderen Komponenten computergestützter Produktionssysteme sehr rasch wachsen. Die schnelle Penetration der gesamten japanischen Industrie mit innovativen Produktionsmitteln war einerseits der Wachstumsmotor für die japanische Werkzeugmaschinenindustrie und hat andererseits zu einer erheblichen Prozeßmodernisierung in allen Industriebereichen geführt (vgl. *Brödner/Schultetus*, 1992, S. 13).

Der stark ansteigende Bedarf an Werkzeugmaschinen in Japan ermöglichte es den Anbietern, auf der Basis wirtschaftlicherer Losgrößen zu fertigen. Den dadurch bedingten Kostenvorteil nutzten die Japaner, hochwertige Werkzeugmaschinen zu attraktiven Preisen auch auf den Weltmärkten anzubieten. Mit dem Konzept der flexiblen Massenfertigung grenzten sie sich klar von der Strategie der deutschen Wettbewerber ab. Traditionell bieten die deutschen Werkzeugmaschinenhersteller kundenspezifisch spezialisierte Qualitätsmaschinen an (vgl. *Brödner/Schultetus*, 1992, S. 13; *Vieweg*, 1991, S. 29; *Vieweg/Hilpert*, 1992, S. 57 f.). Insbesondere in rezessiven Phasen besteht für den Anbieter von Präferenzprodukten aber die Gefahr der Substitution durch Standardprodukte. Bieten diese Standardprodukte bei akzeptabler Qualität einen deutlichen Preisvorteil, so nimmt der Käufer auch kleinere funktionale Nachteile hin. Das Ergebnis ist dann häufig ein Preiswettbewerb zwischen dem Präferenz- und dem Mengenanbieter, bei dem der Präferenzanbieter meist in der schlechteren Ausgangsposition ist.

---

[37] Die Voraussetzungen und die Strategien einer stärkeren Internationalisierung werden am Ende dieser Arbeit dargestellt.

Die technologische Position der deutschen Werkzeugmaschinenindustrie ist im weltweiten Vergleich relativ stark. Allerdings bieten die Technologien, auf denen diese starke Position beruht, nur noch geringe Innovationspotentiale. Der Anteil der konventionellen Technologien ist international gesehen zu hoch. Um den Bestand deutscher Unternehmen dauerhaft zu sichern, sind verstärkte Innovationsanstrengungen und ein Umstieg auf neue Technologien für diese Branche unerläßlich (vgl. *Vieweg*, 1991, S. 29).

Seit Anfang der neunziger Jahre sind sowohl die deutschen als auch die japanischen Hersteller von der weltweiten Rezession betroffen. Eine weltweit zurückhaltende Investitionsneigung verursachte erhebliche Nachfrageeinbrüche. Allein in Japan ging der Auftragseingang von 1.412 Mrd. Yen[38] 1990 auf 722 Mrd. Yen 1992 zurück. Der Rückgang in Deutschland fiel ähnlich dramatisch aus. Im Jahr 1993 betrug die deutsche Werkzeugmaschinenproduktion nur noch rund 10 Mrd. DM. Der Produktionsrückgang gegenüber 1990 betrug somit nahezu 40%. Dramatisch fiel auch der Arbeitsplatzabbau in dieser Branche aus. Von 103.000 Mitarbeitern in den alten Bundesländern im Jahr 1990 wurden fast 30% abgebaut. Die Zahl der Beschäftigten im Werkzeugmaschinenbau des wiedervereinigten Deutschlands betrug 1993 nur noch ca. 72.500 Mitarbeiter (vgl. *Odrich, B.*, 1993b, S. 4; *Burckhardt/Schäfer*, 1992, S. 17 ff.; *Eglau*, 1994, S. 19).

Verglichen mit den japanischen Werkzeugmaschinenbauern weisen die deutschen Unternehmen dieser Branche einige erhebliche Schwächen auf. Zum einen verleiht die deutlich höhere Eigenkapitalausstattung den japanischen Unternehmen eine wesentlich bessere Krisenfestigkeit. Zum anderen zeigten sich bei einem Vergleich führender japanischer und deutscher Werkzeugmaschinenhersteller erhebliche Produktivitätsunterschiede[39]. Verglichen mit dem deutschen Spitzenunternehmen besaßen die untersuchten drei japanischen Unternehmen eine 1,7-fach bis 3,5-fach größere Produktivität. Die Umsatzrendite der untersuchten japanischen Unternehmen lag 1,2 bis 2,8 mal so hoch wie bei dem deutschen Spitzenunternehmen (vgl. *Brödner/ Schultetus*, 1992, S. 15 oder auch *Dannenberg*, 1991, S. 51). Auch an diesen Kennziffern läßt sich der Handlungsbedarf zur Steigerung der Leistungsfähigkeit der deutschen Werkzeugmaschinenindustrie ablesen.

---

[38] Wechselkurs 1992: 100 Yen = 1,27 DM

[39] Zu den Ursachen der höheren Produktivität vgl. auch 3.4.3.

3.4.5 Vergleich der deutschen und japanischen Chemieindustrie

Der Anteil Deutschlands am Welt-Chemieumsatz betrug 1993 8,4%. Der japanische Anteil lag mit 17,3% im Jahr 1993 mehr als doppelt so hoch. Dabei fällt insbesondere das unterschiedliche Wachstum der Chemieproduktion in den beiden Ländern auf. Während die japanische Chemieproduktion zwischen 1980 und 1992 mit jährlich durchschnittlich 2,5% gewachsen ist, betrug dieser Wert bezogen auf Deutschland (alte Bundesländer) lediglich 1,9% (vgl. *Statistisches Bundesamt*, 1994a, S. 44; *Verband der Chemischen Industrie*, 1994a, S. 3 ff.; *Verband der Chemischen Industrie*, 1994b, S. 16 f.).

Die chemische Industrie Deutschlands war 1992 mit einem Exportumsatz von 87,2 Mrd.DM und einem Anteil von 17,1% am Welt-Chemieexport weltgrößter Exporteur. Japan folgte mit 39,5 Mrd.DM und einem Anteil von 7,7% an dritter Stelle noch hinter den USA. Obwohl die Exporte 1993 um 7,1% zurückgingen, war die Chemieindustrie mit einer Ausfuhr von 80,9 Mrd. DM nach dem Straßenfahrzeugbau und dem Maschinenbau die drittgrößte deutsche Exportbranche. Auch bei den deutschen Importen lag die Chemie mit 46,6 Mrd. DM 1993 auf dem dritten Platz (vgl. *Verband der Chemischen Industrie*, 1994b, S. 16 f.).

Von den Gesamtexporten der deutschen Chemieindustrie wurden 1993 70,3% in Europa abgesetzt, allein 47,9% in den Ländern der Europäischen Union. Mit einem Anteil von 14,1% lag Asien 1993 an zweiter Stelle der Exportregionen der deutschen Industrie. Während der europäische Export zwischen 1992 und 1993 um 11,8% zurückging, konnte der Asienexport der deutschen Chemieindustrie im gleichen Zeitraum um 6,5% gesteigert werden (vgl. *Verband der Chemischen Industrie*, 1994b, S. 88 f.).

Die deutsche Chemieindustrie verlagert ihre Produktion zunehmend in das Ausland. Während die Sachanlageinvestitionen der deutschen Chemieindustrie 1990 noch über 12 Mrd. DM betrugen, sank dieser Betrag auf rund 9,5 Mrd. DM im Jahr 1993. Der Anteil der Auslandsinvestitionen stieg demgegenüber seit 1986 kontinuierlich. Im Jahr 1993 lagen die Auslandsinvestitionen mit rund 9 Mrd. DM etwa auf dem Niveau der Investitionen im Inland. Bereits seit 1988 stammen etwa 50% des Umsatzes deutscher Chemieunternehmen aus ausländischer Produktion. Einer der Gründe hierfür ist sicherlich in den hohen Arbeitskosten zu finden, bei denen die deutsche Industrie die Weltspitzenposition besetzt. Mit 56,74 DM je Beschäftigtenstunde (alte Bundesländer) liegt die deutsche Chemieindustrie auch deutlich vor der japanischen Chemieindustrie, die mit 46,40 DM im weltweiten Vergleich den fünften Platz besetzt (vgl. *Verband der*

Chemischen Industrie, 1994a, S. 3 ff.; *Verband der Chemischen Industrie*, 1994b, S. 17 f.).

Wie die bereits beschriebenen Industriezweige steht auch die deutsche Chemieindustrie vor zahlreichen neuen Herausforderungen. Diese reichen vom Aufwachsen neuer Wettbewerber in der asiatisch-pazifischen Region über die Öffnung Osteuropas bis hin zu einem erheblichen Wandel der Werte und des Verhaltens der Konsumenten. Vor diesem Hintergrund prognostiziert die deutsche Chemieindustrie eine dauerhafte Verschiebung regionaler Märkte und Produktionsstandorte (vgl. *Verband der Chemischen Industrie*, 1994a, S. 3).

3.5 Das Image der deutschen und der japanischen Industrie auf den Weltmärkten

Wenn auch die deutsche Industrie beim Branchenvergleich gegenüber der japanischen Industrie einzelne Schwächen aufweist, so ist sie doch international gesehen sehr erfolgreich. Der hohe Anteil der deutschen Industrie am Welthandel verdeutlicht diesen Sachverhalt[40]. Von der einheimischen Bevölkerung und den deutschen Führungskräften wird das „Made-in-Image" Deutschlands als ein wesentlicher Grund für den Erfolg deutscher Produkte auf den Weltmärkten gesehen. Das Ausland schätzt allerdings das deutsche „Made-in-Image" vor allem im Vergleich zum japanischen Image nicht so überlegen ein. Zwei empirische Studien sollen diese Aussage belegen. Eine der Studien wurde in der Bundesrepublik Deutschland durchgeführt, die andere in sieben Industrienationen, darunter auch Deutschland und Japan.

Im Rahmen der ersten Studie befragte das Meinungsforschungsinstitut EMNID in der Bundesrepublik Deutschland 1036 Bundesbürger sowie 200 Geschäftsführer und Führungskräfte von Unternehmen mit mehr als 500 Mitarbeitern zum Thema „Made-in-Image" (vgl. *Tacke*, 1991, S. 29 ff.). Verglichen wurde das deutsche Image mit dem von vier weiteren Ländern. Eines dieser vier Länder war Japan.

Unter anderem wurden die Bevölkerung und die Führungskräfte nach ihrer Einschätzung befragt, welche Länder die größte Produktkompetenz in einer Auswahl von Branchen aufweisen. Die Ergebnisse sind in den nachfolgenden Schaubildern zusammengefaßt.

---

[40] Vgl. dazu auch Kapitel 3.2 *Anteile der deutschen und japanischen Industrie am Welthandel.*

Vergleich der Produktkompetenz Deutschlands und Japans auf der Basis einer Befragung der deutschen Bevölkerung und deutscher Führungskräfte			
Deutschland besitzt größte Produktkompetenz		Japan besitzt größte Produktkompetenz	
Meinung der Bevölkerung	Meinung der Führungskräfte	Meinung der Bevölkerung	Meinung der Führungskräfte
* Automobile * Finanzdienstleistungen * Chemie * Touristik * Umwelttechnik * Maschinen- und Anlagenbau * Nahrungsmittel * Pharma-Produkte * Sportartikel * Haushaltsgroßgeräte	* Automobile * Finanzdienstleistungen * Chemie * Umwelttechnik * Maschinen- und Anlagenbau * Nahrungsmittel * Pharma-Produkte * Haushaltsgroßgeräte	* Unterhaltungselektronik * Kameras * Elektrokleingeräte	* Unterhaltungselektronik * Kameras * Elektrokleingeräte
Quelle: Tacke, W., Präsentation der Ergebnisse einer EMNID-Umfrage zum Thema "Made-in-Images", in: Kahrmann, V., Sauerland, D., (Hrsg.), Made in Germany - Die internationale Wettbewerbsfähigkeit der deutschen Industrie, Stuttgart u.a. 1991, S. 29 - 35			

Abbildung 8: Vergleich der deutschen und japanischen Produktkompetenz

In bezug auf die länderspezifische Produktkompetenz besteht bei der Bevölkerung und dem Management ein relativ einheitliches Bild über Deutschland und Japan. Die japanische Kompetenz liegt nach Meinung der beiden befragten Gruppen im Bereich der Unterhaltungselektronik, der Kameras (Photoindustrie) und der Elektrokleingeräte. Die deutsche Industrie dominiert in den klassischen Bereichen Automobil, Maschinen- und Anlagenbau, Chemie und Pharma sowie Haushaltsgroßgeräte. Eine sehr gute Position wird der deutschen Industrie auch bei der Umwelttechnik zugestanden.

Eine weitere Fragestellung bezog sich auf die Zuordnung von Produktattributen zu den einzelnen Ländern. Nach Einschätzung der deutschen Bevölkerung dominieren, wie Abbildung 9 zeigt, die deutschen Produkte bei **allen** aufgeführten Merkmalen.

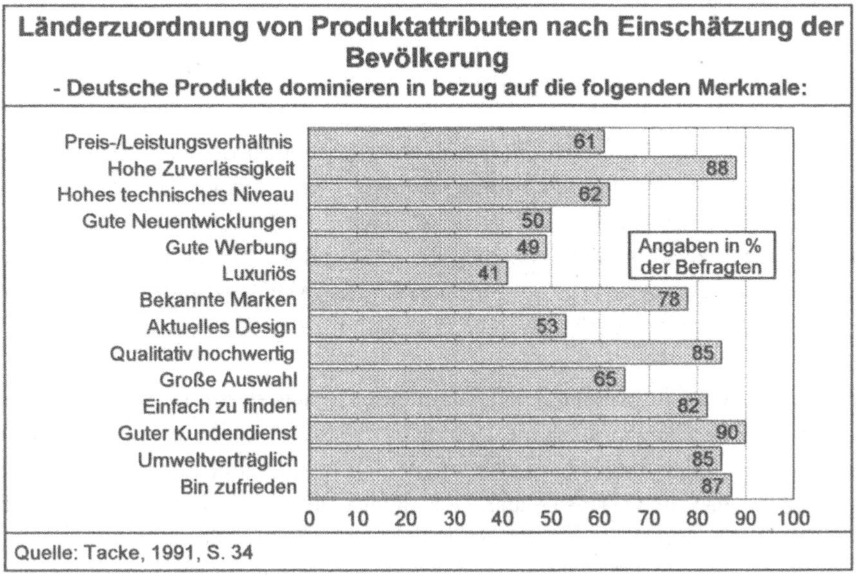

Abbildung 9: Produktattribute nach Einschätzung der Bevölkerung

Auch die Befragung des Managements führte zu einem klar positiven Ergebnis für die deutsche Industrie.

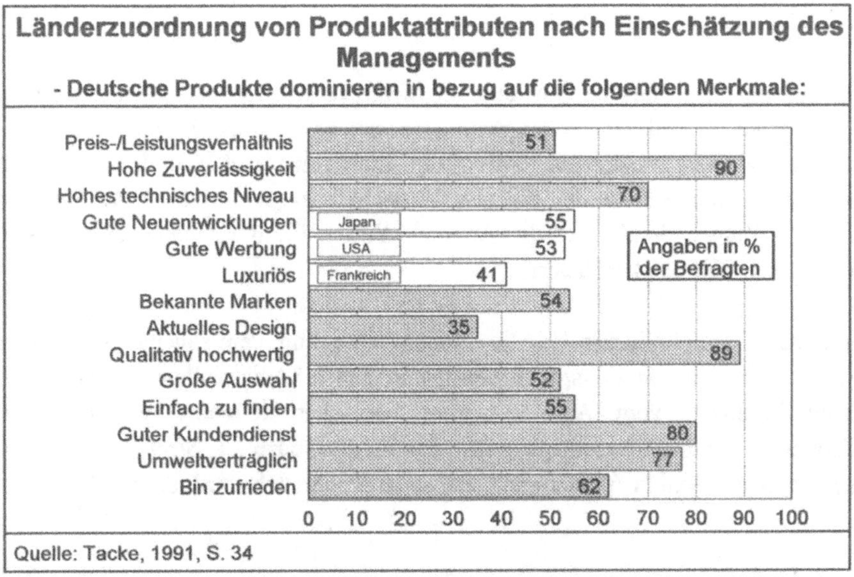

Abbildung 10: Produktattribute nach Einschätzung des Managements

Bis auf die Produktattribute „Luxuriös“ (Frankreich), „Gute Werbung“ (USA) und „Gute Neuentwicklungen“ (Japan) wurden die deutschen Produkte vom deutschen Management besser als die der ausländischen Wettbewerber beurteilt.

Sowohl das Management als auch die Bevölkerung bestätigen der deutschen Industrie unter anderem eine deutlich dominante Stellung beim technischen Niveau, der Zuverlässigkeit und der Qualität der Produkte. Diese positive Selbsteinschätzung im Inland wird durch die Fremdeinschätzung des Auslandes nicht bestätigt. Als Beleg dafür soll eine weitere empirische Imagestudie, die das „Made-in-Image“ Deutschlands im Ausland verdeutlicht, angeführt werden (vgl. *Kühn*, 1993, S. 119 ff.).

Im Rahmen dieser Studie wurden 3.347 Führungskräfte aus sieben Ländern im Herbst 1991 zu ihren Vorstellungen über die Unternehmen und Produkte der sieben Länder befragt. Bei den Ländern handelte es sich um die Schweiz, Großbritannien, Frankreich, Italien, USA, Japan und Deutschland. Vor allem die Ergebnisse des Vergleichs zwischen Deutschland und Japan sollen im weiteren referiert werden.

Unter den genannten Nationen nimmt Japan vor Deutschland sowohl beim Produkt- als auch beim Unternehmensimage die führende Position ein. Beim Vergleich des allgemeinen Images, das auf der folgenden Seite in Abbildung 11 dargestellt ist, fällt auf, daß die Führungskräfte Japan, neben einer größeren internationalen Orientierung und Konkurrenzfähigkeit, vor allem eine aggressivere Unternehmenspolitik bescheinigen. Dieses aggressivere Unternehmensverhalten bringt Japan auf globalen Märkten gelegentlich einige Schwierigkeiten.

Obwohl das Image japanischer Industrieunternehmen, wie in der soeben erwähnten Studie nachgewiesen, auf den Weltmärkten ansonsten sehr gut ist, wird an japanischen Wettbewerbspraktiken zunehmend Kritik geübt. Zum einen, weil man Japan vorwirft, Importbarrieren zum Schutz der eigenen Wirtschaft gegen ausländische Produkte aufzubauen[41]. Zum anderen wird die Art und Weise, wie die Japaner ausländische Märkte besetzen, sehr stark kritisiert[42].

Die Japan-Kritik gipfelte in den USA in offener Aggression, dem sogenannten „Japan-Bashing“[43]. Unter diesem Leitspruch wurden in den USA vor allem im Jahr 1992 japanische Produkte, vom Auto bis zum Fernseher, teilweise vor laufenden Fernsehkameras mit dem Vorschlaghammer zerstört (vgl. dazu u.a. *Streib/Ellers*, 1994, S. 30 f.). An diesen Aktionen beteiligten sich sogar Kongreßabgeordnete.

---

[41] Die japanischen Marktbarrieren werden in Kapitel 4.1.3.1 ausführlicher analysiert und kommentiert.

[42] Die Kritik an japanischen Marktbearbeitungsstrategien geht bis zum Vorwurf des Dumpings (vgl. *Zimmermann*, 1992, S. 9 f.). Eine intensivere Analyse des japanischen Marketings erfolgt in Kapitel 4.2.4.

[43] „Japan-Bashing“ heißt soviel wie „Japan-Dresche“.

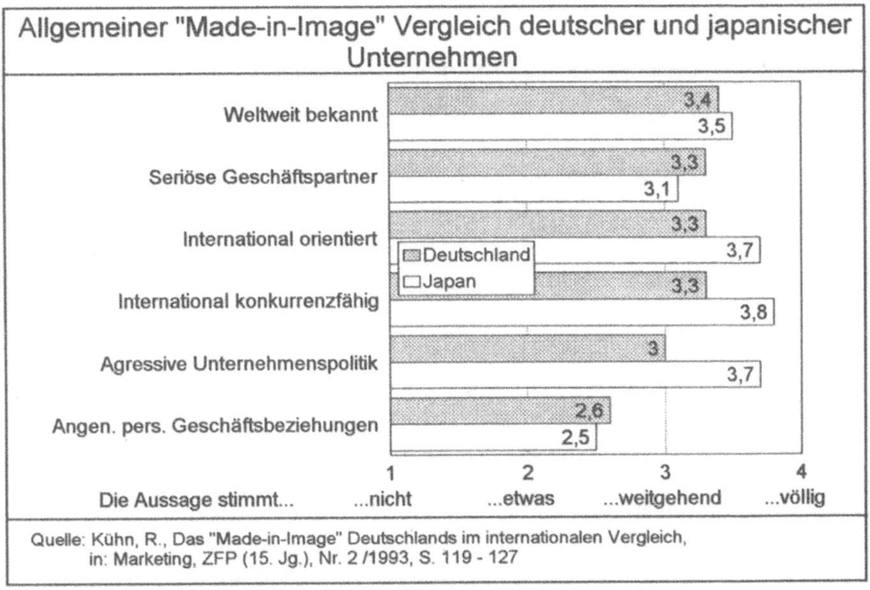

Abbildung 11: Imagevergleich deutscher und japanischer Unternehmen

Japanische Führungskräfte sind sich über die kritische Einstellung der Wettbewerber auf den Weltmärkten gegenüber den japanischen Praktiken im klaren. Nach der Einschätzung von *Akio Morita*, dem Gründer des Sony Konzerns, müssen sich japanische Unternehmen bewußt werden, „... *daß die europäische und amerikanische Toleranz gegenüber japanischen Praktiken ihre Grenzen erreicht hat.*" (*Machetzki*, 1993b, S. 192).

Beim produktbezogenen Image liegen Deutschland und Japan in bezug auf die Qualitätsbewertung gleichauf. Die qualitative Überlegenheit der deutschen Produkte, die in der EMNID-Befragung auf nationaler Ebene ermittelt wurde, läßt sich in dieser internationalen Befragung nicht nachweisen. Vielmehr kann von einer produktbezogen gleichen Qualität der Japaner ausgegangen werden.

Deutliche Nachteile ergeben sich für die deutschen Produkte mit Blick auf die Technologie und den Preis gegenüber dem japanischen Angebot. Der technologische Stand und der Innovationsgrad der japanischen Produkte werden erheblich besser bewertet. Auch beim Preis/Leistungs-Verhältnis sind die japanischen Produkte den deutschen überlegen. Das führt dazu, daß die japanischen Produkte als insgesamt preiswerter eingestuft werden.

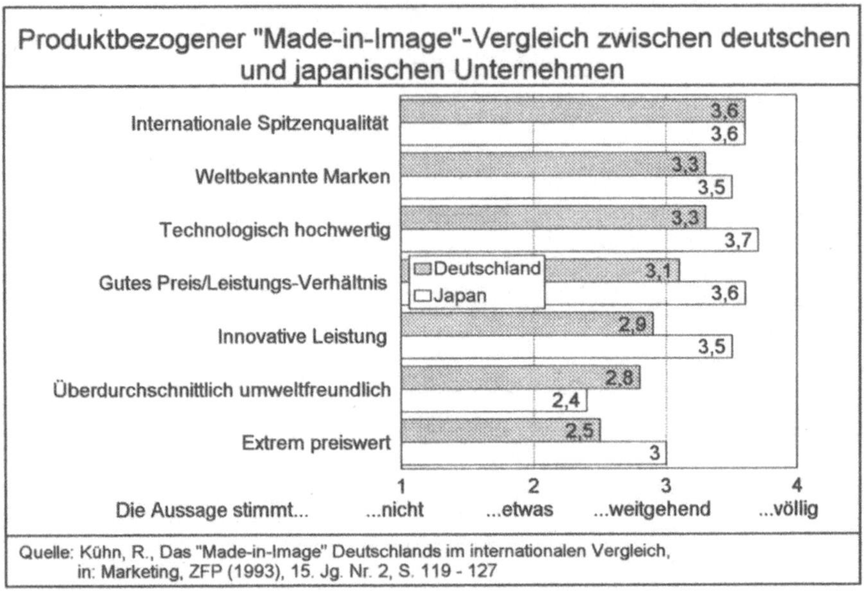

Abbildung 12: Produktimage deutscher und japanischer Unternehmen

Lediglich bei der Umweltfreundlichkeit besitzen deutsche Produkte nach der Einschätzung ausländischer Führungskräfte gegenüber den japanischen einen Vorteil.

Die deutsche Selbsteinschätzung aus der zuvor behandelten EMNID-Umfrage muß vor dem Hintergrund dieser internationalen Befragung kritisch gesehen werden. Man kann beim Vergleich beider Umfragen in der EMNID-Studie schon eine fast überhebliche deutsche Einstellung gegenüber japanischen Produkten feststellen.

Bei der Frage, welche deutschen Branchen einen international hervorragenden Ruf genießen, kommen beide Studien zum gleichen Ergebnis. Der Automobilbau, der Maschinenbau, die Chemieindustrie und die Pharmaindustrie sind auch nach der Meinung internationaler Führungskräfte die Branchen, in denen Deutschland Weltgeltung besitzt. Bis auf die Pharma-Industrie, die teilweise dem Hochtechnologiesektor zuzuordnen ist, handelt es sich aber bei den deutschen Spitzenbranchen ausschließlich um Mitteltechnologien (vgl. *OECD*, 1994a, S. 151; *Maurer*, 1994, S. 312). Diese Einschätzung wird durch die Ausführungen zur technologischen Wettbewerbsfähigkeit der deutschen Industrie in Kapitel 3.3 bestätigt.

4. Beschreibung der Erfolgsdeterminanten japanischer Industrieunternehmen im globalen Wettbewerb

Im 3. Kapitel wurde die starke Position der japanischen Industrie auf den Weltmärkten dargestellt. Die Ursachen für diese starke Wettbewerbsposition sind sehr vielfältiger und vielschichtiger Natur. In Japan hat sich in einem evolutorischen Prozeß über viele Jahrhunderte hinweg ein „Mikrokosmos" entwickelt, der mit einer großen Zahl von spezifischen Merkmalen in einer einzigartigen Kombination und Ausprägung weltweit unvergleichbar ist.

Häufig ist allerdings die Ursache für den japanischen Erfolg auch in dem Unvermögen westlicher Wettbewerber zu sehen. An dieser Stelle sei *Vaughn L. Beals*, Chairman und CEO von Harley-Davidson, zitiert: *„For years we tried to figure out why the Japanese were beating us so badly. First we thought it was their culture. Then we thought it was automation. Then we thought it was dumping. Finally, we realized the problem was us, not them."* (New York Times vom 17.4.1988).

Im weiteren werden die Faktoren beschrieben, die den japanischen Erfolg auf den Weltmärkten mitbeeinflußt haben. Dabei wird auf unternehmensexterne und unternehmensinterne Erfolgsdeterminanten eingegangen. Die unternehmensexternen Determinanten beziehen sich auf die Umwelt- und Marktfaktoren, die in der Regel von den Unternehmen nur begrenzt direkt beeinflußt werden können. Im Gegensatz dazu können die unternehmensinternen Determinanten durch Maßnahmen der Unternehmensführung aktiv und direkt gestaltet werden.

Die Aufteilung nach unternehmensexternen und -internen Determinanten ist keineswegs so trennscharf, wie es die Begriffe erwarten lassen. Einige Determinanten, insbesondere die *Entlohnung*, die *Arbeitszeiten* und die *(Betriebs-)Gewerkschaften*[44] ließen sich auch dem internen Bereich zuordnen. Da diese Determinanten jedoch eine für die gesamte japanische Industrie sehr typische Ausprägung aufweisen und vom einzelnen Unternehmen nicht ohne Komplikationen verändert werden können, wurden sie den externen Determinanten subsumiert.

---

[44] Vgl. 4.1.4.2, 4.1.4.4 und 4.1.4.5.

4.1 Beschreibung der unternehmensexternen Erfolgsdeterminanten

Die für Japan charakteristischen unternehmensexternen Erfolgsdeterminanten lassen sich in die folgenden Einflußbereiche gliedern:

- Gesellschaftliche und kulturelle Umwelt,
- Rolle und Einfluß des Staates,
- Markt- und Wettbewerbsbedingungen,
- Gewerkschaften, Tarife und Mitarbeiter,
- Sonstige externe Erfolgsdeterminanten.

Die Beschreibung einzelner unternehmensexterner Erfolgsdeterminanten wird innerhalb dieser Einflußbereiche vorgenommen.

4.1.1 Gesellschaftliche und kulturelle Umwelt

Bei näherer Beschäftigung mit Japan fallen einige gesellschaftliche und kulturelle Besonderheiten auf, die so oder ähnlich in anderen Kulturkreisen einzeln zwar auch angetroffen werden können, die in dieser Konstellation aber typisch und konstituierend für die japanische Kultur sind. Diese kulturellen Elemente sind tief in der japanischen Geschichte verankert und haben im Laufe der Zeit zwar geringfügige, aber keine grundsätzlichen Veränderungen erfahren (vgl. *Adami*, 1994a, S. 21; *Streib*, 1994, S. 44 f.).

Allein mit Blick auf die regional unterschiedliche Ausprägung der Sozialordnungen kann festgestellt werden, daß sich die japanische Kultur keineswegs so homogen zeigt, wie sie von westlichen Autoren häufig beschrieben wird. So dominiert beispielsweise die patriarchalische Großfamilie mit einer schlechten Stellung der Frau und einer stark hierarchiebetonten Gesellschaftsordnung in Ostjapan. Dem steht eine wenig hierarchische, eher demokratische gesellschaftliche Ordnung mit einer deutlich besseren Stellung der Frau in einer Kleinfamilienstruktur im westlichen Japan gegenüber. Auch die soziale Ordnung in vom Reisanbau geprägten Gebieten unterscheidet sich beträchtlich von den Regionen, in denen die Fischerei überwiegt (vgl. *Adami*, 1994a, S. 22). Dennoch gibt es japantypische Elemente, die ein homogenes *„kulturelles Skelett"* (*Adami*, 1994a, S. 23) Japans bilden.

Das Verhältnis zwischen dem Individuum und der Gruppe, die Gruppenorientierung der japanischen Gesellschaft allgemein sowie deren Bereitschaft zur Anpassung und

Veränderung stellen prägende Elemente des gesellschaftlichen und kulturellen Skeletts dar. Auf diese Elemente wird im weiteren näher eingegangen. Darüber hinaus werden auch die wesentlichen Merkmale der japanischen Erziehung und Bildung vorgestellt, da diese sich einerseits in ihrer grundsätzlichen Ausgestaltung und andererseits in vielen Facetten von der Deutschlands unterscheiden. Die Ausführungen sollen deutlich machen, daß in der Erziehung und Bildung Japans grundlegende Fähigkeiten und Voraussetzungen entwickelt werden, um in einer stark gruppen- und leistungsorientierten Gesellschaft bestehen zu können.

4.1.1.1 Erziehung und Bildung in Japan

Schon von Geburt an wird die Gruppenfähigkeit japanischer Kinder entwickelt und geprägt (vgl. *Streib*, 1992, S. 3). Die Kindererziehung ist in Japan Aufgabe der Mutter. Aufgrund der langen Arbeitszeiten und der zumeist langen Anfahrtswege zur Arbeitsstätte nimmt der Vater am Familienleben und an der Kindererziehung kaum teil. Die väterliche Abwesenheit wird häufig durch beruflich bedingte, längere Versetzungen, dem *tanshinfunin*, noch verstärkt (vgl. *Kreitz-Sandberg*, 1994, S. 133).

Nach japanischer Auffassung stellt die Mutter-Kind-Beziehung die wichtigste zwischenmenschliche Beziehung überhaupt dar (vgl. *Schubert*, 1992, S. 107). Schon von Geburt des Kindes an versucht die japanische Mutter, innere Spannungen und Frustrationen des Kindes durch unmittelbare Bedürfnisbefriedigung und Beschwichtigung zu beseitigen. Nach westlichem Erziehungsverständis werden Kinder in Japan verwöhnt. Dennoch entspricht das Verhalten japanischer Kinder nicht dem, das man von derartig erzogenen Kindern in westlichen Kulturen erwartet. Japanische Kinder wirken im Gegenteil wesentlich ruhiger, ausgeglichener und mit Blick auf die von ihnen erwarteten japanischen Umgangsformen deutlich reifer als altersgleiche Kinder in westlichen Kulturen.

Bereits in der Mutter-Kind-Beziehung, die als harmonisch-kooperativ charakterisiert werden kann (vgl. *Schubert*, 1992, S. 109), wird eine Grundlage für die Gruppenorientierung und -fähigkeit der japanischen Bevölkerung geschaffen. Mutter und Kind bilden ein Team, das mit dem Ziel, das Kind zu trainieren, konstituiert wird. Dabei soll weniger, wie in westlichen Kulturen üblich, der Gehorsam des Kindes erreicht werden, als vielmehr Verständnis des Kindes für die Anforderungen der sozialen Umgebung. Die Mutter steht stets auf der Seite des Kindes und liefert eine partnerschaftliche Hilfestellung, dem Kind die Wirkungen seines Handelns auf die soziale Umgebung bewußt zu machen. Dabei versucht die Mutter stets, im Konsens mit dem Kind zu handeln. Durch das Vorbild und die Hilfestellung der Mutter lernt das Kind allmählich, den sozialen Anforderungen der Gesellschaft zu entsprechen.

Dieses Erziehungsmuster unterscheidet sich von der westlichen Erziehung. In westlichen Kulturen wird das Kind als abhängiges Wesen angesehen, dem Unabhängigkeit und freies Denken beigebracht werden müssen, damit es später seine Selbstverwirklichung anstreben kann. Demgegenüber wird das japanische Kind als unabhängiger Organismus betrachtet, der zunächst vollständig in eine Gruppe zu integrieren ist, damit er reifen kann und befähigt wird, seinen Beitrag zum Gruppenwohl, der einzigen gesellschaftlich akzeptablen Lebensaufgabe, zu leisten (vgl. *Adami*, 1990, S. 44). Die Erziehung zum Konsens und Respekt gegenüber der Allgemeinheit, die sich auch im Bildungssystem fortsetzt, führt zu einem insgesamt wenig aggressiven und gemeinschaftsorientierten Verhalten bei den Kindern (vgl. *Alexander*, 1994, S. 86).

Mit dem dritten Lebensjahr besuchen japanische Kinder den Kindergarten. Die deutsche Vorschulpädagogik sieht die Respektierung der Individualität des Kindes als wichtige Voraussetzung für seine Identitätsfindung sowie als Grundlage für die Förderung größerer Selbständigkeit und Unabhängigkeit (vgl. *Deutscher Bildungsrat*, 1992, S. 64). Demgegenüber zielt die japanische Vorschulerziehung primär darauf ab, Gruppenverständnis und -gefühl zu wecken und die Kinder als Teil einer Gruppe agieren zu lassen (vgl. *Schubert*, 1992, S. 112).

Dieser grundsätzliche Anspruch erstreckt sich über das gesamte japanische Bildungssystem. Nicht die Förderung der Individualität des Einzelnen steht im Vordergrund, sondern die Erziehung des Einzelnen zu einem sich harmonisch in die Gruppe einfügenden, „homogenen“ Staatsbürger (vgl. *Alexander*, 1994, S. 69). Die Herstellung von Uniformität und Konformität als Voraussetzung für den persönlichen Erfolg sind die Primärziele des japanischen Bildungssystems. Nonkonformisten werden bei Verstößen gegen die Gruppenstandards mit Mißhandlungen von Schulkameraden oder sogar von Lehrern, dem sogenannten *ijime*, bestraft (vgl. *Kreitz-Sandberg*, 1994, S. 87; *Streib*, 1992, S. 3; *Wahl*, 1991, S. 6). Noch in der heutigen Zeit werden diejenigen, die sich nicht in eine Gruppengemeinschaft integrieren wollen, als „herausstehende Nägel“ angesehen, die so lange „eingeschlagen“ werden müssen, bis die Gruppenharmonie hergestellt ist (vgl. *Alexander*, 1994, S. 70).

Da in Japan die Schule in Ganztagsform durchgeführt wird, besteht die Möglichkeit, die Schüler stärker in die Schule und den Klassenverband zu integrieren. Selbst die Erholungspausen werden für kollektive Pflichtaufgaben, wie beispielsweise das

Säubern der Klassenräume, genutzt. Die japanische Klassenzimmerkultur kann als Vorstufe einer späteren Unternehmenskultur gesehen werden. Japanische Teamfähigkeit hat hier eine ihrer Wurzeln.

Eine starre Sitzordnung, das Aufstehen der Schüler bei kleinsten Äußerungen, die Schuluniform sowie das Antreten und Marschieren auf dem Schulhof erwecken zunächst den Eindruck eines autoritären Unterrichtsstils. Dieser erste Eindruck täuscht. Zwar wird der Lehrer von den Schülern mit großem Respekt behandelt, dennoch findet im allgemeinen der Unterricht in einer entspannten und wohlwollenden Weise statt (vgl. *Schubert*, 1994, S. 106).

Bildung besitzt in der japanischen Gesellschaft einen sehr hohen Stellenwert. Im Jahr 1992 begannen 95,9% der japanischen Jugendlichen eine High School-Ausbildung (vgl. *Japan External Trade Organisation (JETRO)*, 1993a, S. 152). Das japanische Schulsystem entspricht in seinem Aufbau dem amerikanischen Schulsystem. Einer sechsjährigen Grundschule (Elementary School) folgen die jeweils dreijährige Mittelschule (Junior High School) und Oberschule (Senior High School). Die Studiendauer an der sich anschließenden Hochschule beträgt in der Regel vier Jahre (vgl. *Lins*, 1984, S. 8, *Alexander*, 1994, S. 61 ff.).

Als Konsequenz der Bildungsorientierung ist der Bildungsdruck, der auf japanischen Schülern lastet, außerordentlich hoch. Eine der weltweit höchsten Selbstmordraten in der Altersgruppe der 15- bis 24-jährigen macht deutlich, daß viele Schüler dem psychischen Druck der „Prüfungshölle“ *shiken jigoku* nicht gewachsen sind (vgl. *Wahl*, 1991, S. 9).

Nur in den ersten Grundschuljahren hält sich zunächst der Leistungsdruck noch in Grenzen. Um den Übergang zur Mittelschule vorzubereiten, werden die Anforderungen nach zwei bis drei Jahren dann allerdings deutlich erhöht. Schon die Wahl der Mittelschule hat einen wesentlichen Einfluß auf die spätere berufliche Karriere der Schüler. Eine wesentliche Voraussetzung für die Beschäftigung in einem renommierten Unternehmen ist der Abschluß einer führenden Hochschule. Einen Studienplatz an einer derartigen Hochschule erhält man jedoch nur, wenn man die Hochschulreife an einer angesehenen Oberschule erworben hat. Einen Platz an einer dieser angesehenen Oberschulen bekommt man eher, wenn auch die Mittelschule ein entsprechendes Ansehen genießt. Aufgrund des steigenden Konkurrenzdruckes unter den Schülern wählen speziell in Großstädten Eltern sogar den Kindergartenplatz im Hinblick auf die spätere Universität aus (vgl. *Wahl*, 1991, S. 7).

Die Eliteuniversitäten wählen die Studenten anhand einer Eingangsprüfung aus. Dabei wird Lernstoff abgefragt, der häufig über die Lerninhalte der Oberschulen hinausgeht.

Ambitionierte Oberschüler versuchen, sich wegen dieser Eingangsprüfung während der Schulzeit möglichst viel abfragbares Wissen anzueignen. Schwächere Schüler, die den Schulstoff nicht verarbeitet haben und auch ambitionierte Schüler, die sich auf die Prüfung vorbereiten wollen, besuchen neben der Oberschule noch eine Nachhilfe- oder Paukschule *juku*, oftmals bis spät in den Abend (vgl. *Wahl*, 1991, S. 7; *Ekusa*, 1992, S. 7). Von den Mittelschülern der neunten Klasse besuchen rund 86% eine dieser Paukschulen (vgl. *White*, 1987, S. 77, *Schwelien*, 1994, S. 11 f.).

Insgesamt ist das Schulsystem in Japan auf „... *kritiklose Akzeptanz der vorgegebenen Lehrinhalte und Einhaltung der Kommunikationsrituale ausgerichtet*" (*Streib*, 1992, S. 3). Japanische Schüler und Studenten sind dann erfolgreich, wenn sie eine gewaltige Stoffmenge abrufbereit gespeichert haben. Abstraktes Denken und das Schlußfolgern auf der Grundlage des gespeicherten Wissens werden im japanischen Schulsystem nicht vermittelt (vgl. *Wolferen*, 1989, S. 83, *Aznarez*, 1993, S. 8). Mit in der Regel frontalen Unterrichtsmethoden erfolgt eine rein quantitative Stoffvermittlung. Zusätzlich wird in Kleingruppen gearbeitet, die so zusammengesetzt sind, daß auch schwächere Schüler durch stärkere Schüler Unterstützung finden (vgl. *Schubert*, 1994, S. 106). Die Förderung individueller Neigungen, kritischen Denkens und kreativen Handelns kommt insgesamt allerdings zu kurz (vgl. dazu auch *Coulmas*, 1993, S. 106).

Die starke schulische Belastung - mit bis zu 14 Stunden Zeitaufwand für den Besuch der Schule und Paukschule am Tag (vgl. *Zürn*, 1987, S. 22) - fordert von den Schülern eine hohe Leistungsbereitschaft und ein erhebliches Durchstehvermögen, das schon fast als „Leidensfähigkeit" bezeichnet werden kann. Diese Eigenschaften bleiben auch beim späteren Eintritt in das Berufsleben erhalten. Hier liegt ein Erklärungsansatz für die überdurchschnittlich hohe Jahresarbeitszeit in Japan, auf die noch eingegangen wird.

Auch die unterentwickelte Kritikfähigkeit und die fehlende Individualität erleichtern die Integration der japanischen Berufsanfänger in die Unternehmen. Bei der Eingliederung gibt es keinerlei Gehorsams- und Disziplinprobleme. Japanische Mitarbeiter haben Ungehorsam und Undiszipliniertheit nie „gelernt". Gruppenarbeit, Entscheidungsfindung auf Konsensbasis sowie gemeinsames Umsetzen getroffener Entscheidungen sind mit japanischen Mitarbeitern deshalb wesentlich einfacher (vgl. auch *Yamamoto/Blume*, 1993, S. 36). Im großen und ganzen dient das japanische Bildungssystem vorwiegend „... *den materiellen Interessen einer stark konkurrenzorientierten Industriegesellschaft*" (*Aznarez*, 1993, S. 8).

Selbst in Japan wird das Schulsystem für eine fortschreitende Integration des Landes in einen internationalen Verbund als nicht geeignet angesehen. Vor allem der

Persönlichkeitsbildung und der Entwicklung von individuellen Fähigkeiten soll mehr Aufmerksamkeit gewidmet werden (vgl. *Aznarez*, 1993, S. 8).

4.1.1.2 Gruppenorientierung der japanischen Gesellschaft

Aus der Perspektive westlicher Kulturen wird die japanische Gesellschaft durch eine starke Gruppenorientierung gekennzeichnet. Ein Leben des Einzelnen außerhalb von Gruppengemeinschaften scheint in Japan auch heute noch die Ausnahme, wenn nicht gar unmöglich (vgl. *Streib*, 1992, S. 3).

Ihren Ursprung hat die Gruppenorientierung teilweise in der japanischen Geographie und Geschichte der jahrhundertelangen weltfernen Abgeschiedenheit und selbstgewählten Isolation (vgl. *Zürn*, 1987, S. 20)[45]. So erforderte beispielsweise das Anlegen von Reisterrassenfeldern aufgrund der bergigen Topographie Japans eine enge Zusammenarbeit der Bauern. Darüber hinaus führten auch die Beseitigung der Folgen der in Japan häufig auftretenden Naturkatastrophen und ebenso die Auseinandersetzungen verfeindeter Familien zu einem engen Zusammenhalt der Dorf- und Familiengemeinschaften (vgl. *Thiele*, 1994, S. 8 f.).

Konsequenz der japanischen Gruppenorientierung ist jedoch keinesfalls ein Verlust der Individualität der einzelnen Gruppenmitglieder. Vielmehr stellt die Gruppenorientierung in Japan ein spezifisches Verhalten dar, das sich in einer Art freiwilliger Zusammenarbeit der einzelnen Gruppenmitglieder ausdrückt. Diese Zusammenarbeit zwischen dem Individuum und der Gruppe hat einen symbiotischen Charakter. Durch die Zusammenarbeit realisieren die Gruppenmitglieder die Gruppenziele und erreichen insgesamt ihr Wohlergehen im Rahmen und als Teil der Gruppe (vgl. *Eguchi*, 1986, S. 182 f.). Insofern stellt die japanische Gruppenorientierung eine Art von Konsens über die Schaffung einer auf das Wohlergehen aller Mitglieder ausgerichteten Organisationsform dar. Dahinter verbirgt sich jedoch „... *kein totalitäres Prinzip, das die Gruppe stets über den einzelnen stellt*" (*Eguchi*, 1986, S. 183).

Die Gruppe ist nicht als Zweckgemeinschaft anzusehen, der sich das Individuum nur zeitweise anschließt, solange ein persönlicher Nutzen zu erwarten ist. Vielmehr stellt die Gruppenorientierung eine dauerhafte Voraussetzung für die Entfaltung des Individuums dar, das ohne die Gruppe keine Existenz hat (vgl. *Coulmas*, 1993, S. 38).

---

[45] Vgl. dazu auch 2.1 *Die japanische Geschichte vor dem zweiten Weltkrieg*. Insbesondere in der *Edo-Zeit* (auch *Tokugawa-Zeit*) von 1603 bis 1868 hatte sich Japan gegenüber ausländischen Einflüssen völlig verschlossen.

Anders als der „Einzelmensch“ in westlichen Kulturen kann der Japaner als „Beziehungsmensch“ bezeichnet werden, der durch interdependente Kontakte mit anderen definiert wird (vgl. *Adami*, 1994b, S. 55).

Die Triebkraft für die Bereitschaft zur Gruppenorientierung liefert das ausgeprägte Harmoniebedürfnis des Japaners. Die Herstellung einer harmonischen Gruppenbeziehung nimmt einen großen Teil seiner Arbeits- und Freizeit ein (vgl. *Adami*, 1990, S. 45 f.). Dieses Harmoniebedürfnis wird schon in der frühkindlichen Phase durch die Mutter mitbeeinflußt[46]. Der Weg des Japaners zur Zufriedenheit mit dem eigenen Leben führt über die zwischenmenschliche Harmonie in und mit der Gruppe (vgl. *Oshio*, 1981, S. 13). Die Gruppenzugehörigkeit verleiht der japanischen Persönlichkeit den Status und vermittelt das Selbstwertgefühl. Die Leistungen des Einzelnen müssen auf das Wohl der ganzen Gruppe ausgerichtet sein. Die Gruppenloyalität prägt damit das individuelle Verhalten. Auch der, der einen geringen Beitrag zum Gruppenerfolg leistet, wird von der Gruppe angenommen, solange er sich insgesamt gruppenloyal verhält. Derjenige, der sich im Interesse des eigenen Vorteils aus der Gruppe hervortun will, wird nach dem japanischen Sprichwort als „herausstehender Nagel eingeschlagen“ (vgl. *Coulmas*, 1993, S. 38 f.).

Das Streben der Japaner nach harmonischen Beziehungen beruht allerdings weniger auf Nächstenliebe als vielmehr auf einer tiefen Sorge, aufgrund von Fehlern im zwischenmenschlichen Verhalten aus der Gruppe ausgegrenzt zu werden. Sollte ein Ausschluß aus der Gruppengemeinschaft erfolgen, wäre das für das Selbstwertgefühl des Japaners nicht zu ertragen. Vor dem Hintergrund der persönlichen Ängste und Sorgen wirken sich existierende Diskrepanzen zwischen den individuellen Wünschen und den Gruppenwünschen anders aus als in westlichen Kulturen. Diese Spannungen werden nicht zwischen dem Individuum und der Gruppe, sondern im Inneren des Individuums ausgetragen (vgl. *Adami*, 1994b, S. 57).

Für japanische Industrieunternehmen hat die Gruppenorientierung der Mitarbeiter eine sehr weitreichende Bedeutung. Entsprechend viel Zeit und Aufwand wird betrieben, um einen neuen Mitarbeiter in ein Unternehmen zu integrieren (vgl. *Adami*, 1990, S. 45). Insbesondere die aktuellen Team-/Gruppenorganisationsformen lassen sich im japanischen kulturellen Umfeld deutlich einfacher implementieren. Die Gruppenzusammenarbeit ist in einem auf Konsensfindung ausgerichteten Gruppenarbeitsklima erheblich nutzbringender als in einer auf Konfliktaustragung ausgerichteten Umgebung.

Der Erfolg japanischer Unternehmen im globalen Wettbewerb hat jedoch nicht nur in der Gruppenloyalität der Mitarbeiter seine Ursache, sondern in starkem Maße auch

---

[46] Vgl. 4.1.1.1 *Erziehung und Bildung in Japan*

darin, daß japanische Unternehmen den Mitarbeitern ein Gefühl der Zugehörigkeit und Selbstachtung vermitteln (vgl. *Eguchi*, 1986, S. 183)[47]. Das hohe Maß an Loyalität der Unternehmen gegenüber den Mitarbeitern und das Bewußtsein der Mitarbeiter, daß ihr persönlicher Erfolg vom Erfolg des Unternehmens abhängt, demonstrieren das Funktionieren symbiotischer Beziehungen auch auf der Makro-Ebene.

4.1.2 Rolle und Einfluß des Staates

Die Pflege eines regelmäßigen Dialoges sowie die intensive Kooperation zwischen Wirtschaft und Staat gehören zur politischen Kultur Japans (vgl. *Commerzbank*, 1993, S. 2; *James*, 1990, S. 102). Diese enge Abstimmung zwischen Regierung, Beamtentum, Wirtschaftsverbänden und Unternehmen wird in vielen Veröffentlichungen mit den Begriffen *„Japan AG"* oder *„Japan Incorporated"* belegt (vgl. dazu u.a. *Jungblut*, 1981, S. 93; *Klenner*, 1990, S. 57 f.; *Commerzbank*, 1993, S. 2 ff.; *Zürn* 1987, S. 78). Staat, Wirtschaft und Verbände stehen in einer solidarischen und symbiotischen Beziehung. *„Der Staat ist kein mißliebiger Ordnungshüter, sondern ein durchaus beliebter Initiator von aktivem Konsens und konzertierter Aktion."* (*Zürn*, 1987, S. 81).

Eine nahezu lückenlose Synchronisierung der Außen- und Innenpolitik, der Technologiepolitik und der Handels- und Wettbewerbspolitik Japans nach dem zweiten Weltkrieg wurde schon 1969 in einer Veröffentlichung von *Klaus von Dohnanyi* festgestellt (vgl. *Dohnanyi*, 1969, S. 89 f.). Doch schon weit vor dem zweiten Weltkrieg, seit der Meiji-Restauration[48], übernahm der Staat *„...eine Schlüsselrolle als Planer, Impulsgeber und Förderer der Wirtschaft..."* (*Eli*, 1993, S. 167).

Eine Verflechtung zwischen Wirtschaft und Politik wird unter anderem auch darin sichtbar, daß die Finanzierung der bis 1993 regierenden Liberal-Demokratischen Partei[49] primär aus Spenden der Wirtschaft und nur sekundär aus Mitgliedsbeiträgen erfolgte (vgl. *Thiele*, 1994, S. 12). Diese Art der Parteien- und Politikerfinanzierung hat selbst in Japan immer wieder zu öffentlichen Diskussionen und Korruptionsaffären

---

[47] Auf die Beziehungen zwischen Mitarbeitern und Unternehmen wird bei der Erläuterung der internen Erfolgsdeterminanten japanischer Industrieunternehmen noch näher eingegangen.

[48] Vgl. dazu 2.1 *Die japanische Geschichte vor dem zweiten Weltkrieg*

[49] Eine umfassende Darstellung der politischen Parteien Japans liefert *Pohl*, 1993a, S. 67 ff.

(vgl. dazu auch *Pohl*, 1993a, S. 73 f.; *Gandow*, 1993, S. 2) mit anschließendem Rücktritt von Politikern höchster Ebenen geführt.

Eine Verknüpfung zwischen Regierung und Beamtentum wird anhand einer Untersuchung der Parteienzugehörigkeit der Spitzenbeamten mit Parlamentssitz deutlich. Im Jahr 1993 gehörten 107 von insgesamt 117 Spitzenbeamten im japanischen Parlament der Liberal-Demokratischen Partei an (vgl. *Bandow*, 1993, S. 107 ff.). Durch diese Beamten, von denen 89 aus fünf bedeutenden Ministerien wie beispielsweise dem Finanzministerium und dem *Ministry of International Trade and Industry (MITI)* stammen, werden die Verbindung und der Informationsaustausch zwischen Regierung und Verwaltung sichergestellt. Ihre Präsenz trägt erheblich zum Erhalt konservativer Machtstrukturen bei, worin einer der Erfolgsfaktoren der japanischen Industrie in der Nachkriegszeit zu sehen ist (vgl. *Tasker*, 1987, S. 302 ff.).

Die japanischen Beamten gehören aufgrund ihrer Erziehung und Bildung zur Elite des Landes. Nach strengen Prüfungen werden nur die besten eines Jahrgangs in die Verwaltung aufgenommen. Der Einfluß des Beamtentums auf Wirtschaft und Politik Japans wird auch dadurch erleichtert, daß erstklassige Ministerialbeamte nach ihrer Pensionierung in Industrieunternehmen und Wirtschaftsverbände wechseln. Dieser Vorgang wird in Japan *amukadari* (Abstieg vom Himmel) genannt. Aufgrund dieses Wechsels sorgen die dafür vorgesehenen Beamten schon früh für eine einvernehmliche, harmonische Basis mit ihrer zukünftigen wirtschaftlichen Umgebung[50] (vgl. *Tasker*, 1987, S. 303; *Commerzbank*, 1993, S. 8).

„Wirtschaftsideologische Selbstbeschränkung" (*Machetzki*, 1991, S. 282) hat bei der wirtschaftlichen Entwicklung Japans keine Rolle gespielt. Stets hat der wirtschaftliche Erfolg das Mittel des staatlichen Eingriffs geheiligt. Dabei wird der gestaltende Einfluß des Staates auf die wirtschaftliche Entwicklung jedoch häufig aus westlicher Sicht leicht überbewertet. Dennoch kann davon ausgegangen werden, daß die Wirtschaftsentwicklung Japans durch Eingriffe des Staates in die Marktmechanismen - d.h. durch den *„japanischen Merkantilismus"* (*Burstein*, 1993, S. 63) - mitgeprägt wurde. Dabei besteht in Japan ein allgemeiner Konsens darüber, daß eine positive Wirtschaftsentwicklung im nationalen Interesse liegt und somit staatliche Eingriffe als legitim anzusehen sind (vgl. *Fumihiro/Kazutomo*, 1990, S. 17 f.; *Coulmas*, 1993, S. 147; *Jungblut*, 1981, S. 93). Zumindest bis ins Jahr 1993 schien diese auf Konsens beruhende „Harmonie" die politische und wirtschaftliche Stabilität zu sichern (vgl. *Pohl*, 1994, S. 22).

[50] Auch ausländischen Pharma-Unternehmen gelang es in der Vergangenheit, Spitzenbeamte des Ministeriums für Gesundheit für Managementpositionen zu gewinnen, *„... womit dann das komplizierte Verfahren der Erlangung von Lizenzen und Zulassungen für Präparate erwartungsgemäß fachgerechte Beschleunigung erfahren konnte."* (*Zürn*, 1987, S. 81).

Das volkswirtschaftliche Ordnungsmuster Japans wird stark vereinfacht als *„gyosei shido"* und *„madoguchi shido"* bezeichnet. Übersetzt bedeuten diese Begriffe „verwalterische Lenkung" (administrative guidance) und „Lenkung durchs Fenster" (vgl. *Pape*, 1980, S. 7 ff.; *Uchiyama*, 1986, S. 264 f.; *Klenner*, 1990, S. 57; *Machetzki*, 1991, S. 283; *Eli*, 1993, S. 173 f.). Mit dem Instrument der *„gyosei shido"* sollen die japanischen Unternehmen zu einem vom Staat gewünschten Verhalten beeinflußt werden (vgl. *Allen*, 1981, S. 35 f.). Die Lenkungsmaßnahmen bestehen aus einem System von Direktiven, Empfehlungen, Warnungen und abgestuften Sanktionsmaßnahmen (vgl. *Nolte*, 1992, S. 37). Die Empfehlungen haben keinen Normcharakter. Sie stellen auch keine Verwaltungsakte im rechtlichen Sinne dar (vgl. *Lücke*, 1988, S. 197). Vielmehr werden die Empfehlungen der verwalterischen Lenkung durch die Unternehmen befolgt, weil eine Kombination aus Solidarität mit den wirtschaftlichen Zielen des Staates einerseits und die Furcht vor einer Ausgrenzung aus dem Kreis der vom Staat begünstigten Unternehmen andererseits die Unternehmensführung zu verwaltungskonformem Verhalten nötigt.

Die Ziele der verwalterischen Lenkung des Staates liegen in der Unterstützung der industriellen Außenhandelsexpansion sowie in einer *„intensiven Vorwärtssubventionierung des industriellen Strukturwandels"* (*Machetzki*, 1991, S. 284) auf der Grundlage einer keynesianischen Finanzpolitik. Aufgrund geringer Steuereinkünfte verschuldete sich die japanische Regierung in der Vergangenheit in erheblichem Maße. Typisch für staatliche finanzpolitische Eingriffe ist allerdings, daß die Langfristigkeit der Maßnahmenwirkung gegenüber einer kurzfristigen konjunkturpolitischen Lenkung überwiegt (vgl. *Coulmas*, 1993, S. 148).

Mit einer Kombination aus gesetzlich festgelegtem Yen-Wechselkurs und einer Devisenbewirtschaftung gelang es der japanischen Regierung in der Nachkriegsphase, einen Kapitalabfluß ins Ausland zu verhindern und ausländische Importe zu minimieren. Darüber hinaus wurden die Aktivitäten der japanischen Exportindustrien durch fiskalpolitische Maßnahmen - wie beispielsweise der Steuerbefreiung von Exporterträgen - gefördert (vgl. *Yamazawa*, 1990, S. 184 ff.). Vor diesem Hintergrund konnten sich japanische Schlüsselindustrien relativ ungefährdet durch ausländische Wettbewerber entwickeln. Wichtiger als die finanz- und konjunkturpolitischen Eingriffe der Regierung ist allerdings die Industriestrukturpolitik zu bewerten (vgl. *Coulmas*, 1993, S. 148). Dabei kommt dem im weiteren ausführlicher dargestellten *Ministry of International Trade and Industry (MITI)* eine herausragende Bedeutung zu.

Das MITI hatte einen erheblichen Einfluß auf die Wirtschaftsentwicklung Japans nach dem zweiten Weltkrieg. Westliche Kritiker sehen im MITI das *„corporate headquarter of Japan Incorporated"* (*Johnson*, 1983, S. 190), das ausländische Wettbewerber vom japanischen Markt fernhält. Westliche Bewunderer sehen im MITI die Ursache für den japanischen Wirtschaftsaufstieg. *Ederer* hält es sogar für nicht vermessen, das MITI als „...das *wohl erfolgreichste Ministerium aller Industriestaaten*" zu bezeichnen (vgl. *Ederer*, 1992, S. 178). Von amerikanischen Kritikern wird das MITI mit dem Prädikat „berüchtigt" versehen und als Symbol für die Unfairness japanischer Wirtschaftspraktiken betrachtet (vgl. *Botskór*, 1990, S. 12).

Das MITI wurde kurz nach dem zweiten Weltkrieg im Jahr 1949 gegründet. Es entwickelte sich unter Einsatz der *administrative guidance* schnell zur Steuerungszentrale der japanischen Wirtschaft (vgl. *Eli*, 1993, S. 172 ff.). Heute beschäftigt das MITI mehr als 12.000 Beamte in einer ganzen Reihe unterstellter Behörden. So sind beispielsweise das Forschungsministerium, das Büro für Industriepolitik, das Büro für Handelspolitik, die Energiebehörde sowie das Patentamt dem MITI unterstellt (vgl. *Japan Trade & Industry Publicity*, 1992, S. 1).

Die Aufgaben des MITI haben sich über die Jahre erheblich verändert. Zunächst hatte das MITI die Aufgabe, den Wiederaufbau Japans zu beschleunigen sowie wirtschaftliche Stabilität und Selbständigkeit für das Land zu erlangen. Dazu galt es zunächst in den fünfziger Jahren, eine industrielle Basis mit der entsprechenden Infrastruktur zu schaffen. In den sechziger Jahren wurden die Schwerindustrie und die Chemie gezielt ausgebaut. Seit dieser Zeit wurde die Internationalisierung der japanischen Industrie konsequent fortgeführt. Vor allem in der Beschaffung und Förderung technologischen Know-hows - häufig auch auf der Grundlage finanziell geförderter Technologieimporte aus dem Ausland (vgl. *Tasker*, 1987, S. 71) - lag eine wesentliche Leistung des MITI in der Zeit des Wiederaufbaus und der Internationalisierung.

Mit der Förderung der Informationstechnologien begründete das MITI den Aufstieg der japanischen Industrie in den achtziger Jahren (vgl. dazu auch *Kramer*, 1987, S. 21 ff.). Für die neunziger Jahre plant das MITI, bei einer verbesserten Lebensqualität der japanischen Bevölkerung vor allem die Vitalität und Wettbewerbsfähigkeit der japanischen Industrie zu erhalten (vgl. *Watanabe/Honda*, 1992, S. 47 ff.; *Ministry of International Trade and Industry*, 1990, S. 4 ff.).

Die Einflußnahmemöglichkeiten des MITI lassen sich in einer knappen Form wie folgt zusammenfassen:

Rolle und Einfluß des MITI

1. Direkte Einflußnahme:

Technologiepolitik:

- **„inducing policy"** (vgl. *Watanabe/Honda*, 1991, S. 383)
  Herstellen eines Konsenses zwischen Staat, Wirtschaft und Wissenschaft (vgl. *Yoshida*, 1988, S. 132) über attraktive technologische Zukunftsfelder und Koordination der Forschungsarbeit durch Moderation und Information.
- **„direct investment policy"** (vgl. *Watanabe/Honda*, 1991, S. 383)
  Direkte und finanzielle Förderung attraktiver Technologiefelder.

Im Vergleich zu westlichen Industrienationen ist der Forschungsetat des MITI eher begrenzt. Das MITI bevorzugt die *„inducing policy"*. Die Aufwendungen für Forschung und Entwicklung werden zum weitaus größten Teil von den Industrieunternehmen gedeckt. Auf der Basis des Konsenses über die zu entwickelnden Technologien fördert das MITI auch den Austausch technologischer Informationen der an der Entwicklung beteiligten Unternehmen. Obwohl die Unternehmen auf den Märkten als Wettbewerber agieren, sind sie bereit, ihre Ressourcen zur Realisierung der vom MITI festgelegten Ziele zusammenzulegen (vgl. *Tasker*, 1987, S. 309; *McMillan*, 1984, S. 95; *Watanabe/Honda*, 1991, S.383).

Industrieförderung:

- **Auswahl der zu fördernden Industrien**
  Identifizierung von langfristigen Wachstumsindustrien auf der Grundlage der nationalen und internationalen Nachfrage, den sogenannten *„Sunrise Industries"* im Gegensatz zu den früheren Wachstumsträgern, den *„Sunset Industries"*. Durch Förderung der *„Sunrise Industries"* im Rahmen der *„forward-looking policies"* und ggf. Einstellen der Förderung der *„Sunset Industries"* greift das MITI in den Ausleseprozeß des Marktes ein. Im Zusammenhang mit den *„backward-looking policies"*, dem *„Industrial Adjustment"* werden aber auch Strukturanpassungen älterer, immer noch wettbewerbsfähiger Industrien gefördert. Durch die *„forward-looking policies"* bzw. *„Promotion of Industries"* werden zukunftsträchtige Industriebereiche nicht nur finanziell gefördert, sondern in der Aufbauphase auch gegen unerwünschten ausländischen Wettbewerb geschützt (vgl. *Fumihiro/ Kazutomo*, 1990, S. 25 ff.; *McMillan*, 1984, S. 86 f.; *Fuji*, 1994, S. 146 ff.).

Wettbewerbslenkung:

- Verhinderung exzessiven Wettbewerbs

Durch Zusammenbrüche ineffizienter Unternehmen wird nach Meinung des MITI ein erheblicher volkswirtschaftlicher Schaden verursacht, der zum erreichten Nutzen in keinem Verhältnis steht. Aus diesem Grund hat das MITI wiederholt Ausnahmen zum generellen japanischen Kartellverbot zugelassen. Über die *„Price Policy Division"*, die dem *„Industrial Policy Bureau"* angeschlossen ist, ist das MITI sogar direkt in Preisabsprachen mit der Industrie involviert. Zusätzlich wird über einen regulierten Marktzugang eine oligopolistische Marktstruktur aufgebaut und erhalten sowie ein ruinöser Wettbewerb verhindert (vgl. *Japan Trade and Industry Publicity Inc.*, 1992, S. 51 und 61; *Woronoff*, 1981, S.102; *Fumihiro/Kazutomo*, 1990, S. 42 ff.).

- Ausländischer Wettbewerb in Japan

Protektionistische Eingriffe, wie sie vom MITI in der Aufbauphase der japanischen Wirtschaft vorgenommen wurden, sind heute nicht mehr praktikabel. Internationale Kritik und bi- bzw. multinationale Abkommen haben zu einer zunehmenden Abkehr des MITI von diesen Praktiken geführt.

Exportförderung:

Die Förderung des MITI ist mit einem Schwerpunkt auf exportorientierte Unternehmen ausgerichtet. Dabei konzentriert sich das MITI ebenfalls auf die Branchen mit überdurchschnittlichen Wachstumsaussichten. Die Exportförderung reicht von der Marktforschung durch die *Japan External Trade Organization (JETRO)*, auf die unten noch eingegangen wird, bis hin zur Exportversicherung (vgl. *Nolte*, 1992, S. 37).

2. Indirekte Einflußnahme:

Infrastrukturmaßnahmen zur Wirtschaftförderung:

- Rohstoffversorgung

Unter den hochindustrialisierten Staaten ist Japans Wirtschaft am stärksten von Rohstoffimporten abhängig. Nach der ersten Ölkrise wurde das „Energiemanagement" vom MITI übernommen, mit dem Ziel, die Abhängigkeit von den erdölexportierenden Ländern zu verringern. Die erzielten Wettbewerbsvorteile sollten nicht unterschätzt werden (vgl. *McMillan*, 1984, S. 79; *Ministry of International Trade and Industry*, 1990, S. 35).

- **Bau öffentlicher Einrichtungen**
  Vom MITI wurde der Aufbau eines leistungsfähigen Kommunikations- und Distributionsnetzes gefördert (vgl. *Ministry of International Trade and Industry*, 1990, S. 37).

Patentierung und Normung:
Durch ein vereinfachtes Patentprüfungsverfahren schafft das MITI einen forschungsfreundlichen Rahmen für die japanischen Industrieunternehmen (vgl. *Ministry of International Trade and Industry*, 1990, S. 32). Standardisierungs- und Normungsvorschriften werden allerdings häufig von nach Japan exportierenden Unternehmen als Handelsbarriere angesehen (vgl. *Bundesstelle für Außenhandelsinformation (BfAI)*, 1992b, S. 3 f.).

Beobachtung von Auslandsmärkten:
Informationen über die Auslandsmärkte werden zum einen vom *„International Trade Research Office"* und zum anderen von der *„Japan External Trade Organization (JETRO)"* erhoben. Die Qualität der erhobenen Informationen sowie deren Bedeutung für die Industrieunternehmen, die einen Markteintritt im Ausland planen, können nicht hoch genug eingeschätzt werden. Für die Industrieunternehmen ist das Einsparungspotential durch diese kostenlose Marktforschung relativ hoch. Darüber hinaus wirkt die *JETRO* auch direkt unterstützend bei den Marktaktivitäten der japanischen Unternehmen mit (vgl. *McMillan*, 1984, S. 53; *Ministry of International Trade and Industry*, 1990, S. 266; *Nolte*, 1992; S. 37).

Bei der Planung seiner Aktivitäten konsultiert das MITI auch die großen Wirtschaftsverbände, vor allem den KEIDANREN[51], einer 1946 gegründeten Vereinigung von Wirtschaftsverbänden, die 1991 insgesamt 122 Einzelverbände mit zusammen 939 Großunternehmen repräsentierte (vgl. *Keidanren*, 1992, o. S.). Der KEIDANREN ist in seiner Struktur mit dem Bundesverband der deutschen Industrie (BDI) vergleichbar (vgl. *Zürn*, 1987, S. 79).

In jüngerer Zeit wird das MITI in Japan vor allem von großen international agierenden Industrieunternehmen zunehmend in Frage gestellt. Vor dem Hintergrund eines rapiden wirtschaftlichen, politischen und technologischen Wandels sehen viele japanische Unternehmen das MITI als nicht mehr zeitgemäß an. Nicht die zentrale Wirtschaftslenkung durch das MITI, sondern eine dezentrale strategische Ausrichtung

---

[51] *Keizai dantai rengokai - Japan Federation of Economic Organizations*

durch die Unternehmen selbst, erscheint vielen MITI-Kritikern angesichts der Markt- und Umweltdynamik erfolgversprechender (vgl. *Odrich, B.*, 1994, S. 14; *Gandow*, 1993, S. 2).

Die Frage nach einer Übertragbarkeit des MITI auf europäische oder deutsche Verhältnisse wird vielfach negativ beantwortet. Es wird eine weitere Bürokratisierung und Reglementierung der Wirtschaft befürchtet. Der gewünschte Effekt einer Dynamisierung von Technik und Wirtschaft ist nach Auffassung von Wirtschaftrepräsentanten so nicht erzielbar. Nicht im Aufbau eines MITI wird der Ansatz für die Verbesserung der wirtschaftlichen Standortbedingungen gesehen, sondern vor allem in einer Stärkung der Marktkräfte (vgl. *o.V.*, 1993b, S. 15, *Klodt*, 1992, S. 19 ff.; *Glos*, 1992, S. 16).

Angesichts der Stärke und der internationalen Erfahrung einer großen Zahl japanischer Unternehmen werden dirigistische Eingriffe des japanischen Staates zunehmend überflüssig, obwohl eine Begleitung und Förderung der Wirtschaft auch weiterhin erfolgt. Maßnahmen zum Ausbau der nationalen Infrastuktur und andere wirtschaftsbegleitende Investitionsaktivitäten bilden einen neuen Tätigkeitsschwerpunkt des japanischen Staats. Darüber hinaus spielt der Staat als Moderator bei der Aufrechterhaltung und Belebung des nationalen Konsenses eine wesentliche Rolle. Der Konsens ist hauptsächlich zukunftsgerichtet und bezieht sich auf die wirtschaftliche Expansion und Sicherheit ebenso wie auf die Forschungs- und Technologiepolitik. Auch die Vermeidung eines exzessiven inländischen Wettbewerbs liegt im Interesse der staatlichen Konsenspolitik (vgl. *Machetzki*, 1991, S. 286) .

Aus westlicher Sicht dominieren zwei gegensätzliche Grundauffassungen bei der Bewertung der politischen Kultur Japans, insbesondere im Hinblick auf ihre Übertragbarkeit auf westliche Verhältnisse. Die Vertreter der einen Auffassung weisen der politischen Kultur Japans einen Modellcharakter zu. Bei einer entsprechenden Gestaltung der Konfliktlösungsmechanismen, der Wirtschaftsstrategie und der politischen Kultur könne ein ähnlicher Erfolg wie in Japan auch in westlichen Ländern erzielt werden. Die Vertreter der zweiten Auffassung - die sogenannten Revisionisten, zu denen auch *Karel van Wolferen* mit seinem Buch *„The Enigma of Japanese Power"* gehört - kritisieren die enge Verflechtung zwischen Staat, Verwaltung und Wirtschaft. Sie stellen heraus, daß das japanische Staatswesen im Innern typisch japanischen Regeln und Normen folgt (vgl. *Pohl*, 1994, S. 21 f.). Diese typisch japanischen Traditionen lassen sich nach Meinung der Revisionisten nicht ohne weiteres auf westliche Kulturen übertragen.

4.1.3 Markt- und Wettbewerbsbedingungen

Der japanische Markt gilt, insbesondere für ausländische Anbieter, als besonders schwierig. Kennzeichnend dafür sind die Abgeschlossenheit des Binnenmarktes, die unverständliche Geschäftsmentalität der Marktpartner sowie ein im internationalen Vergleich hohes Preisniveau und intransparentes Distributionssystem (vgl. *Kurwan*, 1990, S. 93; *Kunkies-Schwientek*, 1990, S. 12).

Wesentliche Merkmale des japanischen Marktes sind seine Dynamik, eine hohe Konkurrenzintensität und eine starke Qualitätsorientierung der Verbraucher (vgl. *Simon*, 1986, S. 56 f.; *Oess*, 1991, S. 26 ff.). Entgegen der weitverbreiteten Meinung findet der Wettbewerb im Markt weniger über den Preis als über die Leistung statt (vgl. *Streib*, 1994, S. 50; *Nanto*, 1990, S. 9 und auch *Simon*, 1986, S. 56 ff.; *Rothacher*, 1992, S. 7). D.h., die Unternehmen versuchen, sich mit einer überragenden Produktqualität[52], einem hohen Innovationsgrad der Produkte, einer reichhaltigeren Ausstattung der Produkte und mit einem erstklassigen Service Wettbewerbsvorteile zu verschaffen. Der intensive Wettbewerb im Binnenmarkt hat die japanischen Unternehmen in die Lage versetzt, im globalen Wettbewerb Spitzenpositionen zu besetzen.

Der japanische Markt gilt auch für deutsche Anbieter als ein insgesamt sehr attraktiver, aber auch außerordentlich anspruchsvoller Markt. Einerseits ist Japan bezogen auf das Marktvolumen hinter den USA der zweitgrößte Einzelmarkt der Welt. Für viele Produkte, insbesondere in der Unterhaltungselektronik und Photoindustrie, ist Japan der Leitmarkt. Darüber hinaus bietet Japan westlichen Unternehmen für die Bearbeitung des asiatisch-pazifischen Raumes eine ausgezeichnete Ausgangsbasis (vgl. *Takeuchi*, 1986, S. 23 ff.; *Müller-Seip*, 1992, S. 35 ff.).

Andererseits stellt Japan an die Unternehmen, die sich für die Bearbeitung dieses globalen Schlüsselmarktes entschieden haben, sehr hohe Anforderungen. Japan gilt als *„... der härteste Markt der Welt“*[53] (*Odrich, B.*, 1993c, S. 15). *„Erfolg in Japan verlangt mehr als die Einhaltung der gesetzlichen Bestimmungen und die Anpassung an japanische Gewohnheiten. Der erfolgreiche Markteintritt erfordert einen deutlichen Produktvorteil, und für das dauerhafte Überleben im Markt sind darüberhinaus* (sic!) *Konsequenz, Kreativität und Konkurrenzfähigkeit, ..., unerläßlich.“* (*Ohmae*, 1985, S. 130).

---

[52] Während der in Japan mit deutschen Führungskräften durchgeführten Interviews, die die Grundlage für die empirische Studie in Kapitel 5 bilden, wurde immer wieder das für europäische Verhältnisse teilweise überzogene Qualitätsbewußtsein der japanischen Verbraucher kommentiert.

[53] *Horst Waesche*, Präsident der Hoechst Japan und Vizepräsident der Deutschen Industrie- und Handelskammer in Tokyo, interviewt von *Barbara Odrich* (vgl. *Odrich, B.*, 1993c, S. 15).

Als Voraussetzung für den Erfolg im japanischen Markt müssen von den eintretenden Unternehmen erstklassige operative und organisatorische Fähigkeiten entwickelt werden. Deutschen Unternehmen wird empfohlen, den japanischen Markt auch zur Prüfung und Entwicklung der eigenen Wettbewerbsfähigkeit zu bearbeiten (vgl. *Odrich, B.*, 1993c, S. 15). Welche Probleme deutsche Unternehmen auf dem japanischen Markt haben können, wird daran sichtbar, daß mehr als 80% der Mißerfolge deutscher Unternehmen in Japan auf einer fehlenden Differenzierung gegenüber dem Wettbewerb, d.h. auf fehlenden Wettbewerbsvorteilen, beruhen (vgl. *Deutsche Industrie- und Handelskammer in Japan/Boston Consulting Group*, 1993, S. 3).

Im weiteren sollen einige wesentliche Elemente des japanischen Marktes beschrieben werden, die in dieser charakteristischen Form und in ihrer typischen Ausprägung weltweit nahezu einzigartig sind. Sie tragen dazu bei, daß bei westlichen Anbietern leicht der Eindruck eines geschlossenen Marktes entsteht. Neben einer Beschreibung der *Eintrittsbarrieren* des japanischen Marktes erfolgt in diesem Kontext auch eine Darstellung

- der Funktion und des Einflusses der *Keiretsu*,
- des *Subcontracting* und
- der *Sogo Shosha*.[54]

4.1.3.1 Eintrittsbarrieren des japanischen Marktes

Als Markteintrittsbarrieren können alle Hindernisse und Schwierigkeiten angesehen werden, die einen potentiellen neuen Wettbewerber vom Markteintritt abhalten oder diesen zumindest erschweren. Durch die Markteintrittsbarrieren wird der potentielle neue Wettbewerber gegenüber den bereits etablierten Wettbewerbern im Markt in eine nachteilige Lage versetzt (vgl. *Minderlein*, 1989, S. 1)[55].

Hinsichtlich der Anzahl und des Ausmaßes der Markteintrittsbarrieren wird Japan weltweit als der schwierigste Markt eingeschätzt (vgl. *Simon*, 1986, S. 55 ff.). Dabei

---

[54] Eine Definition der Begriffe wird im entsprechenden Kapitel vorgenommen.

[55] Einen Überblick über die Arten und Wirkungen von Markteintrittsbarrieren liefern u.a. *Porter*, 1992, S. 29 ff. und *Schmidt/Engelke*, 1989, S. 399 ff.

dominieren die kultur- und verhaltensbedingten Barrieren[56], die in einer Untersuchung von *Simon* die ersten sechs Ränge belegen. Erst danach folgen mit einer geringeren Bedeutung die institutionellen Barrieren. Bezogen auf die Einschätzung der Markteintrittsbarrieren besteht eine Diskrepanz zwischen den deutschen Führungskräften, die in Japan leben und den deutschen Führungskräften, die Japan von Deutschland aus betrachten. Erstgenannte Gruppe sieht die nicht-tarifären Barrieren, wie Konkurrenzintensität, Managerrekrutierung und Distributionssystem, als wichtig an. Demgegenüber schätzen die in Deutschland lebenden Manager die tarifären Markteintrittsbarrieren als wichtiger ein.

Auch in einer aktuelleren Umfrage bei 170 europäischen Unternehmen, die in Japan tätig sind, spielen, wie die nachfolgende Grafik zeigt, die tarifären Handelshemmnisse beim Eintritt in den japanischen Markt keine Rolle.

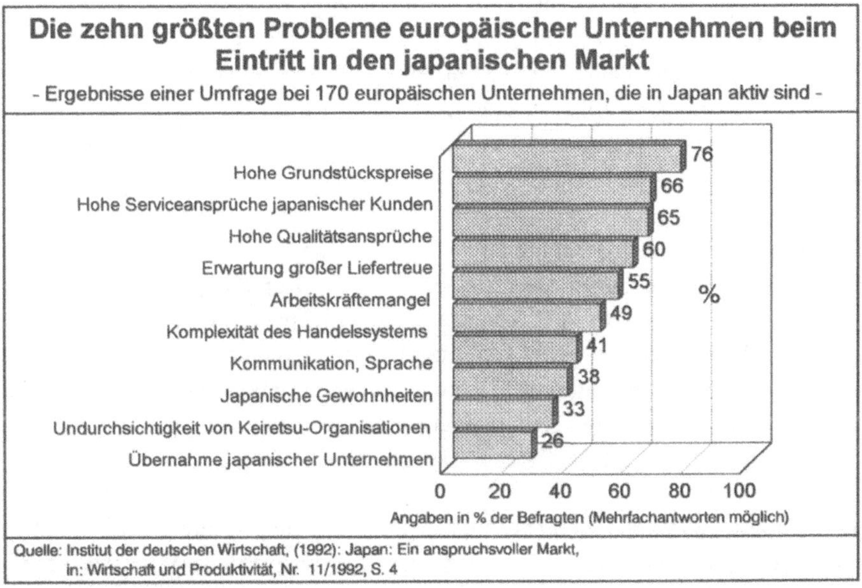

Abbildung 13: Japanische Markteintrittsbarrieren

---

[56] Die wichtigsten Eintrittsbarrieren in der Untersuchung von *Simon* sind (vgl. *Simon*, 1986, S. 59 ff.)

1. die Konkurrenzintensität/die Stärke der Wettbewerber,
2. die Rekrutierung von Managern,
3. die Sprache,
4. das Distributionssystem,
5. das Konsumentenverhalten,
6. das Verhalten von Behörden,
7. die nicht-tarifären institutionellen Barrieren,
8. die internen Managementprobleme,
9. Zölle, Quoten, etc.,
10. rechtliche Probleme.

Sachlich ist die oben erwähnte Einschätzung der in Deutschland lebenden Manager in bezug auf die tarifären Handelshemmnisse demnach nicht zutreffend[57]. Die Zölle sind in Japan, bis auf wenige Ausnahmen, im Durchschnitt niedriger als in der Europäischen Union und in den USA. Zölle stellen folglich grundsätzlich kein Einfuhrhemmnis mehr dar (vgl. *Batzer/Laumer*, 1986a, S. 23; *Ehrke*, 1993, S. 263 *March*, 1994, S. 47). Für Waren aus Deutschland wird bei der Zollberechnung der niedrigste Satz zugrunde gelegt. Entwicklungsländern und anderen Ländern, die bestimmte Voraussetzungen erfüllen, wird sogar eine Zollpräferenz eingeräumt (vgl. *Bundesstelle für Außenhandelsinformationen*, 1992a, S. 77 und 1992b, S. 4).

Für die meisten Güter ist die Einfuhr nach Japan liberalisiert. Heute sind noch etwa achtzig Einzelpositionen, darunter dreißig agrarische und tierische Erzeugnisse, nicht liberalisiert. Zwar gilt der Agrarsektor als strikt abgeschottet, dennoch ist Japan der größte Nahrungsmittelimporteur der Welt (vgl. *Ehrke*, 1993, S. 263). Für einige der nicht-liberalisierten Produkte werden Globalkontingente bereitgestellt. Für die übrigen nicht-liberalisierten Waren werden Mengen- oder Wertkontingente festgesetzt. Der Importeur muß in diesen Fällen beim *Ministry of Internationale Trade and Industry (MITI)* ein Zuteilungszertifikat beantragen und dann bei einer autorisierten Außenhandelsbank eine Importlizenz einholen (vgl. *Bundesstelle für Außenhandelsinformationen*, 1992a, S. 70 und 1992b, S. 1).

Auch die formalen Investitionshemmnisse sind für ausländische Unternehmen in Japan nicht größer, sondern tendenziell eher kleiner als in der Bundesrepublik Deutschland. In einer vom *Ifo-Institut* bei 801 deutschen Unternehmen, die über Investitionserfahrungen in Japan verfügen, durchgeführten Untersuchung gaben 336 Unternehmen an, das Ausmaß der Reglementierungen wäre etwa gleich. Immerhin 273 Unternehmen sehen in Deutschland stärkere Beschränkungen bei Investitionen, nur 192 schätzen diese Beschränkungen in Japan als stärker ein (vgl. *Ernst*, 1990, S. 1 ff.).

Wesentlich umfangreicher in der Zahl und in ihrer Wirkung weitreichender sind die nicht-tarifären Handelshemmnisse, die nachfolgend im Überblick dargestellt werden.

---

[57] Die japanischen Markteintrittsbarrieren werden auch in der Literatur keineswegs einheitlich eingeschätzt. Einen Einblick in die Diskussion gibt *March*, 1994, S. 47.

Nicht-tarifäre Handelshemmnisse

- **Distributionssystem:**
Das Distributionssystem wird aus westlicher Sicht als die größte Markteintrittsbarriere des japanischen Marktes bezeichnet (vgl. *Kurwan*, 1990, S. 93). Es wird als verwirrend, ineffizient, zersplittert und rückständig bezeichnet (vgl. *Batzer/Laumer*, 1986a, S. 47; *Tamaki*, 1993, S. 2). Japantypische Handelspraktiken sind in den folgenden Bereichen zu finden:
  - Rabattgestaltung: Berechnung der Rabatte am Jahresende; Nutzung der Rabatte zur Händlerkontrolle und Konkurrenzausschaltung.
  - Warenrückgabe: Schwer durchschaubares, auf Gewohnheitsrecht basierendes Warenrückgabesystem; Absatzrisiko liegt beim Hersteller oder Großhändler.
  - Preisbindung: Preisempfehlung der Hersteller, die in ihrer Wirkung der vertikalen Preisbindung entspricht.
  - Entsendung von Herstellerpersonal in den Einzelhandel, um technisch erklärungsbedürftige Produkte vor Ort zu erklären.
  - Schriftliche Verträge sind unüblich. Japanische Geschäftsbeziehungen beruhen hauptsächlich auf persönlichem Vertrauen, Langfristigkeit und mündlichen Absprachen.
  - Just-in-time Belieferung: Lieferung in kleinen Mengen, u.U. mehrmals täglich, auch im Handel.
  - Zahlungsmethoden: Außergewöhnlich lange Zahlungsfristen, im Durchschnitt über ein halbes Jahr.
  - Persönliche Beziehungen zwischen den Geschäftspartnern: Wechsel des Lieferanten fast ausgeschlossen.

  (vgl. *Heger-Wesselowsky*, 1992, S. 3 ff.; *Müller-Seip*, 1992, S. 18 ff.).

- **Verbundgruppen/Keiretsu:** (vgl. 4.1.3.2 *Funktion und Einfluß der Keiretsu*)
Auch die dominierende Stellung der Keiretsu wird als Markteintrittsbarriere angesehen (vgl. *Batzer/Laumer*, 1986b, S. 11).

- **Generalhandelshäuser/Sogo Shosha:** (vgl. 4.1.3.4 *Funktion und Einfluß der Sogo Shosha*)
Der Einstieg für ausländische Anbieter wird dadurch erschwert, daß die *Sogo Shosha* in vielen Märkten eine monopolistische Stellung als Alleinimporteure haben. Mitgliedsfirmen im Unternehmensverbund werden bevorzugt (vgl. *Batzer/Laumer*, 1986a, S. 88 f.) .

- **Personalbeschaffung:**
Personalbeschaffung und -entwicklung werden als größte strukturelle Investitionshemmnisse bezeichnet. Gründe dafür liegen in einem mangelnden Bekanntheitsgrad und einem zum Teil auf Vorurteilen beruhenden Negativimage vieler ausländischer Anbieter (vgl. *Ernst/Hilpert*, 1990, S. 196 ff.; *Ballon*, 1986b, S. 314).

- **Technologieschutz:**
Das japanische Patentrecht erfordert die Einschaltung erfahrener Patentanwälte. Der Umfang des Patentschutzes ist in Japan wesentlich geringer als in Europa, deshalb ist die Gefahr der Nachahmung und der Patent-Blockade durch japanische Unternehmen sehr groß (vgl. *Müller-Seip*, 1992, S. 55 f.). Auch der Gebrauchsmuster- und der Warenzeichenschutz stellen für viele Unternehmen Marktbarrieren dar[58].

- **Administrative Hemmnisse:**
Vor allem der Aufwand für technische Prüfverfahren sowie die Unterschiedlichkeit dieser Verfahren innerhalb Japans werden kritisiert. Darüber hinaus werden auch die Undurchsichtigkeit der japanischen Gesetzestexte und Verordnungen von ausländischen Anbietern immer wieder beklagt. Japan hat aus diesem Grund in jüngerer Zeit bereits eine Reihe administrativer Hemmnisse abgebaut oder deren Abbau angekündigt (vgl. *Batzer/Laumer*, 1986a, S. 23 ff.).

- **Barrieren bei Firmenübernahmen:**
Restriktive rechtliche Auflagen, Unverkäuflichkeit der Aktien und gesellschaftliche Akzeptanzprobleme führen dazu, daß Firmenübernahmen durch ausländische Unternehmen in Japan recht schwierig und selten sind (vgl *Ernst/Hilpert*, 1990, S. 204 ff.). Allerdings hat Japan zugesagt, eine Reihe rechtlicher Barrieren bei Firmenübernahmen abzubauen (vgl. *Eli*, 1991, S. 40 ff.).

Abschließend sei angemerkt, daß eine der wesentlichen Markteintrittsbarrieren im direkten Einflußbereich der Unternehmen liegt, die in den japanischen Markt eintreten wollen (vgl. dazu auch *Tamaki*, 1993, S. 4). Es fehlt die uneingeschränkte Bereitschaft, sich geduldig mit den japanspezifischen Markt- und Wettbewerbsgegebenheiten auseinanderzusetzen und sich diesen dauerhaft anzupassen. Ausdauer, Geduld und langfristiges Engagement sind neben Produktqualität und Service die wichtigsten

[58] Einen Überblick über die Schutzrechte im japanischen Markt liefert *Einsel*, 1990, S. 158 ff.

Erfolgsfaktoren für den Eintritt in den japanischen Markt (vgl. *Institut der deutschen Wirtschaft*, 1992, S. 4).

Nicht die Marktbarrieren sind es, die westliche Unternehmen vom japanischen Markt fernhalten, sondern die Scheu vor den hohen Kosten und Risiken eines Markteintritts. Häufig scheitern nämlich die Unternehmen an den hohen wettbewerblichen Leistungsstandards im japanischen Markt. Gerade diese Leistungsstandards erlauben es aber andererseits den japanischen Anbietern, die sich im Heimmarkt durchgesetzt haben, auch international erfolgreich zu agieren.

4.1.3.2 Funktion und Einfluß der Keiretsu

Der Begriff „*Keiretsu*" bedeutet in der wörtlichen Übersetzung „*System*" und „*Reihe*". Er wird angewendet, um verschiedene Formen enger Beziehungen zwischen japanischen Industrieunternehmen zu kennzeichnen (vgl. *Kreft*, 1993, S. 289).

Diese Beziehungen basieren auf gegenseitiger Kapitalbeteiligung bzw. -verflechtung (*cross-shareholding*) und Finanzierung, auf vertraglichen und persönlichen Beziehungen oder auch auf historischen Verbindungen (vgl. *Dodwell Marketing Consultants*, 1993, S. 5; *Nakamura*, 1992, S. 12; *Morgan/Morgan*, 1994, S. 54).

Die Keiretsu bilden dabei keine monolithischen, konzernartigen Unternehmensblöcke westlicher Prägung, sondern offene und flexible Unternehmensnetzwerke mit zum Teil gewaltigen Dimensionen. Dabei ist die Zielsetzung der Keiretsu keine Kartellbildung mit einer monopoltypischen Preiskontrolle, sondern vielmehr die Abstimmung und Ausrichtung der Unternehmensaktivitäten, die Förderung des politischen Einflusses und die Schaffung eines Absatzmarktes, der durch die Keiretsu-Unternehmen gebildet wird (vgl. *Streib/Hörstel*, 1990, S. 32 f.).

Es werden *horizontale* und *vertikale* Keiretsu unterschieden (vgl. *Nanto*, 1990, *Vieweg/Hilpert*, 1993, S. 86 ff.; *Hilpert*, 1993a, S. 2 f.)[59]. Die horizontalen Keiretsu („*Kigyo Shudan*") bestehen aus einem inneren Kern mit rund zwanzig Unternehmen sowie einem äußeren Kreis von zwischen hundert und zweihundert Firmen, die wiederum Beteiligungen an über 1000 Firmen halten. Die verflochtenen Unternehmen gehören den unterschiedlichsten Branchen an, von der Stahlerzeugung über den Schiffbau und die Chemie bis hin zur Versicherungs- und Immobilienbranche. Meistens sind die horizontalen Keiretsu um eine Großbank und ein Handelshaus („*Sogo Shosha*") als Nukleus entstanden (vgl. *Vieweg/Hilpert*, 1993, S. 87; *Dodwell Marketing Consultants*, 1993, S. 4).

Zu den sechs größten horizontalen Keiretsu, den „*big six*", gehören

- drei Keiretsu, die aus den *Zaibatsu* entstanden sind, die nach dem zweiten Weltkrieg von den USA aufgelöst worden waren (*Mitsubishi, Mitsui, Sumitomo*),

- drei neue Keiretsu, die um Banken herum gebildet wurden (*Fuyo, DKB*[60], *Sanwa*).

Die „*big six*" repräsentierten im Jahr 1991 ca. 16% der Bilanzsumme, 19% der Kapitaleinlage und 17% des Umsatzes aller japanischen Aktiengesellschaften (vgl. *Kimura*, 1992, S. 2). Die ökonomischen Wirkungen der horizontalen Keiretsu lassen sich wie folgt zusammenfassen:

---

[59] Es existieren in der Literatur auch andere Ansätze zur Gliederung der verschiedenen Keiretsu-Formen, so z.B.:

- *Dodwell Marketing Consultants*, 1993, S. 4:
  1. horizontally connected groups,
  2. vertically connected groups,
  3. production oriented groups,
  4. distribution oriented groups.

- *Nakamura*, 1992; *Kreft*, 1993, S. 289:
  1. horizontale Keiretsu,
  2. vertikale Keiretsu
     - Produktions-Keiretsu,
     - Marketing-Keiretsu.

[60] DKB ist die Abkürzung für die *Dai-Ichi-Kangyo-Bank-Gruppe* (vgl. *Eli*, 1988, S. 51).

Ökonomische Wirkungen der horizontalen Keiretsu:

- **„Cross shareholding“:**
Hauptziel der Kapitalverflechtung ist es, die Gruppenmitglieder vor äußerer Kontrolle und feindlichen Firmenübernahmen zu schützen[61]. Darüber hinaus wird der Druck, kurzfristig Gewinne zu erzielen, erheblich reduziert, da die verflochtenen Unternehmen nicht primär an Ausschüttungen, sondern hauptsächlich an einer gesunden Unternehmenssubstanz interessiert sind. Die langfristigen Interessen des Managements der Mitgliedsfirmen haben einen größeren Einfluß als kurzfristige Interessen ausschüttungsorientierter Aktionäre (vgl. *Dodwell Marketing Consultants*, 1993, S. 8; *Yoshitomi*, 1990, S. 8).

- **Personaltransfer:**
Der Austausch von Mitarbeitern bzw. die Einsetzung von Führungskräften sind weitere stabilisierende Elemente. Die gute Qualität der Beziehungen zwischen den einzelnen Unternehmen der Verbundgruppen wird auch dadurch sichergestellt, daß qualifizierte Führungskräfte des Middle-Managements von Großunternehmen im Keiretsu nach ihrer Pensionierung mit i.d.R. sechzig Jahren in das Top-Management kleinerer Keiretsu-Mitglieder wechseln (vgl. *Dodwell Marketing Consultants*, 1993, S. 6).

- **Funktion der Banken:**
Die Banken spielen eine wichtige Rolle im horizontalen Keiretsu. Als der größte Geldgeber der Keiretsu-Mitglieder[62] übernehmen die Banken eine aktive strategische Rolle bei der Finanzierung von Innovationen.

Als Aktienteilhaber schützt die Bank die Keiretsu-Unternehmen vor ungewollter Übernahme. Gerät ein Keiretsu-Unternehmen in existenzbedrohende Schwierigkeiten, so unterstützt die Bank „... *by bringing in necessary managerial, technological and marketing assistance from other members of the same industrial group.*“ (vgl. *Yoshi*, 1982, S. 89).

[61] Einen tieferen Einblick in die Wirkung des „*Cross shareholding*“ auf die Aktienkursfindung und Unternehmensfinanzierung liefert *Krall*, 1994, S. 549.

[62] *Mori/Albach* vertreten in diesem Punkt eine andere Meinung. Danach ist die kapitalmäßige Verflechtung nicht so hoch, wie angenommen wird. Auch die Konditionen, die den Unternehmen im Keiretsu (*Mori/Albach* verwenden hier noch den Begriff *Zaibatsu*) gewährt werden, unterscheiden sich nicht von denen außerhalb der Keiretsu (vgl. *Mori/Albach*, 1988, S. 107). Nach der in dieser Arbeit vertretenen Auffassung, die sich auf die zitierte Literatur stützt, gehen die Funktion und der Nutzen der Banken im *Keiretsu* weit über die des Anteilseigners und Geldgebers hinaus.

Darüber hinaus ist die Hausbank Risikoträgerin bei Bürgschaftsübernahmen, wenn die *Keiretsu*-Unternehmen auf dem freien Kapitalmarkt finanzielle Mittel beschaffen wollen (vgl. *Eli*, 1988, S. 22).

Auf der Grundlage von Krediten mit attraktiven Zins- und Tilgungskonditionen können die Mitgliedsunternehmen der Verbundgruppen substantielle Investitionen tätigen, um Produktionseinrichtungen zu modernisieren, ausländische Firmen zu kaufen oder sonstige Direktinvestitionen im Ausland zu tätigen. Auf diese Weise konnten japanische Unternehmen in der Vergangenheit ihre weltweite Wettbewerbsposition erheblich verbessern (vgl. *Yoshitomi*, 1990, S. 8 ff.; *Nanto*, 1990, S. 4; *Bowonder/Miyake*, 1990, S. 61).

- **Präsidentenclubs:**
  Die Präsidentenclubs, die sogenannten *„sacho-kai"*, bestehen in institutionalisierter Form seit der Auflösung der *Zaibatsu* nach dem zweiten Weltkrieg.

  Die Mitglieder rekrutieren sich aus dem Kreis der Präsidenten verschiedener *Keiretsu*-Unternehmen. Die *„sacho-kai"* treffen sich regelmäßig, in der Regel monatlich, zum Informations- und Meinungsaustausch im Rahmen von Konferenzen, um einen Konsens über die zukünftige Entwicklung und Zusammenarbeit im *Keiretsu* zu erreichen (vgl. *Dodwell Marketing Consultants*, 1993, S. 14 f.).

- **Universalhandelshäuser:**
  Die General- oder Universalhandelshäuser (*„sogo shosha"*) sind der Distributionskanal der horizontalen Keiretsu. Das Spektrum der Aufgaben und Funktionen der Handelshäuser ist außerordentlich breit und im internationalen Vergleich ohne Parallele (vgl. *Eli*, 1988, S.131).

  Aufgrund der großen Bedeutung der Handelshäuser für die internationale Wettbewerbsposition japanischer Unternehmen erfolgt die Beschreibung in einem separaten Kapitel[63].

- **Weitere Wirkungen:**
  Ein weiterer wesentlicher Nutzen der horizontalen Keiretsu liegt darin, daß bei großen Investitionsvorhaben eine Risikoverteilung auf mehrere Unternehmen vorgenommen werden kann. Des weiteren ergeben sich für die Keiretsu-Mitglieder Vorteile aus der Zugriffsmöglichkeit auf Technologie- und Managementkapazitäten der Gruppe.

[63] Vgl. 4.1.3.4 *Funktion und Einfluß der Sogo Shosha.*

Das positive Image, das die Keiretsu-Unternehmen in Japan besitzen, überträgt sich auch auf die Mitgliedsunternehmen, was sich z.B. bei der Rekrutierung neuer Mitarbeiter positiv auswirken kann (vgl. *Vieweg/Hilpert*, 1993, S. 92).

Die vertikalen Keiretsu („*Kigyo Keiretsu*") haben sich in der Vergangenheit, von einem großen Industrieunternehmen ausgehend, entwickelt. Diese Großunternehmen sind entweder unabhängig oder häufig selbst Mitglied eines horizontalen Keiretsu. So bildet *Toyota Motor* einerseits eine vertikal integrierte Gruppe mit hunderten von Tochterfirmen und Beteiligungen. Andererseits gehört *Toyota Motor* auch einer horizontalen Verbundgruppe, dem *Mitsui*-Keiretsu, an (vgl. *Vieweg/Hilpert*, 1993, S. 88; *Dodwell Marketing Consultants*, 1993, S. 21; *Eli*, 1988, S. 42 f.).

An der Spitze eines *vertikalen Keiretsu* steht ein führendes Unternehmen, das eine große Zahl von Zulieferern und Subunternehmen an sich gebunden hat. Auf diese Weise wird eine Zuliefererpyramide[64] gebildet, bei der Finanzkraft, Qualifikation der Mitarbeiter und technisches Potential um so mehr abnehmen, je weiter man auf den Ebenen der Pyramide nach unten kommt. Oft sind die Beziehungen und Verflechtungen zwischen den Zulieferern und den führenden Unternehmen so eng, daß die rechtliche Selbständigkeit der Zulieferer zwar de jure gegeben ist, daß es sich de facto aber um vollkommen abhängige Unternehmen handelt. Nicht selten ist das führende Keiretsu-Unternehmen der einzige Kunde eines Zulieferers (vgl. *Nakamura*, 1992, S. 13; *Vieweg/Hilpert*, 1993, S. 88).

Der Charakter dieser vertikalen Keiretsu läßt sich nach *Yoshitomi* wie folgt beschreiben: „*In sum, Keiretsu transactions between core firms and subsidiaries lie <u>in between</u> the in-house production system and the general autonomous market.*" (*Yoshitomi*, 1990, S. 5). Die Unternehmen im Zentrum der vertikalen Keiretsu haben in der Regel große Teile der Produktion und des Vertriebs auf kleinere Keiretsu-Unternehmen verlagert und verfügen nur noch über die Kernbereiche der Fertigung sowie über die Endmontage (vgl. *Vieweg/Hilpert*, 1993, S. 88).

Die japanischen Keiretsu sind zunehmender Kritik, vor allem aus den USA, ausgesetzt. Ein Hauptvorwurf liegt in der Abschottung der Keiretsu gegen ausländische Beteiligungen sowie in der Exklusivität der gruppeninternen Geschäftsbeziehungen. Es wird angeführt, das die Keiretsu-Firmen zu „*non-economic purchase decisions*" und zu „*preferential group trading*" neigen (vgl. *Nanto*, 1990, S. 2; *Nakamura*, 1992, S. 18). *Nakamura* widerlegt für die horizontalen Keiretsu diesen Vorwurf, indem er den Intra-Keiretsu-Handel (*big six*) mit 7,28% (Verkauf) und 8,10% (Einkauf) im Jahr

[64] Vgl. dazu auch 4.1.3.3 *Subcontracting in Japan.*

1989 beziffert (vgl. *Nakamura*, 1992, S. 19)[65]. Bei den vertikalen Keiretsu dürfte es jedoch schwierig sein, die amerikanische Kritik zu entkräften, weil gerade das *„preferential group trading"* ein wesentliches Merkmal für diese Keiretsu-Form und das Hauptmotiv für die Konstituierung ist.

4.1.3.3 Subcontracting in Japan

Im *Subcontracting*, einer Form der Gestaltung industrieller Zulieferbeziehungen, hat die japanische Industrie aus westlicher Sicht einen ihrer wesentlichen Erfolgsfaktoren (vgl. *Ernst*, 1989, S. 9 und ebenso *Miwa*, 1992, S. 39 ff.). Typische Gestaltungselemente, insbesondere die *Just-in-Time*-Anlieferung, die *Reduzierung der Fertigungstiefe*, das *Target Costing* und die Einbindung der Zulieferer in das *Simultaneous Engineering*[66], haben weltweit einen Modellcharakter für die Organisation der Beziehungen zwischen Zulieferern und *Original Equipment Manufacturern (OEM)* gewonnen (vgl. u.a. *Nishiguchi*, 1989, S. 199 ff.; *Deutsche Industrie- und Handelskammer in Japan*, 1992a, S. 1 ff.).

Auch deutsche Industrieunternehmen haben sich in den vergangenen Jahren intensiv mit der Neuorganisation ihrer Zulieferbeziehungen befaßt. Nachfolgend sind einige der Programme exemplarisch aufgezählt (vgl. *Bossard Consultants*, 1994, S. 5 ff.).

Hersteller:	Name des Programmes:	Bedeutung des Programmes:	Startjahr:
BMW	POZ	Prozeßoptimierung Zulieferteile	1992
Ford	DFL	Drive For Leadership	1992
Mercedes Benz	Tandem		1992

[65] Die Zahlen, die zum Umfang des gruppeninternen Handels der Verbundgruppen veröffentlicht wurden, sind keineswegs einheitlich. So beziffert *Dolles* den gruppeninternen Handel der Keiretsu im Jahr 1990 erheblich höher (vgl. *Dolles*, 1994, S. 28):

- Mitsui	45,26%,
- Mitsubishi	51,33%,
- Sumitomo	64,17%,
- Fuyo	30,83%,
- Sanwa	30,91%,
- DKB	34,45%.

In beiden Fällen ist nicht nachvollziehbar, wie die Werte ermittelt wurden. Die Differenz kann möglicherweise auf die Abgrenzungs- und Zurechnungsproblematik zurückgeführt werden, die sich aus der sehr stark verflochtenen und größtenteils intransparenten Struktur der Keiretsu ergibt.

[66] Vgl. dazu auch die Ausführungen zum *Lean Management* in Kapitel 4.2.2.

Opel	Picos	Purchased Input Concept Optimization with Suppliers	1991
Porsche	P.O.L.E.-Position	Prozeßoptimierung durch Lieferanteneinbindung	1994
VW/Audi	KVP²	Kontinuierlicher Verbesserungsprozeß	1993

Bei den genannten Programmen steht nach einer empirischen Untersuchung von *Bossard Consultants* (vgl. *Bossard Consultants*, 1994, S. 13 ff.) die Erzielung von Kostenvorteilen deutlich im Vordergrund der Bemühungen. Von den beteiligten Lieferanten werden nicht alle Programme durchgehend positiv bewertet. Vor allem die von *Lopez* bei VW und Opel implementierten Programme werden von den Lieferanten in bezug auf die Umsetzungsunterstützung als *sehr schwach* bewertet.

Subkontraktbeziehungen zwischen Zulieferern und *Original Equipment Manufacturern (OEM)* sind, wie oben ersichtlich wird, nicht nur in Japan üblich. Typisch für Japan ist jedoch der sehr hohe Anteil von Subkontraktunternehmen hauptsächlich bei mittelständischen Unternehmen. Auch die Intensität der Beziehungen zwischen den Zulieferern und den *OEM* besitzt in Japan eine unverkennbare Ausprägung. Vor allem in bezug auf die Abhängigkeit von den *OEM* und die Bindung der Zulieferer an die Weisungen des *OEM* unterscheidet sich das japanische *Subcontracting* deutlich von westlichen Zulieferbeziehungen (vgl. *Ernst/Laumer*, 1989, S. 40). Nachfolgend werden die Merkmale, die die Zusammenarbeit zwischen den *OEM* und den Zulieferern charakterisieren, in einer Zusammenfassung dargestellt. Dabei werden die Zulieferer nach dem Grad der Abhängigkeit vom *OEM* in die Kategorien

- *Kernsubkontraktor,*
- *wichtiger Subkontraktor,*
- *peripherer Subkontraktor* und
- *unabhängiger Zulieferer*

eingeteilt (vgl. *Ernst/Laumer*, 1989, S. 59 ff.).

Anhand der Darstellung wird sichtbar, daß die Subkontraktorbeziehung weit über ein in westlichen Industrien übliches Zulieferverhältnis hinausgeht. Vor allem bei den Kernsubkontraktoren sind Abnehmer und Lieferant außerordentlich eng miteinander verzahnt. Die Verbindung geht so weit, daß der Abnehmer direkt in die Unternehmenspolitik und -planung des Subkontraktors eingreift. Dabei stellt sich die Frage, ob der Zulieferer noch ein eigenständiges Unternehmen oder eher eine ausgelagerte Fertigungsstätte des Abnehmers ist.

Klassifizierung von Subkontraktor-Beziehungen in der japanischen Industrie				
Merkmal	Kernsubkontraktor	Wichtiger Subkontraktor	Peripherer Subkontraktor	Unabhängiger Zulieferer
Art der Geschäftsbeziehung	Mitglied der Zulieferer-Vereinigung, eventuell Kapitalbeteiligung, Exklusivproduktion	Langfristige Zusammenarbeit, überwiegende Produktion für einen Kunden	Sowohl lang- als auch kurzfristige Lieferbeziehungen, Produktion für mehrere Kunden, second-sourcing	Variable Fristen der Zulieferung, Produktion für den Markt
Art der Zusammenarbeit, Abstimmung	Koordination der Unternehmenspolitik, Planungskoordination, Steuerung der nachrangigen Subkontraktoren	Koordination von Produkt- und Produktionsplanung	Gelegentliche Abstimmung mit dem Kunden, Unterstützung durch den Kunden	Kaufverträge
Produktentwicklung	Beim Subkontraktor in Abstimmung mit dem Kunden	Beim Kunden; gelegentlich beim Subkontraktor	Bei verschiedenen Kunden; gelegentlich beim Subkontraktor	Beim Zulieferer
Grad der Abhängigkeit				
- des Subkontraktors vom Kunden	hoch	hoch	variabel	gering
- des Kunden vom Subkontraktor	hoch	variabel	gering	gering
Stabilität der Zulieferbeziehung	hoch	grundsätzlich hoch, variiert jedoch mit der Leistungsfähigkeit des Subkontraktors	variabel, in Abhängigkeit von der Kapazitätsauslastung des Kunden	variabel
Quelle: Ernst, E., Laumer, H., Struktur und Dynamik der mittelständischen Wirtschaft in Japan, Hamburg 1989, S. 60; Veränderungen durch den Verf.				

Abbildung 14: Klassifizierung der japanischen Subkontraktor-Beziehungen

Die Vorteile derartiger Subkontraktorbeziehungen sind vielfältiger Natur. Zum einen bietet der *Subcontractor* dem Abnehmer eine verläßliche und kostengünstige Bezugsquelle. Zum anderen ist der *Subcontractor* bereit, sich in Fragen der Qualitätssicherung und der Logistik voll auf die Bedürfnisse seines Abnehmers einzustellen. Darüber hinaus bieten die Verlagerung von Entwicklungsaufgaben auf den *Subcontractor* sowie die gemeinsame Entwicklung von Komponenten und Systemen durch Abnehmer und *Subcontractor* erhebliche Zeit- und Kostenvorteile.

Verglichen mit den Zulieferstrukturen europäischer und amerikanischer Unternehmen sind die Subkontrakt-Pyramiden japanischer Unternehmen tiefer gegliedert. D.h. die japanische Zulieferindustrie ist feiner gestaffelt und besitzt auf der jeweiligen Pyramidenstufe eine vergleichsweise geringe Fertigungstiefe. Die nachfolgende Grafik illustriert die Pyramidenstruktur der japanischen Automobil- und Automobilzulieferindustrie.

Bei Betrachtung der Lohnkosten je Arbeitsstunde wird der Vorteil einer geringen Fertigungstiefe für die Unternehmen in der Pyramidenspitze deutlich. Im Vergleich zu deutschen Unternehmen werden viele Vormontagearbeiten auf die Subkontraktoren verlagert (vgl. dazu auch *Ikeda*, 1990, S. 143).

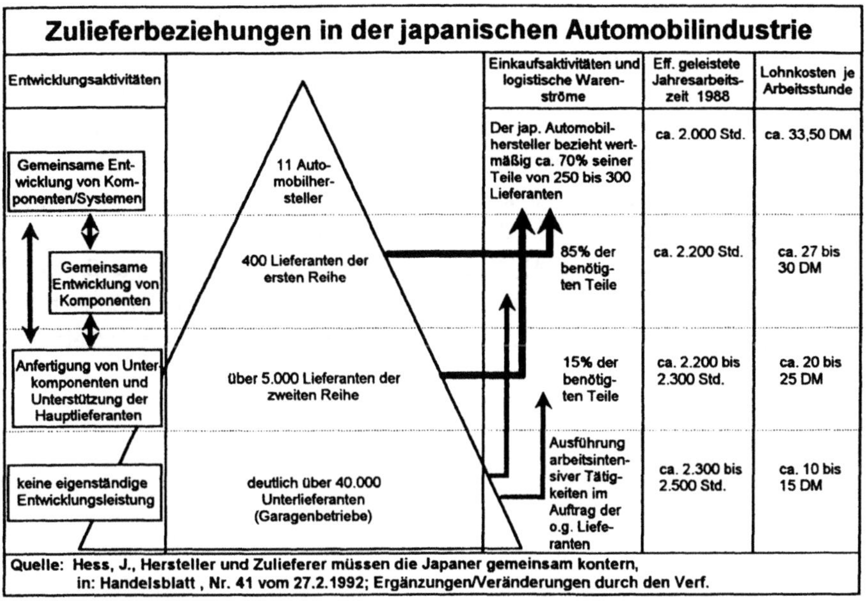

Abbildung 15: Zulieferbeziehungen in der japanischen Automobilindustrie

Die Leistungen der japanischen Zulieferer auf den vorgelagerten Stufen werden mit zum Teil erheblich niedrigeren Lohnkosten erstellt[67]. Das ist in Japan möglich, weil es keine Flächentarifverträge nach deutschem Muster gibt. Deutsche Industrieunternehmen beschaffen ihre lohnintensive Zulieferung zunehmend aus Niedriglohnländern. Teilweise findet sogar eine Verlagerung von Fertigungsstandorten in diese Länder statt. Zwar ist eine derartige Entwicklung in Japan ebenso zu beobachten, doch haben japanische Unternehmen derartige Bezugsquellen auch im Inland. Hier ist eine der Ursachen für die hohe Arbeitslosigkeit Deutschlands im Vergleich zu Japan zu finden.

Die Verbreitung des *Subcontracting* ist in der japanischen Industrie kontinuierlich gestiegen. Während in den sechziger Jahren gut die Hälfte der mittelständischen Unternehmen des Verarbeitenden Gewerbes in einem Subkontraktverhältnis stand, lag dieser Wert in den achtziger Jahren bereits bei zwei Dritteln. Insbesondere die stärker exportorientierten Branchen der japanischen Industrie - vor allem der oben exemplarisch dargestellte Fahrzeugbau mit 87,7% - weisen einen hohen Anteil an Subkontraktunternehmen auf (vgl. *Ernst/Laumer*, 1989, S. 46 f.).

[67] Die unterschiedliche Lohnhöhe auf den einzelnen Zulieferebenen führt dazu, daß die Wertschöpfung japanischer Industrieunternehmen im Vergleich zu deutschen Industrieunternehmen auf der Zulieferebene eher unterbewertet, auf der *OEM*-Ebene eher überbewertet wird (vgl. dazu auch die Erläuterungen zum Vergleich der Wertschöpfung im Maschinenbau unter 3.4.3 *Vergleich des deutschen und japanischen Maschinenbaus*).

Die Beurteilung des *Subcontracting* ist keineswegs einheitlich. Während die Kritiker im *Subcontracting* vor allem einen Ansatzpunkt kapitalistischer Ausbeutung sehen, betonen die Befürworter den Aspekt der partnerschaftlichen Arbeitsteilung. Diese partnerschaftliche Arbeitsteilung ist in einem langen evolutorischen Prozeß gewachsen. Aufgrund positiver Erfahrungen bei der gemeinsamen Lösung von Problemen hat sich zwischen den Zulieferern und den Abnehmern ein gegenseitiges, dauerhaftes Vertrauensverhältnis entwickelt, in das neue Wettbewerber nur schwer eindringen können (vgl. *Nishiguchi/Fruin*, 1991, S. 2 und ebenso *Odrich, P.*, 1993a, S. 25 ff.). Die so entstandenen *Subcontracting*-Beziehungen japanischer Unternehmen stehen in einem krassen Gegensatz zu den teilweise antagonistischen Zulieferverhältnissen westlicher Industrien.

4.1.3.4 Funktion und Einfluß der Sogo Shosha

Die *Sogo Shosha* oder auch *Generalhandelshäuser* bilden die *„...Kommandozentralen der wirtschaftlichen Verbundgruppen und Schaltstellen des Außenhandels..."* (*Eli*, 1988, S. 128). Ihre Leistung hat den japanischen Wirtschaftsaufstieg nach dem zweiten Weltkrieg mitbegründet. Die *Sogo Shosha* beherrschen den Handel in Japan ebenso wie die Export- und Importaktivitäten der japanischen Industrie. Sie wickeln etwa 50% des japanischen Außenhandels ab und erwirtschaften rund ein Viertel[68] des japanischen Bruttosozialproduktes (vgl. *Morgan/ Morgan*, 1994, S. 55).

Die *Sogo Shosha* stellen *„Konglomerate eigener Prägung"* (*Eli*, 1988, S. 128) oder *„multinationale Konzerne"* (vgl. *Kurwan*, 1990, S. 96) dar. Einerseits besitzen sie ein weltweites Stützpunktnetz mit zahlreichen Tochter- und Beteiligungsgesellschaften. Andererseits haben sie im Laufe der Zeit zu vielen Lieferanten und Abnehmern enge und dauerhafte Beziehungen aufgebaut, die in ihrer Wirkung den Unternehmensverbunden ähnlich sind.

Die fünf größten *Sogo Shosha* im Jahr 1990 sind in der nachfolgenden Abbildung zusammengestellt. Drei dieser fünf *Sogo Shosha* gehören den *„big six"-Keiretsu* an. Es handelt sich um die *Zaibatsu*-Nachfolger *Sumitomo*, *Mitsui* und *Mitsubishi*.

---

[68] Im Jahr 1990 betrug der zusammengefaßte Umsatz der neun größten *Sogo Shosha* 883,0 Mrd. US$. Das entsprach 26,1% des japanischen Bruttosozialproduktes (vgl. *Uemura*, 1992, S. 1).

Sogo Shosha	Umsatz 1990 (Mrd. US$)
- C. Itoh	148,2
- Sumitomo	139,1
- Marubeni	135,1
- Mitsui	119,7
- Mitsubishi	116,3

Quelle: Uemura, K., General Trading Companies, EC Executive Training Programme in Japan (ETP 12), Tokyo 1992, S. 1

Abbildung 16: Umsatz der fünf größten Sogo Shosha

Die von den *Sogo Shosha* wahrgenommenen Aufgaben sind außerordentlich vielfältig. International gesehen gibt es keine Handelsorganisation, die damit vergleichbar wäre.

Aufgabenspektrum und Funktion der Sogo Shosha:
(vgl. *Eli*, 1988, S. 131 ff., *Vieweg/Hilpert*, 1993, S. 93)

1. Informationsfunktion:
Die Handelshäuser besitzen Niederlassungen in allen relevanten Märkten. Diese sind über ein modernes Kommunikationssystem miteinander verbunden und verfügen so über ein weltweit hochentwickeltes Informationsnetzwerk. Damit kann der Informationsbedarf der Unternehmen, die mit dem Handelshaus in Verbindung stehen oder davon vertreten werden, schnell und zuverlässig befriedigt werden. Die bereitgestellten Informationen reichen von der Marktforschung bis zur Analyse neuer Technologietrends und stellen für die Partnerunternehmen eine qualifizierte Entscheidungsbasis dar.

2. Güterbeschaffungs- und Verteilungsfunktion:
Wie oben schon erwähnt, übernehmen die Handelshäuser die binnen- und außenwirtschaftliche Beschaffung und Distribution von Gütern. Besonders für die japanischen Branchen mit starker Importabhängigkeit stellen die *Sogo Shosha* durch langfristige Lieferverträge und ggf. auch Beteiligungen an den Lieferunternehmen die Versorgung sicher.

3. Finanzierungsfunktion:
Die Handelshäuser stellen kurz- und langfristige Kredite hauptsächlich für die Unternehmen ihrer Verbundgruppe bereit. Damit können diese Unternehmen Finanzierungsengpässe überwinden und/oder Investitionen vornehmen.

4. Organisationsfunktion:
Bei der Abwicklung von Großprojekten bis hin zur Inbetriebnahme liefern die *Sogo Shosha* organisatorische Unterstützung und bringen vielfältige internationale Erfahrungen ein.

5. Investitionsfunktion:
Die *Sogo Shosha* führen für ihre Partner zur Erschließung aussichtsreicher Wirtschaftsbranchen und internationaler Märkte, zur Erschließung von Rohstoffen, zur Durchführung von Großprojekten sowie bei Beteiligungen und Übernahmen ggf. erhebliche Investitionen durch.

6. Logistikfunktion:
Die logistischen Aufgaben, die von den *Sogo Shosha* übernommen werden, reichen vom physischen Transport der Waren über die Lagerhaltung bis hin zu vielfältigen Versicherungsmaßnahmen.

Insbesondere kleinen und mittleren Unternehmen verschaffen die *Sogo Shosha* im internationalen Wettbewerb einen nicht zu unterschätzenden Vorteil. Bei der Erschließung neuer Märkte können derartige Unternehmen auf den bereits existierenden Absatzkanal der Handelshäuser zurückgreifen. Während deutschen mittelständischen Unternehmen bei der Erschließung neuer Märkte, wie beispielsweise der asiatisch-pazifischen Wachstumsregion, erhebliche Kosten entstehen, können die japanischen Wettbewerber mit Hilfe der *Sogo Shosha* die schwierige Markteintrittsphase mit deutlich geringeren Kosten und Risiken bewältigen (vgl. dazu auch *Sikander Khan*, 1988, S. 31).

4.1.4 Gewerkschaften, Tarife, Mitarbeiter

Die japanische Arbeitswelt unterscheidet sich in vielen Elementen von der westlicher Industrienationen. Sichtbare Kennzeichen sind das hohe (zeitliche) Engagement der Mitarbeiter, die Loyalität der Mitarbeiter gegenüber den Unternehmen sowie ein in jüngerer Zeit vom Tariffrieden geprägter Arbeitsmarkt. Diese Konstellation erlaubt es japanischen Unternehmen, Managementmethoden zu entwickeln und zu implementieren, die heute in westlichen Industrien teilweise mit noch ungewissem Erfolg eingeführt werden.

Das Entstehen des „typisch japanischen" Mitarbeiterverhaltens[69] wird unterschiedlich begründet. So geht *Linhart* davon aus, daß es systematisch von der herrschenden Klasse seit der *Meiji-Restauration* entwickelt wurde. Das japanische Mitarbeiterverhalten ist nach seiner Meinung *„... nothing other than a deficient emancipation of the individual from superior groups."* (*Linhart*, 1984, S. 214). *Moore Kenrick* erkennt in seinem Werk *„Where Communism Works: The Success of Competitive-Communism in Japan"* in der japanischen Arbeitswelt sogar ein funktionierendes Modell des Kommunismus (vgl. *Moore Kenrick*, 1988). Demgegenüber sieht *Vahlefeld* das japanische Mitarbeiterverhalten in der konfuzianischen Arbeitsethik begründet (vgl. *Vahlefeld*, 1992, S. 170 ff.). Danach geht das Verhältnis des Japaners zur Arbeit über das Geldverdienen hinaus. In der Arbeit werden Sinn und Erfüllung gesucht (vgl. *Vahlefeld*, 1992, S. 194).

Eine weitere Diskussion der Ursachen für das japanische Mitarbeiterverhalten würde den Rahmen dieser Arbeit sicherlich sprengen. Unabhängig davon ist jedoch festzustellen, daß ohne den Fleiß, die Opferbereitschaft und die Zähigkeit der Werktätigen eine derart expansive Entwicklung der japanischen Wirtschaft nicht möglich gewesen wäre (vgl. *Coulmas*, 1993, S. 122).

In den folgenden Kapiteln sollen die typischen und prägenden Elemente der japanischen Arbeitswelt in einem Überblick dargestellt werden. Es soll sichtbar werden, daß der oben beschriebene Erfolg Japans auf den Weltmärkten auch durch die charakteristischen Elemente des Faktors *Arbeit* mitbeeinflußt wurde und weiterhin mitbeeinflußt wird. Zwar wird in Japan von offizieller Seite immer wieder ein gewisser Strukturwandel in der Arbeitswelt - hauptsächlich bezogen auf eine Kürzung der Arbeitszeiten - angekündigt, jedoch wird von westlichen Autoren davor gewarnt, diesen Verlautbarungen zu viel Bedeutung beizumessen (vgl. *Mock*, 1992, S. 3). *Streib* zitiert im Zusammenhang mit der Diskussion um die Kürzung der Arbeitszeiten einen

[69] Eine kritischere, journalistisch gefärbte Darstellung des japanischen Mitarbeiterverhaltens liefert *Schwarzacher*, 1991, S. 117 ff.

japanischen Gesprächspartner: „*Wenn wir* [in Japan] *die 35-Stunden-Woche haben, habt ihr* [in Deutschland] *die 15-Stunden-Woche.*" (*Streib*, 1992, S. 9).

4.1.4.1 Die aktuelle Situation auf dem japanischen Arbeitsmarkt

In einem von der *Bertelsmann Stiftung* durchgeführten internationalen Vergleich der Beschäftigungspolitik belegt Japan den zweiten Rang hinter der Schweiz (vgl. *Huckemann/Suntum*, 1994, S. 42 ff.). Die Grundlage für den Arbeitsmarkterfolg, der unter anderem durch eine geringe Arbeitslosigkeit[70] gekennzeichnet ist, ist die hohe Arbeitsmarktflexibilität. Die Flexibilität macht sich zum einen bemerkbar in einer Vielzahl von Alternativen zur Beschäftigungsanpassung, die von Versetzungsmaßnahmen bis hin zu Anpassungsmaßnahmen hinsichtlich der Zahl der Arbeitskräfte (auch durch Frühpensionierung) und Arbeitszeiten reichen (vgl. *Ernst*, 1988 , S. 31; *Stechow*, 1993, S. 283). Zum anderen macht sich auch bei den Lohnkosten[71] diese Flexibilität bemerkbar, durch die auch in der Rezession eine Freisetzung von Mitarbeitern in größerem Umfang vermieden werden konnte.

Zur positiven Arbeitsmarktentwicklung haben auch die in den achtziger Jahren stark expansive Nachfrage und die lang anhaltende dynamische Investitionstätigkeit der japanischen Unternehmen beigetragen. Nach dem Crash auf den japanischen Grundstücks- und Immobilienmärkten Anfang der neunziger Jahre hat sich das Investitionsklima allerdings deutlich verschlechtert. Die Bruttoanlageinvestitionen gingen 1992 um 4% und 1993 um mehr als 8% zurück (vgl. *Huckemann/Suntum*, 1994, S. 46).

Der japanische Arbeitsmarkt wird angesichts der noch anhaltenden Rezession in nächster Zeit weiter unter Druck bleiben. Japanische Unternehmen stellen zunehmend traditionelle Mechanismen der Arbeitspolitik in Frage. Neueinstellungen werden verzögert[72] und Arbeitnehmer, inbesondere ältere, entlassen (vgl. *Natusch*, 1995, o.S.). Daraus dürfen jedoch aus deutscher Sicht keine falschen Schlußfolgerungen abgeleitet werden. Nach wie vor gilt in japanischen Industrieunternehmen die Entlassung von

---

[70] 1994 betrug die japanische Arbeitslosigkeit 3,0% (vgl. *Institut der deutschen Wirtschaft Köln*, 1995, Ziff. 144). Nach japanischer Zählweise ist arbeitslos, wer in der letzten Woche des jeweiligen Erhebungsmonats weniger als eine Stunde in Arbeit war. Bei anderen Berechnungsmodi ergeben sich höhere Werte. *Stechow* gibt zwischen 5 und 8% an (vgl. *Stechow*, 1993, S. 282).

[71] Vgl. 4.1.4.2 *Das japanische Entlohnungssystem.*

[72] Bei den jüngeren Personen (unter 25 Jahren) weist Japan für 1993 offiziell eine Arbeitslosigkeit von 5,1% aus (vgl. *OECD*, 1994c, S. 14).

Mitarbeitern als letztes Mittel, dessen Einsatz nach Möglichkeit vermieden wird (vgl. *Stechow*, 1993, S. 282 f.). Die japanischen Industrieunternehmen nutzen die Rezession, um mittel- und langfristige Umstrukturierungsmaßnahmen durchzuführen. Die Konsequenz wird eine weitere Verbesserung der internationalen Wettbewerbsfähigkeit dieser Unternehmen sein.

4.1.4.2 Das japanische Entlohnungssystem

In Japan ist nur ein Teil der Belegschaft, die sogenannten *Shain* (company members), bei den Unternehmen regulär beschäftigt. Der Rest der Mitarbeiter arbeitet zeitweise, d.h. für einen bestimmten Zeitraum oder auf Teilzeitbasis. Die weiteren Erläuterungen zum Entlohnungssystem beziehen sich auf die *Shain*. Die nicht-regulär Beschäftigten erhalten eine Vergütung auf Stundenbasis.

Das Entgeltsystem für die regulär Beschäftigten wird für Arbeiter, Angestellte und Führungskräfte bis zur Ebene der Gruppenleiter angewendet. Das Gehalt eines japanischen Mitarbeiters beinhaltet die folgenden Gehaltsbestandteile (vgl. *Ballon*, 1993a, S. 5; *Demes*, 1991, S. 78 ff.):

- das monatliche Grundgehalt,
- die monatlichen Zuschläge,
- die saisonalen Sommer- und Winterboni und
- die Abfindungszahlung bei Ausscheiden (Pensionierung) aus dem Unternehmen.

Das Grundgehalt bildet die Basis für einen Teil der monatlichen Zuschläge, für den größten Teil der saisonalen Boni und für die gesamte Abfindungszahlung beim Ausscheiden aus dem Unternehmen. Im Regelfall stellt das Grundgehalt mit fast 80% den größten Teil der monatlichen Bezüge dar. Bei der Bemessung des Grundgehalts werden zwei Faktoren berücksichtigt,

- das Alter des Mitarbeiters in Kombination mit den Jahren der Betriebszugehörigkeit[73] und
- eine Komponente, die ermittelt wird aus der Stellenbewertung und einem fähigkeitsbezogenen Bestandteil, der sich wiederum aus einer Leistungsbewertung ergibt.

---

[73] Auch die Gehaltshöhe wird durch das *Senioritätsprinzip* beeinflußt, das unter 4.2.1.3 im Zusammenhang mit der Beförderungspraxis japanischer Unternehmen erläutert wird.

Darüber hinaus spielen das Bildungsniveau und das Geschlecht des Beschäftigten bei der Grundgehaltsermittlung eine wesentliche Rolle. Der Universitätsabsolvent erhält ein höheres Grundgehalt als der High-School-Abgänger; Männer erhalten ein höheres Grundgehalt als Frauen.

Die monatlichen Zuschläge werden als Vergütung für die Gehaltsbestandteile gewährt, die nicht in das Grundgehalt aufgenommen werden können. Etwa 20% des Monatseinkommens werden durch die Zuschläge bestimmt. Sie werden geknüpft an die persönlichen Lebenshaltungskosten und die Art der Arbeit. Zu den Zuschlägen, die an die Lebenshaltung geknüpft sind, gehören beispielsweise ein Familienzuschlag, ein regional bedingter Zuschlag (z.B. für besonders hohe Heizkosten auf Hokkaido), ein Trennungsgeld und ähnliches. Zu den Zuschlägen, die von der Art der Arbeit abhängen, gehören positionsabhängige Zuschläge, Schichtzulagen, Zulagen für besondere Fertigkeiten, etc. (vgl. *Ballon*, 1993a, S. 8). Auch die Beiträge zur gesetzlichen Sozialversicherung und die Zahlungen für Überstunden werden den monatlichen Zuschlägen zugerechnet.

Der durchschnittliche Monatslohn eines japanischen Beschäftigten steigt mit zunehmendem Alter an. Dabei wird das maximale Gehalt - in Abhängigkeit vom Unternehmen - zwischen 50 und 55 Jahren erreicht, danach nimmt die Gehaltshöhe wieder ab.

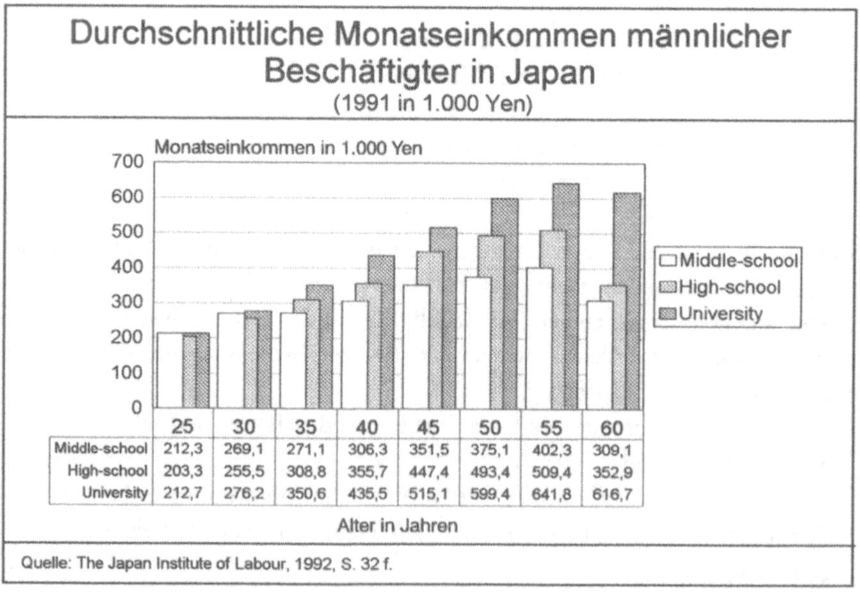

	25	30	35	40	45	50	55	60
Middle-school	212,3	269,1	271,1	306,3	351,5	375,1	402,3	309,1
High-school	203,3	255,5	308,8	355,7	447,4	493,4	509,4	352,9
University	212,7	276,2	350,6	435,5	515,1	599,4	641,8	616,7

Alter in Jahren

Quelle: The Japan Institute of Labour, 1992, S. 32 f.

Abbildung 17: Durchschnittliche Monatseinkommen in Japan

Die Bonuszahlungen werden durch die Höhe des Grundlohns, das Dienstalter, die hierarchische Position und die individuelle Leistung des Mitarbeiters beeinflußt. Der Einfluß der individuellen Leistung kann dabei 5-10% der Höhe der Bonuszahlung ausmachen. Die Boni werden zweimal im Jahr - als Sommer- und Winterbonus - ausgeschüttet. Die Höhe des Ausschüttungsbetrages wird vom Unternehmen und der Betriebsgewerkschaft ausgehandelt. Dabei werden die Ertragslage des Unternehmens und auch die Situation am Arbeitsmarkt berücksichtigt (vgl. *iwd*, 1994a, S. 2; *Ballon*, 1993a, S. 10).

In der Vergangenheit lagen die Bonuszahlungen bei jeweils etwa drei Monatsgehältern. Dabei fällt der Winterbonus 10-20% höher als der Sommerbonus aus (vgl. *Ballon*, 1993a, S. 10). Aufgrund des Erfolgs der japanischen Unternehmen wurden die Bonuszahlungen lange Zeit jährlich mit Werten bis zu 11,5% (1979) angehoben. Im Jahr 1991 betrug der Sommerbonus bei den Großunternehmen durchschnittlich 736.000 Yen, der Winterbonus 794.000 Yen[74] (vgl. *The Japan Institute of Labour*, 1992, S. 37). Auslastungsschwankungen wurden eher durch eine Reduzierung der Überstunden als durch Bonuskürzungen ausgeglichen.

Erst in jüngerer Zeit wurden die Boni der konjunkturellen Situation der japanischen Industrie angepaßt. Das geschah allerdings sehr behutsam. So wurde in der japanischen Industrie erstmals im Jahr 1993 eine Rücknahme der Sommerboni um durchschnittlich 0,9% (bezogen auf Unternehmen mit 30 Mitarbeitern und mehr) vorgenommen (*o.V.*, 1993d, S. 2). Diese Anpassungen wurden von den Unternehmen sehr vorsichtig angekündigt: *„Toyota Motor Corp. on Thursday asked its employees, through its labor union, to accept a cut in their winter bonuses due to poor business conditions, union officials said.“* (*o.V.*, 1993c, S. 16).

Die Bonuszahlungen erfüllen in der Gehaltspolitik der japanischen Industrieunternehmen eine wichtige Funktion. Zum einen sollen die Bonuszahlungen die Mitarbeiter motivieren. Zusätzlich wird die Pensionskasse entlastet, da die Boni nicht in die Berechnung der unten erläuterten Abfindungen bei Ausscheiden einfließen. Zum anderen bieten die Bonuszahlungen den Unternehmen die Möglichkeit, in Krisenzeiten die jährlichen Lohnzahlungen um fast ein Drittel zu kürzen[75], ohne nur einen regulär beschäftigten Mitarbeiter zu entlassen. Im Zusammenhang mit dem Anpassungsspielraum, den die Unternehmen durch die nicht-regulär Beschäftigten besitzen, verfügen die japanischen Unternehmen über eine erhebliche Flexibilität bei der Lohnkostengestaltung.

---

[74] Bei einem Wechselkurs von 100 Yen = 1,6605 (15.6.95) entspricht das einem Betrag von 12.200,- bzw. 13.200,-DM. (Im Jahr 1991 lag der Yen-Kurs allerdings deutlich niedriger bei 1,23 DM/100 Yen (vgl. *OECD*, 1994b, A 38).

[75] Der Fall einer Streichung aller Bonuszahlungen ist sicherlich unrealistisch. Eine Rücknahme der Boni erfolgte in letzter Zeit in Schritten, die im einstelligen Prozentbereich lagen.

Bei den Abfindungen werden die Zahlungen für freiwilliges und unfreiwilliges Ausscheiden unterschieden. Zum unfreiwilligen Ausscheiden gehört auch die altersbedingte Pensionierung mit sechzig Jahren[76]. Die Zahlungen für unfreiwilliges Ausscheiden sind in den ersten Jahren der Betriebszugehörigkeit höher als für freiwilliges Ausscheiden. Etwa nach zwanzig Jahren Betriebszugehörigkeit gleichen sich die Zahlungen an (vgl. *Ballon*, 1993a, S. 12). Nachfolgend wird anhand eines Beispiels die Höhe der Pensionszahlungen in Abhängigkeit von Ausbildung, Dauer der Betriebszugehörigkeit und der Unternehmensgröße im Jahr 1991 dargestellt.

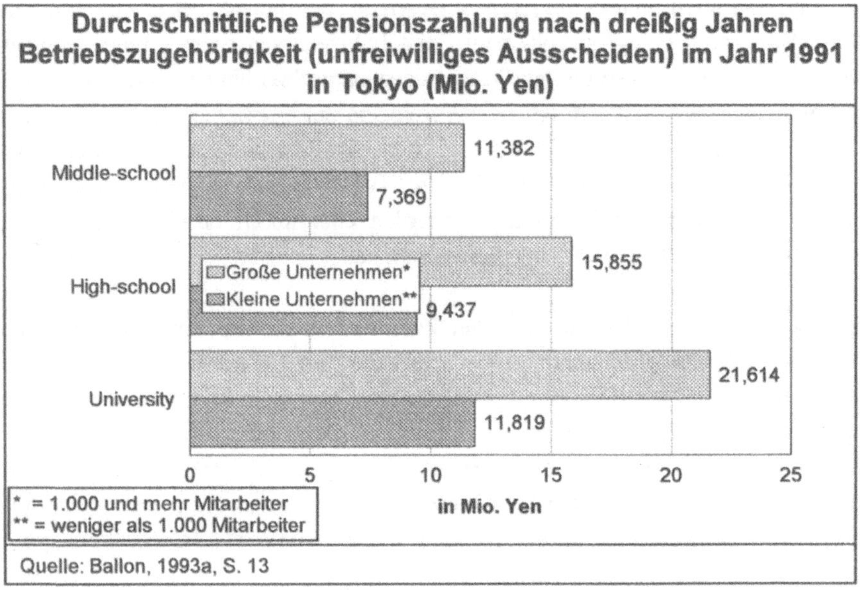

Abbildung 18: Pensionszahlungen in japanischen Unternehmen

Bei einem Wechselkurs von 100 Yen = 1,66 DM[77] liegen in dem dargestellten Fall die Pensionszahlungen, die größtenteils in einer Summe ausgezahlt werden, immerhin zwischen ca. 122.000,- und 358.000,- DM.

Die Gehaltserhöhungen werden jährlich von den japanischen Gewerkschaften[78] in der sogenannten, fast rituellen Frühjahrslohnoffensive *Shunto* mit den Arbeitgebern[79]

[76] Diese altersbedingte Pensionsgrenze gilt nicht für Führungskräfte der oberen Ebenen (i.d.R. *Director*). Besonders befähigte Führungskräfte, die die oberen Ebenen mit sechzig Jahren noch nicht erreicht haben, werden häufig bei Zulieferunternehmen auf einer oberen Führungsebene weiterbeschäftigt. Die Vorteile sind offensichtlich. Zum einen bekommen die Zulieferer auf diese Weise hochqualifiziertes Führungspersonal, zum anderen ist so das Funktionieren der Schnittstelle Abnehmer/Zulieferer sichergestellt (vgl. dazu auch die Ausführungen zum Thema *Lifetime Employment* in Kapitel 4.2.1.4).
[77] Wechselkurs am 15.6.95: 100 Yen = 1,6605 DM
[78] Vgl. dazu auch 4.1.4.5 *Gewerkschaften in Japan.*

verhandelt. Diese Frühjahrsoffensive ist nicht mit den auf Konfrontation ausgerichteten Tarifverhandlungen in der deutschen Industrie zu vergleichen. Die japanischen Gewerkschaften sind erheblich kooperationsbereiter als die deutschen. Kritiker legen das als fehlende Durchsetzungsfähigkeit aus (vgl. *Stechow*, 1993, S. 284). Dieser Beurteilung liegt jedoch ein westlicher Verhaltensmaßstab zugrunde[80].

Anhand der vorherigen Ausführungen ist zu erkennen, daß Arbeitemehmer in japanischen Großunternehmen ein relativ hohes Einkommen haben. Ein Rückschluß auf die relative Einkommensposition der japanischen Arbeitnehmer ist allerdings nicht ohne weiteres möglich. Internationale Einkommensvergleiche basieren auf anderen statistischen Ansätzen, zum Beispiel auf Kaufkraftparitäten (vgl. *Schröder*, 1994, S. 58). Aufgrund des international gesehen sehr hohen Preisniveaus in Japan fällt ein Vergleich japanischer und deutscher Einkommen für die japanischen Arbeitnehmer weniger positiv aus.

Mit der Vergütung wollen japanische Unternehmen auf einer transparenten und nachvollziehbaren Grundlage eine hohe Motivation der Mitarbeiter bewirken. Zusätzlich soll das Gehaltssystem aber auch die Anpassungsfähigkeit der Unternehmen an veränderte Markt- und Umweltsituationen gestatten. Wie beschrieben, ist das vor allem mit einer Anpassung der Boni und der Zahl der Überstunden bei den regulär Beschäftigten möglich. Darüber hinaus bieten die nicht-regulär Beschäftigten ein weiteres Kapazitätsregulativ, mit dem Bedarfsschwankungen zuerst ausgeglichen werden.

Unter dem Eindruck der aktuellen konjunkturellen Situation gehen japanische Unternehmen zunehmend zu einer stärker leistungsbezogenen Vergütung über. Bislang bezog sich beispielsweise bei dem Computerhersteller *Fujitsu* die Leistungsmessung hauptsächlich auf die Anzahl der geleisteten Überstunden. Zukünftig wird dort die Höhe der Bonuszahlungen des Managements an die Erreichung halbjährlich vereinbarter Ziele geknüpft (vgl. *o.V.*, 1993f, S. 24). Durch die Erweiterung der Gehaltsermittlung um eine zielbezogene Komponente wird das japanische Vergütungssystem in der Zukunft weiter an Flexibilität gewinnen.

---

[79] Verhandlungspartner der Gewerkschaften ist der 1948 gegründete NIKKEIREN (Nihon keieisha dantai rengo), der der Bundesvereinigung der deutschen Arbeitgeberverbände (BDA) entspricht (vgl. *Zürn*, 1987, S. 79 f.).

[80] Vgl. dazu auch 4.1.4.5 *Gewerkschaften in Japan.*

4.1.4.3 Vergleich der deutschen und japanischen Arbeitskosten

Die Arbeitskosten sind den determinantenorientierten Indikatoren[81] der volkswirtschaftlichen Wettbewerbsfähigkeit zuzuordnen. Die preisbezogene Wettbewerbsfähigkeit der Industrieunternehmen hängt in erheblichem Maße davon ab, welchen Preis die Unternehmen für den Produktionsfaktor *Arbeit* entrichten müssen. Die Arbeitskosten sind deshalb ein Schlüsselfaktor bei den Entscheidungen der Unternehmen, in welchen Ländern Investitionen getätigt werden sollen.

Trotz eines hohen Produktivitätsniveaus verliert die Bundesrepublik ihre Attraktivität als Investitionsstandort auch für deutsche Industrieunternehmen. Ein Grund dafür liegt darin, daß mit moderner Fertigungstechnik und entsprechenden Fertigungsverfahren eine hohe Produktivität in Niedriglohnländern mit geringerer Personalqualifikation ebenfalls erreichbar ist.

Die Arbeitskosten - d.h. die Kosten, die je Arbeitsstunde entstehen - werden aus dem (direkten) Bruttostundenlohn und den Personalzusatzkosten (auch: Lohnnebenkosten) gebildet. Die Personalzusatzkosten setzen sich zusammen aus

- **den gesetzlichen Personalzusatzkosten**
  (Sozialversicherungsbeiträge der Arbeitgeber, bezahlte Feiertage und sonstige Ausfallzeiten, Entgeltfortzahlung im Krankheitsfall, etc.) und
- **den tariflichen und betrieblichen Personalzusatzkosten**
  (Urlaub und Urlaubsgeld, Sonderzahlungen, betriebliche Altersversorgung, Vermögensbildung, etc.) (vgl. *Hemmer*, 1994, S. 55 und *iwd*, 1994b, S. 8).

Die Arbeitskosten machen in Deutschland etwa 20% des gesamten Umsatzes des Produzierenden Gewerbes aus (vgl. *Statistisches Bundesamt*, 1994b, S. 36; eigene Berechnungen). Bei Berücksichtigung des in den Zulieferungen enthaltenen Arbeitskostenanteils ergibt sich sogar ein Wert von annähernd 50% (vgl. *o.V.*, 1993e, S. 5). Es wird sichtbar, daß Veränderungen bei den Arbeitskosten eine unmittelbare Wirkung auf die preisbezogene Wettbewerbsposition der Industrieunternehmen ausüben.

Im internationalen Vergleich weist Deutschland seit Ende der achtziger Jahre die höchsten Arbeitskosten je Stunde auf. Bei den Personalzusatzkosten weist Westdeutschland die höchste Dynamik auf. Von 1970 bis 1993 erhöhte sich die Zusatzkostenquote in Relation zum Direktentgelt auf 82%[82]. Japan ist beim internationalen Arbeitskostenvergleich auf DM-Basis inzwischen der dritteuerste

---

[81] Vgl. dazu auch 1.3.2 *Internationale Wettbewerbsfähigkeit.*

[82] *Hemmer* errechnet mit 84% sogar einen geringfügig höheren Prozentsatz (vgl. *Hemmer*, 1994, S. 53 ff.) .

Standort[83]. Das hat auch währungsbezogene Gründe. Der Yen hatte im Zeitraum von 1980 bis 1993 relativ zur DM einen erheblichen Außenwertzuwachs zu verzeichnen[84]. Verursacht dadurch sind die japanischen Arbeitskosten auf DM-Basis doppelt so stark gewachsen wie die westdeutschen. Auf Yen-Basis fiel diese Veränderung erheblich geringer aus (vgl. *Schröder*, 1994, S. 60).

Vergleich der Arbeitskosten der deutschen und japanischen Verarbeitenden Industrie (1993)

(Stundenverdienste und Personalzusatzkosten je geleistete Arbeitsstunde, weibliche und männliche Arbeiter)	Japan	Westdeutschland
Arbeitskosten (DM)	37,30	42,67
- davon Direktentgelt	21,34	23,44
- davon Personalzusatzkosten	15,96	19,22
Personalzusatzkosten		
- in % des Direktentgelts	75	82
- in % der Arbeitskosten	43	45
Veränderung der Arbeitskosten 1970 -1993 in % (bezogen auf DM-Werte)	767	366

Quelle: Schröder, Ch., (1994): Industrielle Arbeitskosten im internationalen Vergleich 1970 - 1993, in: Institut der deutschen Wirtschaft Köln, (Hrsg.), iw-trends, 21. Jg., Nr. 2/1994, S. 57 - 66

Abbildung 19: Vergleich der deutschen und der japanischen Arbeitskosten

Der internationale Arbeitskostennachteil der deutschen Industrie konnte durch eine vergleichsweise hohe Arbeitsproduktivität[85] - beim Vergleich der Bruttowertschöpfung je Stunde erreichte das japanische Verarbeitende Gewerbe 96% des deutschen Niveaus (vgl. *iwd*, 1994c, S. 6 f.) - nur teilweise ausgeglichen werden.

[83] Nach einer Vorabveröffentlichung des *Instituts der deutschen Wirtschaft Köln*, hat sich die Arbeitskostenposition der deutschen Wirtschaft gegenüber Japan 1994 wieder etwas verschlechtert. Westdeutschland besetzt mit 43,97 DM Arbeitskosten je Stunde, davon 24,21 Direktentgelte und 19,76 DM Personalzusatzkosten, auch 1994 im internationalen Vergleich die Spitzenposition. Japan ist mit 36,01 DM, davon 21,28 DM Direktentgelte und 14,73 DM Personalzusatzkosten, 1994 auf den fünften Platz zurückgefallen (vgl. *Schröder*, 1995, S. 7).

[84] Der Außenwertzuwachs des Yen im Vergleich zur DM betrug zwischen 1980 und 1993 rund 185% (vgl. *Schröder*, 1994, S. 60).

[85] In der volkswirtschaftlichen Gesamtrechnung ergibt sich die Arbeitsproduktivität aus dem realen Bruttoinlandsprodukt je Erwerbstätigen (bzw. je Erwerbstätigenstunde). Für die produktivitätsorientierte Lohnpolitik gibt der Zuwachs der Arbeitsproduktivität den Spielraum an, innerhalb dessen Lohnerhöhungen vorgenommen werden können, ohne daß das Preisniveau erhöht wird (vgl. *Gablers Wirtschaftslexikon*, 1993, S. 194).

Westdeutschland hatte auch 1993 wieder die weltweit höchsten Lohnstückkosten. Das Verarbeitende Gewerbe in Japan hatte verglichen mit Deutschland im Jahr 1993 ein um 16% niedrigeres Lohnstückkostenniveau. Dabei ist zu anzumerken, daß die Aufwertung des Yen gegenüber der DM den Anstieg der Lohnstückkosten der japanischen Industrie noch verschärfte (vgl. *iwd*, 1994c, S. 6 f.; *Link*, 1993, S. 52 ff.). Die Lohnstückkosten der deutschen Industrie sind zwischen 1980 und 1993 um 47,3% gewachsen. Dieser Wert wurde bedingt durch den Yen-Wechselkurs mit 115,9% - von 1989 bis 1993 allein 29,9% - international nur von Japan übertroffen (vgl. *iwd*, 1994c, S. 6 f.; *o.V.*, 1995a, S. 17).

Abschließend bleibt festzustellen, daß, gemessen an den Arbeitskosten, die Wettbewerbsposition der deutschen im Vergleich zur japanischen Industrie nicht wesentlich schwächer ist. Japan kann heute ebenfalls der Gruppe der Hochlohnländer zugeordnet werden. Folglich trägt eine auf Arbeitskosten reduzierte Standortdiskussion, insbesondere im Vergleich mit dem japanischen Produktionsstandort, nicht der Komplexität dieses Untersuchungsfeldes Rechnung. Die internationale Wettbewerbsstärke der japanischen Industrie ist, wie auch die empirische Untersuchung in Kapitel 5 zeigen wird, auf ein wesentlich umfangreicheres Spektrum von Erfolgspositionen zurückzuführen.

4.1.4.4 Arbeitszeiten in Japan

Die spektakulären Arbeitszeiten der japanischen Arbeitnehmer werden international immer wieder diskutiert. Im Jahr 1990 wurden in der japanischen Verarbeitenden Industrie 2.124, davon 219 Überstunden, offiziell ausgewiesen. Der deutsche Vergleichswert lag 1990 bei 1.566 Stunden, davon 71 Überstunden (vgl. *Japan External Trade Organization*, 1993a, S.122; *Institut der deutschen Wirtschaft*, 1995, Ziff. 29). Der Durchschnittswert für alle japanischen Arbeitnehmer lag 1991 konjunkturbedingt niedriger als 1990, nämlich bei 2.061 Stunden (Deutschland 1.550,5 Stunden). Die japanische Regierung strebt eine jährliche Arbeitszeit von 1.800 Stunden an. Wenn auch der Trend derzeit in diese Richtung geht, so ist es doch zumindest zweifelhaft, daß dieser Wert in nächster Zeit erreicht wird.

Ein Vergleich der Arbeitszeiten der deutschen und der japanischen Industrie ist anhand der vorliegenden offiziellen statistischen Auswertungen recht schwierig. Der Grund dafür liegt in den folgenden Strukturfaktoren der japanischen Arbeitszeitstatistik, die die effektiv geleistete Arbeitszeit nicht erkennen lassen (vgl. *Ernst*, 1992a, S. 7 ff.):

- Die Arbeitszeitdaten der japanischen Statistik enthalten nur Betriebe mit 30 oder mehr Beschäftigten. Kleinbetriebe, die 5 - 10% höhere Arbeitszeiten ausweisen und etwa ein Drittel der japanischen Erwerbstätigen beschäftigen, sind nicht berücksichtigt.
- Die Arbeitszeitstatistik des Japan Institute of Labour beinhaltet auch Teilzeitarbeitskräfte, wodurch der Durchschnittswert ebenfalls gesenkt wird.
- Die in der Regel zitierten Arbeitszeitdaten entstammen einer Betriebserhebung. Eine Erhebung, die bei den Beschäftigen durchgeführt wird, liefert rund 15% über der Betriebsstatistik liegende Werte.
- Die Firmen erfassen nur die bezahlten, nicht die geleisteten Überstunden. Die geleisteten Überstunden liegen höher, weil viele Arbeitnehmer sich nicht alle Überstunden vergüten lassen.
- Zu den amtlichen Arbeitszeiten der japanischen Statistik sind noch betrieblich bedingte Zeiten (z.B. für Qualitätszirkel und soziale Aktivitäten) zu addieren, die in westlichen Unternehmen innerhalb der offiziellen Arbeitszeit liegen.

Faßt man die genannten Einflußfaktoren zusammen, müßten die tatsächlich geleisteten Arbeitszeiten der japanischen Arbeitnehmer ca. 15% über den in der offiziellen Statistik aufgeführten Arbeitszeiten liegen (vgl. *Ernst*, 1992a, S. 9). Einer Umfrage zufolge verbrachten japanische Angestellte 1991 durchschnittlich sogar 2.355 Stunden am Arbeitsplatz (vgl. *o.V.*, 1992, S. 1). Darüber hinaus ist zu berücksichtigen, daß die Arbeitszeiten der exportintensiven Branchen vielfach deutlich über dem Durchschnitt liegen. Die große Differenz zwischen den Arbeitszeiten der deutschen Unternehmen und denen der japanischen Unternehmen, die mit den deutschen Unternehmen im internationalen Wettbewerb stehen, wird auch auf lange Sicht nicht abbaubar sein.

Bei einem Vergleich der Urlaubs- und Feiertage fällt ebenfalls eine erhebliche Differenz zwischen Westdeutschland und Japan auf. Der westdeutsche Industriearbeitnehmer konnte im Jahr 1993 38,6 bezahlte Urlaubs- (30 Tage) und Feiertage (8,6 Tage) nutzen. Dem japanischen Arbeitnehmer standen demgegenüber nur 25 Tage, 11 Urlaubs- und 14 Feiertage, zur Verfügung (vgl. *iwd*, 1994d, S. 1). Dabei ist noch zu beachten, daß der japanische Arbeitnehmer nur einen Teil seines Urlaubs in Anspruch nimmt. 1991 lag die durchschnittliche Inanspruchnahme bei 54,6%. In kleineren Unternehmen - zwischen 30 und 99 Mitarbeitern - sogar nur bei 50,3% (vgl. *The Japan Institute of Labour*, 1992, S. 44; *Japan External Trade Organization*, 1993a, S. 123).

Diese Zahl ist aus deutscher Sicht noch bemerkenswerter, wenn man berücksichtigt, daß es in Japan üblich ist, den Urlaub auch im Krankheitsfall zu nutzen. Die Ausfallstunden - einschließlich krankheitsbedingter Fehlzeiten - betrugen 1991 in

Deutschland 424,3 Stunden je Mitarbeiter[86] (vgl. *Institut der deutschen Wirtschaft*, 1995, Ziff. 29). Die japanischen Fehlzeiten betrugen weniger als ein Viertel der deutschen Werte im Vergleichzeitraum (vgl. *Meier*, 1992, S. 75). Darüber hinaus ist, speziell bei kleineren japanischen Betrieben, nicht einmal der Samstag arbeitsfrei.

Das japanische Arbeitszeitmodell kann für die deutsche Industrie kein Vorbild sein. Zwar ist die Bereitschaft, auf Urlaub und Freizeit zu verzichten, in Japan noch sehr hoch (vgl. dazu *Takeshita*, 1990, S. 85). Eine steigende Zahl japanischer Arbeitnehmer wünscht sich jedoch geringere Arbeitszeiten. Bei einer Umfrage bei den Mitgliedern des gewerkschaftlichen Dachverbandes *Rengo*[87] im Jahr 1992 gaben 32,4% der Befragten an, daß sie einen größeren Anteil an Freizeit wünschen, auch wenn dadurch Einkommenseinbußen verursacht würden. Immerhin noch 28,3% der Befragten bevorzugten ein höheres Einkommen, sogar bei weiterer Kürzung der Freizeit (vgl. *Japan External Trade Organization*, 1993a, S.128). Die japanische Regierung ist sich bewußt, daß ein Zuwachs an Lebensqualität nur durch eine deutliche Verringerung der Arbeitszeiten zu erreichen ist. Darüber hinaus bietet auch der Gesundheitszustand japanischer Arbeitnehmer Anlaß zur Sorge. Die Zahl derjenigen, die infolge von übermäßiger Beanspruchung am Arbeitsplatz, dem sogenannten *Karoshi*, versterben, hat deutlich zugenommen[88]. Zwischen dem Anspruch der Regierung und dem bisher erzielten Ergebnis klafft jedoch noch eine erhebliche Lücke. Es bleibt abzuwarten, ob der Trend des Arbeitszeitrückganges nach dem Ende der Rezession in Japan weiter anhält.

4.1.4.5 Gewerkschaften in Japan

Mit dem Gewerkschaftswesen weist Japan gegenüber Deutschland eine weitere Besonderheit auf. Im Jahr 1992 gehörten insgesamt rund 12,5 Mio. Mitarbeiter annähernd 72.000 Unternehmensgewerkschaften an. Das entsprach einem Organisationsgrad von etwa 25%, der weit unter dem deutschen mit rund 37% liegt (vgl. *Stechow*, 1993, S. 285; *The Japan Institute of Labour*, 1992, S. 48 und 53; *Institut der deutschen Wirtschaft*, 1995, Ziff. 123).

Die Gewerkschaften in Japan sind nicht wie in Deutschland nach Berufszweigen bzw. Branchen, sondern auf Betriebs- oder Firmenbasis organisiert. In die japanischen

---

[86] Im Jahr 1992 lag dieser Wert bei nur noch 211,1 Stunden je Mitarbeiter.
[87] Vgl. dazu auch 4.1.4.5 *Gewerkschaften in Japan*.
[88] Die Zahl der *Karoshi*-Opfer wird in Japan pro Jahr auf rund 10.000 Personen geschätzt (vgl. *o.V.*, 1992, S. 1)

Firmengewerkschaften werden nahezu ausschließlich regulär beschäftigte Mitarbeiter und Mitglieder unterer Managementebenen aufgenommen. Eine Trennung zwischen Arbeitern und Angestellten erfolgt nicht. Der firmengewerkschaftliche Organisationsgrad in Mittel- und Kleinbetrieben, in denen der überwiegende Teil japanischer Arbeitnehmer beschäftigt ist, ist wesentlich geringer als in Großunternehmen. Frauen sind in der Gewerkschaftsbewegung deutlich unterrepräsentiert (vgl. *Meid*, 1982, S. 5; *Stechow*, 1993, S. 285).

Die Firmengewerkschaften sind in Dachverbänden zusammengefaßt. Den mit Abstand größten Verband bildet die *Japanese Trade Union Confederation* ***(Rengo)*** mit 7,6 Mio. Mitgliedern im Jahr 1991. Die eher radikalen Verbände ***Zen Ro-kyo*** (radikalsozialistisch) und ***Zen-Roren*** (kommunistisch) repräsentieren zusammen nur rund 1,1 Mio. Mitglieder. Die gewerkschaftlichen Dachverbände sind relativ machtlos. Für die Mitglieder relevante Entscheidungen werden auf der Ebene der Firmengewerkschaften getroffen (vgl. *The Japan Institut of Labour*, 1992, S. 52; *Kappaun*, 1991, S. 39; *Stechow*, 1993, S. 285; *Inohara*, 1993, S. 2).

Daraus zu schließen, daß die Interessenvertretung japanischer Mitarbeiter schwächer als in Deutschland sei, basiert auf der Vorstellung einer Konfrontation zwischen Unternehmen und Gewerkschaften nach dem westlichen Verhaltensmuster bei tariflichen Auseinandersetzungen (vgl. *Kuwahara*, 1994, S. 294 ff., *Kappaun*, 1991, S. 25 ff.). So werden die japanischen Gewerkschaften und Verbände als pflegeleichte Partner der Arbeitgeber (vgl. *Stechow*, 1993, S. 285) und verlängerter Arm der Personalabteilungen (vgl. *Goerdeler*, 1986, S. 31) bezeichnet. Eine Konfrontation mit den japanischen Arbeitgebern wird den Firmengewerkschaften nicht zugetraut.

Bei einer derartigen Kritik wird vergessen, daß die Konfrontation, wie sie bei der Lösung von Interessengegensätzen in westlichen Gesellschaften üblich ist, der japanischen Kultur und Mentalität nicht entspricht. Japanische Gewerkschaften sind eine unternehmensinterne Interessenvertretung und keine externe gesellschaftliche *„pressure group"* (*Inohara*, 1993, S. 2) Die japanischen Firmengewerkschaften beziehen folglich ihre Kraft aus den gemeinsamen Interessen der Mitglieder. Diese weichen oft von den Unternehmensinteressen kaum ab. Selbst kurzfristig abweichende Interessen sind selten mehrheitsfähig (vgl. *Uchiyama*, 1986, S. 257 ff.; *Coulmas*, 1993, S. 138). Die Firmengewerkschaften sehen ihre Aufgabe eher darin, Interessengegensätze zwischen Unternehmensführung und Belegschaft auszugleichen. Dieses Bemühen wird durch die Konsensbereitschaft und das Streben nach Gruppenharmonie - das Unternehmen wird als „Familie" betrachtet - erheblich erleichtert. Hinzu kommt, daß die nach dem Grundsatz des *Lifetime employment* beschäftigten, regulären Mitarbeiter ein evidentes Interesse an einem stabilen, erfolgreichen Unternehmen besitzen. Durch die Übernahme von Führungskräften in die Firmengewerkschaft und von Firmengewerkschaftsrepräsentanten in die Unternehmensführung (vgl. *Hirschmeier*, 1986, S. 275) wird das Verständnis für die Situation der jeweils anderen Seite verstärkt und eine Verständigung auf gemeinsame Ziele erleichtert.

4.1.5 Sonstige externe Determinanten - die Abgaben-, Steuer- und Zinsbelastung japanischer Industrieunternehmen

Die Abgaben-, Steuer- und Zinsbelastung sind weitere wesentliche Determinanten zur Bestimmung der Attraktivität eines Standortes. Die genannten Determinanten haben einen erheblichen Einfluß auf die Wettbewerbsfähigkeit international agierender Industrieunternehmen. Sie beeinflussen die Attraktivität von Investitionen sowie die Kosten- und Gewinnsituation der Unternehmen. Im weiteren soll in einer kurzen Zusammenfassung zunächst auf die Abgaben- und Steuerbelastung und anschließend auf die Zinsbelastung japanischer und deutscher Industrieunternehmen eingegangen werden.

4.1.5.1 Die Abgaben- und Steuerbelastung

Die Beurteilung der Abgaben- und Steuerbelastung ist ein außerordentlich komplexer Aspekt der internationalen Standortdiskussion[89]. Eine Weiterführung der Diskussion, die sich vorwiegend auf die Methodik der Messung der Steuerbelastung bezieht[90], würde den Rahmen der vorliegenden Arbeit sprengen.

Die Abgabenbelastung, die sich aus den Steuern und Sozialversicherungsbeiträgen ergibt, lag im Jahr 1992 in Japan bei 29,4% des Bruttosozialproduktes. Davon entfielen 19,8% auf die Steuern. Der Vergleichswert für die Bundesrepublik Deutschland lag 1992 bei 39,6 %, davon entfielen 24,4% auf die Steuerbelastung (vgl. *Institut der deutschen Wirtschaft Köln*, 1995, Ziff. 146). Die Gesamtsteuerbelastung einer japanischen Kapitalgesellschaft betrug 1991 etwa 89,4% der Belastung einer deutschen Kapitalgesellschaft (vgl. *Meier*, 1992, S. 75).

---

[89] Eine kritische Bewertung verschiedener Ansätze zur Messung der Steuer- und Abgabenlast liefert *Amling*, 1993, S. 126 ff.

[90] Vgl. dazu z.B. die Kritik des Instituts der deutschen Wirtschaft an der Studie des Deutschen Instituts für Wirtschaftsforschung (vgl. *iwd*, 1994e, S. 4 f.).

Weniger die steuerliche Durchschnittsbelastung als die marginale Steuerbelastung, die den Zusatzgewinn reduziert, wird vom Sachverständigenrat für die Bundesrepublik Deutschland als negativ bewertet. Dabei wird angeführt, daß vor allem die marginale Besteuerung für die Entscheidungen der Unternehmen über den Umfang von Investitionen relevant ist. Um Investitions- und Leistungsanreize zu stärken, hält der Sachverständigenrat die Reduzierung der Steuer- und Abgabenbelastung in Deutschland für dringlich (vgl. *Sachverständigenrat*, 1993, S. 216; *iwd*, 1994e, S. 5). Bei einem Vergleich des deutschen Steuersystems mit dem japanischen kommen *Mori/Albach* zu dem Ergebnis, daß das japanische Steuersystem investitionsfreundlich, das deutsche investitionsfeindlich sei (vgl. *Mori/Albach*, 1988, S. 133). Konsequenz dieser Besteuerung ist, daß deutsche Unternehmen zunehmend zu einer Standortverlagerung ins Ausland neigen. Eine marktwirtschaftlich effizientere und gleichzeitig belastungsgerechtere Besteuerung kann diesem Trend entgegenwirken (vgl. dazu auch *Rose*, 1994, S. 423 ff.)

4.1.5.2 Die Zinssätze

Im dritten Quartal 1993[91] lagen die japanischen Zinssätze im kurzfristigen Bereich[92] bei 2,98%, im langfristigen Bereich[93] bei 3,99%. Die auf Deutschland bezogenen Vergleichswerte betrugen im gleichen Zeitraum 6,83% (kurzfristig) und 6,20% (langfristig). Im Jahr 1989 betrugen in Japan die Kosten bei einer Kapitalbeschaffung über Aktienemission nur 0,4%. Die Kosten konnten sogar im Einzelfall auf 0,0% gesenkt werden, wenn Wandelanleihen in Schweizer Franken ausgegeben wurden (vgl. *Georg*, 1992, S. 14).

Die Wettbewerbsfähigkeit japanischer Industrieunternehmen wurde durch die geringen Fremdkapitalkosten[94], insbesondere in kapitalintensiven Branchen (vgl. *Thurow*, 1993, S. 45), in erheblichem Maße mitbeeinflußt[95]. Die über lange Zeit außerordentlich geringen Zinssätze haben es japanischen Unternehmen erlaubt, einerseits umfangreiche Modernisierungs- und Rationalisierungsinvestitionen durchzuführen. Andererseits

[91] Vierteljahresdurchschnitt.
[92] Überwiegend für Dreimonats-Schatzwechsel.
[93] Umlaufrendite festverzinslicher Staatsschuldpapiere mit einer Restlaufzeit von mindestens drei Jahren.
[94] *Burstein* überschreibt in seinem Buch „*Yen! - Die japanische Herausforderung*" das Kapitel, das sich auf die japanischen Zinssätze bezieht, sehr anschaulich mit „*Wo Zinsen wie Druckfehler aussehen*" (vgl. *Burstein*, 1992, S. 138).
[95] Eine überzeugende Darstellung der Wirkungen geringer Kapitalkosten liefern *Abegglen/Stalk* anhand einer Beschreibung der Wettbewerbssituation in der japanischen und US-amerikanischen Halbleiterindustrie (vgl. *Abegglen/Stalk*, 1986, S. 189 ff.).

konnten auch in großem Umfang Direktinvestitionen in strategisch wichtigen Schlüsselmärkten vorgenommen werden (vgl. *Ide*, 1994, S. 406). Zwischen 1986 und 1990 betrugen die japanischen Auslandsinvestitionen immerhin 227 Mrd. US$. Davon entfielen mehr als 50% auf Amerika[96] und fast 20% auf die asiatisch-pazifische Region (vgl. *Japan External Trade Organization (JETRO)*, 1993c, S. 31).

Die niedrigen Kapitalkkosten in Japan wären ohne die Kontrolle des *Ministry of Finance*[97] und der *Bank of Japan* nicht aufrechtzuerhalten gewesen. Es wurden nicht nur die Höhe der Zinssätze, sondern auch der Kapitalabfluß ins Ausland kontrolliert. Über eine lange Zeit unterlagen in Japan Finanzgeschäfte mit ausländischen Partnern strengen Restriktionen. Erst in jüngerer Zeit wurde der Finanzplatz Japan auch für ausländische Institute liberalisiert. Mit dieser Liberalisierung wurde zum einen dem ausländischen Druck, zum anderen aber auch inländischen Erfordernissen Rechnung getragen (vgl. *Takahashi*, 1988, S. 157 ff.; *Burstein*, 1992, S. 138 ff; *Commerzbank*, 1993, S. 1 ff.; *Streib/Hörstel*, 1990, S.29).

4.2 Beschreibung der unternehmensinternen Erfolgs-determinanten

Im weiteren wird ein Überblick über die internen Determinanten des japanischen Erfolgs auf den globalen Märkten vermittelt. Die Beschreibung wird in den Abschnitten

- Führung, Mitarbeiter, Organisation,
- Lean Management,
- Innovationsmanagement und
- Internationales Marketing und Management

vorgenommen.

Das *Lean Management* deckt partiell Inhalte ab, die auch anderen Abschnitten, insbesondere unter der Überschrift *Führung, Mitarbeiter, Organisation*, subsumiert werden könnten. Aufgrund der Geschlossenheit dieses Management-Konzepts wurde jedoch eine ganzheitliche Darstellung in einem eigenen Kapitel vorgenommen.

---

[96] Vgl. dazu die z.T. recht kritischen Ausführungen von *Nora, D., Das Yen-Kartell: Japans globale Wirtschaftsstrategien, Hamburg 1993.*

[97] Das japanische Finanzministerium wird von einzelnen Autoren noch vor dem *MITI* als die mit Abstand einflußreichste Behörde Japans bezeichnet (vgl. z.B. *Georg*, 1992, S. 11).

4.2.1 Führung, Mitarbeiter, Organisation

Die Wirtschaftserfolge der japanischen Industrie werden zu einem großen Teil auf die Einbeziehung traditioneller Werte in die Unternehmensführung, die Gestaltung unverwechselbarer Unternehmensprofile und ein wirksames und leistungsfähiges Managementsystem zurückgeführt. Diese Elemente japanischer Unternehmenskultur sind fest im Umfeld der nationalen Kultur Japans verankert[98]. Japanische Unternehmen machen schon in der Unternehmensverfassung deutlich, daß sie sich als Teil der nationalen Kultur Japans verstehen und ihr wirtschaftliches Handeln an den Interessen des Landes ausrichten (vgl. *Pohl*, 1993b, S. 82).

Schon zu Beginn der achtziger Jahre wurde die japanische Unternehmensführung von einer großen Gruppe westlicher Autoren als Vorbild für westliche Unternehmen eingeschätzt (vgl. z.B. *Vogel*, 1980; *Pascale*, 1981; *Ouchi*, 1981). Anfang der neunziger Jahre verstärkte sich mit der Veröffentlichung der MIT-Studie (vgl. *Womack/Jones/Roos*, 1992) das Interesse deutlich. Unter dem Sammelbegriff *Lean Management* wurden Gestaltungsempfehlungen für eine leistungsfähige Organisation nach japanischem Muster entwickelt.

Kennzeichnend für die oben genannten Veröffentlichungen ist die Suche nach einer allgemeingültigen Formel japanischen Managements als „Allheilmittel", bei dessen Einsatz der Erfolg der westlichen Unternehmensführung von vornherein gesichert scheint (vgl. z.B. *Taylor*, 1984). Es ist eine sehr grundlegende Frage, ob ein integriertes Konzept typisch japanischer Unternehmensführung, die unabhängig von der Unternehmensgröße und der Branchenzugehörigkeit ist, überhaupt existiert oder ob es sich dabei um eine auf oberflächlicher Analyse beruhende Verallgemeinerung westlicher Autoren handelt.

Die Existenz eines größen- und branchenunabhängigen japanischen Führungskonzeptes ist angesichts der hierarchischen Struktur der japanischen Industrie[99] zumindest anzuzweifeln. Die Rahmenbedingungen und Gestaltungsmöglichkeiten der Unternehmensführung eines *Subcontractors* auf den unteren Ebenen der Zulieferpyramide sind gegenüber den bekannten Großunternehmen, die häufig als Beispiel für japanische Unternehmensführung herangezogen werden, völlig anderer Natur. Diesen unterschiedlichen Rahmenbedingungen entsprechend ist anzunehmen, daß bei näherer Betrachtung auch die Unternehmensführung in einzelnen Elementen eine andere Ausprägung erkennen lassen wird.

---

[98] Dementsprechend schwierig ist die Trennung in unternehmensexterne und -interne Determinanten (vgl. auch Kapitel 4.). Aufgrund der Integration der Unternehmenskultur in die nationale Kultur ist eine Aufteilung nicht immer eindeutig durchführbar.
[99] Vgl. dazu auch 4.1.3.3 *Subcontracting in Japan*

Andererseits gibt es Elemente grundsätzlicher Art, die den typischen Charakter japanischer Unternehmensführung unabhängig von Größe und Branchenzugehörigkeit kennzeichnen. Dazu gehören zum einen die schon erläuterten externen Erfolgsdeterminanten (z.B. Gruppenorientierung, Schul- und Berufsbildung, Gewerkschaftssystem etc.). Zum anderen lassen sich aber auch interne Erfolgsdeterminanten identifizieren, die insgesamt eine für die japanische Unternehmensführung typische Ausprägung aufweisen. In diesem Zusammenhang sind insbesondere die Entscheidungsfindung und -umsetzung, das Senioritätsprinzip und das Konzept der lebenslangen Beschäftigung anzuführen. Diese prägenden Elemente japanischer Unternehmensführung sollen im weiteren kurz erläutert werden.

Auf die Frage, ob japanische Unternehmensführung losgelöst vom sozialen und kulturellen Kontext als Ganzes auf deutsche Industrieunternehmen übertragen werden kann oder ob nur einzelne Aspekte übertragbar sind, wird an dieser Stelle nicht eingegangen. Die Beantwortung soll den Ergebnissen der empirischen Untersuchung, in die die genannten Erfolgsdeterminanten als Variable eingeflossen sind, vorbehalten bleiben.

Darüber hinaus ist die Sinnhaftigkeit einer derartigen Übertragung als Ganzes grundsätzlich in Frage zu stellen. Die deutsche Industrie ist vor den Japanern weltweit die zweitgrößte Exportnation[100]. Dieser Exporterfolg kann ohne eine qualifizierte Unternehmensführung nicht realisiert worden sein. Eine Analyse der Übertragbarkeit sollte sich deshalb auf einzelne Faktoren beschränken, mit denen selektiv vorhandene Schwächen abgebaut werden können.

Es bleibt anzumerken, daß die japanische Unternehmensführung derzeit einem unverkennbaren Wandel unterliegt. Das bedeutet auch, daß einzelne charakteristische Elemente der japanischen Unternehmensführung eine Veränderung erfahren. Es würde aber zu weit gehen, die Existenz dieser Elemente insgesamt gefährdet zu sehen. Japanische Unternehmensführung zeichnet sich durch eine hohe Anpassungsfähigkeit aus. Die wirtschaftlichen Krisen der Nachkriegszeit wurden regelmäßig zu einer weiteren Steigerung der internationalen Wettbewerbsfähigkeit genutzt (vgl. *Streib*, 1992, S. 8 f.).

---

[100] Vgl. dazu 3.2 *Anteile der deutschen und der japanischen Industrie am Welthandel.*

4.2.1.1 Die Rolle der Führungskräfte in japanischen Unternehmen

Der Vorgesetzte in japanischen Unternehmen ist häufig eine Art *„Beliebtheitsführer"* (*Schneidewind*, 1991, S. 297). In den meisten japanischen Unternehmen gibt es keine Stellenbeschreibung. Dementsprechend sind die Aufgaben, die Kompetenzen und der Verantwortungsbereich der Vorgesetzten auf allen Führungsebenen nicht präzise definiert (vgl. *Satow*, 1992, S. 122).

Der japanische Vorgesetzte zeichnet sich durch ein hohes Maß sozialer Kompetenz aus. Die Grundsätze der japanischen Personalführung, d.h. die Beförderung nach dem Senioritätsprinzip[101] sowie die Einbeziehung der Teamfähigkeit eines Mitarbeiters in die Personalbewertung, leisten neben der allgemeinen Gruppenorientierung der japanischen Gesellschaft zur Entwicklung dieser Fähigkeit einen wesentlichen Beitrag.

Der Vorgesetzte versucht grundsätzlich, bei der Zielfindung die Bedürfnisse und Wünsche seiner Mitarbeiter zu berücksichtigen. Seine eigene Leistung stellt er mit sehr viel Zurückhaltung in den Dienst der Gruppe. Eigennützigkeit oder Geltungsstreben hätten einen Verlust der Loyalität der Mitarbeiter zur Folge. Vorgesetzter und Mitarbeiter bilden eine Symbiose, die sich auf der Basis gegenseitigen Vertrauens über die Zeit entwickelt. Das Ausmaß echten Bemühens, mit dem der Vorgesetzte Verbindlichkeit, Fürsorge und Verläßlichkeit beweist, liefert eine wichtige Grundlage für die Intensität der emotionalen Bindung seiner Mitarbeiter. (vgl. *Clark*, 1994, S. 98 f.; *Dülfer*, 1992, S. 296). *„Je einsichtsvoller, kooperativer und konsensorientierter ein Vorgesetzter ist, desto loyaler und wirkungsvoller werden ihn seine Leute unterstützen."* (*Zürn*, 1987, S. 63).

Die Emotionalität spielt bei der Führung japanischer Unternehmen eine wichtige Rolle. Darunter ist einerseits die Fähigkeit eines Vorgesetzten zu verstehen, beim Mitarbeiter Begeisterung für das Unternehmen und die Aufgabe zu wecken. *Tadahiro Sekimoto*, Präsident von *NEC*, faßt diese Führungsaufgabe in einer Frage zusammen: *„Jeder Mensch hat ein Herz. Aber sind wir in der Lage, es zu erobern? Dies ist die entscheidende Bewährungsprobe für das Management."* (zitiert nach *Maury*, 1991, S. 73). Andererseits spiegelt sich die Emotionalität auch in der Bewunderung wider, die die Mitarbeiter für ihren Vorgesetzten empfinden. Nach *Akio Morita*, dem Gründer von *Sony*, ist Führung in diesem Sinne *„... nicht als Macht zu verstehen, die man über eine bestimmte Personengruppe ausübt. Sie entspringt vielmehr der Bewunderung ihrer Mitarbeiter."* (zitiert nach *Maury*, 1991, S. 75). Eine emotionale Bindung besteht nicht nur ausgehend vom Mitarbeiter. Auch der Vorgesetzte empfindet gegenüber seinen Mitarbeitern und Anvertrauten ein wohlwollendes, fast paternalistisches Gefühl (vgl. *Zürn*, 1987, S. 62 f.).

---

[101] Vgl. 4.2.1.3 *Senioritätsprinzip*.

Eine Konsequenz der emotionalen Mitarbeiterbindung ist, daß in japanischen Unternehmen von außen eingestellte Führungskräfte kurzfristig nur schwer zu etablieren sind (vgl. *Schneidewind*, 1991, S. 297). Die Leistungsfähigkeit japanischer Führungskräfte wird erheblich vom kulturellen Umfeld des jeweiligen Unternehmens beeinflußt. Die Einstellung einer Führungskraft eines anderen Unternehmens würde deshalb eine Art *„kultureller Umerziehung"* erfordern (vgl. *Kang*, 1991, S. 148).

Einen signifikanten Teil ihrer Arbeitszeit verwenden japanische Führungskräfte zur Kommunikation mit den Mitarbeitern. Genutzt werden dazu formale und informelle Besprechungen während der offiziellen Arbeitszeit und gemeinsame Besuche von Gaststätten nach der Arbeitszeit. Dabei geht es sowohl um die Mitteilung von Informationen über die Ausrichtung des Unternehmens als auch um die Vermittlung von Verhaltensregeln. Die direkte Kommunikation wird durch die in Japan üblichen Großraumbüros, in denen selbst Bereichsleiter ihren Arbeitsplatz haben, gefördert. Zusätzlich wird der Kontakt zwischen Mitarbeitern und Vorgesetzten durch ein ständiges *„management by walking around"* (*Schneidewind*, 1991, S. 306) des Vorgesetzten erleichtert.

4.2.1.2 Entscheidungsfindung und -umsetzung

Die Entscheidungsfindung in japanischen Unternehmen wird von westlichen Beobachtern häufig als sehr langwierig und ermüdend empfunden (vgl. *Adami*, 1990, S. 45). Gelegentlich wird sogar der Vorwurf organisatorischer Ineffizienz erhoben. Die schnelle Entscheidungsfindung in westlichen Unternehmen wird im Vergleich dazu als überlegen dargestellt[102]. Eine derartig stereotype Bewertung ist außerordentlich oberflächlich. Eine Polarität läßt sich in dieser Form nicht aufrechterhalten (vgl. dazu auch *Abegglen/Stalk*, 1986, S. 254 f.). Auch in japanischen Unternehmen wird gelegentlich schnell, in westlichen Unternehmen mitunter in langwierigen Prozessen entschieden.

Darüber hinaus kann sich eine derartige Beobachtung nur auf die Entscheidungsfindung im engeren Sinne beziehen. Die Entscheidungumsetzung bleibt dabei völlig unberücksichtigt. Gerade in diesem Punkt sind die japanischen Unternehmen gegenüber westlichen Unternehmen deutlich leistungsfähiger[103]. In westlichen Unternehmen werden die Prozeßphasen der Entscheidungsfindung und -umsetzung

---

[102] Diese Sichtweise wird auch in der empirischen Untersuchung im Abschnitt 5. dieser Arbeit bestätigt (vgl. 5.3.2).

[103] Vgl. dazu ebenfalls die empirischen Ergebnisse in Kapitel 5.3.2.

voneinander getrennt und sukzessiv durchgeführt. Beide Phasen bilden in japanischen Unternehmen eher eine organische Einheit. Die Entscheidungsfindung ist integrierter Bestandteil der Entscheidungsumsetzung.

Entscheidungsfindung in japanischen Unternehmen findet im operativen Bereich vorwiegend kollektiv - in der Regel von unten nach oben - statt. Dabei herrscht eine harmonische, von Konsensbereitschaft, Aufgeschlossenheit und gegenseitiger Unterstützung geprägte Atmosphäre. Diese Art der Entscheidungsfindung hat in japanischen Unternehmen einen schon fast zeremoniellen Charakter (vgl. *Zürn*, 1987, S. 65) mit deutlicher Auswirkung auf die Gruppenkohäsion.

Japanische Unternehmen führen nahezu autonom im Sinne einer kybernetischen Selbststeuerung (vgl. *Schneidewind*, 1991, S. 307)[104]. Das heißt nicht, daß japanische Führungskräfte nach dem Konzept des Laisser-faire auf ihren Führungsanspruch verzichten. Entscheidungen[105], insbesondere mit politisch-strategischem Charakter, fällen japanische Führungskräfte selbst, gelegentlich sogar diktatorisch (vgl. *Shimizu*, 1994, S. 309 f.). Dabei wird allerdings das Instrument der Entscheidungsvorbereitung von unten nach oben als Führungsinstrument bewußt eingesetzt und gepflegt (vgl. dazu auch *Hirschmeier*, 1986, S. 282 f.; *Maury*, 1991, S. 78 f.). Bei der Entscheidungsfindung spielt der Vorgesetzte eine wichtige Rolle. Mit Charisma, Sozialkompetenz und Weisheit, Eigenschaften die durch die Beförderung nach dem Senioritätsprinzip gefördert werden, moderiert er häufig den Entscheidungsprozeß in der Gruppe (vgl. auch *Schneidewind*, 1991, S. 296 f.). Die Aufgabe des Vorgesetzten besteht darin, „... *die Voraussetzungen rationaler und emotionaler Art dafür zu schaffen, daß Entscheidungen als Konsens aller damit Befaßten getroffen - und vor allem: durchgeführt werden können.*" (*Zürn*, 1987, S. 65)

Während der Phase der Entscheidungsfindung entwickelt sich ein Gemeinschaftsgefühl, das dazu beiträgt, daß Entscheidungen einstimmig gefällt, solidarisch getragen und vor allem umgesetzt werden (vgl. *Schneidewind*, o.J., S. 20). Gerade der am Ende eines Prozesses ausführlicher Beratungen stehende Konsens beeinflußt die emotionale Bindung japanischer Mitarbeiter und Führungskräfte an ihr Unternehmen sowie die Loyalität gegenüber dem Unternehmen in hohem Maße. Der so erzielte Konsens bewirkt die hohe Motivation und Ausdauer bei der Umsetzung des Kollektivbeschlusses. Eine Durchsetzung der Entscheidung nach westlichem Muster

---

[104] Die kybernetische Betrachtungsweise erklärt das Verhalten im Unternehmen als Regelkreisphänomen (vgl. *Macharzina*, 1993, S. 58 f.). Die Regelung im kybernetischen System erfolgt durch Rückkopplung nach einer gemeldeten Störung, beispielsweise einer Abweichung des Istwertes vom Planwert in der Planungsrechnung des Unternehmens (vgl. *Baetge*, 1993, S. 3840).

[105] Bei den Interviews mit japanischen Führungskräften, die die Basis für die empirische Untersuchung im Kapitel 5. dieser Arbeit bilden, wurde immer wieder betont, daß lediglich die Entscheidungsvorbereitung von unten nach oben erfolgt. Die Befugnis, Entscheidungen endgültig zu treffen, beansprucht das Management.

ist nicht erforderlich. Ein Verstoß gegen den erzielten Konsens würde zu einer Ausgrenzung aus der Gemeinschaft führen.

Die Entscheidungsfindung in japanischen Unternehmen wird oft als *„Entscheidungsfindung durch Konsensbildung"* umschrieben (vgl. *Ballon*, 1993a, S. 3). Diese Umschreibung darf nicht mißverständlich interpretiert werden. Der in diesem Sinne gebildete Konsens bezieht sich nicht, wie nach westlichem Verständnis üblich, auf die Zustimmung zur Entscheidung, sondern auf das Einverständnis mit der Implementierung einer Entscheidung. Dabei geht es um mehr als semantische Wortklauberei. Es geht um die Kennzeichnung der Grundhaltung des von der Entscheidung betroffenen Individuums gegenüber der entsprechenden Entscheidung. Die in japanischen Unternehmen gegebene uneingeschränkte Bereitschaft, mit höchstem persönlichen Einsatz an der Entscheidungsumsetzung mitzuwirken, ist in westlichen Unternehmen nach einer Entscheidung per se noch nicht gegeben. In Abhängigkeit vom Umfang der Partizipation und vom Ausmaß der Berücksichtigung der Meinung des Betroffenen ist in westlichen Unternehmen die uneingeschränkte, vorbehaltlose Mitwirkungsbereitschaft mitunter gefährdet. Im Extremfall, wenn der betroffene Mitarbeiter bei der Entscheidungsfindung übergangen oder seine Meinung nicht angemessen berücksichtigt wurde, sind sogar kontraproduktive Aktionen zu befürchten.

Vor allem in der Entscheidungsumsetzung liegt die Stärke der japanischen Unternehmen. Während ein iteratives Vorgehen, d.h. ein wiederholtes Kritisieren, Diskutieren und Überarbeiten von bereits gefällten Entscheidungen, in westlichen Unternehmen häufig zu einer verzögerten Umsetzung führt, ist dieses Phänomen in japanischen Unternehmen selten zu beobachten (vgl. *Zürn*, 1987, S. 65). Die bei der Entscheidungsfindung gegenüber westlichen Unternehmen verlorene Zeit wird durch eine erheblich höhere Wirksamkeit während der Umsetzung überkompensiert. Dieser Vorteil zahlt sich in Rationalisierungsphasen und vor allem beim Innovationsmanagement aus.

Im weiteren soll ein ergänzender Überblick über die Mechanismen japanischer Entscheidungsfindung gegeben werden. Dabei wird auf die informellen Elemente *„Nemawashi"* und *„Uchi-awase"* sowie die eher formellen Bausteine *„Kaigi"* und *„Ringi-sho"* (bzw. *„Ringi seido"*) Bezug genommen (vgl. *Ballon*, 1986a, S. 60 ff. und 1993b, S. 5 ff.; *Streib*, 1994, S. 209).

Das *Nemawashi*[106] ist eine informelle Form der Entscheidungsvorbereitung, die entweder vor einem Entscheidungsvorschlag oder während der Entscheidungsphase eingesetzt wird. Derjenige, der einen Vorschlag unterbreiten will, diskutiert diesen

---

[106] *Nemawashi* bezeichnet den Vorgang des Einpflanzens eines Baumes, d.h. das Einpflanzen der Wurzeln, das Voraussetzung für das Wachstum ist (vgl. *Zürn*, 1987, S. 64).

Vorschlag in Einzelgesprächen mit den davon betroffenen Mitarbeitern, Kollegen oder Entscheidungsträgern, um auf der Grundlage der Reaktion seiner Gesprächspartner ein Gefühl für die Akzeptanz und Realisierbarkeit seines Vorschlags zu erhalten (vgl. auch *Coulmas*, 1993, S. 144). Die Qualität und Eignung eines japanischen Managers wird zu einem großen Teil an seiner Fähigkeit, *Nemawashi* erfolgreich durchzuführen, gemessen. In Abhängigkeit von der Komplexität und Konfliktbeladenheit des Vorschlags ist das Verfahren bei konsequenter Durchführung sehr zeitaufwendig (vgl. *Ballon*, 1993b, S. 5).

Das *Uchi-awase* wird auch als Variante des *Nemawashi* gesehen. Es hat aber eher den Charakter einer Arbeitsitzung nach westlichem Muster. Das *Uchi-awase* befaßt sich mit den konkreten Voraussetzungen einer Entscheidungsimplementierung (vgl. *Ballon*, 1993b, S. 5 f.). Dabei werden die personellen und materiellen Bedingungen einer erfolgreichen Implementierung geprüft und diskutiert. In Abhängigkeit von der Tragweite einer Entscheidung wird für das *Ushi-awase* viel Zeit verwendet. Nicht selten finden derartige Arbeitssitzungen außerhalb der Arbeitszeit statt[107].

Beim *Kaigi* handelt es sich um eine formelle, regelmäßig (meist wöchentlich) stattfindende Beratung von Abteilungs- und Bereichsleitern (vgl. *Schneidewind*, o.J., S. 22 f.), die durch das *Nemawashi* und *Uchi-awase* vorbereitet wird. Unvorbereitete Themen werden während dieser Sitzung nicht behandelt. Die Beratung hat weniger das Ziel, eine Entscheidung zu fällen, als auf einer breiteren Basis die Unterstützung für einen Vorschlag zu erreichen. Eine Abstimmung nach westlichem Muster, d.h. die Entscheidung auf der Grundlage einer Mehrheit, ist dabei unüblich (vgl. *Meckel*, 1981, S. 30). Kann wider Erwarten keine einmütige Zustimmung erzielt werden, wird der Vorschlag vertagt. Die Zustimmung wird dann nochmals auf dem Wege des *Nemawashi* angestrebt.

Das *Ringi-sho* ist ein formelles Schriftstück mit dem Charakter einer Entscheidungsvorlage am Ende eines kollektiven Abstimmungsprozesses, in dem die wesentlichen Inhalte einer Entscheidung zusammenfaßt sind. Das Schriftstück durchläuft die betroffenen Bereiche eines Unternehmens und wird nach Kenntnisnahme und Zustimmung von dem jeweiligen Leiter abgezeichnet[108]. Dieses Umlaufverfahren nennt sich *Ringi Seido* (vgl. *Adami*, 1990, S. 45; *Schneidewind*, o.J., S. 20 ff.). Es wird eher bei operativen als bei grundsätzlichen, politisch gefärbten oder strategischen Entscheidungen eingesetzt (vgl. *Schneidewind*, 1991, S. 300).

[107] Gruppensitzungen (z.B. Qualitätszirkel, Problemlösungsgruppen, formelle und informelle Treffen zur Entscheidungsvorbereitung) finden in japanischen anders als in westlichen Unternehmen häufig außerhalb der offiziellen Arbeitszeit statt. Hier liegt ein weiterer Grund für die Aussage, daß japanische und deutsche Arbeitszeitstatistiken nur mit erheblichen Einschränkungen vergleichbar sind.

[108] Das Abzeichnen erfolgt in vielen Fällen mit dem persönlichen Siegelstempel („*Hanko*") des Vorgesetzten (vgl. *Zürn*, 1987, S. 64).

Entscheidungsvorlagen sind auch in deutschen Unternehmen ein übliches Führungsinstrument. Typisch für japanische Unternehmen ist weniger das Instrument des *Ringi-sho* als vielmehr die Intensität des Einsatzes dieses Instruments sowie die aufwendige Abstimmung vor seiner Erstellung. Die intensive Abstimmung gewährleistet zum einen die sorgfältige Prüfung der Voraussetzungen und Konsequenzen einer Entscheidung. Zum anderen werden durch die Partizipation aller Beteiligten ein maximaler Informationsstand sowie ein Höchstmaß an Akzeptanz als Voraussetzung für die Implementierung geschaffen.

4.2.1.3 Senioritätsprinzip

Das Alter und die Dauer der Betriebszugehörigkeit des japanischen Mitarbeiters haben nicht nur einen Einfluß auf die Höhe seines Gehalts[109], sondern auch auf seine Karriereentwicklung. Die Beförderung nach dem Senioritätsprinzip[110] wird sowohl in Groß- als auch in Kleinunternehmen ausgeübt[111]. Dabei ergibt sich der Status des Mitarbeiters im Beruf nicht aus der Wahrnehmung einer bestimmten Funktion, sondern aufgrund funktionsunabhängiger Elemente. Statusprägende Elemente sind das Lebens- und Dienstalter, die Verwendungsbreite und auch die Gruppenfähigkeit (vgl. *Streib/Ellers*, 1994, S. 193). In die Leistungsbewertung fließen zwar auch individuelle Fähigkeitselemente des Beschäftigten ein, bei der Karrieregestaltung hat jedoch das Dienstalter den größten Einfluß (vgl. *Shichihei*, 1986, S. 5; *Yamamoto*, 1986, S. 97 ff.; *Esser/Nakajima*, 1994, S.149).

Der hierarchische Aufstieg japanischer Mitarbeiter und Führungskräfte erfolgt im Vergleich zu westlichen Unternehmen relativ langsam. Entsprechend höher ist das Durchschnittsalter der japanischen Führungskräfte auf den jeweiligen Führungsebenen. Die unterste Managementebene - in größeren Unternehmen die Ebene der Gruppenleiter - wird von den besten Mitarbeitern frühestens nach zehn Berufsjahren erreicht. Das Durchschnittsalter der Gruppenleiter beträgt 45 Jahre. Die durchschnittliche Berufserfahrung der Gruppenleiter beträgt 22 Jahre (vgl. *Esser/ Nakajima*, 1994, S. 148).

---

109 Vgl. 4.1.4.2 *Das japanische Entlohnungssystem*.

110 Auch *„Anciennitätsprinzip"* (vgl. *Shichihei*, 1986, S. 58 ff.).

111 Nach *Yamamoto* und auch *Shichihei* ist das Senioritätsprinzip im Handel und im produzierenden Gewerbe der *Tokugawa*-Zeit (1603-1868; vgl. 2.1 *Die japanische Geschichte vor dem zweiten Weltkrieg*) entstanden. Das Senioritätsprinzip bestimmte in dieser Zeit die Hierarchie der Beschäftigten und das Beziehungsgeflecht der Gemeinschaft (vgl. *Yamamoto*, 1986, S. 99; *Shichihei*, 1986, S. 59).

Die Personalentwicklung in japanischen Unternehmen folgt einem anderen Verständnis und einer anderen Zielsetzung als die in westlichen Unternehmen. Die japanische Personalentwicklung wird nicht vertikal aufstiegsorientiert, sondern primär horizontal fähigkeitsorientiert durchgeführt. Japanische Mitarbeiter und Führungskräfte werden vorwiegend durch Job-Rotation sowie stellen- und fertigkeitsbezogene Fortbildungsmaßnahmen qualifiziert (vgl. dazu auch *Esser/Nakajima*, 1994, S. 147).

Die Vorteile des japanischen Beförderungssystems liegen im hohen interfunktionalen Erfahrungsgrad der Führungskräfte und in einer detaillierten Kenntnis der Unternehmensstrukturen. Neben der allgemeinen gesellschaftlichen Gruppenorientierung liegt die Teamfähigkeit der japanischen Mitarbeiter und Führungskräfte in der Befähigung zur funktionsübergreifenden Sichtweise begründet. Diese Befähigung wird durch den langsamen Aufstieg und die Job-Rotation erzielt (vgl. *Schneidewind*, 1991, S. 295). Auch Investitionen in die Personalentwicklung amortisieren sich eher, wenn Mitarbeiter länger im Unternehmen tätig sind und auf den einzelnen Tätigkeitsstufen länger verweilen (vgl. *Koyama*, 1991, S. 277; *Sugihara*, 1993, S. 9; *Abegglen*, 1993, S. 2).

Nachteile des japanischen Beförderungssystems liegen vor allem darin begründet, daß sehr fähige und aufstiegsorientierte Mitarbeiter lange auf einen hierarchischen Aufstieg warten müssen[112]. Das führt zunehmend dazu, daß immer mehr jüngere, hochqualifizierte und international erfahrene Mitarbeiter das Prinzip des Aufstiegs nach dem Senioritätsprinzip ablehnen. Die Neigung, in diesem Fall das Unternehmen zu wechseln, hat in den vergangenen Jahren zugenommen. Vor allem in kleineren und ausländischen Unternehmen können die Karriereambitionen kurzfristiger realisiert werden (vgl. *Abegglen*, 1993, S. 3; *Esser/Nakajima*, 1994, S. 149 f.). Das Ausmaß der karrierebedingten Wechsel darf jedoch nicht überschätzt werden. Die Unzufriedenheit der jüngeren Mitarbeiter in den ersten Berufsjahren nimmt oft nach der Eingliederung in die „Unternehmensfamilie" - spätestens aber nach der ersten Beförderung - erheblich ab (vgl. *Abegglen/Stalk*, 1986, S. 251).

Es würde zu weit führen, die gesamte Philosophie des japanischen Personalmanagements deshalb in Frage zu stellen. Es findet in Japan zwar in neuester Zeit eine gewisse Erosion des Senioritätsprinzips (und auch des im nächsten Kapitel erläuterten *Lifetime Employments*) statt[113] (vgl. *Sugihara*, 1993, S. 10), doch darf man die Anpassungsfähigkeit des japanischen Managements nicht unterschätzen. Die Vorteile der bestehenden Konzepte wird man zu erhalten versuchen. Lediglich die Defizite

---

[112] Die japanische Karriereentwicklung wird auch als „Marathonlauf" im Gegensatz zu einer Reihe von „100-Meter-Sprints" westlicher Laufbahnen karikiert (vgl. *Kang*, 1991, S. 160).

[113] Bei einer Umfrage der Tageszeitung *Nihon Keizai* gaben 90% der befragten Manager an, das Senioritätsprinzip sei hinderlich für die zukünftige wirtschaftliche Entwicklung (vgl. *Koyama*, 1991, S. 282).

werden einer Korrektur unterzogen. Dazu gehört die Ergänzung der altersabhängigen Beförderungspraxis um einen stärker leistungsbezogenen Bewertungsmaßstab.

4.2.1.4 Lifetime Employment

In der westlichen Welt wird das Konzept des *Lifetime Employment* als eine der Stärken des japanischen Personalmanagements dargestellt. Das Wesen dieses Konzeptes ist die lebenslange Beschäftigung der Erwerbstätigen bis zu einer festgelegten Altersgrenze bei **einem** Arbeitgeber. Die fixierte Altersgrenze beruht auf einer gesetzlichen Regelung, die 1986 in Kraft trat. Nach dieser Regelung werden Mitarbeiter frühestens mit sechzig Jahren pensioniert. Bis dahin lag das Pensionsalter bei 55 Jahren (vgl. *o.V.*, 1993g, S. 2). Bei Großunternehmen behalten allerdings nur 82,4% der Mitarbeiter den Status eines lebenslang Beschäftigten bis zum Erreichen der Pensionsgrenze. Bei mittleren und kleinen Unternehmen ist dieser Prozentsatz sogar noch niedriger (vgl. *Bürger*, 1990, S. 174).

Daß japanische Arbeitnehmer ihren Arbeitgeber im Laufe des Berufslebens entweder gar nicht oder höchstens sehr selten wechseln, ist aus der Sicht des einzelnen Mitarbeiters verständlich. Durch einen Wechsel würden sich aufgrund des japanischen Vergütungssystems sowohl sein Monatseinkommen als auch die Pensionszahlung am Ende des Berufslebens deutlich verringern[114]. Darüber hinaus gilt es in Japan als „ ... *Zeichen eines beständigen Lebenswandels und einer persönlichen Integrität ...*" (*Koyama*, 1991, S. 276), dauerhaft bei einem Unternehmen zu arbeiten. Ein gekündigtes Arbeitsverhältnis wird demgegenüber als Niederlage gewertet, die man selbst zu verantworten hat (vgl. *Koyama*, 1991, S. 276).

In vielen westlichen und auch japanischen Veröffentlichungen[115] wird das Konzept des *Lifetime Employment* idealisiert. Es ist zu beachten, daß nur etwa ein Drittel der japanischen Arbeitnehmer (vgl. *Bürger*, 1990, S. 173 f.), hauptsächlich in Großunternehmen, tatsächlich während ihres Arbeitslebens bei nur einem Arbeitgeber beschäftigt sind. Insbesondere in kleinen und mittleren Unternehmen gilt das Konzept der lebenslangen Beschäftigung nicht (vgl. *Odrich, P.*, 1993a, S. 71 ff.; *Schneidewind*,

---

[114] Vgl. 4.1.4.2 *Das japanische Entlohnungssystem.*

[115] *Schneidewind* ist der Auffassung, daß japanische Wirtschaftsführer „...*an den Legenden von der Treue ihrer Mitarbeiter, der lebenslangen Beschäftigung und einer harmonischen Firmenfamilie...*" (*Schneidewind*, 1994, S. 7) zielgerichtet mitwirken. Er sieht dahinter keine bewußte Irreführung, sondern eher eine allgemein akzeptierte Verhaltensweise, nach der beispielsweise ein wünschenswerter, idealisierter, aber (noch) nicht realisierter Zustand als erreicht beschrieben wird. Dieses Verhalten nennt sich japanisch *tatamae* (hinter einer Maske). Es steht im Gegensatz zum aufrichtigen, wahren *honne*.

1994, S. 7). Das Personalanpassungsverhalten dieser Unternehmen unterscheidet sich deutlich von dem der Großunternehmen. Hier werden im Bedarfsfall eher als in Großunternehmen harte Maßnahmen zum Personalabbau ergriffen (vgl. *Ernst*, 1988, S. 139). Das bedeutet nicht, daß in diesen Unternehmen Arbeitskräfte leichtfertig entlassen werden.

Unabhängig von der Größe des Unternehmens fühlt sich das japanische Management einerseits gegenüber den Mitarbeitern auch heute noch grundsätzlich verpflichtet, einen sicheren und dauerhaften Arbeitsplatz zur Verfügung zu stellen. Dazu trägt der Umstand bei, daß das Unternehmen von den Unternehmensmitgliedern als „Familie" oder „Schicksalsgemeinschaft" betrachtet wird (vgl. dazu auch *Abegglen/Stalk*, 1986, S. 246; *Schneidewind*, 1991, S. 292). Andererseits - und das war sicherlich weniger altruistisch - versuchten die Unternehmen, ihre Kernbelegschaft in der Vergangenheit deshalb lange zu halten, weil der japanische Arbeitsmarkt in der wachstumsstarken Phase der *„Bubble Economy"* unter einem Defizit an qualifizierten Mitarbeitern litt (vgl. *Bürger*, 1990, S. 172 f.; *o.V.*, 1993g, S. 1). Darüber hinaus führt die *„partielle Dauerbeschäftigungspraxis"* (vgl. *Ernst*, 1988, S. 139) der Unternehmen auch zu dem hohen Maß an Loyalität, Disziplin und Motivation bei der Kernbelegschaft japanischer Unternehmen

In rezessiven Phasen und in Rationalisierungsphasen bevorzugten japanische Großunternehmen bisher weiche Formen der Beschäftigungsanpassung wie Versetzungen, Einstellungsstops und Arbeitszeitverringerung. Allerdings läßt sich die These nicht mehr aufrechterhalten, daß die Großunternehmen grundsätzlich auf das Instrument der Entlassung von Mitgliedern der Stammbelegschaft verzichten. In jüngerer Zeit, insbesondere vor dem Hintergrund der aktuellen Rezession und dem daraus resultierenden Anpassungsbedarf, greifen die japanischen Großunternehmen häufiger zu dem unpopulären Mittel der Personalfreisetzung (vgl. *Ernst*, 1988, S. 140; *Natusch*, 1995, o. S.).

Von einer „Verwestlichung" der Arbeitswelt ist die japanische Industrie allerdings noch weit entfernt. Es bleibt jedoch abzuwarten, wie sich die Personalfreisetzungen auf die Loyalität der japanischen Mitarbeiter auswirken. Die erreichte höhere Flexibilität in bezug auf die Gestaltung der Personalkapazität und die verbesserte Kostensituation werden sich auf jeden Fall in einer gesteigerten Wettbewerbsfähigkeit der japanischen Unternehmen niederschlagen.

4.2.2 Lean Management - ein (japanisches ?) Gestaltungsmodell für Organisation, Logistik, Produktion und Qualität

Nachdem im Jahr 1990 die MIT-Studie *„Die zweite Revolution in der Automobilindustrie"*[116] veröffentlicht wurde, gewannen zunächst die Begriffe *„Lean Production"*[117] und *„Schlankes Unternehmen"* eine bis heute anhaltende Popularität (vgl. *Womack/Jones/Roos*, 1992, S. 23 ff. u. 78). Mit *Lean Production* wurde ein im Vergleich zu den westlichen Automobilherstellern überlegenes Produktionssystem beschrieben, das *Toyota* nach dem zweiten Weltkrieg - aus der Notlage eines erheblichen Absatzeinbruchs heraus (vgl. dazu *Womack/Jones/Roos*, 1992, S. 53 ff.) - entwickelt und perfektioniert hat. Die Überlegenheit des Produktionssystems wurde von den Autoren der MIT-Studie mit einem Vergleich von Leistungskennziffern japanischer, amerikanischer und europäischer Automobilhersteller klar belegt[118].

Shingo ist der Auffassung, daß nur wenige den wirklichen Sinn des *Toyota*-Produktionssystems, *„das totale Vermeiden von Verschwendung"* (*Shingo*, 1993, S. 37), wirklich verstehen. Die damit im Zusammenhang stehenden Grundregeln lassen sich wie folgt beschreiben (vgl. *Shingo*, 1993, S. 38 ff.):

- Vermeidung von Verlusten durch mengenmäßige Überproduktion und zu frühe Produktion,
- Produktion ohne Lager und Puffer mit *„Just-in-Time"*-Zulieferungen,
- Trennung von Mensch und Maschine, um die Wirtschaftlichkeit der Fertigung zu erhöhen und menschliche Arbeitskraft sinnvoller zu nutzen,
- Maschinennutzungsgrade werden niedriger angesetzt, um Wartezeiten des Bedieners zu vermeiden, kostengünstige Standardmaschinen einsetzen zu können und um Bedarfsspitzen flexibel abdecken zu können,
- Abschaffung überflüssiger Arbeiten durch dauerhaftes Fehlerbeseitigen.

Auf der Grundlage der *Lean Production* wurde im Westen ein erweitertes, ganzheitliches Führungskonzept entwickelt, das sich nicht mehr nur auf die Produktion beschränkt, sondern unter der Bezeichnung *Lean Management* ein Modell zur Gestaltung der Aufbau- und Ablauforganisation liefert (vgl. dazu z.B. *Pfeiffer/Weiß*, 1992; *Bösenberg/ Metzen*, 1992; *Sohn*, 1994). Mitunter wird *Lean Management* als *japanisches Managementsystem* bezeichnet. Diese Auffassung ist nicht vollständig zutreffend. Es handelt sich eher *„... um ein aus Elementen des japanischen Fertigungsmanagements abgeleitetes „kulturneutrales" Unternehmensführungs-*

---

[116] Vgl. dazu auch die kurze Beschreibung des Inhalts der Studie in Kapitel 1.1 *Themenstellung*.

[117] Der Begriff *„Lean Production"* wurde von dem MIT-Forscher John Krafzik geprägt (vgl. *Scholz*, 1994, S. 1994).

[118] Da eine Darstellung der Leistungswerte den Rahmen dieser Arbeit sprengen würde und die Werte zum großen Teil hinlänglich bekannt sind, wird auf die Arbeit von *Womack/Jones/Roos* verwiesen.

konzept" (*Macharzina*, 1993, S. 751), das aber, wie unten noch ausgeführt wird, in den kulturellen Umfeldfaktoren Japans einen besonders „fruchtbaren Nährboden" findet.

Ziele des Konzeptes sind die Verbesserung von Produktivität, Flexibilität, Schnelligkeit und Qualität bei gleichzeitiger Kostensenkung sowie Erlös- und Rentabilitätsverbesserung (vgl. *Pfeiffer/Weiß*, 1992, S. 51; *Macharzina*, 1993, S. 751). Das mit diesem Ziel entwickelte Führungskonzept *„...besteht aus einem System von Maßnahmen und Methoden, die in ihrer Gesamtheit einen „schlanken" und besonders wettbewerbsfähigen Zustand des Unternehmens ermöglichen."* (*Warnecke/Hüser*, 1992, S. 1).

Obwohl mit dem Modewort *„Lean Management"* in westlichen Industrien ein japanisches Führungsmodell bezeichnet wird, ist der Begriff in Japan selbst relativ ungebräuchlich. Dies hat zu dem merkwürdigen Umstand geführt, daß japanische Führungskräfte sich in der amerikanischen Literatur über das von ihnen praktizierte Führungsmodell informieren (vgl. *Macharzina*, 1993, S. 751 f.).

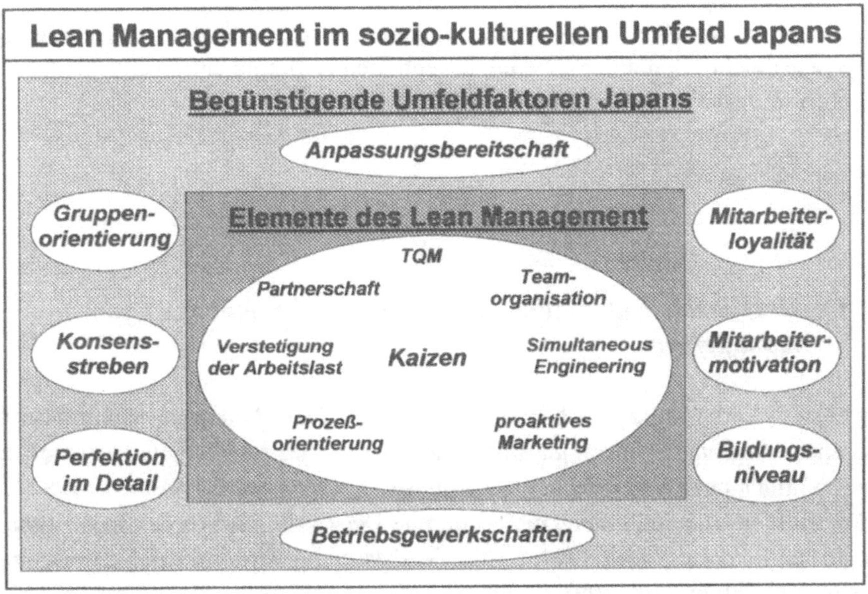

Abbildung 20: Lean Management im sozio-kulturellen Umfeld Japans

Die Konstituenten des *Lean Management* sind vielfältiger Natur und müssen, wie die Abbildung zeigt, vor allem im kulturellen Umfeld Japans gesehen werden. Die einzelnen Elemente des *Lean Management* sowie die begünstigenden Umfeldfaktoren sollen im weiteren kurz erläutert werden.

4.2.2.1 Die Elemente des Lean Management

Die Elemente des *Lean Management* geben einen tiefen Einblick in die Aufbau- und Ablauforganisation japanischer Industrieunternehmen. Dabei sollte allerdings eine Verallgemeinerung vermieden werden. Die mit dem Gedanken des *Lean Management* verbundenen Inhalte können nicht als generelles Gestaltungsmuster für alle Unternehmen der japanischen Industrie aufgefaßt werden. Insbesondere in kleineren Unternehmen, die teilweise unter Bedingungen produzieren, wie sie in deutschen Unternehmen nicht vorstellbar sind (vgl. dazu auch *Streib/Ellers*, 1994, S. 213 ff., insb. S. 216), wird eine professionalisierte Führung nach dem Idealtyp des *Lean Managements* seltener zu beobachten sein.

Dennoch darf andererseits die Verbreitung von einzelnen Elementen des *Lean Management* in der japanischen Industrie nicht unterschätzt werden. Gerade die unten erläuterten Elemente *Kaizen, TQM, Teamorganisation* und *partnerschaftliche Führung* sind fest im kulturell geprägten japanischen Verhaltensmuster verankert. Paradigmenwechsel, wie sie für westliche Unternehmen im Zusammenhang mit der Einführung des *Lean Management* immer wieder gefordert werden (vgl. z.B. *Panskus*, 1993, S. 14 ff.; *Pfeiffer/Weiß*, 1992 ff.), waren aufgrund dessen in japanischen Unternehmen nicht erforderlich. Die implementierten Konzepte entsprechen dort auch heute noch weitgehend dem allgemein geübten Verhalten.

4.2.2.1.1 Die Kaizen-Philosophie als prägendes Element des Lean Management

Kaizen (jap. „Verbesserung") ist im Gegensatz zum *Lean Management* ein Begriff japanischen Ursprungs. *Kaizen* im Unternehmen bedeutet ständige Verbesserung in kleinen Schritten unter Einbeziehung der Mitarbeiter aller Ebenen (vgl. *Imai*, 1992, S. 15). *Kaizen* wird beeinflußt durch die japanische Denkweise, daß es den Idealzustand nicht gibt (vgl. *Jäckel/Nagel*, 1994, S. 52). Verbesserung wird um der Verbesserung willen angestrebt (vgl. *Volk*, 1993, S. 79).

In diesem Sinne darf *Kaizen* folglich nicht nur als Führungsinstrument verstanden werden. Es stellt weit darüber hinausgehend eine Philosophie und Grundhaltung dar, die deswegen das zentrale Element - den *„Schirm"* (*Imai*, 1992, S. 24 f.) - vieler Bausteine des *Lean Management* bildet. *Imai* sieht unter diesem Schirm eine Vielzahl japanischer Managementpraktiken - von der Produktentwicklung über die Logistik und

Fertigung bis hin zur umfassenden Qualitätskontrolle -, die mit der *Kaizen*-Philosophie erst ihre Wirksamkeit gewinnen.

Dabei wird *Kaizen* häufig nicht einmal bewußt eingesetzt, sondern es stellt ein programmiertes Verhalten dar, mit dem permanent Fehler und Schwächen aufgedeckt sowie Verbesserungspotentiale gesucht und ausgeschöpft werden. In der japanischen Industrie „*... ist das Konzept von Kaizen so tief im Bewußtsein sowohl der Manager als auch der Arbeiter verankert, daß diese oft nicht einmal merken, daß sie Kaizen denken.*" (*Imai*, 1992, S. 15). *Imai* sieht im *Kaizen* und der damit verbundenen prozeßorientierten Denkweise den entscheidenden Unterschied zu den westlichen Unternehmen mit ihrem aus seiner Sicht typischen innovations- und ergebnisorientierten Denken (vgl. *Imai*, 1992, S. 15).

Trotz einer intensiven Analyse sind westliche Forscher der im *Kaizen* liegenden, „*... sehr einfachen Wahrheit, welche den vielen Mythen von japanischem Management zugrunde liegt, nicht auf die Spur gekommen...*" (*Imai*, 1992, S. 24)[119].

Kaizen konzentriert sich auf die Aufdeckung und Beseitigung aller Arten von Ineffizienz und Verschwendung im Wertschöpfungsprozeß vorwiegend auf der Grundlage teamorientierter, funktionsübergreifender Organisationsformen. Alle betrieblichen Abläufe werden in den Teams permanent nach ihrem Sinn, der Art ihrer Ausführung, dem Mitteleinsatz und nach der Eingliederung in den logistischen Prozeß kritisch hinterfragt. Dabei wird der Prozeßnutzen grundsätzlich aus der Sicht des Kunden bewertet. Von den Teams entdeckte Schwachstellen werden umgehend beseitigt. Die Leistung soll in jeder Hinsicht den Kundenwünschen entsprechen, aber auch nicht darüber hinausgehen (vgl. *Jäckel/Nagel*, 1994, S. 52 ff.).

Zwischen *Kaizen* und *Innovation* besteht ein deutlicher Unterschied. *Kaizen* erzielt die Verbesserungen kontinuierlich durch kleine, realisierbare Schritte unter Einbeziehung aller Führungskräfte und Mitarbeiter eines Unternehmens. Der durch *Kaizen*-Aktivitäten erreichte verbesserte Zustand wird zum Standard und als Ausgangsniveau für weitere *Kaizen*-Maßnahmen deklariert (vgl. *Jäckel/Nagel*, 1994, S. 57). Hier liegt der entscheidende Vorteil der *Kaizen*-Philosophie. Jedes erreichte Ergebnis - und sei es noch so gut - führt nicht zu einer Einstellung der Verbesserungsbemühungen, sondern ist der Ansatzpunkt für weitere Verbesserungen. Nur so lassen sich die erheblich geringeren Fehlerquoten einzelner japanischer Fertigungsunternehmen im Vergleich zu

---

[119] Diese Aussage deckt sich mit den Ergebnissen eines Interviews, das im Rahmen der empirischen Untersuchung mit dem technischen Direktor eines großen japanischen Automobilzulieferers geführt wurde. Der Interviewpartner, mit dem der Verfasser über mehrere Jahre in einem deutsch-japanischen Joint-Venture-Unternehmen zusammengearbeitet hat, sprach im Zusammenhang mit den Anstrengungen westlicher Forscher auf der Suche nach den japanischen Stärken von „*Overevaluation*". Den Hauptgrund für den japanischen Erfolg sieht er in den gemeinsamen Bemühungen von Management und Mitarbeitern um eine ständige Verbesserung der eigenen Leistung und der des Unternehmens.

westlichen Unternehmen erklären. Sie wurden nicht mit einmalig durchgeführten Qualitätsverbesserungsprogrammen erzielt, sondern auf der Grundlage stufenweiser Verbesserungen über viele Jahre hinweg. Dennoch bedeutet das erreichte Niveau nicht das Ende der Qualitätsverbesserungsbemühungen, sondern mit weiteren Programmen werden bei den japanischen Unternehmen die Fehlerquoten kontinuierlich weiter gesenkt (vgl. *Pfeiffer/Weiß*, 1992, S. 46).

Im Gegensatz zum *Kaizen* stellt die *Innovation* einen eher zeitpunktbezogenen, sprunghaften, spektakulären und abgeschlossenen Fortschritt mit einem gewissen Einmaligkeitscharakter dar. *Innovationen* haben in der Regel nicht die kollektiven Merkmale des *Kaizen*. Sie entstehen zumeist in Spezialistenteams (vgl. *Gábor Sebestyén*, 1994, S. 15). Der finanzielle Aufwand für *Innovationen* und auch das mit dem Gelingen verbundene Risiko sind oft deutlich höher als bei den diesbezüglich überschaubaren Maßnahmen des *Kaizen*. Frustrationen, die durch das Mißlingen von *Innovationen* ausgelöst werden, können wesentlich häufiger beobachtet werden als beim *Kaizen*. Demgegenüber wird das Motivationsniveau der Mitarbeiter beim *Kaizen* dadurch erhalten, daß im kontinuierlichen Prozeß immer wieder erreichbare Ziele realisiert werden können.

Im Vergleich zu der *Innovation* weist *Kaizen* allerdings auch eine Schwäche auf. Da der zentrale Gegenstand der Bemühungen das Verbessern des Bestehenden ist, das Bestehende als Ganzes also nicht in Frage gestellt wird, hemmt *Kaizen* innovative Prozesse. Idealtypisch sollten *Kaizen* und *Innovation* folglich in einem integrierten Führungskonzept gemeinsam erfolgen. Die *Innovation* kann so beispielsweise einen Technologievorsprung schaffen, der anschließend durch *Kaizen* kontinuierlich ausgebaut werden sollte (vgl. *Japan Human Relations Association*, 1994, S. 39; *Imai*, 1992, S. 51).

4.2.2.1.2 Total Quality Management, Teamarbeit und Prozeßorientierung

Wie beim *Kaizen* handelt es sich auch beim *Total Quality Management (TQM)* um einen umfassenden Denk- und Handlungsansatz für das gesamte Unternehmen. Dabei stehen das Qualitätsbewußtsein und die Qualitätssicherung auf allen hierarchischen Unternehmensebenen und in allen Phasen des Wertschöpfungsprozesses im Vordergrund einer darauf bezogen klar formulierten Unternehmenspolitik (vgl. *Töpfer/Mehdorn*, 1993, S. 8; *Oess*, 1991, S. 90 f.). Die Aussage *„Quality first"* trifft dabei den Inhalt der *TQM*-Philosophie am präzisesten (vgl. *Oess*, 1991, S. 92).

Seinen Ursprung hat das qualitätsorientierte Denken keineswegs nur in Japan, sondern zu einem großen Teil in westlichen Industrienationen, vor allem in den USA. Nach *Kamiske et al.* gehören die Amerikaner *J. M. Juran, W. E. Deming, Ph. B. Crosby, D. E. Garvin*, der Japaner *K. Ishikawa* und der Deutsche *W. Masing* zu den Begründern der Qualitätswissenschaft (vgl. *Kamiske et al.*, 1994, S. 189). Die Japaner haben jedoch die integrierten Qualitätskonzepte zur vollen Entfaltung gebracht und in die Industrie flächig implementiert (vgl. *Fritz*, 1994, S. 1046). Auch deutsche Unternehmen geben *„... einer Strategie der Qualitätsführerschaft Vorrang im Rahmen der Unternehmenspolitik."* (*Fritz*, 1994, S. 1057)[120].

Das umfassende Qualitätsverständnis des *Total Quality Managements* ist das Ergebnis eines evolutorischen Prozesses. Die einzelnen Stufen dieses Entwicklungsprozesses lassen sich aufteilen in (vgl. *Macharzina*, 1993, S. 596 f.)

- die *klassische Qualitätskontrolle* am Ende eines Fertigungsprozesses bis in die sechziger Jahre,
- die sich in den sechziger und siebziger Jahren anschließende *umfassende Qualitätssicherung* mit dem verstärkten Einbau qualitätsbezogener Aktivitäten in den Entwicklungs- und Fertigungsprozeß sowie
- seit Mitte der achtziger Jahre das *integrierte Konzept des Qualitätsmanagements* als Teil des strategischen Managements, das zur Bezeichnung *Total Quality Management* geführt hat.

Im Kontext des *TQM* werden die Qualitäten ersten und zweiten Grades unterschieden. Die Qualität ersten Grades wird durch die technische Produktqualität definiert und gibt Aufschluß über die Erfüllung der quantitativen und qualitativen Mindestanforderungen an das Produkt. Die Qualität zweiten Grades ist demgegenüber deutlich weiter zu fassen. Sie wird durch ein breites Spektrum von Maßnahmen zur umfassenden Befriedigung der Kundenbedürfnisse determiniert. Maßstab zur Messung der Qualität zweiten Grades ist damit die Zufriedenheit des Kunden mit dem gesamten

[120] Vgl. dazu auch die Ergebnisse der international durchgeführten Imageanalyse in 3.5. Danach sind die deutschen und japanischen Unternehmen aus der Sicht der Befragten in bezug auf die Qualität gleichstark einzuschätzen.

Leistungsumfang des Unternehmens vor dem Hintergrund der kundenindividuellen Kosten/Nutzen-Einschätzung (vgl. *Töpfer/Mehdorn*, 1993, S. 9 ff.).

Gerade die permanente Verbesserung der Qualität zweiten Grades, die die Ausrichtung aller Unternehmensbereiche auf die vom Kunden definierten Leistungsanforderungen beinhaltet (vgl. *Oess*, 1991, S. 91 f.), ist kennzeichnend für das *Total Quality Management*. Aus dem Blickwinkel der Kundenorientierung weist das *TQM* somit die gleiche Zielsetzung wie das Marketing auf. Dieser Sachverhalt ist in den *TQM*- und Marketingveröffentlichungen bisher nur sporadisch beleuchtet worden (vgl. dazu *Strauss*, 1994, S. 149 ff.).

Die Ausrichtung am Kundenbedürfnis setzt in vielen westlichen technologiedominierten Unternehmen einen Wechsel der Perspektive in Richtung einer kundenorientierten Leistungsgestaltung voraus. Dieser Perspektivenwechsel wird durch den Einsatz des *Quality Function Deployment (QFD)* als unterstützendes Hilfsmittel des *TQM* erleichtert. Die Leistung des Instruments besteht in der schrittweisen Umsetzung der Kundenanforderungen in meßbare produkt- und prozeßbezogene Parameter auf der Grundlage einer Beziehungsmatrix (vgl. *Kamiske et al.*, 1994; S. 182 f.). Durch *QFD* wird sichergestellt, daß alle Maßnahmen des Unternehmens darauf ausgerichtet werden, die Produkte zu entwickeln, zu fertigen und zu vermarkten, die der Kunde tatsächlich wünscht (vgl. *Wildemann*, 1994a, S. 47).

Die Kundenorientierung eines *TQM*-geprägten Unternehmens bezieht sich nicht nur auf seine Außen-, sondern auch auf die Gestaltung seiner Innenbeziehungen (vgl. *Suzaki*, 1994, S. 33 ff.). Nach dem Grundsatz „*The next process is our customer*" (*Oess*, 1991, S. 91) wird jede im Wertschöpfungsprozeß des Unternehmens folgende Stufe als Kunde betrachtet. Umgekehrt stellt die leistungsabgebende Stelle aus der Sicht der leistungsannehmenden Stelle einen Lieferanten dar. Die Leistung des Lieferanten wird in genau der Quantität und Qualität sowie zu dem Zeitpunkt erbracht, wie sie von dem Kunden auf der nächsten Prozeßkettenstufe gewünscht wird.

Die horizontal am Auftragsfluß orientierte Prozeßkettenorganisation gewährleistet eine unternehmensweit funktionsübergreifende Problembearbeitung (vgl. *Kuhn/Pielok*, 1994, S. 28). Leistungsbezogene Probleme werden zwischen den Prozeßkettenelementen entweder direkt beseitigt oder gemeinsam mit einem Vorgesetzten als Moderator gelöst.

Das Problemlösungsverhalten der prozeßorientierten Organisation entspricht grundsätzlich dem kybernetischen Regelkreis. Vorteile sind dabei kurze Abstimmungswege zwischen den betroffenen Prozeßkettenelementen und eine insgesamt flachere Organisation (vgl. auch *Müri*, 1994, S. 30; *Gaukel/Bardelli*, 1994, S. 35), da die

Abstimmung horizontal-direkt und nicht vertikal durch hierarchisch übergeordnete Instanzen erfolgt. Voraussetzungen für das Funktionieren einer Prozeßketten-organisation sind allerdings ein stärker eigenverantwortlich agierender Mitarbeiter und ein anderes Selbstverständnis der Vorgesetzten, die weniger weisungsorientiert als *„coachend"* (*Müri*, 1994, S. 30) führen müssen[121]. Dazu gehören neben der Problemlösungsmoderation die Vermittlung von Informationen an den Mitarbeiter und die Gestaltung der Rahmenbedingungen für den Mitarbeiter. Der Vorgesetzte regt Prozeßverbesserungen an und unterstützt darauf bezogene Maßnahmen, greift aber in die Umsetzung selbst nicht ein (vgl. *Oess*, 1991, S. 115).

Der zentrale Gedanke des *TQM* ist die proaktive Fehlervermeidung im Gegensatz zu der bis dahin praktizierten reaktiven Fehlernachbesserung (vgl. *Macharzina*, 1993, S. 597). Diese Fehlervermeidungsstrategie bezieht sich auf alle Stufen des Wertschöpfungsprozesses, von der Forschung und Entwicklung[122], über die Fertigung bis hin zum Versand der Produkte an den Endkunden. In die Fehlervermeidungsbemühungen sind auch die Lieferanten des Unternehmens einbezogen.

Ein weiterer, sehr wesentlicher Unterschied zwischen dem *TQM* und der traditionellen Qualitätskontrolle ergibt sich aus der Verlagerung der Qualitätsverantwortung auf die Mitarbeiterebene. Die Qualität wird nicht mehr am Ende eines Prozesses oder Abschnitts durch eine dazu bestimmte Instanz kontrolliert, sondern jeder Mitarbeiter ist für die Qualität an seinem Arbeitsplatz verantwortlich. *„Qualität muß in die Mitarbeiter „eingebaut" werden."* (*Oess*, 1991, S. 103). Fremdkontrolle wird durch Eigenkontrolle ersetzt (vgl. *Macharzina*, 1993, S. 597).

Die Verlagerung der Qualitätsverantwortung setzt einerseits eine veränderte Haltung der Unternehmensführung gegenüber den Mitarbeitern und ebenso einen stärker mitarbeiterbezogenen Führungsstil voraus (vgl. *Oess*, 1991, S. 103 ff.). Auf die Ebene des Mitarbeiters müssen weitreichendere Kompetenzen und größere Verantwortung verlagert werden. Voraussetzung dafür ist ein größeres Vertrauen, das die Vorgesetzten dem Mitarbeiter entgegenbringen.

Andererseits erfordert die Übernahme der individuellen Qualitätsverantwortung ein hohes Maß an Leistungsmotivation, Eigenverantwortung und Verständnis für die übergreifenden Zusammenhänge der Unternehmensprozesse auf der Mitarbeiterseite. Ein derartiges Verhalten des Mitarbeiters scheint in Japan eher als in der westlichen

---

[121] Während eines Interviews, das im Rahmen der empirischen Untersuchung mit dem Logistikgeschäftsführer eines großen deutschen Küchenherstellers geführt wurde, wurden auch die Umsetzungsprobleme des *Lean Management* bei diesem Hersteller erörtert. Ein Schlüsselproblem war es, Führungskräften und Mitarbeitern, die teilweise jahrzehntelang hierarchisch-vertikal Anweisungen erteilt und empfangen haben, eine prozeßorientierte Sichtweise zu vermitteln.

[122] Nach *Töpfer/Mehdorn* sind 50% der Ursachen aller Qualitätsprobleme eines Produktes bereits in seiner Konstruktion determiniert (vgl. *Töpfer/Mehdorn*, 1993, S. 16).

Welt gegeben zu sein. Dazu tragen zum einen die konfuzianische Arbeitsethik (vgl. auch *Dülfer*, 1992, S. 298), zum anderen aber auch die Loyalitätsverpflichtung gegenüber der Gruppe bei. Ein japanischer Mitarbeiter, der eine fehlerhafte Qualität gefertigt hat, empfindet gegenüber seiner Gruppe *„Schande oder Scham"* (*Zürn*, 1987, S. 30).

Die Einbeziehung aller Mitarbeiter und die Arbeit in Teams spielen auch bei der Suche nach Ansätzen zur Beseitigung von Qualitätsdefiziten und zur Förderung des Qualitätsbewußtseins der Mitarbeiter eine wesentliche Rolle (vgl. *Kandaouroff*, 1994, S. 782 f.). *Quality Circles* wurden schon sehr früh von japanischen Unternehmen eingesetzt, um funktionsübergreifend und teamorientiert Qualitätsverbesserungsmaßnahmen oder auch Vorschläge für die Beseitigung von Mängeln am Arbeitsplatz zu entwickeln (vgl. *Oess*, 1991, S. 106 ff. und 116 f.). Dabei werden diese *Quality Circles* in japanischen Unternehmen aktiv gefördert, weil sie ohne den Eingriff des Vorgesetzten auf Initiative der Mitarbeiter hin Problemlösungsvorschläge hervorbringen. Dieses Vorgehen entspricht dem Selbstverständnis japanischer Unternehmensführung[123]. Auch für westliche Unternehmen wird die Einführung von *Quality Circles* im Zusammenhang mit der Implementierung von *TQM* empfohlen, weil auf der ausführenden Ebene damit die Möglichkeit der Partizipation geschaffen wird (vgl. *Zink*, 1992, S. 25; *Murata/Harrison*, 1991, S. 20 ff.).

Die Wirksamkeit der japanischen Quality Circles wird an der Anzahl der vorgeschlagenen und realisierten Verbesserungen deutlich[124]. Im Jahr 1990 lag die durchschnittliche Zahl der Verbesserungsvorschläge je Mitarbeiter in Japan bei 32, davon wurden 87% umgesetzt (vgl. *Ballon*, 1992, S. 4). 1992 lag der Anteil der Teilnehmer am Vorschlagswesen gemessen an den Teilnahmeberechtigten in Japan bei 68%, in Deutschland demgegenüber nur bei 7,7% (vgl. *Deutsches Institut für Betriebswirtschaft (DIB)*, 1993, o. S., (Statistik Vorschlagswesen in Japan/Branchenergebnisse Deutschland)). Dabei darf aber nicht übersehen werden, daß die Verbesserungsvorschläge in japanischen Unternehmen häufig nicht so spektakulär und weitreichend wie in westlichen Unternehmen sind. Nach der *Kaizen*-Philosophie werden auch marginale Verbesserungen vorgeschlagen und akzeptiert (vgl. *Japan Human Relations Association*, 1994, S. 43 ff.).

In westlichen Unternehmen scheitern *Quality Circles* und Teamarbeit häufig schon daran, daß der Erfolg in Einheiten eingesparten Geldes gemessen wird oder daß die Wirksamkeit dieser Teams grundsätzlich bezweifelt wird (vgl. *Hoffritz*, 1994, S. 108 ff.; *Oess*, 1991, S. 116). Auch mangelnde Teamfähigkeit der Teammitglieder schränkt

---

[123] Vgl. 4.2.1.2 *Entscheidungsfindung und -umsetzung*.

[124] Einen tieferen Einblick in das betriebliche Vorschlagswesen in Japan gibt *Yasuda* (1994).

die Teamwirksamkeit ein oder gefährdet sogar den Teambestand (vgl. dazu auch *Wetlaufer*, 1995, S. 125 ff.).

4.2.2.1.3 Verstetigung der Arbeitslast

Mit dem Ziel der Verstetigung der Arbeitslast wurde durch den legendären *Taiichi Ohno* bei *Toyota* ein vernetztes System verschiedener Techniken und Methoden in den Bereichen der Beschaffung, Logistik und Fertigung geschaffen, das als Ganzes eine Glättung der Arbeitsverteilung im Zeitablauf bewirkt (vgl. *Imai*, 1992, S. 11). Später wurden die bei *Toyota* entwickelten Konzepte auch in vielen japanischen und westlichen Unternehmen eingeführt. Zu den Techniken und Methoden des Produktionssystems sind das *Just-in-Time (JIT)*-Konzept, das *Kanban*-Prinzip, die *Total Productive Maintenance (TPM)* und die Reduzierung der Fertigungstiefe durch *Outsourcing* zu zählen.

Das Image des *JIT*-Konzepts ist in der westlichen (auch der deutschen) Industrie nicht nur positiv. *JIT* wird mit durch Lkw verstopften Straßen und ausgebeuteten kleinen Zulieferbetrieben assoziiert (vgl. *Nitsch*, (1994), S. 12). *JIT* wird häufig auch nur als reines Logistik-Konzept verstanden, das die Teileanlieferung zwischen einer Produktionsstätte und den Zulieferern regelt (vgl. *Schmidt*, 1995, S. 5).

Tatsächlich sind *JIT* und das unten erläuterte *Kanban* Elemente, die als Voraussetzungen für einen kontinuierlichen Materialfluß (vgl. *Bösenberg/Metzen*, 1992, S. 144) und damit für eine Verstetigung der Arbeitslast im Unternehmen gesehen werden können. Dabei kommt dem Menschen als Produktionsfaktor, der - anders als das in Form von Maschinen und Anlagen eingesetzte Kapital - die Fähigkeit zur aktiven Problemlösung aufweist, eine besondere Bedeutung zu (vgl. *Wildemann*, 1988, S. 3 f.).

In der japanischen Sprache bedeuten die Worte für *Just-in-Time (JIT)* soviel wie *rechtzeitig* oder *exakt zum vorbestimmten Zeitpunkt* (vgl. *Shingo*, 1993, S. 39). Bezogen auf die Produktion heißt das aber nicht nur, Rechtzeitigkeit in bezug auf den Auslieferungszeitpunkt zu erzielen. Eine derartige Ausrichtung würde einer Überschußproduktion Vorschub leisten. Es geht vielmehr um Rechtzeitigkeit in allen Phasen des Produktionsprozesses, um pufferfrei, ohne Lager und dennoch in der geforderten Zeit, die richtige Menge fertigen zu können (vgl. *Majima*, 1994, S. 24 ff.; *Yasuda*, 1994, S. 140 f.).

Wesentliche Voraussetzungen für das Funktionieren einer *JIT*-Produktion sind auch kleinere Losgrößen, die nur bei gleichzeitiger Reduzierung der Rüstzeiten erreicht werden können. Zu diesem Zweck wurde bei *Toyota* das *SMED*-Prinzip[125] entwickelt und eingeführt (vgl. *Shingo*, 1993, S. 78). Darüber hinaus wurden, zum Teil von den Mitarbeitern selbst, Hilfsmittel zur aktiven Fehlervermeidung in der Form von Meßvorrichtungen oder Paßkontrollabfragen, sogenannte *Poka-Yoke*, erstellt (vgl. *Shingo*, 1993, S. 90 f.). Faßt man all diese Instrumente und Techniken zusammen, liegt der Schluß nahe, daß *JIT* wesentlich mehr als nur die Organisation der Beziehungen zu den Zulieferern ist.

Ziel des *JIT* ist es, in allen Phasen des Produktionsprozesses, vom Wareneingang bis zum Versand, den Aufbau von Beständen zu vermeiden bzw. diese sogar aktiv abzubauen. Auf diese Weise sollen Verluste in Form von mengenmäßiger Überproduktion, zu früher Produktion (vgl. *Shingo*, 1993, S. 96) oder auch von zu hohen Teilevorräten verhindert werden[126]. Dabei ist die zeit- und mengengerechte Teileanlieferung durch den Zulieferer nur ein Aspekt. Der Schwerpunkt liegt eindeutig in der Optimierung der innerbetrieblichen Produktionsabläufe.

Kanban ist im engen Zusammenhang mit *JIT* zu sehen. Es kann als Technik verstanden werden, die *JIT*-Produktion bei Serienfertigung realisieren zu helfen (vgl. *Shingo*, 1993, S. 37 und 256). Das *Kanban*-System wird als Regelungsmechanismus für die Synchronisation der Abläufe im Werk sowie zwischen Werk und Zulieferern eingesetzt (vgl. *Shingo*, 1993, S. 96).

Grundgedanke ist dabei der Aufbau einer Kunden-Lieferanten-Prozeßkette[127] innerhalb des Unternehmens vom Auftragseingang bis zur Auslieferung an den Endkunden, die zu einem *„ziehenden Produktionssystem"* (*Shingo*, 1993, S. 149) führt. In den Produktionsprozeß werden nur die Teile oder Baugruppen nachgeführt, die der Verbraucher bzw. Kunde in der Prozeßkette zuvor entnommen hat. Die Einführung dieses Systems erfordert umfassende und tiefgehende Personalentwicklungsmaßnahmen, insbesondere bei den unmittelbar betroffenen Mitarbeitern und Führungskräften, um ein klares Verständnis für die geänderte Produktionsphilosophie zu erreichen (vgl. *Majima*, 1994, S. 24).

Das japanische *Kanban* heißt eigentlich *Schild, Tafel, Karte* oder *Zettel* (vgl. *Imai*, 1992, S. 24, *Shingo*, 1993, S. 256). Die *Kanban*-Karten sind das Informationssystem einer *JIT*-Produktion (vgl. *Schmidt*, 1995, S. 6). Die Karten sind ein erweiterter Laufzettel an Teilen oder Teilebehältern. Die Laufzettel, ohne die nichts gefertigt und

---

[125] *„Single Minute Exchange of Die"*.
[126] Vgl. auch die Ausführungen zur *Lean Production* unter 4.2.2 *Lean Management - ein (japanisches ?) Unternehmensgestaltungsmodell.*
[127] *Shingo* bezeichnet das als *„modulare Rückwärtsverkettung"* (vgl. *Shingo*, 1993, S. 149).

transportiert werden darf, dienen als Steuerungsinstrument zur permanenten Bestandskontrolle. Das *Kanban* bildet insofern ein Bindeglied zwischen den einzelnen Elementen des rückwärts verketteten Fertigungssystems (vgl. *Yasuda*, 1994, S. 141; *Shingo*, 1993, S. 256).

Total Productive Maintenance (TPM) ist ein Modul einer bestandsarmen *JIT*-Fertigung. *TPM* läßt sich kurz als „... *die produktivitätsorientierte Instandhaltung, die von allen Arbeitnehmern in Kleingruppenaktivitäten durchgeführt wird.*" (*Nakajima*, 1995, S. 23) bezeichnen. *TPM* hat das Ziel, die Produktivität der Fertigung, die Qualität der Leistung und die Qualifikation der Beschäftigten zu erhöhen. Dazu werden die Zuverlässigkeit und die Leistung der Fertigungsanlagen, d.h. der Anlagenwirkungsgrad, kontinuierlich verbessert (vgl. *Schmidt*, 1995, S. 5 f.). Auch der Verwaltungsbereich wird in die Aktivitäten des *TPM* einbezogen. *TPM* bildet eine Synthese aus *TQM*, der vollständigen Beteiligung der Mitarbeiter und der vorbeugenden Instandhaltung. Dabei kommt dem einzelnen Mitarbeiter an seinem Arbeitsplatz eine entscheidende Bedeutung zu, weil er selbst, ggf. auch im Rahmen einer kleineren Arbeitsgruppe (vgl. *Nakajima*, 1995, S. 119 ff.), für die Verbesserung und vorbeugende Instandhaltung seines Arbeitsplatzes sowie der dort verwendeten Werkzeuge und eingesetzten Maschinen Sorge tragen muß (vgl. *Schmidt*, 1995, S. 8 f.).

Zur Verstetigung der Arbeitslast trägt auch die enge Bindung zwischen Herstellern und Lieferanten nach dem Konzept des *Subcontracting*[128] bei. Durch *Outsourcing* (vgl. *Sohn*, 1994, S. 103 ff.), das heißt durch den Zukauf von Leistungen, die nicht im Bereich der Kernkompetenzen des Herstellers liegen, wird die Fertigungstiefe optimiert. Darüber hinaus wird der Lieferant, da er einer *JIT*-Produktion zeit- und mengengerecht zuliefern muß, eng mit der Produktionsplanung des Herstellers verbunden (vgl. dazu *Deutsche Industrie und Handelskammer*[129], 1992a, S. 3 ff.). Das setzt auch voraus, das der Lieferant marktbedingte Bedarfsschwankungen des Herstellers flexibel ausgleichen kann. Zusätzlich hat der Lieferant auch die Anlieferung einer optimalen Qualität sicherzustellen. Eine derart enge Verbindung, die zwischen Herstellern und Zulieferern zu einer gewissen Abhängigkeit führt, ist nur auf einer partnerschaftlichen Basis denkbar. In diesem Bereich bieten sich, wie im Kapitel 4.1.3.3 „*Subcontracting in Japan*" schon erwähnt, deutschen Unternehmen nachweisbare[130] Verbesserungspotentiale.

---

[128] Vgl. auch 4.1.3.3 *Subcontracting in Japan*.

[129] Die Broschüre der *Deutschen Industrie- und Handelskammer* liefert einen erstklassigen Überblick und wertvolle Praxistips für Zulieferer der japanischen Automobilindustrie. Sie basiert auf Erfahrungen deutscher Zulieferer in Japan. Der Mitverfasser dieser Broschüre, Frank Rövekamp, wurde im Rahmen der empirischen Untersuchung in Kyoto befragt.

[130] Vgl. dazu auch die Ergebnisse der Untersuchung in Kapitel 5. dieser Arbeit.

4.2.2.1.4 Weitere Elemente des Lean Management

Auf weitere Elemente, die im Kontext des *Lean Management* häufig noch genannt werden, soll nachfolgend nur kurz eingegangen werden. Es handelt sich dabei vor allem um das *Simultaneous Engineering* und das *proaktive Marketing*.

Beim *Simultaneous Engineering* geht es um eine Abkehr von der linear-sequentiellen Abwicklung von Produktentwicklungsprozessen. Durch die parallel-simultane Durchführung der Produktentwicklungsaktivitäten sollen den Unternehmen Freiheitsgrade im Zeitwettbewerb geschaffen werden. Diese Zeitvorteile können genutzt werden, um entweder - u. U. über eine temporäre Monopolsituation im Markt - Flexibilität in der Preisgestaltung zu erhalten oder Kundenforderungen frühzeitig in marktreife Leistungen umzusetzen (vgl. dazu auch *Töpfer/Mehdorn*, 1993, S. 80 ff.).

Simultaneous Engineering erfordert eine präzise zeitliche und inhaltliche Projektkoordination, ein diszipliniertes Änderungsmanagement, eine Komprimierung der Testphasen und eine enge Synchronisierung mit den Entwicklungsaktivitäten der Zulieferer und Werkzeughersteller (vgl. auch *Womack/Jones/Roos*, 1992, S. 121 ff.). Auch beim *Simultaneous Engineering* bilden eine interfunktionale Teambesetzung und die reibungslose Zusammenarbeit der Teammitglieder, vor allem zwischen Marketing und Entwicklung, zentrale Erfolgsfaktoren (vgl. *Bösenberg/Metzen*, 1992, S. 170; *Töpfer/Mehdorn*, 1993, S. 80).

Das *proaktive Marketing* umfaßt alle Aktivitäten, um die Marktakzeptanz des Herstellers zu verbessern. Das *proaktive Marketing* beginnt bei der aktiven Ermittlung der Kundenwünsche. Es beinhaltet die kundenorientierte Entwicklung (siehe *Quality Function Deployment*) und die kundenorientierte Produktion (siehe *Just-in-Time* und *Total Quality Management*). *Proaktives Marketing* begleitet den Kunden mit dem Kundenzufriedenheitsmanagement auch in der Nachkaufphase (vgl. *Bösenberg/ Metzen*, 1992, S. 180). Insgesamt wird das Unternehmen durch *proaktives Marketing* in die Lage versetzt, eine optimale Befriedigung der Kundenbedürfnisse und damit eine hohes Maß an Kundenbindung und -loyalität zu erzielen. Faßt man Marketing im Sinne *Raffées* als *„Führung des Unternehmens von den Märkten her, auf Märkte hin"* auf, wird sichtbar (vgl. *Raffée*, 1979 und 1987), daß es sich beim *proaktiven Marketing* keineswegs um ein neues Konzept handelt, sondern um die konsequente Umsetzung des lange bestehenden Marketingverständnisses.

4.2.2.2 Die sozio-kulturellen Umfeldfaktoren des Lean Management in Japan

Die erfolgreiche Umsetzung des *Lean Management* erfordert in allen Elementen eine sehr starke Beteiligung der Mitarbeiter auf der Umsetzungsebene. *„Utilizing the Shop Floor Wisdom"* (*Brödner/Schultetus*, 1992, S. 18 f.) heißt ein zentraler Grundsatz der japanischen Führung in diesem Zusammenhang. Die sozio-kulturellen Umfeldfaktoren im Bereich der japanischen *Human Resources* tragen wesentlich zur wirkungsvolleren Ausgestaltung des komplexen Führungsmodells *Lean Management* bei. Es kann sogar angenommen werden, daß das oben schon beschriebene, einzigartige japanische Umfeld ein derartiges Führungsmodell erst entstehen und reifen ließ.

So erleichtern die unter 4.1.1.2 ausführlicher dargestellte Gruppenorientierung und das Konsensstreben der japanischen Gesellschaft die Einführung von teamorientierten Arbeitsformen. Auch eine partnerschaftliche Gestaltung der internen Beziehungen zwischen Unternehmen und Mitarbeitern sowie der externen Beziehungen zwischen Unternehmen, Kunden und Lieferanten lassen sich vor dem Hintergrund dieser kulturellen Merkmale einfacher vornehmen.

Einen wertvollen Beitrag zur partnerschaftlichen Zusammenarbeit zwischen Unternehmen und Mitarbeitern leisten auch die unter 4.1.4.5 beschriebenen Betriebsgewerkschaften. Durch ihre interessenübergreifende Sichtweise stehen sie den Aktivitäten des *Lean Management* nicht entgegen. Es ist zu beachten, daß die Durchführung von *Kaizen* ein kontinuierliches Anheben auch der mitarbeiterbezogenen Leistungsstandards nach sich zieht[131]. Dieser Sachverhalt führt in einem anderen kulturellen Umfeld, wie es beispielsweise in Deutschland gegeben ist, zu einem unmittelbaren Interessenkonflikt zwischen Unternehmen und Gewerkschaft bzw. Betriebsrat.

Die hohe Loyalität und Motivation der japanischen Mitarbeiter stellt sicher, daß - der *Kaizen*-Philosophie entsprechend - die Verbesserung der Effizienz des Unternehmens eine Aufgabe ist, die dauerhaft und mit einem hohen persönlichen Engagement des einzelnen Mitarbeiters verfolgt wird. Auch das religiös-kulturell beeinflußte Bemühen um Perfektion[132] erleichtert die Implementierung des *Kaizen*-Konzepts. Nach *Pfeiffer/Weiß* zeichnen sich japanische *Lean*-Unternehmen vor allem durch *Permanenz* und *Konsequenz* bei der Verfolgung der Unternehmensziele aus. Permanentes und konsequentes Vorgehen sind wesentliche Voraussetzungen, um sich dem hohen

[131] Beispielsweise würde die Durchführung von *Kaizen* durch die Mitarbeiter bei einem auf Akkordsätzen basierenden Vergütungssystem bedeuten, daß diese im Extremfall die Bemessungsstufen für ihre eigene Akkordvergütung anheben müßten. Das heißt, die Mitarbeiter würden, unterstellt man eine gleichbleibende Leistung, durch *Kaizen* ihre eigene Vergütung senken (vgl. *Wassermann*, 1994, S. 86). Ein derartiges Verhalten kann auch bei besonders motivierten Mitarbeitern kaum erwartet werden.

[132] Vgl. dazu auch *Zürns* Beschreibung der sieben Wege des Zen-Buddhismus (vgl. *Zürn*, 1987, S. 149 ff.).

Anspruch der Perfektion kontinuierlich anzunähern. Vor allem in Zeiten mit einer guten Auftragslage sehen die Autoren bei westlichen Unternehmen demgegenüber geringe Kostensenkungs- und Produktivitätssteigerungsbemühungen (vgl. *Pfeiffer/Weiß*, 1992, S. 46 f.).

Das hohe Bildungsniveau der japanischen Mitarbeiter erleichtert die Arbeit in Problemlösungsgruppen. Mitarbeitern mit einer guten Schulbildung fällt es leichter, Gruppenarbeitsergebnisse in schriftlicher Form verständlich zusammenzufassen[133]. Auch die Ausarbeitung von Verbesserungsvorschlägen, die Übernahme von Qualitätsverantwortung durch den Mitarbeiter und das Verständnis der prozeßorientierten Ausrichtung des Unternehmens erfordern eine angemessene intellektuelle Kapazität, die durch das japanische Bildungsbemühen auf einer sehr breiten Basis gefördert wird.

Die japanische Gesellschaft weist eine hohe Bereitschaft und Fähigkeit zur Anpassung an veränderte Umweltbedingungen auf. Sie zeichnet sich dadurch aus, daß sie freiwilliger und schneller das Bestehende in Frage stellt und im Bedarfsfall auflöst (vgl. *Panskus*, 1993, S. 14). Für die Einführung des *Kaizen* als Kern des *Lean Managements* ist eine derartige Grundhaltung von großer Bedeutung, denn auch in diesem Kontext werden bestehende Strukturen und Vorgänge permanent kritisch analysiert und verbessert. Konservativ ausgerichtete Gesellschaften, die vorwiegend die Sicherung des Bestehenden anstreben, behindern eher die wirksame Umsetzung der Elemente des *Lean Managements*.

4.2.2.3 Barrieren bei der Übertragung des Lean Managements auf deutsche Industrieunternehmen

Obwohl in Japan inzwischen eine *„Post-Lean"*-Debatte geführt wird und neue Organisationskonzepte erprobt werden (vgl. u.a. *Hofmann*, 1992, S. 9; *Jürgens*, 1992, S. 191 ff.)[134], versuchen deutsche Industrieunternehmen mit der Einführung des *Lean Managements*, die in der MIT-Studie dokumentierten, beeindruckenden Leistungsvorteile japanischer Wettbewerber auszugleichen.

---

[133] Der Fertigungsleiter eines japanischen Unternehmens, das im Rahmen der empirischen Untersuchung besucht wurde, gab vor dem Hintergrund seiner USA-Werksleitererfahrungen an, daß das Bildungsniveau ein wesentlicher Vorteil seiner japanischen gegenüber den amerikanischen Mitarbeitern sei. Zu Gruppensitzungen hätte er in den USA regelmäßig schreibkundiges Personal für die Ergebniserfassung abstellen müssen.

[134] Entsprechende Schlagzeilen lauten z.B.: *„Japaner wenden sich immer mehr von ihrer eigenen Lean Production ab - Experten warnen deutsche Manager, ein überholtes Prinzip aus den 80er Jahren nachzuahmen"* (vgl. *Hofmann*, 1992, S. 9).

Die Frage nach der Übertragbarkeit des *Lean Management*-Gedanken auf westliche (auch deutsche) Unternehmen wird in den vielfältigen Veröffentlichungen unterschiedlich beantwortet. Speziell aufgrund der ersten negativen Erfahrungen bei der Implementierung des *Lean Managements* nimmt die Zahl derjenigen, die einer Übertragbarkeit skeptisch gegenüberstehen, zu (vgl. u.a. *Sohn*, 1994, S. 122 und 205 ff.; *Hilpert*, 1993a, o. S.). Die Bedenken haben ihre Ursache vor allem in den oben beschriebenen kulturellen Unterschieden zwischen Japan und den westlichen Ländern.

Japan bietet für dieses Management-Konzept deutlich günstigere Umfeldbedingungen (vgl. dazu auch *Pfeiffer/Weiß*, 1992, S. 156 ff). Trotz dieser Differenzen im kulturellen Umfeld wird die Übertragbarkeit nicht von allen Autoren in Frage gestellt (vgl. *Pfeiffer/Weiß*, 1992, S. 158 f.). Eine Analyse der Probleme, die bei der Implementierung des *Lean Managements* in westlichen Unternehmen beobachtet wurden, macht allerdings deutlich, daß kulturbedingte Einflüsse nicht von vornherein unberücksichtigt bleiben dürfen.

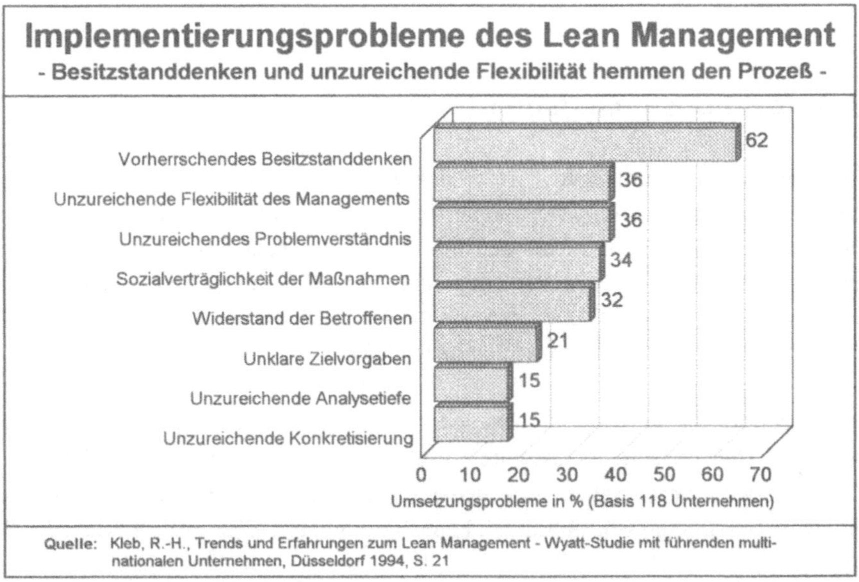

Abbildung 21: Probleme bei der Implementierung des Lean Management

Nach einer empirischen Untersuchung der *Wyatt Management Consultants* bei 118 multinationalen Unternehmen liegen die wesentlichen Barrieren bei der Umsetzung des *Lean Management* im Einflußbereich der Führungskräfte und Mitarbeiter (vgl. *Kleb*, 1994, S. 21). Vier der fünf größten Probleme liegen in der Persönlichkeit der von der Einführung des neuen Konzeptes Betroffenen. Vor allem das Besitzstandsdenken - d.h. die Befürchtung, durch das neue Organisationskonzept Macht und Einfluß zu verlieren - steht bei fast zwei Dritteln der Betroffenen einer Annahme des neuen Unternehmensgestaltungsmodells entgegen. Die fehlende Flexibilität und das mangelnde Verständnis für das neue Konzept sind weitere Problemfelder einer Implementierung. Besonders problematisch ist jedoch, daß nahezu ein Drittel der Probleme auf den aktiven Widerstand der Betroffenen zurückzuführen ist (vgl. auch *Kleb/Svoboda*, 1994a, S. 254 und 1994b, S. 302). Widerstand baut sich speziell auf der mittleren Managementebene auf, da hier die Angst verbreitet ist, aufgrund der Beseitigung von Hierarchieebenen den Arbeitsplatz zu verlieren (vgl. *Groth/Kammel*, 1993, S. 121; *Meister*, 1993, S. 8). Die Forderung, daß Lean Management in den Köpfen der Manager beginnen muß (vgl. *Hirzel*, 1993, S. 73 ff.), ist deshalb naheliegend und berechtigt.

Die konzeptionellen Voraussetzungen für eine Übertragung sollen an dieser Stelle nicht weiter erörtert werden. Eine diesbezügliche Empfehlung wird im Kapitel 6 in umfassenderer Form entwickelt.

4.2.3 Innovationsmanagement

Haseloff sieht in einer Innovation *„... eine neuartige Problemlösung, für die es sozial nützliche Anwendungen gibt oder geben könnte."* (*Haseloff*, 1989, S. 31). Das bestimmende Merkmal von Innovationen liegt in ihrem Neuigkeitsgrad begründet. In der Betriebswirtschaftslehre wird allerdings nicht nur eine Weltneuheit, sondern auch *„... eine subjektive Neuheit aus der Sicht des analysierten Unternehmens ..."* (*Macharzina*, 1993, S. 563) als Innovation bezeichnet.

Häufig werden mit dem Begriff *„Innovation"* lediglich neuartige Produkte oder entsprechende Dienstleistungen assoziiert (vgl. dazu z.B. *Kotler/Bliemel*, 1992, S. 532). Innovationen beschränken sich jedoch nicht nur auf Produkte. Auch die Verfahren zur Herstellung von Produkten können innoviert werden (vgl. *Albach*, 1990, S. 369; *Leder*, 1990, S. 1).

Die Produkt- und Verfahrensinnovationen werden unter dem Oberbegriff *„Technische Innovationen"*[135] zusammengefaßt und von den *„Sozialen Innovationen"*, die sich beispielsweise auf Organisation und Management beziehen können, abgegrenzt. Häufig bestehen zwischen den einzelnen Innovationsarten Interdependenzen. So kann die Herstellung eines neuen Produktes die Innovation des Fertigungsverfahrens

[135] Gelegentlich werden unter einer *Innovation* nur *Technische Innovationen* verstanden (vgl. dazu *Kessler*, 1992, S. 6 f.).

erfordern. Ebenso können technische Innovationen sehr tiefgreifende soziale Wirkungen zeitigen und deshalb Sozialinnovationen anregen (vgl. dazu *Töpfer*, 1984, S. 393; *Steger*, 1986, S. 38 ff.).

Die Wettbewerbsfähigkeit von Industrieunternehmen hängt sowohl national als auch international in erheblichem Maße von deren Innovationsfähigkeit ab. Wachstumsmotor der japanischen Industrie waren in den vergangenen Jahren zunehmend Produkte mit einem hohen Innovationsgrad. Nach einer 1991 veröffentlichten Untersuchung der *Harvard Business Review* bei weltweit 12.000 Führungskräften bildet die Produktentwicklung den Hauptpfeiler des japanischen Unternehmenserfolgs (vgl. *Moss Kanter*, 1991, S. 154).

Dabei gelang es den japanischen Unternehmen, regelmäßig neue Technologien erfolgreich in Konsumgütern einzusetzen (vgl. *Hara*, 1992, S 3). Besonders hervorzuheben ist dabei die Unterhaltungselektronik. Auch in der Kommunikationstechnik und in der Spitzenelektronik haben sich die japanischen Unternehmen mit intensiven Forschungs- und Entwicklungsaktivitäten, die an den starken Patentaktivitäten in diesen Branchen ablesbar sind, eine dominante Weltmarktposition erarbeitet (vgl. *Bundesministerium für Forschung und Technologie*, 1992, S. 17).

Eine Ursache für die dominante Position der japanischen Unternehmen kann in der Priorität gesehen werden, die der Produktinnovation vom jeweiligen Management eingeräumt wird. Einer empirischen Untersuchung der Unternehmensberatungsgesellschaft *A.D. Little* zufolge schätzen japanische Manager die Bedeutung von Produktinnovationen wesentlich höher ein als ihre europäischen und amerikanischen Wettbewerber. Von den befragten japanischen Managern bewerteten 80% die Bedeutung von Produktinnovationen für die Wettbewerbsfähigkeit *sehr hoch*. Nur 56% der europäischen und 49% der amerikanischen Befragten kamen zu dem gleichen Urteil (vgl. *Hesslinger*, 1994, S. 64 f.)[136].

Der deutschen Industrie wird vor allem bei den Schlüsseltechnologien im Bereich der Elektronik vorgeworfen, den Anschluß an die Japaner verloren zu haben (vgl. *Seitz*, 1992a, S. 12). Die Ursache für diese Schwäche wird darin gesehen, daß erfolgversprechende Inventionen nicht schnell genug in marktreife Produkte umgesetzt werden (vgl. *Jens*, 1993a, S. 5).

Die erfolgreiche Durchführung von Innovationen setzt ein leistungsfähiges Innovationsmanagement voraus. Wegen der funktionsübergreifenden Beteiligung verschiedener Unternehmensbereiche sowie des starken Erfolgseinflusses ist das

---

[136] Auch die empirische Analyse von *Granstrand/Sjölander* gibt (auf einer sehr schmalen Datenbasis (N = 11)) einen Überblick über die hohe Bedeutung, die japanische Führungskräfte technologischen Aspekten im Rahmen der Unternehmensführung einräumen (vgl. *Granstrand/Sjölander*, 1992, S. 184 ff.).

Innovationsmanagement eine zentrale Aufgabe der obersten Führungsebene (vgl. auch *Macharzina*, 1993, S. 572). Neben der Schaffung innovationsfreundlicher Rahmenbedingungen sowie der Initiierung und Koordination von Innovationsprozessen geht es dabei vor allem um die Marktausrichtung der Innovationen (vgl. *Yoshida*, 1988, S. 130) sowie das Einhalten der Zeit- und Kostenziele. Wie unten ausgeführt wird, weisen die japanischen Unternehmen sowohl zeit- als auch kostenbezogene Vorteile gegenüber westlichen Wettbewerbern auf (vgl. *Albach/de Pay/Rojas*, 1991, S. 309 ff.; *Kolatek*, 1992, S. 33).

Speziell die Innovationszeit beeinflußt die Gewinnsituation eines Unternehmens in starkem Maße. Nach einer Studie von *Schmelzer/Buttermilch* führt bei einem angenommenen Produktlebenszyklus von fünf Jahren eine Verlängerung der Produktentwicklungszeit von sechs Monaten zu einer Gewinneinbuße von rund 30%. Eine Überschreitung der Entwicklungskosten um 50% bewirkt, sofern die Entwicklungszeit eingehalten wird, demgegenüber eine Gewinneinbuße von nur 5% (vgl. *Schmelzer/Buttermilch*, 1988, S. 45 f.; *Pernicky*, 1989, S. 14).

Die bessere Gewinnsituation der Unternehmen, die in der Lage sind, Innovationen schnell und ohne Zeitverzug durchzuführen, ist plausibel begründbar. Der erste Anbieter eines innovativen Produktes besitzt ein temporäres Monopol im Markt, das ihm Freiheitsgrade bei der Gestaltung der Preisstrategie verschafft. Pionierunternehmen können dabei über *„Skimming pricing"* die Konsumentenrente abschöpfen und so Entwicklungskosten und Investitionen für das Neuprodukt frühzeitig amortisieren (vgl. *Meffert*, 1993, S. 335). Da einerseits die Entwicklungs- und Investitionskosten gedeckt sind und andererseits ein Vorsprung auf der Kostenerfahrungskurve erarbeitet wurde[137], besitzt der Pionier gegenüber den Folgern im Preiswettkampf zusätzlich einen größeren Spielraum (vgl. *Wildemann*, 1990, S. 11). Insbesondere bei investitionsintensiven Spitzentechnologien hat der Zeitwettbewerb deshalb eine überragende Bedeutung[138]. Im Bereich der Halbleiter haben europäische Hersteller wegen der fehlenden Fähigkeiten im Innovationsmanagement deshalb den Anschluß an die Japaner verloren (vgl. *Zimmermann*, 1992, S. 5 ff.).

In der nachfolgenden Abbildung sind die Innovationszeiten der deutschen und der japanischen Industrie im Vergleich dargestellt. Im Durchschnitt aller Unternehmen liegen die deutschen Innovationszeiten um 14% über den japanischen Vergleichswerten. Den größten Zeitnachteil weist die Chemieindustrie mit 26% längeren Innovationszeiten auf.

---

[137] Die Kostenerfahrungskurve stellt eine Kostenbeziehung in Form einer Faustregel dar. Sie besagt, daß die inflationsbereinigten Wertschöpfungskosten bei Verdoppelung der kumulierten Produktionsmenge um 25 bis 30% sinken (vgl. *Henderson*, 1994, S. 432).

[138] Einen Überblick über die *„Strategischen Pioniervorteile"* liefert *Vidal*, 1995, S. 43 ff.

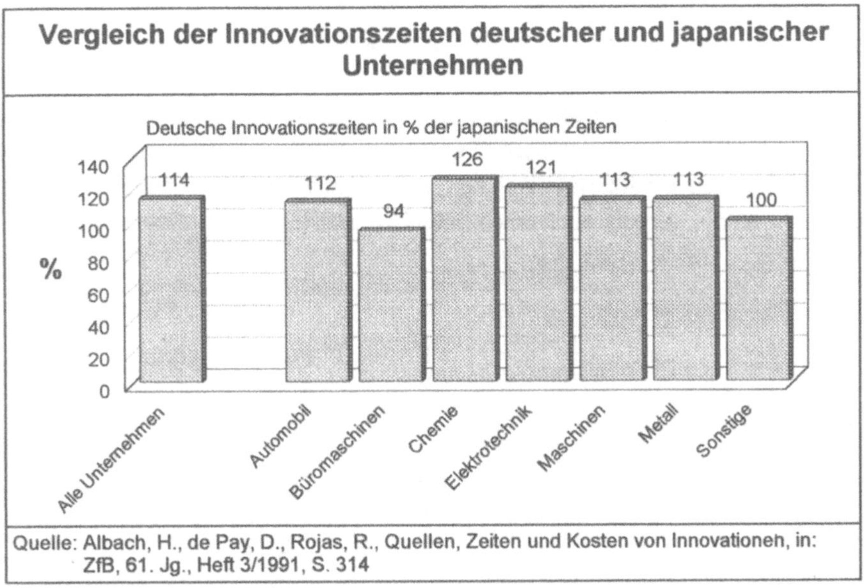

Abbildung 22: Innovationszeiten deutscher und japanischer Unternehmen

Die Gründe für die kürzeren japanischen Innovationszeiten sind vielfältiger Natur. Sie liegen zum einen im kulturellen Umfeld, zu dem auch Merkmale wie Qualifikation, Motivation und Flexibilität der Mitarbeiter zu zählen sind. Zum anderern sind die Ursachen auch in der „... *Auswahl geeigneter Methoden und Instrumente sowie deren organisatorischer Umsetzung*" (*Bürgel/Haller/Binder*, 1995, S. 2) - kurz: im Innovationsmanagement - zu finden.

Im einzelnen bewirken die oben erläuterte partizipative Entscheidungsfindung und ein ausgezeichneter Informationsfluß (vgl. *Ernst/Wiesner*, 1994, S. 159 f.) in japanischen Unternehmen sowie ein intensiver Informationsaustausch mit den Kunden (vgl. *Itami*, 1992, S. 59 f.), daß die Umsetzung von Inventionen in marktreife Produkte sehr viel schneller erfolgt als in deutschen Unternehmen (vgl. auch *Albach/de Pay/Rojas*, 1991, S. 315). Darüber hinaus erfordern Innovationsprojekte die Zusammenarbeit interfunktional besetzer Entwicklungsteams. Hier besitzen die Japaner aufgrund der Gruppen- und Konsensorientierung, wie oben bereits ausgeführt, einen kulturbedingten Vorteil. Auch die Projektabwicklung nach dem Konzept des *Simultaneous Engineering* bei gleichzeitiger Einbindung der Subkontraktoren bringt zeitbezogene Einspareffekte (vgl. *Mansfield*, 1988, S. 1159; *Kolatek*, 1992, S. 35). Darüber hinaus liegt die monatliche Arbeitszeit eines japanischen Entwicklungsingenieurs mit 221 Stunden deutlich über der eines deutschen Entwicklers, der im Durchschnitt 180 Stunden arbeitet (vgl. *Ernst*, 1992b, S. 42). Unterstellt man eine gleiche Wirksamkeit und eine gleiche Anzahl in einem Projekt beschäftigter Entwickler, können japanische Entwicklungsprojekte folglich in kürzeren Zeiträumen abgewickelt werden.

Die besondere Leistungsfähigkeit des japanischen Innovationsmanagements wird bei einem Vergleich der Innovationskosten[139] mit denen der deutschen Industrie deutlich. In der nachfolgenden Grafik wird sichtbar, daß japanische Unternehmen gegenüber den deutschen Wettbewerbern auch einen Innovationskostenvorteil aufweisen.

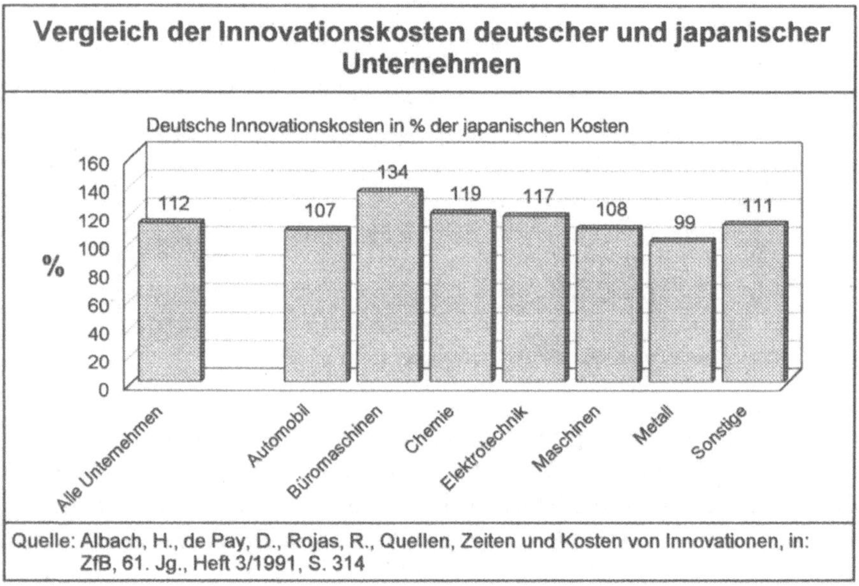

Abbildung 23: Innovationskosten deutscher und japanischer Unternehmen

Eine relativ schwache Position in bezug auf die Innovationskosten weisen insbesondere die deutsche Büromaschinen-, Chemie- und Elektronikindustrie gegenüber den japanischen Wettbewerbern auf.

Erhebliche Auswirkungen auf Innovationszeit und -kosten haben die externen Innovationen. Darunter sind die Innovationen zu verstehen, die auf der Grundlage externer Ideen beziehungsweise externen Know-hows durchgeführt werden. Bei diesen Innovationen, die auf Kopieren, Imitieren oder Patent-/Lizenzkauf beruhen, weist die deutsche Industrie gegenüber der japanischen erhebliche Defizite auf. Schätzungen zufolge haben japanische Unternehmen zwischen 1950 und 1980 etwa zehn Mrd. US$

[139] In der Untersuchung von *Albach et al.* werden zu den Innovationskosten die Forschungs- und Entwicklungskosten, die Produktionskosten sowie die Marktforschungs- und -einführungskosten gezählt (vgl. *Albach/de Pay/Rojas*, 1991, S. 316).

für Lizenzen ausgegeben[140]. Diese Investitionen zählen nach Expertenmeinung zu den wirksamsten, die die japanische Industrie getätigt hat (vgl. *Botskór*, 1990, S. 17)

Sowohl die externen Innovationszeiten als auch die externen Innovationskosten deutscher Unternehmen liegen im Durchschnitt zwei Prozent über den internen Werten. D.h. im Durchschitt kostet eine externe Innovation die deutschen Unternehmen nicht nur zwei Prozent mehr, sie dauert auch noch zwei Prozent länger als eine Innovation, die auf einer internen Invention durchgeführt wird. Gründe dafür sind vor allem in der *„Not-Invented-Here"*-Einstellung deutscher Entwickler und der damit im Zusammenhang stehenden Überzeugungsarbeit zu sehen, die dafür notwendig ist, die Vorteile einer externen Technologie darzustellen (vgl. *Albach/de Ray/Rojas*, 1991, S. 318).

Japanische Unternehmen waren nach *Porter „... ungewöhnlich geschickt im Beschaffen von Technologien aus dem Ausland."* (*Porter*, 1991, S. 419). Das japanische Management greift gezielt auf fremde Ideen und Inventionen zurück und setzt diese anschließend in Innovationsprojekten ein (vgl. *Frentz*, 1993, S. 41). Das technische Wissen, das notwendig ist, übernommene Technologien zu ergänzen und anzureichern, ist in Japan traditionell vorhanden (vgl. *Makino/Hoshino*, 1991, S. 130).

Vergleich der deutschen und japanischen externen und internen Innovationszeiten und -kosten

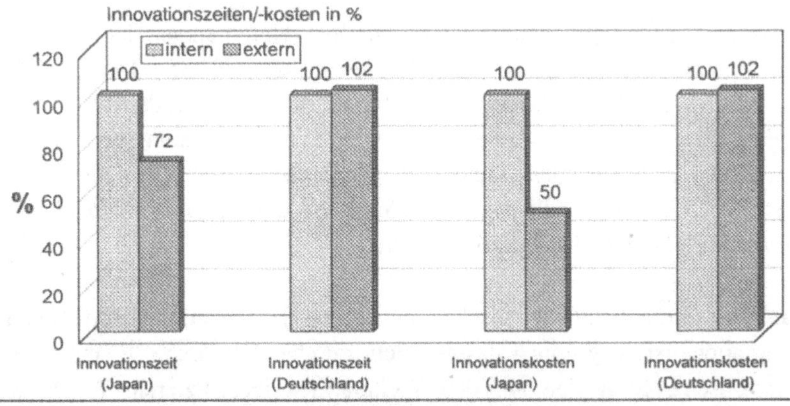

Quelle: Albach, H., de Pay, D., Rojas, R., Quellen, Zeiten und Kosten von Innovationen - Deutsche Unternehmen im Vergleich zu ihren japanischen und amerikanischen Konkurrenten, in: ZfB, 61. Jg., Heft 3/1991, S. 319

Abbildung 24: Vergleich externer und interner Innovationszeiten und -kosten

[140] Einen Rückblick auf die Geschichte des Technologietransfers nach Japan seit der Einführung der Naßreisanbau-Technik im ersten Jahrtausend gibt *Pauer*, 1992, S. 48 ff.

Bedingt dadurch waren die Unternehmen in der Lage, wie Abbildung 24 zeigt, 28% der Innovationszeit und 50% der Innovationskosten durch externe Innovationen zu sparen.

Mit dem Konzept des *Target Costing*, das inzwischen auch von vielen westlichen Unternehmen eingesetzt wird, besitzt die japanische Industrie ein weiteres wirkungsvolles Instrument im Rahmen des Innovationsmanagements. Das Konzept wird in frühen Phasen eines Entwicklungsprojektes eingesetzt. Auf der Basis von Marktanalysen wird ein erzielbarer Verkaufspreis ermittelt, von dem der gewünschte Gewinn abgezogen wird. Die so ermittelten Kosten bilden den Zielwert für das Entwicklungsprojekt. Die Forschung und Entwicklung, die Fertigung und die Zulieferer sind gezwungen, die Zielkosten einzuhalten. Nach Markteinführung des fertigentwickelten Produktes bilden die Zielkosten den Ausgangswert für eine kontinuierliche Kostenreduzierung nach der *Kaizen*-Philosophie. Auf diese Weise wird sichergestellt, daß der Preis einer Produktinnovation marktgerecht ist und im wettbewerblichen Umfeld dauerhaft bestehen kann (vgl. *Kotler*, 1992, S. 71; *Fischer*, 1993, S. 151 ff.; *Servatius*, 1994, S. 30 f.).

4.2.4 Internationales Marketing und Management

Nach *Henzler* sind japanische neben amerikanischen Unternehmen in der Globalisierung am weitesten fortgeschritten (vgl. *Henzler*, 1992, S. 83 ff.). Der Erfolg der japanischen Industrie auf den Weltmärkten ist auch auf die Fähigkeit der Unternehmen zurückzuführen, internationale Marketingstrategien zu entwickeln und operativ umzusetzen. *Kotler* sieht in den Japanern *„Marketingexperten von Weltklasse"* (*Kotler*, 1986, S. 15 ff.) und stellt sogar die Frage, ob die Japaner *„Weltmeister im globalen Marketing"* (*Kotler*, 1992, S. 613) seien.

Es gibt zwar keine einheitliche strategische Ausrichtung der japanischen Unternehmen bei der Internationalisierung, doch lassen sich durchaus typische Elemente und Merkmale japanischer Strategien auf den Weltmärkten identifizieren. Wesentliche Kennzeichen dieser Strategien im internationalen Marketing sind die Flexibilität und Anpassungsfähigkeit an veränderte Markt- und Umweltbedingungen (vgl. dazu auch *Zimmermann*, 1992, S. 7). Besonders charakteristisch für das japanische internationale Marketing sind die auf einer sorgfältigen Marktforschung beruhende Marktsegmentierung, die wirkungsvollen Markteintrittsstrategien, die Fähigkeit Marktanteile zu erobern und zu verteidigen und vor allem Ausdauer und Geduld bei der

Marktbearbeitung, wenn sich Gewinne nicht sofort einstellen (vgl. auch *Kotler*, 1992, S. 613 ff.; *Douglas/Craig*, 1992, S. 294). Die grundsätzliche strategische Zielsetzung ist regelmäßig das Erringen der Kosten- und Technologieführerschaft in den Zielmärkten (vgl. *Zimmermann*, 1992, S. 7; *James*, 1990, S. 134 ff.).

Die Marketingphilosophie der international operierenden japanischen Unternehmen wird durch den intensiven Wettbewerb im japanischen Binnenmarkt entscheidend geprägt. Aufgrund dieses Wettbewerbs sind japanische Unternehmen auf Auslandsmärkten in bezug auf funktionale Produktausstattung, Produktqualität, Lieferzeit und Service außerordentlich leistungsfähig (vgl. *Michel*, 1989, S. 39). In vielen Branchen, von der Unterhaltungselektronik bis zur Fahrzeugindustrie, sind die großen oder größten Wettbewerber zunächst im inländischen Markt zu finden. Sich zunächst gegen diese Konkurrenten durchzusetzen, ist folglich das primäre Ziel japanischer Unternehmen. In diesem Zusammenhang besitzt die Leistungsfähigkeit des Marketings eine entscheidende Bedeutung.

Einen der Eckpfeiler und den Ausgangspunkt sowohl der nationalen als auch der internationalen Marketingkonzeption stellt die Marktforschung dar. Selbst in konjunkturell schwierigen Phasen wird diese von japanischen Unternehmen mit hoher Intensität betrieben (vgl. dazu *Sikander Khan*, 1988, S. 31; *Odrich, P.*, 1993b, S. 3; *March*, 1994, S. 226). Einer genauen Marktkenntnis - d.h. einem präzisen Wissen über die Kundenbedürfnisse, die Zielgruppenstruktur, über Marktpreisniveaus, Wettbewerber und Wettbewerbsspielregeln - wird in japanischen Unternehmen eine hohe Bedeutung beigemessen. Die Marktinformationen werden in enger Zusammenarbeit mit den bestehenden Absatzkanälen gewonnen (vgl. *Johansson/Nonaka*, 1987, S. 16).

Speziell Internationalisierungsentscheidungen japanischer Unternehmen werden auf der Grundlage umfangreicher „vor Ort“-Marktuntersuchungen getroffen. Während westliche Unternehmen Auslandsmärkte zunächst vom Mutterland aus bearbeiten, versuchen japanische Anbieter frühzeitig, eine eigene Präsenz im Zielmarkt zu eröffnen (vgl. dazu auch *Frentz*, 1993, S. 36). Dabei werden in den geographischen Zielmärkten häufig zunächst kleinere Büros eröffnet und mit wenigen japanischen Mitarbeitern besetzt. Diese Mitarbeiter haben die Aufgabe, für das Stammhaus - teilweise über einen mittelfristigen Zeitraum hinweg - die Märkte detailliert zu untersuchen und erste Kontakte zu potentiellen Kunden aufzubauen. Insgesamt wird solchen Untersuchungen eine hohe Bedeutung beigemessen. Über eine rein quantitative Analyse hinaus vermitteln diese im Zielmarkt gewonnenen Eindrücke den japanischen Führungskräften ein Gefühl über die Erfolgschancen eines möglichen Markteintritts. Die ermittelten „weichen Daten“ werden wie die „harten“ quantitativen Informationen in eine Markteintrittsentscheidung einbezogen (vgl. *Johnsson/Nonaka*,

1987, S. 16). Eine Hilfestellung bei der Informationsbeschaffung - und auch bei der späteren Markterschließung[141] - leisten die schon beschriebenen großen Handelshäuser (*Sogo Shosha*) sowie die *Japan External Trade Organization (JETRO)*.

Die Erkenntnisse der sorgfältigen Marktanalyse werden in eine den Besonderheiten des Zielmarktes optimal angepaßte Marketingkonzeption umgesetzt (vgl. *Rothacher*, 1992, S. 7). Dabei setzen die japanischen Unternehmen auf den *„shot gun approach"*, d.h. auf die Erzielung eines großen Marktanteils (vgl. *Sikander Khan*, 1988, S. 31) durch einen schnellen Markteintritt bei breiten Zielgruppen (vgl. *Frentz*, 1993, S. 36). Nach einem Besetzen des Massenmarktes mit ausgereifter Technik und niedrigem Preis[142] (vgl. *James*, 1990, S. 140) erfolgt dann eine sukzessive Erschließung von anspruchsvolleren Segmenten durch kontinuierliche Verbesserung der Produktleistung und der Produktqualität in Verbindung mit einer gleichzeitigen Verringerung der Produktkosten (vgl. *Zimmermann*, 1992, S. 7 f.).

Schon in frühen Planungsphasen von Entwicklungsprojekten ist die Integration des Marketings in das oben beschriebene Innovationsmanagement japanischer Industrieunternehmen von grundlegender Bedeutung (vgl. *Odrich, P.*, 1993b, S. 3). Die japanische Gruppenorientierung und die kollektive Entscheidungsvorbereitung erleichtern die Einflußnahme des Marketings auf die Festlegung einer kundenentsprechenden Produktspezifikation und auf die Definition der Zielkosten nach dem Konzept des *Target Costing*. So wird zum einen die Gefahr von Entwicklungsflops aufgrund nicht marktgerechter Produktauslegung reduziert. Zum anderen werden dadurch, daß die exakte Ausrichtung auf das Kundenbedürfnis frühzeitig erfolgt, höhere Änderungskosten in späteren Projektphasen vermieden. Tendenziell sind nämlich spätere Änderungen an bereits entwickelter Hardware mit deutlich höheren Kosten verbunden als frühzeitige Änderungen in Lastenheften.

Beim Markteintritt auf internationalen Märkten streben die japanischen Unternehmen einen hohen Marktanteil an[143]. Hierzu gehen sie nach dem Konzept der marktanteilsorientierten Preisbildung vor (vgl. *Sikander Khan*, 1988, S. 31; *Michel*, 1989, S. 42; *Rothacher*, 1992, S. 7). Dabei wird das Produkt mit dem Preis in den Markt eingeführt, mit dem ein Zielabsatz und -marktanteil erreichbar erscheint. Die Verdrängung der Wettbewerber in westlichen Märkten erfolgt vorwiegend über den Preis (vgl. *Streib*, 1992, S. 5), aber auch über funktionale Produktmerkmale. Die

---

[141] In der Studie von *Sikander Khan* sind die *Sogo Shosha* einer der zentralen Erfolgsfaktoren japanischer Internationalisierungsstrategien (vgl. *Sikander Khan*, 1988, S. 31).

[142] *Kraus-Weysser* charakterisiert die japanischen Produkte als *„... technisch perfekt*[e], *nahezu fehlerlose und preiswerte Massenprodukte"*, die auf *„...der konsequenten Weiterentwicklung westlicher Methoden, auf der Verbesserung westlicher Technologien und auf kostensenkenden Produktionsverfahren"* beruhen (*Kraus-Weysser*, 1995, S. 240).

[143] Vgl. hierzu auch die Bewertung der PIMS-Prinzipien aus der Sicht japanischer Führungskräfte, die *Kotabe/Duhan et al.* (1991, S. 26 ff.) empirisch ermittelt haben.

Marktführer werden von den japanischen Unternehmen beim Eintritt in den Markt in der Regel nicht frontal angegriffen. Meist werden den Schwerpunktaktivitäten des Wettbewerbers benachbarte Segmente besetzt, die anschließend auf der Grundlage stufenweise entwickelter Wettbewerbsvorteile weiter ausgebaut werden. Einen Ansatzpunkt für den Aufbau von Wettbewerbsvorteilen bietet dabei eine sorgfältige Schwachstellenanalyse der Wettbewerbsleistungen (vgl. *Hamel/ Prahalad*, 1989, S. 19 ff.).

Bei der Bildung der produktspezifischen Markteintrittspreise werden die aktuellen Produktkosten vom eintretenden japanischen Unternehmen häufig nicht berücksichtigt (vgl. *Odrich*, 1993b, S. 3). Verluste werden auch über längere Zeit als Markterschließungskosten akzepiert und durch die hohen Preise im japanischen Binnenmarkt mitunter sogar subventioniert (vgl. u.a. *Thurow*, 1993, S. 138 ff.). Dieses Vorgehen führt regelmäßig zu Dumpingvorwürfen gegenüber japanischen Unternehmen (vgl. z.B. *Zimmermann*, 1992, S. 9 f.).

Durch Maßnahmen der Fertigungsrationalisierung und Produktwertanalyse nach der *Kaizen*-Philosophie wird, wie oben bereits kurz erwähnt, die Kostenposition des Produkts nach einer erfolgreichen Markteinführung kontinuierlich verbessert, damit - über den gesamten Produktlebenszyklus gerechnet - ein positives Ergebnis erzielt werden kann (vgl. *Odrich, P.*, 1993c, S. 13). In diese Betrachtung fließen die Erkenntnisse der Kostenerfahrungskurve ein (vgl. dazu auch *Zimmermann*, 1992, S. 9 f.). Das erklärt, warum japanische Unternehmen auch auf internationalen Märkten die Marktführerschaft anstreben. Der Marktführer wird nach den Erkenntnissen der Kostenerfahrungskurve begünstigt, denn er kann eher als die Folger eine Verdoppelung der kumulierten Produktionsmenge und damit eine Verringerung der Kosten erzielen.

Die Langfristigkeit und auch die Höhe der Gewinnerwartungen bei der Bearbeitung internationaler Märkte sind wohl zwei der entscheidenden Unterschiede zwischen japanischen und europäischen, vor allem aber auch nordamerikanischen Unternehmen. Während bei europäischen und nordamerikanischen Unternehmen kurzfristiges Gewinnstreben überwiegt, steht bei japanischen Unternehmen das strategische internationale Marketing im Sinne einer langfristigen Markt- und Ertragspotentialerschließung im Vordergrund (vgl. dazu u.a. *Lücke*, 1988 S. 200 f.). *Thurow* bezeichnet die japanische Ausrichtung als *„imperiumbauend"* gegenüber der durch Gewinnmaximierung gekennzeichneten Strategie der amerikanischen Industrie (vgl. *Thurow*, 1993, S. 137). In der Regel haben japanische Unternehmen gegenüber den westlichen Wettbewerbern geringere Gewinnerwartungen. Japanische Unternehmen sehen im zu starken Gewinnstreben amerikanischer Konkurrenten *„... den Hauptgrund für Amerikas Schwäche im internationalen Wettbewerb."* (*Thurow*, 1993, S. 144). Völlig neue internationale Markt- und Tätigkeitsfelder werden von japanischen

Unternehmen auch dann angegangen, wenn über einen Zehnjahreszeitraum hinweg kein Gewinn zu erwarten ist[144] (vgl. dazu *Frentz*, 1993, S. 38 f.; *Odrich, P.*, 1993b, S. 3; *Odrich, P.*, 1993c, S. 13).

Zu einem wesentlichen Element der japanischen Internationalisierungsstrategien haben sich die Direktinvestitionen entwickelt (vgl dazu auch *Kalthoff*, 1991, S. 315; *Tachiki/Aoki*, 1992, S. 186 ff.; *Truijens*, 1993, S. 86 ff.). Japanische Unternehmen investierten zwischen 1990 und 1993 109,6 Mrd. US$ in den globalen Schlüsselmärkten. Gegenwärtig sind diese Direktinvestitionen, die 1990 gegen Ende der *„Bubble Economy"* mit 48,0 Mrd. US$ einen Höhepunkt erreicht hatten, zwar rückläufig (1993 wurden nur noch etwa 13,7 Mrd. US$ investiert), dennoch liegen die Werte deutlich über den deutschen Direktinvestitionen, die zwischen 1990 und 1993 lediglich 76,8 Mrd. US$ betrugen (vgl. *Bundesministerium für Wirtschaft*, 1994b, S. 13).

Die Motive für diese Direktinvestitionen sind vielfältiger Natur. Während in den frühen Jahren japanischen Wirtschaftswachstums Direktinvestitionen hauptsächlich der Sicherung von Rohstofflieferungen dienten - also primär beschaffungsmarktorientiert waren -, erfüllen sie heute zusätzlich den Zweck der Erschließung und Sicherung von Absatzmärkten. Dazu gehören auch Investitionen zum Aufbau von Fertigungskapazität in Märkten mit Exportbeschränkungen. Darüber hinaus versuchen japanische Unternehmen durch Direktinvestitionen Lohnkosten- und Wechselkursvorteile in den Ländern der asiatisch-pazifischen Region, einem geographischen Investitionsschwerpunkt, zu nutzen (vgl. *Japan External Trade Organization (JETRO)*, 1994, S. 1 ff. und 20 ff.; *Ernst/Hilpert*, 1990, S. 31 ff.; *Kosaka et al.*, 1989, S. 39 ff., *Shimizu*, 1988, S. 184 f.).

Das strategische Vorgehen der japanischen Industrie bei der „Besetzung" der asiatischen Schlüsselmärkte beschreibt *Seitz* sehr anschaulich: *„Insbesondere Südostasien wird in diesem Prozeß zu einer zentral von Tokyo aus gesteuerten Produktionsbasis des „Größeren Japans". Immer mehr geht es auch in Asien zugleich um die Sicherung einer dominierenden japanischen Position auf einem zukünftigen „Mega-Markt"."* (*Seitz*, 1992c, S. 264). Die deutsche Industrie hat diesem Vorgehen in der Region derzeit wenig entgegenzusetzen.

---

[144] Im Rahmen der empirischen Befragung wurde ein Interview bei der *Japan External Trade Organization (JETRO)* geführt. Während des Interviews wurde auch über die Erschließung der asiatisch-pazifischen Region durch japanische Unternehmen gesprochen. Noch schwach entwickelte Märkte wie z.B. Vietnam werden zwar heute schon bearbeitet, eine Amortisation der Bemühungen erwartet man aber erst in 6 bis 8 Jahren. Das Primärziel heute ist es, erste Kontakte zu staatlichen Entscheidungsträgern und ersten Kunden aufzubauen, damit japanische Unternehmen später an einem stärkeren Wachstum mit einer etablierten Organisation partizipieren können.

5. Empirische Studie zur Ermittlung eines Stärken/ Schwächen-Profils der deutschen im Vergleich zur japanischen Industrie

Die Stärken und Schwächen der deutschen und japanischen Industrie im globalen Wettbewerb sollen im weiteren auf der Grundlage einer empirischen Erhebung ermittelt werden. Die empirischen Ergebnisse wurden im Rahmen einer mündlichen Befragung hauptsächlich mit Hilfe eines standardisierten Fragebogens erhoben. Zusätzlich wurden freie, durch einen Interviewerleitfaden gestützte Befragungen durchgeführt. Diese dienten entweder zur Ergänzung der standardisierten Befragung, oder sie wurden dann durchgeführt, wenn aus Zeitgründen eine umfangreichere standardisierte Befragung nicht möglich war.

Die Befragungen wurden in deutscher oder englischer Sprache durchgeführt. Zu diesem Zweck lagen die Fragebögen in beiden Sprachen vor. In wenigen Fällen, wenn die Englischkenntnisse des japanischen Gesprächspartners nicht ausreichten, wurde ein japanischer Übersetzer hinzugezogen.

Die mündliche Befragung wurde als Erhebungsmethode deshalb bevorzugt, weil hierbei eine kontrollierte Befragungssituation gegeben ist. Der Vorteil gegenüber einer schriftlichen Befragung ist dabei unter anderem darin zu sehen, daß die Beantwortung der Fragen auch tatsächlich durch die vorgesehene Person gewährleistet ist (vgl. *Berndt*, 1992, S. 132 f.). Darüber hinaus ließen der große Fragebogenumfang und die Komplexität des Themas eine andere Befragungsart als nicht geeignet erscheinen. Während der Interviews konnten zum einen weitere Erläuterungen zum Verständnis einzelner schwieriger Fragestellungen gegeben werden. Zum anderen konnten aber auch Anmerkungen der Interviewten, die über die standardisierten Antwortmöglichkeiten hinausgingen, aufgenommen werden.

Einen Überblick über die Art der bei 52 Personen durchgeführten Interviews liefert die folgende Tabelle [145].

---

[145] Die Anzahl der Interviews ist größer als die Anzahl der interviewten Personen, weil bei drei Personen sowohl ein standardisiertes als auch ein nicht standardisiertes Interview durchgeführt wurde.

Art der Interviews, Nationalität der Interviewten und Land der Durchführung					
	Interviews mit Japanern		Interviews mit Deutschen		Summe
	in Japan	in Deutschland	in Japan	in Deutschland	
Standardisierte Interviews	8	-	24	8	40 (Auswertung mit SPSS)
Nicht standardisierte Interviews	6	-	5	4	15
Summe	14	-	29	11	55

Abbildung 25: Struktur der empirischen Erhebung

Die Interviews wurden vom Verfasser zwischen Oktober 1993 und Juni 1994 vorwiegend in Japan, zum Teil aber auch in Deutschland durchgeführt. Befragt wurden ausschließlich Personen, die umfangreiche Erfahrungen im Umgang sowohl mit deutschen als auch mit japanischen Industrieunternehmen aufweisen konnten. Ausgewählt wurden Führungskräfte deutscher und japanischer Industrieunternehmen sowie Repräsentanten von Wirtschaftsverbänden, staatlichen Institutionen, Beratungsgesellschaften und Forschungsinstituten.

Eine Liste der Interviewpartner ist im Anhang beigefügt. Aufgrund der sorgfältigen Auswahl und des großen themenbezogenen Erfahrungshintergrundes der Befragten kann von einem hohen Wert und einer starken Aussagekraft der ermittelten Ergebnisse ausgegangen werden. Die branchenbezogene Struktur der Stichprobe zeigt die folgende Darstellung.

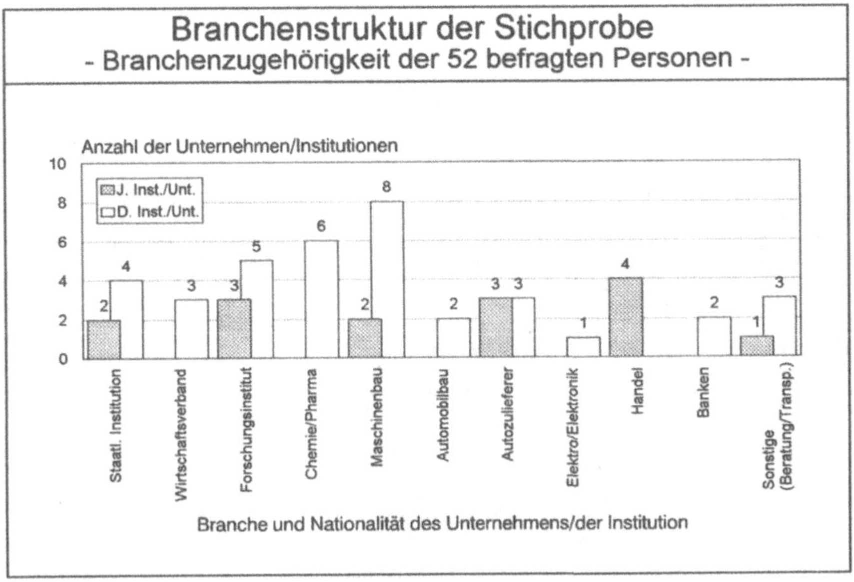

Abbildung 26: Branchenstruktur der Stichprobe

Der Fragebogen umfaßte 65 Erfolgsfaktoren. Um festzustellen, welche Bedeutung diese für die globale Wettbewerbsposition der japanischen und deutschen Industrieunternehmen haben, war von den Befragten zunächst eine Gewichtung der einzelnen Erfolgsfaktoren vorzunehmen. Erst danach war die Position der deutschen im Vergleich zur japanischen Industrie bei den gleichen Erfolgsfaktoren zu bewerten.

Die Befragten hatten die Möglichkeit, den Erfolgsfaktoren-Katalog durch weitere Faktoren zu ergänzen. Zusätzlich zu den Erfolgsfaktoren wurden auch Prognosen für die Entwicklung des Wettbewerbs zwischen beiden Ländern sowie strategische Handlungsempfehlungen für die deutsche Industrie erfaßt.

Zur Eingrenzung des Handlungsbedarfs für die deutsche Industrie wurden die gewichteten und bewerteten Erfolgsfaktoren miteinander verknüpft. Darüber hinaus wurden auch verschiedene Faktorenanalysen mit unterschiedlichen Erfolgsfaktorkombinationen durchgeführt, um homogenere Handlungsfelder zu ermitteln, für die strategische Handlungsempfehlungen mit einer größeren Wirksamkeit entwickelt werden konnten. Eine detailliertere Beschreibung der Vorgehensweise wird in den jeweiligen Kapiteln vorgenommen.

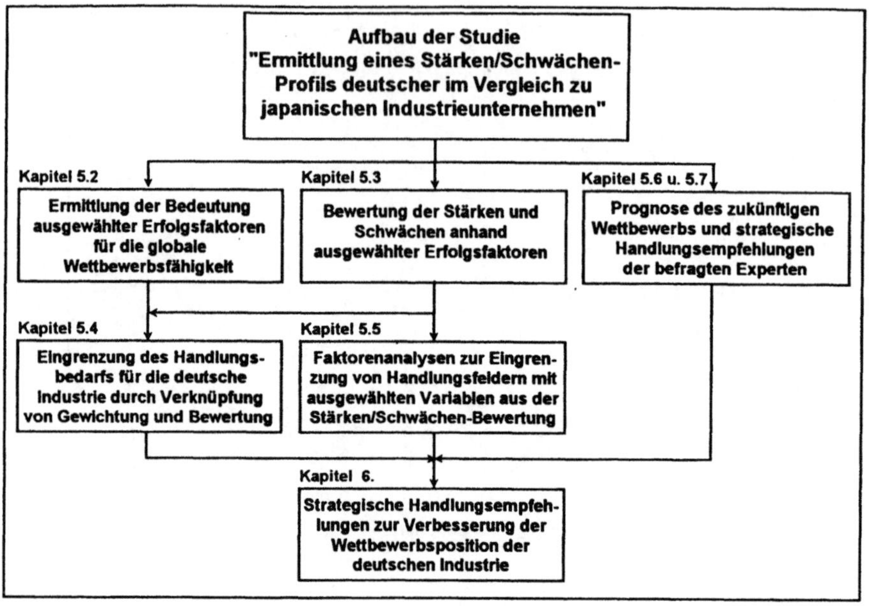

Abbildung 27: Aufbau der empirischen Untersuchung

Die Antworten bei den standardisierten Interviews wurden mittels einer fünfstufigen Ratingskala erfaßt. Für die Auswertung wurde das Vorliegen einer Intervallskalierung angenommen. Das ist zwar, solange der Nachweis gleicher Skalenabstände bei der Rating-Skala nicht erbracht ist, wissenschaftlich umstritten, dennoch wird diese Annahme für Ratingskalen häufig getroffen (vgl. *Backhaus/Erichson/Plinke/Weiber*, 1994, S. XIV). Selbst bei der Faktorenanalyse wird oft, insbesondere bei psychometrischen Größen, die Ratingskala eingesetzt. Eng ausgelegt ist das nicht statthaft. Der praktische Fehler wird aber als gering eingeschätzt (vgl. *Überla*, 1977, S. 302).

Die Auswertung der standardisierten Interviews wurde mit SPSS[146] vorgenommen. Es wurden Häufigkeitsauszählungen, Kreuztabellierungen, Mittelwertsberechnungen, Berechnungen der Standardabweichungen, Korrelationsrechnungen und die oben erwähnten Faktorenanalysen durchgeführt. Wegen der relativ geringen Stichprobengröße wurde auf die Durchführung weitergehenderer multivariater Verfahren verzichtet. Vor allem die Forderungen nach einer Normalverteilung der Merkmale in der Grundgesamtheit und nach der Varianzhomogenität[147], wie sie

---

[146] Die Abkürzung SPSS steht für „Statistical Package for the Social Sciences“ oder „Statistik-Programm-System für die Sozialwissenschaften“ (vgl. *Beutel/Schubö*, 1983). Es gibt dazu aber auch andere Auffassungen, so z.B. „Superior Performing Software Systems“ (vgl. *Kähler*, 1994, S. 2).

[147] Die Varianzhomogenität wird häufig auch als Homoskedastizität bezeichnet (vgl. u.a. *Bleymüller/Gehlert/Gülicher*, 1979, S. 115).

beispielsweise bei der Varianzanalyse gestellt werden (vgl. *Backhaus/Erichson/Plinke/Weiber*, 1994, S. 84 f.), werden im vorliegenden Fall nicht erfüllt.

5.1 In die Untersuchung aufgenommene Erfolgsfaktoren

Die vom Verfasser für den Vergleich der deutschen mit der japanischen Industrie ausgewählten 65 Erfolgsfaktoren sind unternehmensexterner und -interner Art. Die externen Erfolgsfaktoren beziehen sich auf Branchenfaktoren sowie die Erfolgsfaktoren der weiteren Unternehmensumwelt. Die Branchenfaktoren kennzeichnen die Struktur, die Wettbewerbs- und Lieferanten- sowie die Markt- und Kundenbedingungen innerhalb eines Industriesektors (vgl. *Berndt*, 1991, S. 25 ff.). Die Faktoren der weiteren Unternehmensumwelt sind charakteristische Merkmale einer Volkswirtschaft und können wie die Branchenfaktoren vom Unternehmen nicht unmittelbar beeinflußt werden. Umgekehrt beeinflussen sie den Erfolg eines Unternehmens direkt oder indirekt und sind Indikatoren für eine Beurteilung der Standortqualität von Industrieunternehmen (vgl. *Schoppe*, 1991, S. 123).

Die externen Erfolgsfaktoren der Untersuchung sind nachfolgend im Zusammenhang aufgeführt:

Zusammenstellung der externen Erfolgsfaktoren (Standortfaktoren)

Gesellschaftliche und kulturelle Umwelt

- Gruppenorientierung anstelle von Individualisierung
- Gesellschaftliches Konsensstreben
- Qualität der Schul- und Berufsbildung

Staatliche Einflußnahme

- Beziehungen zwischen Staat und Wirtschaft
- Staatliche Institutionen zur Steuerung der Wirtschaft (z.B. MITI)
- Staatliche Technologieförderung
- Staatliche Bildungspolitik
- Verwaltungsauflagen für die Industrie
- Unternehmensbesteuerung und -abgaben
- Umweltschutzauflagen

Markt- und Wettbewerbsbedingungen

- Marktbarrieren zur Kontrolle von Importen
- Marktvolumen im Heimmarkt
- Kaufkraft im Heimmarkt
- Wettbewerbsintensität im Heimmarkt
- Unternehmensverflechtungen zur Absicherung von Investitionen und ihrer Finanzierung (Keiretsu)
- Beziehungen zwischen Zulieferern und OEM (Original Equipment Manufacturer)

Gewerkschaften, Tarife und Mitarbeiter

- Leistungsmotivation und -disziplin der Beschäftigten
- Umfang des Absentismus
- Jahresarbeitszeit
- Flexible Gestaltung der Mehrarbeit
- Höhe der Löhne
- Höhe der Lohnnebenkosten
- Flexibilisierung des Lohnniveaus durch Bonusregelungen
- Lohngefälle zwischen Zulieferern und OEM (Original Equipment Manufacturer)
- Rechtliche Stellung der Gewerkschaften
- Beziehungen zwischen Unternehmen und Gewerkschaften

Sonstige externe Erfolgsfaktoren

- Fremdkapitalkosten, Zinsbelastung
- Verfügbarkeit von natürlichen Ressourcen

Abbildung 28: Externe Erfolgsfaktoren in der Untersuchung

Bei einzelnen externen Erfolgsfaktoren - wie beispielsweise **Beziehungen zwischen Zulieferern und OEM, Leistungsmotivation und -disziplin der Beschäftigten** sowie **Umfang des Absentismus** - kann man durchaus die Auffassung vertreten, daß sie durch das Unternehmen unmittelbar zu beeinflussen sind. Sie wären dann den internen Erfolgsfaktoren zuzuordnen. Da sie jedoch für die gesamte japanische Industrie eine sehr typische Ausprägung besitzen, also der Einfluß für alle japanischen Unternehmen in annähernd gleicher Weise gilt, sind sie den externen Faktoren subsumiert worden.

Die internen, unternehmensabhängigen Faktoren können, wie oben kurz erwähnt, vom Unternehmen aktiv gestaltet werden. Der Erfolg eines Unternehmens zeitigt sich in dem Maße, wie es dem Unternehmen gelingt, in bezug auf die einzelnen Faktoren Erfolgspotentiale aufzubauen[148]. Eine Übersicht über die internen Erfolgsfaktoren, die in die Untersuchung aufgenommen wurden, gibt die folgende Zusammenstellung:

Zusammenstellung der unternehmensinternen Erfolgsfaktoren	
Führung, Mitarbeiter, Organisation	**Qualität und Qualitätssicherung**
• Effizienz und Effektivität der Organisation • Prozeßorientierung der Organisation • Mitwirkungsmöglichkeit des Einzelnen bei der Entscheidungsvorbereitung • Dauer der Entscheidungsprozesse • Geschwindigkeit der Umsetzung nach einer Entscheidung • Identifikation der Mitarbeiter mit dem Unternehmen • Stellung und Einflußnahme der Mitarbeitervertretung (Betriebsrat) • Karrieregestaltung, hierarchischer Aufstieg • Entlohnung der Mitarbeiter auf Basis der Leistungsbeurteilung	• Hoher Qualitätsstandard der Produkte • Leistungsfähiges Qualitätssicherungssystem • Qualitätsverantwortung des einzelnen Mitarbeiters **Innovationsmanagement** • Kreativität der Forschung und Entwicklung • Management der Innovationsprozesse • Umsetzung von neuen Technologien in marktreife Produkte
Logistik und Fertigung	**Internationales Management und Marketing**
• Gestaltung der Beschaffungslogistik • Gestaltung der Produktionslogistik • Geringe Fertigungstiefe • Flexibilität der Fertigung • Neuigkeitsgrad der Fertigungsanlagen • Wirtschaftlichkeit der Fertigung • Kontinuierliche Verbesserung der Leistungserstellungsprozesse (Kaizen) • Fertigung in globalen Schlüsselmärkten	• Präzise Marktsegmentierung • Sorgfältige Analyse der Zielmärkte • Wirksamkeit der Markteintrittsstrategien • Strategien der globalen Marktbearbeitung • Abgestimmtes Marketing-Mix • Wettbewerbsfähige Preise • Optimale Befriedigung des Kundennutzens durch die Produkte/ das Produktprogramm • Globales, integriertes Kommunikationskonzept • Leistungsfähiger, globaler Vertrieb • Leistungsfähiges, globales Service-Netz

Abbildung 29: Interne Erfolgsfaktoren in der Untersuchung

Über die in den Abbildungen aufgeführten Erfolgsfaktoren hinaus wurden auch die Kennzahlen **Eigenkapitalquote, Umsatz pro Mitarbeiter, Wertschöpfung je Mitarbeiter** und **Umsatzrendite** in den Fragebogen aufgenommen. Sie wurden ebenfalls in ihrer Bedeutung gewichtet sowie in bezug auf die Position der deutschen Industrie bewertet.

---

[148] vgl. dazu 1.3.1

5.2 Gewichtung der Erfolgsfaktoren

Die Gewichtung der Erfolgsfaktoren dient der Ermittlung der Haupterfolgsfaktoren. Die Identifizierung der Haupterfolgsfaktoren ist für die Empfehlung der strategischen Maßnahmen besonders bedeutsam. Um die Wettbewerbsposition der deutschen Wirtschaft gegenüber Japan zu verbessern, sollten sich die strategischen Aktionen zunächst auf die Erfolgsfaktoren mit einer hohen Bedeutung konzentrieren. Eine Verbesserung der Position bei einem bedeutenden Erfolgsfaktor bewirkt eine nachhaltigere Veränderung der relativen Wettbewerbsposition als bei einem weniger bedeutenden Faktor.

Die Fragestellung zur Ermittlung der Gewichtung der einzelnen Erfolgsfaktoren lautete wie folgt:

„Um die weltweite Wettbewerbsfähigkeit der deutschen und japanischen Industrie einschätzen zu können, müssen zunächst die relevanten Erfolgsfaktoren eingegrenzt und anschließend in bezug auf ihre Bedeutung für die globale Wettbewerbsfähigkeit der beiden Industrien bewertet werden.

Nachfolgend sind einige Erfolgsfaktoren aufgezählt. Nicht alle Erfolgsfaktoren sind im globalen Wettbewerb gleich wichtig. Wie wichtig sind nach Ihrer Meinung die nachfolgend aufgeführten Erfolgsfaktoren?"

Für die Antwort lag den Befragten eine fünfstufige Ratingskala vor. Die Antwortoptionen lauteten:

„Zur Bewertung der globalen Wettbewerbsfähigkeit ist dieser Faktor...

...sehr wichtig	*(1),*
...wichtig	*(2),*
...durchschnittlich wichtig	*(3),*
...unwichtig	*(4),*
...völlig unwichtig	*(5).*

Als Haupterfolgsfaktoren sollen in dieser Arbeit die Erfolgsfaktoren bezeichnet werden, deren Gewichtungsfaktor kleiner als 1,5 ist. Zusätzlich werden in einem zweiten Schritt weitere relevante Erfolgsfaktoren ermittelt, für die ebenfalls eine hohe Bedeutung errechnet wurde. Diese Erfolgsfaktoren liegen im Werteintervall zwischen 1,50 und 1,99. Ihre Bedeutung ist also immer noch höher als *wichtig*. Die Gewichtung der weiteren Erfolgsfaktoren kann den Übersichten im Anhang entnommen werden.

5.2.1 Haupterfolgsfaktoren im internationalen Wettbewerb

Den höchsten Einfluß auf den Erfolg deutscher und japanischer Unternehmen im globalen Wettbewerb haben die Haupterfolgsfaktoren **Sorgfältige Analyse der Zielmärkte** mit einem Mittelwert von 1,21, **Leistungsmotivation und -disziplin der Beschäftigten** mit 1,23 und **Umsetzung von neuen Technologien in marktreife Produkte** mit 1,26.

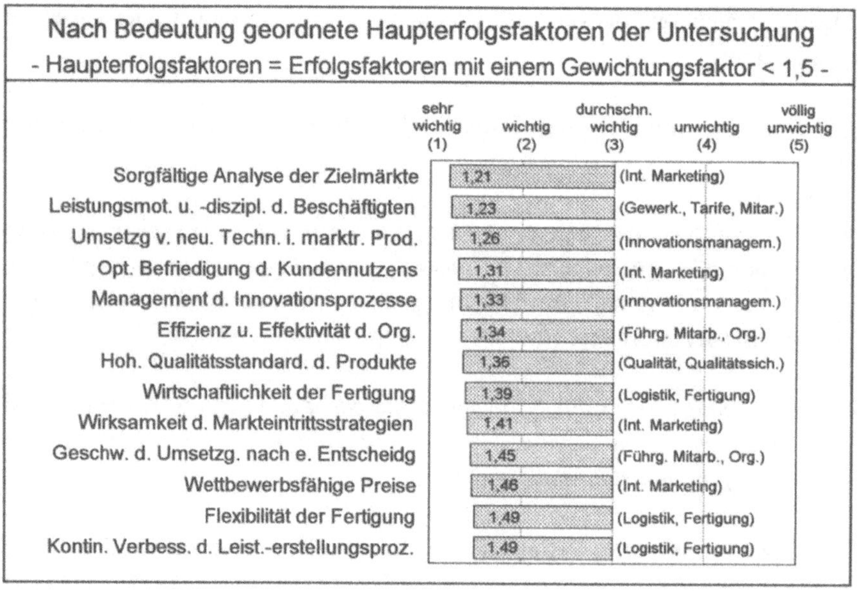

Abbildung 30: Haupterfolgsfaktoren im internationalen Wettbewerb

Die größte Anzahl der Haupterfolgsfaktoren weist der Bereich des internationalen Marketings auf. Vier der 13 Haupterfolgsfaktoren - die **Sorgfältige Analyse der Zielmärkte**, die **Optimale Befriedigung des Kundennutzens**, die **Wirksamkeit der Markteintrittsstrategien** und die **Wettbewerbsfähigkeit der Preise** - entfallen auf das internationale Marketing.

Von den drei Erfolgsfaktoren aus dem Bereich des Innovationsmanagements, die in die Untersuchung aufgenommen wurden, sind zwei als Haupterfolgsfaktoren ermittelt worden. Der dritte Erfolgsfaktor, die **Kreativität der Forschung und Entwicklung**, liegt mit 1,51 nur sehr knapp außerhalb des Bereichs der Haupterfolgsfaktoren. Das unterstreicht die hohe Bedeutung eines leistungsfähigen Innovationsmanagements im internationalen Wettbewerb.

Eine hohe Bedeutung kommt auch dem Bereich Fertigung und Logistik mit drei Haupterfolgsfaktoren, darunter das *Kaizen*-Konzept sowie die **Wirtschaftlichkeit** und die **Flexibilität der Fertigung**, zu. Zwei weitere Haupterfolgsfaktoren, die **Effizienz und Effektivität der Organisation** und die **Geschwindigkeit der Umsetzung nach einer Entscheidung**, sind dem Bereich der Unternehmensführung zuzuordnen.

Bei der Durchsicht der Haupterfolgsfaktoren fällt auf, daß 12 von 13 unternehmensinterne Erfolgsfaktoren sind. Nur die **Leistungsmotivation und -disziplin der Beschäftigten** ist den externen Erfolgsfaktoren zugeordnet worden. Wie aber unter 5.1 schon angemerkt wurde, ist diese Zuordnung keineswegs eindeutig, weil dieser Faktor auch durch die Unternehmensführung direkt beeinflußbar ist.

Die höhere Bedeutung der unternehmensinternen gegenüber den externen Erfolgsfaktoren wird sichtbar, wenn man die Mittelwerte auf der Basis aller Erfolgsfaktoren der beiden Bereiche miteinander vergleicht. Die 33 unternehmensinternen Erfolgsfaktoren erzielen zusammengefaßt einen Mittelwert von 1,73. Das bedeutet, daß ihre Bedeutung deutlich höher als *wichtig* eingeschätzt wird. Demgegenüber erreichen die 28 unternehmensexternen Erfolgsfaktoren nur einen Mittelwert von 2,17. Sie werden also nur knapp als *wichtig* angesehen.

Für die Unternehmensführung auf internationalen Märkten resultiert daraus, daß der Erfolg in großem Maße durch eigene Aktivitäten gestaltet werden kann. Die Umweltfaktoren beeinflussen diesen Erfolg zwar mit, dennoch hängt die globale Wettbewerbsfähigkeit deutlich stärker von der Leistungsfähigkeit des Unternehmens und seiner Führung ab. Diesem Aspekt wird auch bei den strategischen Handlungsempfehlungen in Kapitel 6 Rechnung getragen. Ein deutlicher Schwerpunkt liegt dort auf den Empfehlungen, die von den Unternehmen direkt beeinflußt werden können.

5.2.2 Weitere bedeutende Erfolgsfaktoren im internationalen Wettbewerb

Nachfolgend sollen in einem kurzen Überblick noch die Erfolgsfaktoren aufgeführt werden, deren Bedeutung höher als *wichtig* eingestuft wurde. Sie liegen im Intervall zwischen 1,50 und 1,99 - jeweils einschließlich der genannten Eckwerte. Im Sinne der dieser Arbeit zugrunde liegenden Definition gehören sie zwar nicht zu den Haupterfolgsfaktoren, dennoch haben sie aufgrund ihrer hohen Gewichtung einen erheblichen Einfluß auf die globale Wettbewerbsfähigkeit deutscher und japanischer Industrieunternehmen.

Unter den 22 weiteren bedeutenden Erfolgsfaktoren beziehen sich allein 6 auf den Bereich Gewerkschaften, Tarife und Mitarbeiter. Der hohe Stellenwert dieser Faktoren erklärt die Intensität der in Deutschland im Zusammenhang mit den Themen Arbeitszeit, Lohn- und Lohnnebenkosten geführten Diskussionen.

Auch die verbleibenden zwei von drei qualitätsbezogenen Faktoren[149] in der Untersuchung - das **Leistungsfähige Qualitätssicherungssystem** und die **Qualitätsverantwortung des einzelnen Mitarbeiters** - befinden sich unter den weiteren bedeutenden Erfolgsfaktoren. Vom Wert her liegen sie nur sehr knapp außerhalb des Bereichs der Haupterfolgsfaktoren. Auch dem Qualitätsmanagement der Unternehmen kann damit ein insgesamt hoher Stellenwert im internationalen Wettbewerb beigemessen werden.

Das gleiche gilt für die Erfolgsfaktoren des internationalen Marketings in der Untersuchung, von denen sich fünf unter den weiteren bedeutenden Erfolgsfaktoren befinden.

Abbildung 31: Weitere wichtige Erfolgsfaktoren im internationalen Wettbewerb

[149] Der dritte, der **Hohe Qualitätsstandard der Produkte**, ist einer der oben beschriebenen Haupterfolgsfaktoren.

5.3 Bewertung der Erfolgsfaktoren - Ermittlung der Stärken und Schwächen der deutschen im Vergleich zur japanischen Industrie

Nachdem im vorhergehenden Abschnitt die Bedeutung der einzelnen Erfolgsfaktoren erfaßt wurde, soll im weiteren bezogen auf diese Erfolgsfaktoren eine Untersuchung der relativen Position der deutschen im Vergleich zur japanischen Industrie erfolgen. Die diesbezügliche Fragestellung lautete:

„Bei der Frage 1, die Sie soeben beantwortet haben, ging es um die Wichtigkeit der einzelnen Erfolgsfaktoren zur Bewertung der globalen Wettbewerbsfähigkeit der deutschen und japanischen Industrie. Im weiteren geht es nun darum, die konkrete Bewertung der Wettbewerbsfähigkeit der deutschen im Vergleich zur japanischen Industrie vorzunehmen. Die Bewertung soll anhand der Ihnen bereits aus Frage 1 bekannten Erfolgsfaktoren durchgeführt werden.

Dabei liegt die Position der japanischen Industrie in der Mitte der Bewertungsskala. Die deutsche Industrie ist im Vergleich dazu zu bewerten. Ein Kreuz links von der Mittelposition bedeutet, daß die deutsche Industrie in bezug auf den betreffenden Erfolgsfaktor von Ihnen stärker oder viel stärker eingeschätzt wird. Ein Kreuz rechts von der Mittelposition bedeutet, daß Sie die deutsche Industrie in bezug auf den betreffenden Erfolgsfaktor schwächer oder viel schwächer einschätzen."

Den Befragten waren die folgenden Antwortalternativen auf der fünfstufigen Ratingskala vorgegeben:

„In bezug auf diesen Faktor ist die deutsche Industrie ... als die japanische.

...viel stärker	*(1),*
...stärker	*(2),*
...gleichstark	*(3),*
...schwächer	*(4),*
...viel schwächer	*(5).*

In den folgenden Kapiteln werden die Stärken/Schwächen-Profile bezogen auf die unternehmensexternen und -internen Erfolgsfaktoren auf der Grundlage der Berechnung von Mittelwerten dargestellt. Eine detaillierte Übersicht über die Antworthäufigkeiten kann dem Anhang II entnommen werden.

5.3.1 *Bewertung der Stärken und Schwächen der deutschen im Vergleich zur japanischen Industrie auf der Grundlage unternehmensexterner Erfolgsfaktoren*

Die Ergebnisse des Vergleichs der deutschen mit der japanischen Industrie auf der Grundlage der unternehmensexternen Erfolgsfaktoren sind aus deutscher Sicht deprimierend. Nur die Erfolgsfaktoren, die sich auf die Bildung beziehen, fallen neben der **Verfügbarkeit natürlicher Ressourcen** im deutsch/japanischen Vergleich für die deutsche Industrie vorteilhaft aus.

Bei allen anderen Erfolgsfaktoren sieht sich die deutsche Industrie gegenüber der japanischen Industrie mit unterschiedlicher Ausprägungsintensität im Nachteil. Vor allem der Bereich **Gewerkschaft, Tarife und Mitarbeiter** mit den Teilaspekten Motivation der Mitarbeiter, Absentismus, Arbeitszeit und Löhne bietet ein Aktionsfeld für die Verbesserung der globalen Wettbewerbsposition.

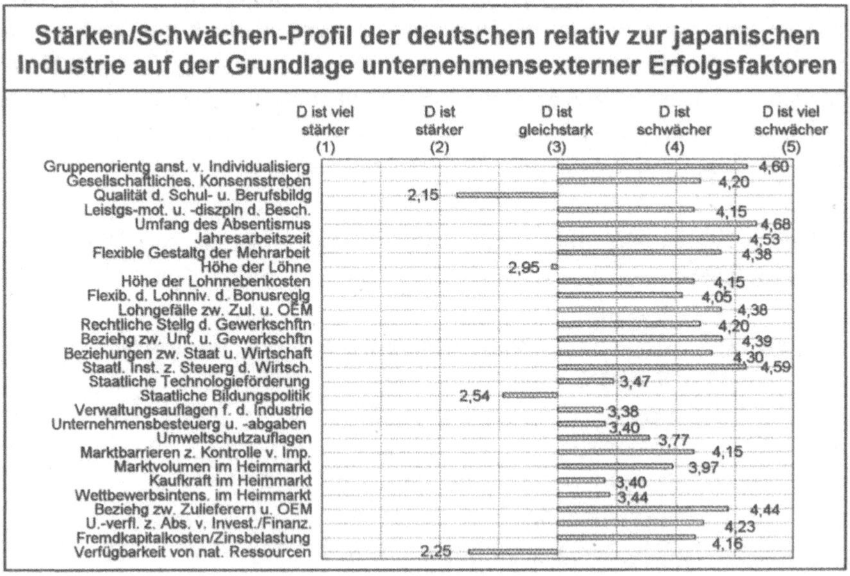

Abbildung 32: Stärken/Schwächen-Profil unternehmensexterner Erfolgsfaktoren

Erhebliche Verbesserungsansätze bieten sich auch bei den Beziehungen zwischen den verschiedenen Interessengruppen. Dazu gehören die **Beziehungen zwischen Unternehmen und Gewerkschaften, zwischen Staat und Wirtschaft** sowie **zwischen Zulieferern und OEM**. Im weiteren Sinne können auch die Keiretsu als speziell japanische Form der Unternehmensverflechtung dem Beziehungsbereich zugeordnet werden. Die Schwächen der deutschen Industrie sind in diesem Bereich mit Werten zwischen 4,23 und 4,44 für die einzelnen Faktoren sehr gleichmäßig und deutlich ausgeprägt.

5.3.2 Bewertung der Stärken und Schwächen der deutschen im Vergleich zur japanischen Industrie auf der Grundlage unternehmensinterner Erfolgsfaktoren

Wie das Stärken/Schwächen-Profil der unternehmensexternen Erfolgsfaktoren fällt auch das der unternehmensinternen Erfolgsfaktoren aus deutscher Sicht sehr negativ aus. Lediglich im Bereich **Führung, Mitarbeiter, Organisation** weist die deutsche Industrie einige Stärken aus. Von denen wird allerdings die größte Stärke, die **Dauer der Entscheidungsprozesse,** durch eine der größten Schwächen, die **Geschwindigkeit der Umsetzung nach einer Entscheidung**, neutralisiert. Gelänge es der deutschen Industrie, diese Schwäche zu beseitigen, würde die geringfügig bessere Position bei der **Effizienz und Effektivität der Organisation** sicherlich deutlicher ausfallen.

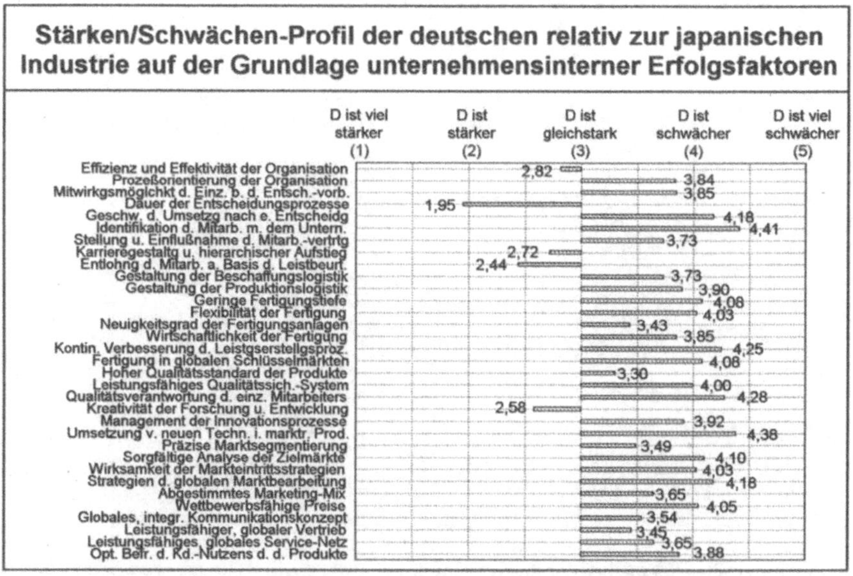

Abbildung 33: Stärken/Schwächen-Profil unternehmensinterner Erfolgsfaktoren

Eine weitere deutsche Stärke im Bereich des **Innovationsmanagements**, die **Kreativität der Forschung und Entwicklung**, wird ebenfalls durch Schwächen bei anderen Erfolgsfaktoren kompensiert. Insbesondere die **Umsetzung von neuen Technologien in marktreife Produkte**, aber auch das schwache **Management der Innovationsprozesse** tragen dazu bei.

5.3.3 Identifizierung der größten deutschen Schwächen auf der Grundlage der empirisch ermittelten Bewertung

Als die größten deutschen Schwächen werden im folgenden alle die Schwächen aufgeführt, deren Wert zwischen 4,0 *(schwächer)* und 5,0 *(viel schwächer)* liegt. Die fünf größten deutschen Schwächen lassen sich alle dem Bereich der unternehmensexternen Erfolgsfaktoren zuordnen. Dabei weist der Bereich **Gewerkschaften, Tarife und Mitarbeiter** mit dem **Umfang des Absentismus** sowie der **Jahresarbeitszeit** allein zwei der fünf größten deutschen Schwächen auf.

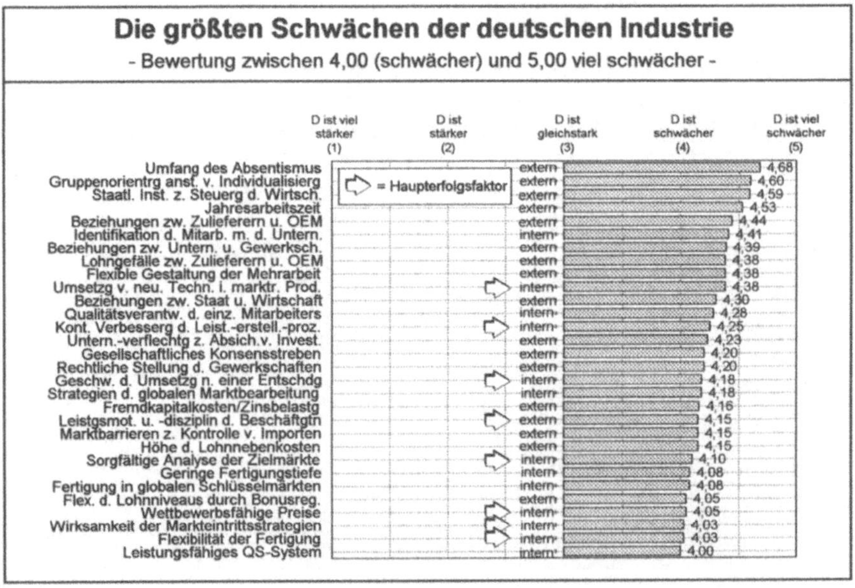

Abbildung 34: Die größten Schwächen der deutschen Industrie

Die weiteren externen Erfolgsfaktoren **Gruppenorientierung anstelle von Individualisierung**, **Staatliche Institutionen zur Steuerung der Wirtschaft (z.B.**

MITI) und **Beziehungen zwischen Zulieferern und OEM** belegen die Positionen 2, 3 und 5 auf der Liste der größten deutschen Schwächen.

Unter den 30 aufgeführten größten Schwächen der deutschen Industrie sind 17 unternehmensexterner und 13 unternehmensinterner Natur. Von den 13 ermittelten Haupterfolgsfaktoren sind acht - sieben interne und ein externer - in der Liste der größten deutschen Schwächen enthalten. Der Umfang der auf die internen Haupterfolgsfaktoren bezogenen Schwächen kennzeichnet eine außerordentlich schlechte Wettbewerbsposition der deutschen im Vergleich zur japanischen Industrie.

Bei den unternehmensexternen Schwächen sind alle drei Erfolgsfaktoren vertreten, die die Beziehungen zwischen den Unternehmen und Elementen der Unternehmensumwelt kennzeichnen. Das sind im einzelnen die **Beziehungen zwischen Zulieferern und OEM**, die **Beziehungen zwischen Unternehmen und Gewerkschaften** sowie die **Beziehungen zwischen Staat und Wirtschaft**. Auch die **Unternehmensverflechtung zur Absicherung von Investitionen und ihrer Finanzierung (Keiretsu)** stellt im weiteren Sinne einen Erfolgsfaktor dar, der die Beziehungsqualität, in diesem Falle zwischen Unternehmen, charakterisiert. Faßt man diese Beziehungsfaktoren mit den Erfolgsfaktoren **Identifikation der Mitarbeiter mit dem Unternehmen, Gesellschaftliches Konsensstreben, Leistungsmotivation und -disziplin der Beschäftigten** und **Marktbarrieren zur Kontrolle von Importen**, die ebenfalls im Schwächenkatalog der deutschen Industrie enthalten sind, zusammen, hat man einige wesentliche Elemente erfaßt, die die oben ausführlicher beschriebene *„Japan AG"* als *„Überlebensgemeinschaft im Netzwerkkapitalismus"* (vgl. u.a. *Deutsche Industrie- und Handelskammer in Japan*, 1993a; *Streib*, 1994, S. 43 ff.) ausmachen.

Bei den unternehmensinternen Erfolgsfaktoren weisen die deutschen Unternehmen in den Bereichen **Fertigung und Qualität** sowie beim **internationalen Marketing** deutliche Defizite im Vergleich zu den japanischen Wettbewerbern auf. Auf den Bereich der **Fertigung und Qualität** entfallen die Schwächen bei der **Qualitätsverantwortung des einzelnen Mitarbeiters**, der **Kontinuierlichen Verbesserung der Leistungserstellungsprozesse**, der **Geringen Fertigungstiefe**, der **Fertigung in globalen Schlüsselmärkten**[150], der **Flexibilität der Fertigung** sowie beim **Leistungsfähigen Qualitätssicherungssystem**. Die Anzahl der Faktoren läßt das Ausmaß der Defizite erkennen, die bei der deutschen Industrie in diesem Bereich festzustellen sind.

Im Bereich des **internationalen Marketings** sind die Schwächen ähnlich umfassend ausgeprägt. Im einzelnen wurden Defizite bei den **Strategien der globalen**

---

[150] Dieser Erfolgsfaktor läßt sich auch dem Bereich Internationalisierung zuordnen.

Marktbearbeitung, bei der **Sorgfältigen Analyse der Zielmärkte,** den **Wettbewerbsfähigen Preisen** und bei der **Wirksamkeit der Markteintrittsstrategien** ermittelt.

Bei den unternehmensexternen Erfolgsfaktoren sind neben den oben beschriebenen Beziehungsfaktoren vor allem Schwächen im Bereich Löhne und Arbeitszeit zu verzeichnen. Hierzu zählen die Faktoren **Lohngefälle zwischen Zulieferern und OEM, Flexible Gestaltung der Mehrarbeit, Höhe der Lohnnebenkosten** und **Flexibilisierung des Lohnniveaus durch Bonusregelungen.**

5.4 Eingrenzung des Handlungsbedarfs für die deutsche Industrie auf der Basis gewichteter Erfolgsfaktoren sowie des ermittelten Stärken/Schwächen-Profils

Im weiteren sollen die ermittelte Bedeutung der einzelnen Erfolgsfaktoren sowie die darauf bezogenen Stärken und Schwächen zur Eingrenzung des Handlungsbedarfs der deutschen Industrie genutzt werden. Die Eingrenzung des Handlungsbedarfs wird auf der Basis von einzelnen Erfolgsfaktoren erfolgen, die in Abhängigkeit von ihrer Gewichtung und der erfolgsfaktorspezifischen Ausprägung der Stärke beziehungsweise Schwäche mit Prioritäten versehen werden.

Nach der Festlegung der Prioritäten werden die Erfolgsfaktoren in einer Matrix positioniert. Die beiden Achsen der Matrix werden durch die Gewichtung des Erfolgsfaktors und die Ausprägung der Stärke beziehungsweise Schwäche bei dem jeweils abzubildenden Erfolgsfaktor bestimmt (vgl. dazu z.B. *Kotler/Bliemel*, 1992, S. 75)[151]. Das Ergebnis ist eine nach Prioritäten geordnete Abbildung der Stärken und Schwächen der deutschen im Vergleich zur japanischen Industrie. In dem Prioriätenkatalog wird auf die Haupterfolgsfaktoren gesondert hingewiesen. Will die deutsche Industrie ihre Wettbewerbsposition gegenüber japanischen Unternehmen verbessern, so kann sie bei einem Abbau der auf die Haupterfolgsfaktoren bezogenen Schwächen, die die höchste Priorität aufweisen, die größte Hebelwirkung erzielen.

---

[151] *Kotler/Bliemel* bezeichnen die beiden Achsen der Matrix mit Erfolgswichtigkeit (Gewichtung) und Leistungsausprägung (Ausprägung der Stärke bzw. Schwäche).

In der nachfolgenden Abbildung wird die Vorgehensweise bei der Ermittlung der Prioritäten dargestellt. Die Schwächen der deutschen Industrie sind ihrer Priorität entsprechend mit arabischen Ziffern, die deutschen Stärken mit römischen Ziffern belegt.

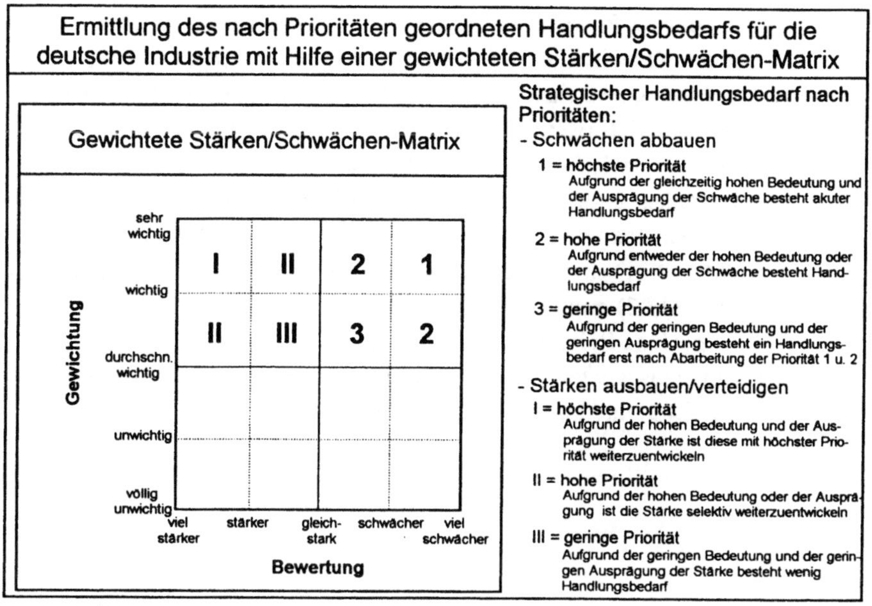

Abbildung 35: Vorgehen bei der Ermittlung des nach Prioritäten geordneten Handlungsbedarfs

Der Handlungsbedarf zum Abbau der Schwächen läßt sich in drei Prioritätsklassen einteilen:

- Mit **höchster Priorität (1)** sind die Schwächen abzubauen, deren Bedeutung *wichtig* (2,00) bis *sehr wichtig* (1,00) bewertet wurde **und** deren Ausprägung zwischen *schwächer* (4,00) bis *viel schwächer* (5,00) liegt.
- Eine **hohe Priorität (2)** ist den Schwächen beizumessen, denen **entweder** eine Bedeutung zwischen *wichtig* (2,00) und *sehr wichtig* (1,00) sowie eine Ausprägung zwischen *gleichstark* (3,00) und knapp *schwächer* (3,99) zugeordnet wurde **oder** deren Bedeutung als *durchschnittlich wichtig* (3,00) bis knapp *wichtig* (2,01) sowie deren Ausprägung als *schwächer* (4,00) bis *viel schwächer* (5,00) errechnet wurde.
- Eine **geringe Priorität (3)** besitzt der Abbau der Schwächen, deren Bedeutung geringer als *wichtig* (<2,00) eingestuft wurde **und** deren

Ausprägung zwischen *gleichstark* (3,00) und knapp *schwächer* (3,99) liegt.

Der Handlungsbedarf, der sich auf den Ausbau beziehungsweise die Verteidigung der Stärken bezieht, wird analog zu den Schwächen ebenfalls in drei Prioritätsklassen eingeteilt:

- Die **höchste Priorität (I)** ist den Stärken zuzuordnen, die eine Bedeutung zwischen *wichtig* (2,00) und *sehr wichtig* (1,00) **und** eine Ausprägung zwischen *stärker* (2,00) und *viel stärker* (1,00) aufweisen.
- Eine **hohe Priorität (II)** weisen die Stärken auf, für die **entweder** eine Bedeutung zwischen *wichtig* (2,00) und *sehr wichtig* (1,00) sowie eine Ausprägung zwischen *gleichstark* (3,00) und knapp *stärker* (2,01) **oder** eine Bedeutung zwischen *durchschnittlich wichtig* (3,00) und knapp *wichtig* (2,01) sowie eine Ausprägung zwischen *stärker* (2,00) und *viel stärker* (1,00) ermittelt wurde.
- Eine **geringe Priorität (III)** besitzen die Stärken, deren Bedeutung geringer als *wichtig* (<2,00) ist **und** deren Ausprägung zwischen *gleichstark* (3,00) und knapp *stärker* (2,01) liegt.

5.4.1 Ermittlung des Handlungsbedarfs der deutschen Industrie bezogen auf unternehmensexterne Schwächen

Da sich die unternehmensexternen Schwächen im Gegensatz zu den unternehmensinternen Schwächen dem direkten oder unmittelbaren Einfluß des Unternehmens entziehen, erfolgt eine separate Darstellung des darauf bezogenen Handlungsbedarfs. In der Regel hat ein einzelnes Unternehmen keine Möglichkeit, die externen Erfolgsfaktoren direkt zu beeinflussen. Erst im Rahmen einer gemeinsamen Aktion von Staat, Industrieunternehmen und Gewerkschaften ist diese Möglichkeit eher gegeben. Voraussetzung dafür ist allerdings ein gewisses Ausmaß an Konsensfähigkeit. Diesbezüglich weist die deutsche Gesellschaft, wie oben schon ausgeführt wurde, eine Schwäche gegenüber Japan auf.

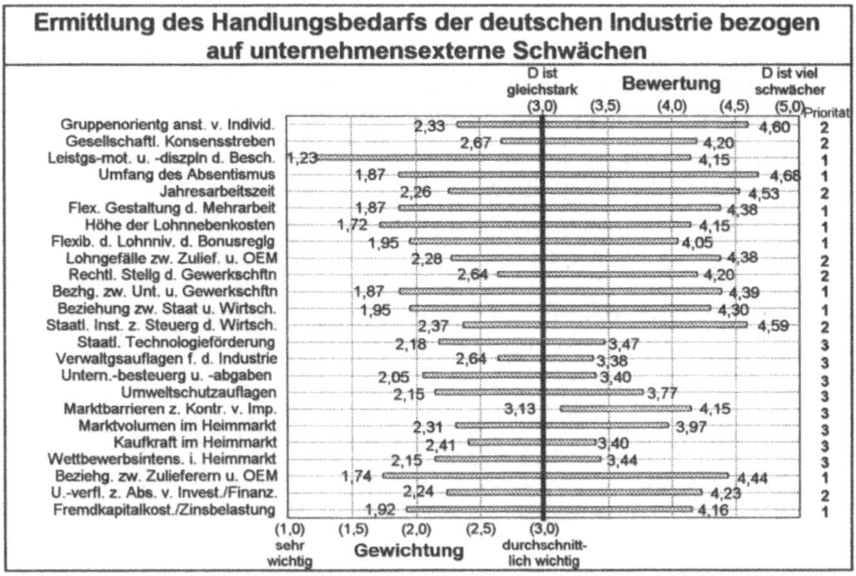

Abbildung 36: Handlungsbedarf bezogen auf unternehmensexterne Schwächen

Die gewichteten unternehmensexternen deutschen Schwächen, darunter der Haupterfolgsfaktor **Leistungsmotivation und -disziplin der Beschäftigten**, sind in der obigen Grafik im Zusammenhang dargestellt. Sie werden nachfolgend, nach Prioritäten geordnet, in der oben beschriebenen Matrix abgebildet. Dabei werden die mit einer Priorität versehenen Schwächen jeweils in dem Feld mit der Ziffer, die der Priorität entspricht, eingetragen. Innerhalb des Prioritätsfeldes wird noch einmal eine Aufteilung in vier Segmente vorgenommen, um eine feinere Prioritätsabstufung zu erlauben. Die Schwächen werden in den Segmenten nach der Größe der Differenz zwischen dem Wert für die Ausprägung der Schwäche und dem Wert für die Gewichtung dieser Schwäche geordnet[152]. Im jeweiligen Segment hat der Faktor mit der größten Differenz die höchste Priorität. Bei Faktoren, deren Werte sehr nahe an den Wertegrenzen der Segmente liegen, kann dabei eine Unschärfe auftreten. Ein Faktor aus einem Segment niederer Priorität kann eine höhere Differenz aufweisen als ein Faktor mit höherer Priorität, wenn der Wert einer Dimension nur knapp außerhalb des Segmentintervalls, bei der anderen Dimension aber weit innerhalb des Intervalls liegt. Das Phänomen ist typisch für diese Art der Matrixdarstellung[153] und soll daher unberücksichtigt bleiben. Die ermittelten Differenzen werden im weiteren hinter den Erfolgsfaktoren in Klammern angegeben.

---

[152] Beispiel: Der Erfolgsfaktor **Leistungsmotivation und -disziplin der Beschäftigten** weist eine Bewertung von 4,15 und eine Gewichtung von 1,23 auf. Als Differenzwert zur Einordnung des Faktors wird 2,92 herangezogen.

[153] Vgl. dazu auch die verschiedenen Ansätze der Portfolio-Analyse.

Bei den unternehmensexternen Schwächen mit der **Priorität 1** besitzen die Maßnahmen zur

- Erhöhung der **Leistungsmotivation und -disziplin der Beschäftigten (2,92)**
- und zur Reduzierung des **Absentismus (2,81)** die höchste Dringlichkeit.

Wie schon mehrfach erwähnt, sind diese Faktoren in gewissem Umfange auch durch das Unternehmen direkt beeinflußbar. Die Notwendigkeit einer besonderen Zuwendung durch die Unternehmensführung wird hier empirisch belegt.

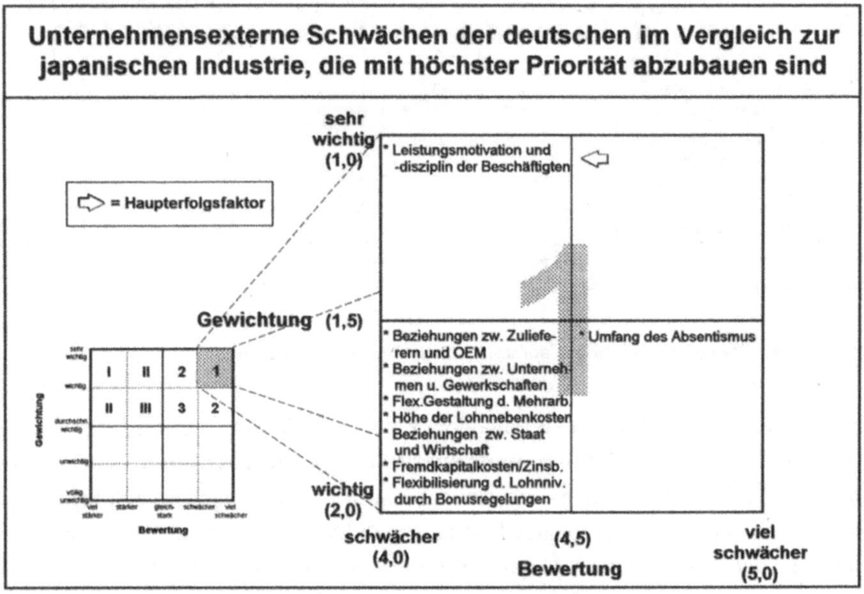

Abbildung 37: Unternehmensexterne Schwächen, die mit höchster Priorität abzubauen sind

Ein großer Teil der Schwächen, die mit **Priorität 1** versehen wurden, liegt im Bereich Arbeit und Entlohnung begründet. Darüber hinaus bieten auch die Außenbeziehungen der Unternehmen ein durch die deutsche Industrie mit größter Priorität zu bearbeitendes Feld. Die Höhe der Zinsbelastung ist demgegenüber durch die Unternehmen, außer durch eine geringere Fremdkapitalaufnahme, nicht zu beeinflussen. Die weiteren Schwächen mit der **Priorität 1** lassen sich nach der Höhe der Differenz zwischen Gewichtung und Bewertung wie folgt ordnen:

- **Beziehungen zwischen Zulieferern und OEM (2,70),**
- **Beziehungen zwischen Unternehmen und Gewerkschaften (2,52),**
- **Flexible Gestaltung der Mehrarbeit (2,51),**
- **Höhe der Lohnnebenkosten (2,43),**
- **Beziehungen zwischen Staat und Wirtschaft (2,35),**
- **Fremdkapitalkosten/Zinsbelastung (2,24),**
- **Flexibilisierung des Lohnniveaus durch Bonusregelungen (2,10).**

5.4.2 *Ermittlung des Handlungsbedarfs der deutschen Industrie bezogen auf unternehmensinterne Schwächen*

Die unternehmensinternen Schwächen bieten ein Spektrum von Handlungsoptionen für das Management. Durch strategische und operative Maßnahmen der Unternehmensführung können in diesem Bereich unmittelbare Veränderungen der globalen Wettbewerbsposition im Vergleich mit japanischen Unternehmen erzielt werden.

Bei einem Blick auf die zusammenfassende Darstellung der unternehmensinternen Schwächen auf der folgenden Seite fällt die große Anzahl von Faktoren mit einer sehr hohen Gewichtung auf. Von den ermittelten 13 Haupterfolgsfaktoren, den Erfolgsfaktoren mit einer sehr hohen Bedeutung für die globale Wettbewerbsfähigkeit, befinden sich 11 unter den unternehmensinternen Schwächen. Insgesamt weisen die unternehmensinternen Schwächen im Vergleich zu den unternehmensexternen Schwächen jedoch im Schnitt eine geringere Ausprägung auf.

Die größte relative Positionsveränderung ist bei den sieben, in der Abbildung aufgeführten unternehmensinternen Haupterfolgsfaktoren erzielbar, die die **Priorität 1** aufweisen. Schwächen mit dieser Priorität sind folglich mit einer hohen Dringlichkeit zu beseitigen.

Abbildung 38: Handlungsbedarf bezogen auf unternehmensinterne Schwächen

Wie die unternehmensexternen Schwächen sollen auch die unternehmensinternen Schwächen mit Hilfe der Differenz zwischen Bewertung und Gewichtung innerhalb der einzelnen Prioritätsklassen geordnet werden. Die Vorgehensweise wurde im vorherigen Kapitel ausführlicher beschrieben.

Bei den unternehmensinternen Schwächen mit der **Priorität 1** weist der Haupterfolgsfaktor **Umsetzung von neuen Technologien in marktreife Produkte (3,12)** den mit Abstand größten Differenzwert, auch im Vergleich mit den unternehmensexternen Schwächen, auf.

Zum Erhalt der globalen Wettbewerbsfähigkeit ist es für die deutsche Industrie eine dringliche Aufgabe, ihre Innovationsfähigkeit im Vergleich zu Japan deutlich zu erhöhen. Es wurde bereits ausführlicher dargestellt, daß die Wettbewerbsposition bei den Mitteltechnologien aus deutscher Sicht noch zufriedenstellend ist. Bei den Spitzentechnologien sind jedoch erhebliche Anstrengungen der deutschen Industrie notwendig, um den Anschluß an die Weltspitze wiederzugewinnen.

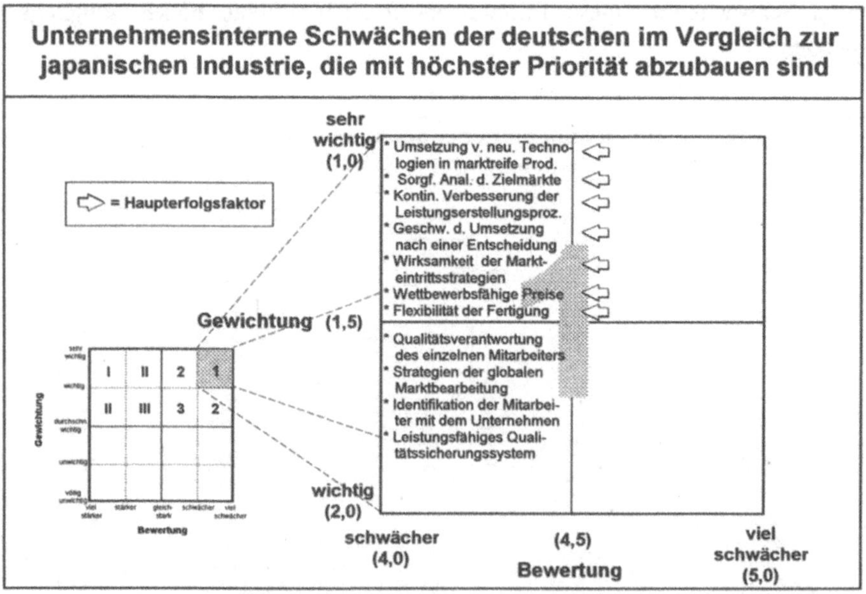

Abbildung 39: Unternehmensinterne Schwächen, die mit höchster Priorität abzubauen sind

Ein sehr hoher Differenzwert wurde auch für den Haupterfolgsfaktor **Sorgfältige Analyse der Zielmärkte (2,89)** errechnet. Obwohl diesem Faktor die höchste Bedeutung aller Erfolgsfaktoren beigemessen wurde, wird der Zielmarktanalyse im internationalen Marketing der deutschen Industrieunternehmen demzufolge keine ausreichende Beachtung geschenkt. Gerade bei der Erschließung neuer Wachstumsmärkte, wie beispielsweise der asiatisch-pazifischen Region, hängt der Markteintrittserfolg entscheidend von einer umfassenden Analyse der Markt- und Wettbewerbsbedingungen im Zielmarkt ab.

Weitere Schwächen, die mit **Priorität 1** versehen sind, werden nachfolgend, nach ihrem Differenzwert geordnet, aufgeführt: ***(Haupterfolgsfaktoren kursiv)***

- ***Kontinuierliche Verbesserung der Leistungserstellungsprozesse (2,76),***
- **Qualitätsverantwortung des einzelnen Mitarbeiters (2,74),**
- ***Geschwindigkeit der Umsetzung nach einer Entscheidung (2,73),***
- **Strategien der globalen Marktbearbeitung (2,64),**
- ***Wirksamkeit der Markteintrittsstrategien (2,62),***
- ***Wettbewerbsfähige Preise (2,59),***
- **Identifikation der Mitarbeiter mit dem Unternehmen (2,54),**
- **Leistungsfähiges Qualitätssicherungssystem (2,49).**

5.4.3 Ermittlung des Handlungsbedarfs der deutschen Industrie bezogen auf unternehmensexterne und -interne Stärken

Aufgrund der begrenzten Zahl der deutschen Stärken im Vergleich zur japanischen Industrie wird ihre Beschreibung nachfolgend zusammengefaßt vorgenommen. Es wurden die **Prioritäten I - III**[154] vergeben. Innerhalb der einzelnen Prioritätsklassen wurde, wie bei der Prioritätsermittlung für die Schwächen, mit dem Differenzwert eine Reihenfolge gebildet. Um die Berechnung eines Differenzwertes, der mit dem der deutschen Schwächen vergleichbar ist, auch für die deutschen Stärken zu ermöglichen, wurde der Wert für die Ausprägung (Bewertung) der Stärke invertiert[155]. Außer für die Berechnung des Differenzwertes wurde der invertierte Wert für die Stärke weiter nicht verwendet.

---

[154] vgl. 5.1.3

[155] Die Invertierung wurde nach der folgenden Formel vorgenommen:

(minimaler Skalenwert + maximaler Skalenwert) - Skalenwert für die zu invertierende Stärke = invertierter Wert für die Stärke

Beispiel:

(1 + 5) - 2,15 (*Skalenwert für die Stärke* **Qualität der Schul- u. Berufsbildung**) = 3,85 (*invertierter Wert für diese Stärke*)

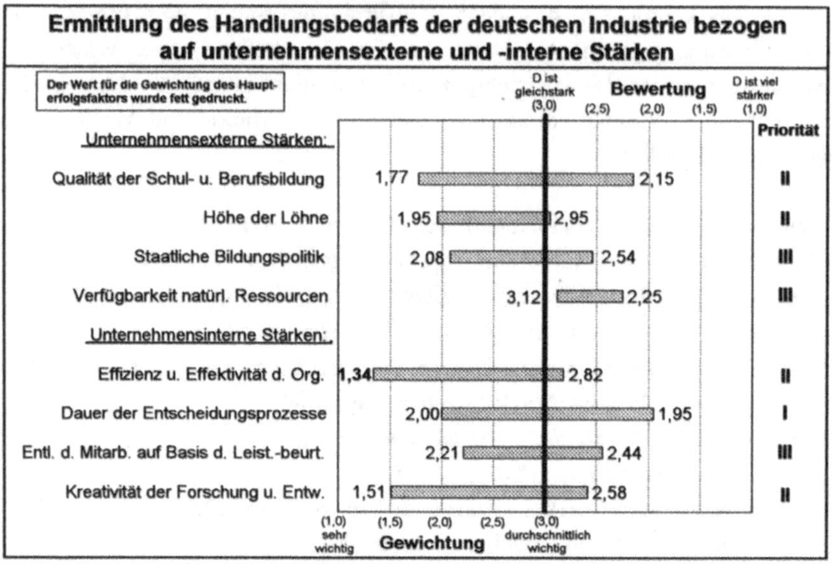

Abbildung 40: Handlungsbedarf bezogen auf deutsche Stärken

Eine Stärke der deutschen Industrie, die mit höchster Dringlichkeit (**Priorität I**) auszubauen ist, stellt die **Dauer der Entscheidungsprozesse (2,05) dar**. Diese Stärke erfüllt zwar nur sehr knapp die Anforderungen an die Eingruppierung in diese Klasse, dennoch sollte ihr größte Aufmerksamkeit zukommen. Denn gelingt es der deutschen Industrie, diese Stärke weiter auszubauen oder mindestens zu halten und gleichzeitig die Schwäche beim Erfolgsfaktor **Geschwindigkeit der Umsetzung nach einer Entscheidung**[156] abzubauen, kann eine erhebliche Verbesserung in bezug auf die **Effizienz und Effektivität der Organisation (Priorität II; Differenz 1,84)**, dem einzigen Haupterfolgsfaktor, bei dem die deutsche Industrie gegenüber Japan eine (geringe) Stärke ausweist, erwartet werden.

Zu den Stärken mit der **Priorität II** zählt auch die **Qualität der Schul- und Berufsbildung (2,08)**. In Verbindung mit diesem Faktor ist die **Staatliche Bildungspolitik (Priorität III; Differenz 1,38)** zu sehen. Ein Nachlassen der Bemühungen im Bereich der Schul- und Berufsbildung, auch staatlicherseits, würde eine der wenigen deutschen Stärken im Vergleich zu Japan gefährden. Eine hohe **Qualität der Schul- und Berufsbildung** ist eine der Voraussetzungen für die Aktivitäten zum Abbau der deutschen Schwächen.

[156] vgl. dazu 5.2.3.1.2; die **Geschwindigkeit der Umsetzung nach einer Entscheidung** ist eine Schwäche mit der **Priorität 2** und einem Differenzwert von 2,74.

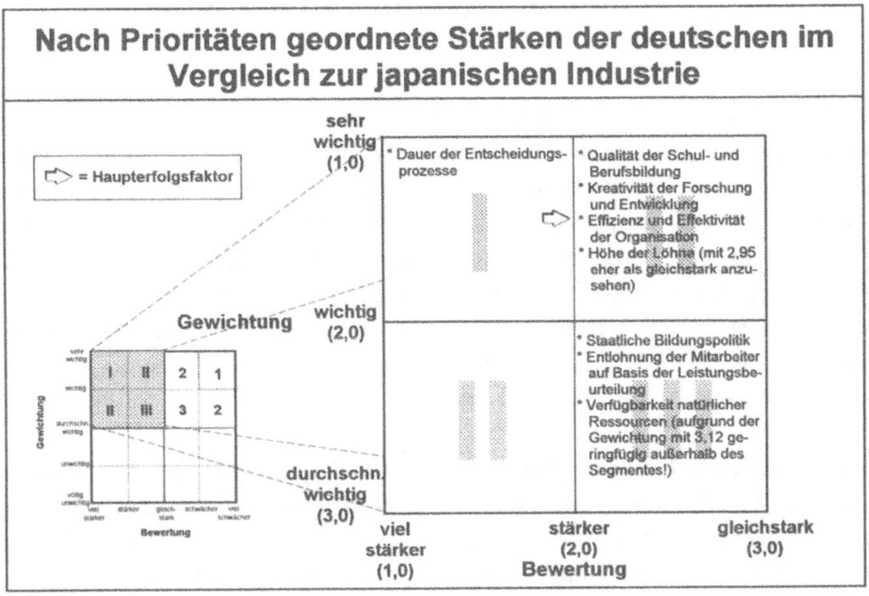

Abbildung 41: Nach Priorität geordnete Stärken der deutschen Industrie

Eine weitere deutsche Stärke mit der **Priorität II** liegt in der **Kreativität der Forschung und Entwicklung (1,91)**. Diese Kreativität stellt ein wertvolles Potential bei der Generierung von Ideen für neue, innovative Produkte und Verfahren dar. Durch ein wirksameres Innovationsmanagement gilt es, dieses Potential abzuschöpfen und in marktfähige Leistungen umzusetzen. Nur so kann die deutsche Industrie dauerhaft im globalen Wettbewerb gegen die japanische Industrie bestehen. Entsprechende Empfehlungen für ein leistungsfähigeres Innovationsmanagement werden bei den strategischen Handlungsempfehlungen entwickelt.

5.5 Eingrenzung von Handlungsfeldern mit Hilfe der Faktorenanalyse

Mit Hilfe der nachfolgend durchgeführten Faktorenanalysen soll die große Anzahl der Erfolgsfaktoren, die die einzelnen Untersuchungsbereiche charakterisieren, auf wenige Größen reduziert werden. Zielsetzung ist es, durch die Faktorenbildung Gebiete einzugrenzen, für die strategische Handlungsempfehlungen mit einer größeren Hebelwirkung als bei Einzelerfolgsfaktoren entwickelt werden können. Eine auf Einzelerfolgsfaktoren verengte Sichtweise würde u.U. eine Verzettelung bei der Maßnahmenumsetzung herbeiführen. Die Maßnahmenbündelung und -fokussierung auf die mit Hilfe der Faktorenanalyse ermittelten Gebiete verleiht den empfohlenen Aktionen eine höhere Durchschlagskraft.

Die Faktorenanalyse soll also die große Anzahl der in dieser Arbeit als Erfolgsfaktoren bezeichneten Variablen auf wenige, voneinander unabhängige Dimensionen (*Faktoren* im Sinne der Faktorenanalyse) reduzieren (vgl. *Berndt*, 1992, S. 175). Dabei geht man von der Annahme aus, daß einige Variablen partiell die gleichen, im Hintergrund stehenden Phänomene beschreiben. Die Isolation dieser Hintergrundgrößen, der sog. Faktoren, erlaubt dann eine Erklärung der beobachteten Zusammenhänge (vgl. *Überla*, 1977, S. 2 ff.).

Die Hintergrundgrößen werden bei der in dieser Arbeit eingesetzten R-Faktorenanalyse[157] anhand von Interkorrelationen von Variablen ermittelt. Die ermittelten *Faktoren* sollen die erhobenen, auf die Erfolgsfaktoren bezogenen Daten möglichst genau nachbilden, beschreiben und mit Einschränkungen einen Erklärungsansatz liefern (vgl. *Überla*, 1977, S. 89). Dabei versucht die Faktorenanalyse, *„...ein sinnvolles Modell aufzustellen, das die beobachteten Daten reproduziert, dessen Größen* [bezogen auf das Modell] *interpretierbar sind und in der Wirklichkeit reelle Entsprechungen haben."* (*Überla*, 1977, S. 89).

Die Faktorenanalyse dient in diesem Sinne eher der Hypothesensuche und -bildung, weniger dem Hypothesentest. Wird sie als *Hypothesengenerierungsinstrument* eingesetzt, so wird sie auch als *explorative Faktorenanalyse* bezeichnet (vgl. *Backhaus/Erichson/Plinke/Weiber*, 1994, S. 251). Im Gegensatz dazu wird die *konfirmatorische Faktorenanalyse* zum Auffinden eines *Begründungszusammenhanges*, d.h. zur Hypothesenprüfung eingesetzt. Dazu sind jedoch vor der

[157] Bei der R-Faktorenanalyse werden Interkorrelationen von **Variablen** untersucht. Die in m Fällen beobachteten n Variablen werden auf r Faktoren reduziert. Im Gegensatz dazu werden bei der Q-Technik Interkorrelationen zwischen **Objekten** (z.B. Personen) analysiert. Eine Anzahl von m Objekten, die durch n Variablen gekennzeichnet sind, soll auf r Faktoren reduziert werden (vgl. *Berndt*, 1992, S. 175 f.). (Aus einer Zahl von Personen werden einzelne Gruppen gebildet, die intern homogen in bezug auf bestimmte Merkmale sind, die sich aber von anderen Gruppen deutlich unterscheiden, d.h. extern heterogen sind).

Durchführung der Faktorenanalyse sehr weitgehende theoretische Vorüberlegungen über die Beziehungen zwischen den Variablen und Faktoren anzustellen. Das setzt konkrete Vorstellungen über mögliche hypothetische Faktoren voraus (vgl. *Backhaus/Erichson/ Plinke/Weiber*, 1994, S. 251 f.), die in dieser Arbeit nicht gegeben sind. Deshalb wird die Faktorenanalyse im weiteren zur Generierung von Hypothesen eingesetzt. Zusätzlich liefert sie die Grundlage und eine Hilfestellung für die Interpretation der Erfolgsfaktorenbeziehungen innerhalb der Faktoren.

Bei der Interpretation der Faktoren werden in dieser Arbeit die *Hauptkomponentenanalyse* und die *Hauptachsenanalyse* durchgeführt. Beide Verfahren unterscheiden sich nicht in der Rechentechnik, sondern lediglich in der Art der Faktoreninterpretation. Bei der *Hauptkomponentenanalyse* geht es um das Auffinden eines Sammelbegriffs (der Komponente) für die auf den Faktor hoch ladenden Variablen (in dieser Arbeit die Erfolgsfaktoren). Demgegenüber wird bei der *Hauptachsenanalyse* eine Ursache für die hohe Faktorladung gesucht (vgl. *Backhaus/ Erichson/Plinke/Weiber*, 1994, 221 f.). Zum Finden von Faktorbezeichnungen wurde in dieser Arbeit folglich die *Hauptkomponentenanalyse* durchgeführt. Die Interpretation der Zusammenhänge zwischen den Erfolgsfaktoren unter einem Faktor beruht auf der *Hauptachsenanalyse*.

Auch vorhandenes Sachwissen aus der theoretischen Beschreibung der unternehmensexternen und -internen japanischen Erfolgsfaktoren sowie der vorhergehenden empirischen Analysen wird dabei mit den Ergebnissen der Faktorenanalyse verglichen (vgl. *Überla*, 1977, S. 358). Die im Rahmen der Hauptachsenanalyse vorgenommene Interpretation der Zusammenhänge sowie die daraus resultierenden Schlußfolgerungen werden durch die Einschätzungen und Meinungen der befragten Experten gestützt beziehungsweise daraus abgeleitet.

Bei der Neustrukturierung und Vorbereitung des Untersuchungsgebietes für die Faktorenanalyse wird folgendermaßen vorgegangen (vgl. *Überla*, 1977, S. 355):

1. Schritt:
- Gedankliche Abgrenzung des Untersuchungsgebietes auf der Grundlage der Erkenntnisse der Stärken/Schwächen-Analyse,

2. Schritt:
- Auswahl der typischen Erfolgsfaktoren für die Faktorenanalyse aus dem Gesamtbestand der Erfolgsfaktoren,

3. Schritt: - Durchführung der Faktorenanalyse mit einfacher Varimax-Rotation auf Basis der ausgewählten Erfolgsfaktoren, **4. Schritt:** - Interpretation der ermittelten Faktoren. Dazu werden auch multiple Korrelationskoeffizienten verwendet.

Zur Interpretation der Faktoren wurden der Konvention entsprechend nur die Erfolgsfaktoren herangezogen, die eine Faktorladung > |0,5| aufwiesen. Die Faktorladung ist dabei als Meßgröße für den Zusammenhang zwischen dem Erfolgsfaktor (der Variablen) und dem jeweiligen Faktor zu verstehen. Folglich ist in der Faktorladung der Korrelationskoeffizient zwischen dem Erfolgsfaktor (der Variablen) und dem entsprechenden Faktor zu sehen (vgl. *Backhaus/Erichson/ Plinke/Weiber*, 1994, S. 208 und 254). Wie ein Korrelationskoeffizient kann also die Faktorladung einen Wert zwischen +1 und -1 annehmen.

5.5.1 Gedankliche Abgrenzung der Untersuchungsfelder für die Durchführung der Faktorenanalyse auf der Grundlage der Erkenntnisse der Stärken/Schwächen-Analyse

Grundlage für die gedankliche Abgrenzung des Untersuchungsgebietes sind die in der Abbildung 42 zusammengefaßten Schwächen der deutschen Industrie, die mit der Priorität 1 versehen wurden. Diese unternehmensexternen und -internen Schwächen sind sechs Einflußbereichen zugeordnet worden, von denen fünf den Ansatzpunkt für die durchzuführenden Faktorenanalysen bilden. Lediglich für den Erfolgsfaktor Fremdkapitalkosten (Sonstige Einflußbereiche) wurde keine eigene Faktorenanalyse durchgeführt. Der Erfolgsfaktor wurde jedoch bei der Faktorenanalyse *„Produktion und Qualität“* mitberücksichtigt.

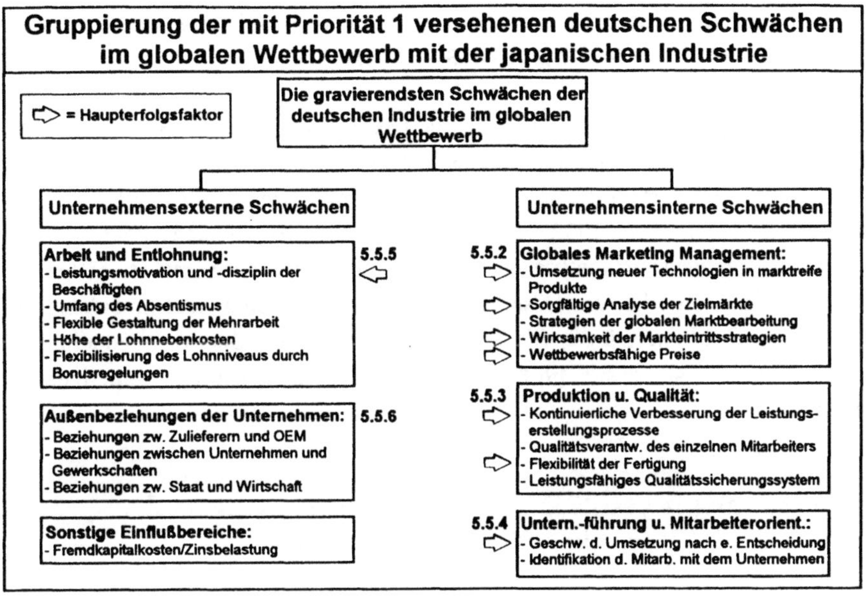

Abbildung 42: Untersuchungsfelder für die Durchführung der Faktorenanalysen

Für die Neustrukturierung und Hypothesenbildung innerhalb der Untersuchungsgebiete wurde eine möglichst umfassende Zahl verschiedenartiger Variablen ausgewählt (vgl. *Überla*, 1977, S. 358). Dabei wurde die Empfehlung berücksichtigt, daß die Fallzahl (die Zahl der Befragten) mindestens der Zahl der Variablen entspricht (vgl. *Backhaus/ Erichson/Plinke/Weiber*, 1994, S. 254). Geprüft wurde auch, daß es grundsätzlich statthaft ist, „*...Faktorenanalysen desselben Datenkörpers mit verschiedener Variablenauswahl zu rechnen ... und ihre Ergebnisse gegeneinander abzuwägen.*“ (*Überla*, 1977, S. 358). Dementsprechend wurden auch einzelne Variablen zur Durchführung mehrerer Faktorenanalysen eingesetzt.

Auf der Basis der oben aufgeführten Untersuchungsgebiete wurden Faktorenanalysen mit einer reduzierten Zahl ausgewählter Variablen durchgeführt. Die Variablen, die in die einzelnen Faktorenanalysen einbezogen wurden, können dem Anhang III entnommen werden.

5.5.2 Durchführung und Interpretation der Faktorenanalyse „Globales Marketing Management"

Auf der Basis der 30 Variablen, die in die Faktorenanalyse ***„Globales Marketing Management"*** einbezogen wurden, wurden 10 Faktoren mit einem Eigenwert > 1,0 ermittelt. *„Der Eigenwert ist die Summe der quadrierten Ladungen eines Faktors über alle Variablen ..."* (*Berndt*, 1992, S. 176). Er gibt den Anteil eines Faktors an der Gesamtvarianz der Faktorenanalyse wieder. Der Eigenwert sagt somit etwas über die Bedeutung der Faktoren bei der Beschreibung der beobachteten Zusammenhänge aus (vgl. *Backhaus, Erichson, Plinke, Weiber*, 1994, S. 201). Je größer die Bedeutung des jeweiligen Faktors ist, desto größer ist auch dessen Eigenwert innerhalb der Faktorenanalyse.

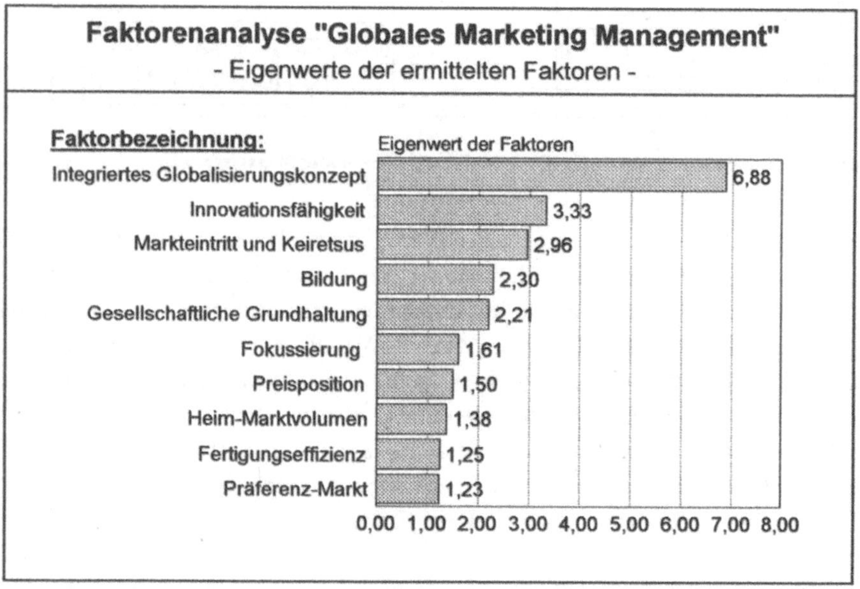

Abbildung 43: Eigenwerte in der Faktorenanalyse "Globales Marketing Management"

Die ermittelten 10 Faktoren erklären 82,1 % der Varianz aller in die Analyse aufgenommenen Erfolgsfaktoren.

Der Faktor **„Integriertes Globalisierungskonzept"** weist mit 6,88 den mit Abstand höchsten Eigenwert auf. Sein Beitrag zur Erklärung der Gesamtvarianz der Erfolgsfaktoren in der Analyse beträgt 22,9%.

Bei näherer Betrachtung der subsumierten Erfolgsfaktoren wird erkennbar, daß zur Erstellung eines integrierten Globalisierungskonzeptes nicht nur die Erfolgsfaktoren des internationalen Marketings erforderlich sind. Über ein **Abgestimmtes Marketing-Mix**, einen **Leistungsfähigen, globalen Vertrieb** und ein **Leistungsfähiges, globales Servicenetz** hinaus ist in ein Globalisierungskonzept der Aspekt der **Fertigung in globalen Schlüsselmärkten** ebenso wie die **Gestaltung der Beschaffungslogistik** zu integrieren.

Faktoren im Untersuchungsfeld "Globales Marketing Management" sowie die dazugehörigen Erfolgsfaktoren mit einer Faktorladung > 0,5

Integriertes Globalisierungskonzept:
- Leistungsfähiges, globales Servicenetz (2; 0,861)
- Leistungsfähiger, globaler Vertrieb (2; 0,842)
- Fertigung in globalen Schlüsselmärkten (2; 0,792)
- Strategien der globalen Marktbearbeitung (1; 0,736)
- Gestaltung der Beschaffungslogistik (2; 0,723)
- Abgestimmtes Marketing-Mix (2; 0,707)
- Globales, integriertes Kommunikationskonzept (3; 0,626)
- Präzise Marktsegmentierung (2; 0,568)
- Wettbewerbsintensität im Heimmarkt (3; 0,512)

Innovationsfähigkeit:
- **Leistungsmot. u. -diszipl. d. Beschäftigten** (1; 0,802)
- **Management der Innovationsprozesse** (2; 0,792)
- **Umsetzung von neuen Technologien in marktreife Produkte** (1; 0,728)
- **Optimale Befriedigung des Kundennutzens durch die Produkte/das Produktprogramm** (2; 0,611)
- **Hoher Qualitätsstandard der Produkte** (2; 0,590)

Markteintritt und Keiretsus:
- Unternehmensverflechtung zur Absicherung von Investitionen und ihrer Finanzierung (2; 0,797)
- **Wirksamkeit der Markteintrittsstrategien** (1; 0,703)

Weitere Faktoren:

Bildung:
- Qualität der Schul- und Berufsbildung (II; 0,840)
- Staatliche Bildungspolitik (III; 0,804)

Gesellschaftliche Grundhaltung:
- Gesellschaftliches Konsensstreben (2; 0,7639)
- Gruppenorient. anstelle v. Individualisierung (2; 0,754)

Fokussierung:
- Staatliche Institutionen zur Steuerung der Wirtschaft, z.B. MITI (2; 0,705)
- Beziehungen zwischen Zulieferern und OEM (1; 0,689)
- Präzise Marktsegmentierung (2; 0,603)

Preisposition:
- **Wettbewerbsfähige Preise** (1; 0,834)

Heim-Marktvolumen:
- Marktvolumen im Heimmarkt (3; 0,798)

Fertigungseffizienz:
- **Wirtschaftlichkeit der Fertigung** (2; 0,927)

Präferenz-Markt:
- Kaufkraft im Heimmarkt (3; 0,907)
- **Hoher Qualitätsstandard der Produkte** (2; 0,514)

Legende: Die Klammern beinhalten die Werte (Priorität des Erfolgsfaktors; Faktorladung), Haupterfolgsfaktoren sind fett gedruckt.

Abbildung 44: Faktoren im Untersuchungsfeld "Globales Marketing Management"

Insofern erweitert ein integriertes Globalisierungskonzept die ethnozentrische[158] Perspektive des reinen Exports (vgl. *Perlmutter*, 1972, S. 56 ff.; *Becker*, 1993, S. 277) erheblich. Erst ein geozentrisches und funktionsübergreifend ganzheitliches Verständnis des Managements führt zu einer geschlossenen **Strategie der globalen Marktbearbeitung**. Ein strategisch ausgerichtetes, d.h. langfristig erfolgsorientiertes Globalisierungskonzept, das die japanischen Unternehmen auszeichnet, stellt somit eine weitere wesentliche Erfolgsvoraussetzung globalen Marketings dar.

Alle bisher aufgeführten Erfolgsfaktoren weisen eine hohe Faktorladung von über 0,7 auf. Sie stehen demnach in engem Zusammenhang mit einem **Integrierten Globalisierungskonzept**. Da es sich durchgehend um Schwächen mit der **Priorität 2**,

[158] Zu den Begriffen *ethnozentrische, polizentrische, geozentrische Orientierung* vgl. *Perlmutter*, 1972, S. 53 ff.

bei den **Strategien der globalen Marktbearbeitung** sogar mit der **Priorität 1** handelt, wird der Handlungsbedarf der deutschen Industrie in diesem Bereich unmittelbar sichtbar. Weitere Erfolgsfaktoren, die eine Faktorladung > 0,5 aufweisen, sind ein **Globales, integriertes Kommunikationskonzept**, die **Präzise Marktsegmentierung** und die **Wettbewerbsintensität im Heimmarkt**.

Eine hohe Korrelation (0,781) weisen die **Präzise Marktsegmentierung** und die **Strategien der globalen Marktbearbeitung** auf. Beide Erfolgsfaktoren sind bei der Erstellung eines **Integrierten Globalisierungskonzepts** in enger Beziehung zu sehen. Dabei ist die präzise Eingrenzung der inter- und intranationalen Marksegmente als Grundlage der segmentbezogenen, strategischen Marktbearbeitung zu verstehen.

Eine hohe positive Korrelation (0,702) wurde ebenfalls zwischen den Erfolgsfaktoren **Leistungsfähiger, globaler Vertrieb** und **Leistungsfähiges, globales Service-Netz** ermittelt. Nicht nur der Vertrieb stellt den Erfolg auf globalen Märkten sicher, sondern auch ein flächendeckender Service. Insbesondere eine gute Kundenbetreuung in der Nach-Kauf-Phase stellt die langfristige und dauerhafte Kundenzufriedenheit sicher (vgl. *Horovitz*, 1990, S. 15 ff.). Dabei steht häufig sogar das auf den Service bezogene Leistungsangebot im Vordergrund der Vertragsverhandlungen (vgl. *Weber*, 1989, S. 37).

Mit einem Eigenwert von 3,33 besitzt der Faktor **Innovationsfähigkeit** die zweithöchste Bedeutung in der Faktorenanalyse ***„Globales Marketing Management"***. Die Bedeutung des Faktors wird aber weniger an seinem Eigenwert sichtbar, als vielmehr daran, daß allein fünf **Haupt**erfolgsfaktoren auf diesen Faktor eine hohe Ladung ausweisen. Zwei davon sind sogar mit der **Priorität 1** versehen, die drei weiteren mit der **Priorität 2**. Die deutsche Industrie muß im Rahmen der Internationalisierung demzufolge ihre **Innovationsfähigkeit** im Vergleich zu Japan deutlich verbessern. Dabei sind insbesondere die Haupterfolgsfaktoren mit hoher Priorität und Faktorladung gezielt zu bearbeiten.

Die höchste Faktorladung beim Faktor **Innovationsfähigkeit** weist die **Leistungsmotivation und -disziplin der Beschäftigten** mit 0,802 auf. Daran wird erkennbar, daß die **Innovationsfähigkeit** der deutschen Industrie nicht nur vom technologischen Know-how und den finanziellen Ressourcen, sondern auch erheblich von der Mitarbeitermotivation abhängt. Innovation darf von den Mitarbeitern nicht als „störendes Element" klassifiziert werden, für das sich niemand zuständig fühlt (vgl. *Hauschildt*, 1986, S. 65). Sie erfordert vielmehr die offene Annahme von Ideen und eine aktive Beschäftigung damit. Dazu ist seitens der Mitarbeiter ein hohes Maß an Motivation und Kooperationsfähigkeit erforderlich, damit immer wieder nach neuen Lösungen gesucht und das Bestehende in Frage gestellt werden kann.

Die **Innovationsfähigkeit** wird auch vom **Management der Innovationsprozesse** stark beeinflußt. Dieser Haupterfolgsfaktor weist ebenfalls eine hohe Faktorladung (0,792) auf. Zwischen dem **Management der Innovationsprozesse** und der **Umsetzung neuer Technologien in marktreife Produkte** (Faktorladung 0,728), einem weiteren Haupterfolgsfaktor mit **Priorität 1**, wurde eine hohe Korrelation (0,610) berechnet. Daraus kann geschlossen werden, daß ein Zusammenhang zwischen einem qualifizierten Innovationsmanagement und einer reibungslosen Technologieumsetzung besteht. Die ermittelte Technologieumsetzungsschwäche der deutschen Industrie kann somit unter anderem auch auf Defizite im Innovationsmanagement zurückgeführt werden.

Die **Optimale Befriedigung des Kundennutzens durch die Produkte/das Produktprogramm** lädt mit 0,611 auf den Faktor **Innovationsfähigkeit**. Nicht eine an den technischen Möglichkeiten orientierte Innovationspolitik stellt den Erfolg neuer Produkte sicher, sondern die Ausrichtung an den Wünschen der Kunden. Dies setzt allerdings voraus, daß das Kundenbedürfnis vor Beginn des Innovationsprozesses sorgfältig analysiert wird. Erhebliche Schwächen der deutschen Industrie wurden aber gerade bei der Zielmarktanalyse festgestellt. Häufig ist bei den deutschen Industrieunternehmen das Phänomen des *„over-engineering“* zu beobachten. Die Produkte werden mit mehr Leistungen ausgestattet, als der Kunde eigentlich wünscht und folglich zu zahlen bereit ist. Die Wirkung ist dann häufig nicht absatzfördernd, sondern absatzhemmend (vgl. *Burkhardt*, 1992, S. 33).

Eine Korrelation von 0,523 weist die **Optimale Befriedigung des Kundennutzens** mit dem Haupterfolgsfaktor **Hoher Qualitätsstandard der Produkte** auf, der mit 0,590 auf den Faktor **Innovationsfähigkeit** lädt. Es besteht folglich nicht nur eine Wechselbeziehung zwischen der funktionalen Ausstattung eines Produktes und dem Kundennutzen, sondern ebenso zwischen dem Kundennutzen und dem Qualitätsstandard im Sinne einer dauerhaften Fehlerfreiheit.

Mit 0,522 korreliert der **Hohe Qualitätsstandard der Produkte** auch mit dem **Management der Innovationsprozesse**. Es läßt sich schlußfolgern, daß Unternehmen, die über ein qualifiziertes Innovationsmanagement verfügen, auch Produkte hoher Qualität hervorbringen. Das setzt voraus, das im Innovationsprozeß ausreichende Testphasen für Prototypen und Serienprodukte vorgesehen sind. Da Innovationen aber auch schnell in den Markt zu bringen sind, ist es eine wesentliche Aufgabe des Innovationsmanagements, den Konflikt zwischen schneller Prozeßabwicklung und Zeitbedarf für Testphasen aufzulösen.

Wegen des hohen Stellenwertes der **Innovationsfähigkeit** im globalen Wettbewerb wurde auf der Basis eines auf 34 Erfolgsfaktoren erweiterten Datensatzes eine ergänzende und vertiefende Faktorenanalyse mit dem Schwerpunkt **Innovationsmanagement** durchgeführt. In diesem Zusammenhang wurde ein Faktor ermittelt, der mit einem Eigenwert von 3,80 (hinter dem Faktor **Globales Marketing** mit 7,71[159]), die **Determinanten japanischen Innovationsmanagements** umfassend beschreibt. Zu diesen Determinanten gehören die Erfolgsfaktoren[160]:

- **Geschwindigkeit der Umsetzung nach einer Entscheidung** (1; 0,803),
- **Umsetzung von neuen Technologien in marktreife Produkte** (1; 0,785),
- Staatliche Technologieförderung (3; 0,747),
- **Sorgfältige Analyse der Zielmärkte** (1; 0,725),
- Mitwirkungsmöglichkeiten des Einzelnen bei der Entscheidungsvorbereitung (2; 0,718).

Der Faktor **Merkmale japanischen Innovationsmanagements** beinhaltet neben zwei weiteren Erfolgsfaktoren drei Haupterfolgsfaktoren der **Priorität 1**. Davon liefert der Haupterfolgsfaktor **Geschwindigkeit der Umsetzung nach einer Entscheidung** mit 0,803 die höchste, der Haupterfolgsfaktor **Umsetzung von neuen Technologien in marktreife Produkte** mit 0,785 die zweithöchste Faktorladung. Zwischen diesen beiden Haupterfolgsfaktoren besteht eine hohe Korrelation (0,706). Daraus folgt, daß die deutschen Unternehmen, die eine Schwäche bei der Entscheidungsumsetzung gegenüber japanischen Unternehmen aufweisen, auch Schwächen bei der Technologieumsetzung zeigen. Typisch für japanische Unternehmen ist, daß zwar bis zur Entscheidungsfindung eine Weile vergeht, daß aber anschließend mit einer hohen Geschwindigkeit auf der Basis eines breiten Konsenses umgesetzt wird.

Ein Grund dafür ist in der **Mitwirkungsmöglichkeit des Einzelnen bei der Entscheidungsvorbereitung** (Faktorladung 0,718) zu sehen. Dieser Erfolgsfaktor korreliert sowohl mit der **Geschwindigkeit der Umsetzung nach einer Entscheidung** (Korrelationskoeffizient 0,503) als auch mit der **Umsetzung neuer Technologien in marktreife Produkte** (Korrelationskoeffizient 0,536). Zwar ist die in Japan übliche Entscheidungsvorbereitung[161] unter Beteiligung der Mitarbeiter einerseits zeitaufwendig[162]. Andererseits führt dieser partizipative Führungsstil jedoch zu einer

---

[159] Der Faktor entspricht in seiner Variablenkonstellation weitgehend dem Faktor **Integriertes Globalisierungskonzept** der Faktorenanalyse **Globales Marketing Management**, deshalb wird auf eine weitergehende Erläuterung verzichtet.

[160] Haupterfolgsfaktoren **fett**; die Klammern beinhalten die Werte (Priorität des Erfolgsfaktors; Faktorladung).

[161] Das Ausmaß des Mitarbeitereinflusses auf die Entscheidungsfindung in japanischen Unternehmen sollte nicht überschätzt werden. Die Entscheidung wird letztendlich vom Management getroffen. Die Beteiligung der Mitarbeiter an der Entscheidungsfindung ist ein Bestandteil der Informationspolitik und Akzeptanzbildung. Dabei kann das Management allerdings von einer absoluten Mitarbeiterloyalität ausgehen (vgl. *Kinias*, 1992, S. 49 und ebenso die Ausführungen in Kapitel 4.2.1.2 *Entscheidungsfindung und -umsetzung*).

[162] vgl. dazu die Ergebnisse der Stärken/Schwächen-Analyse. Die japanische Industrie wurde bei der **Dauer der Entscheidungsprozesse** deutlich schwächer als die deutsche Industrie bewertet.

schnelleren Umsetzung sowohl der Entscheidungen als auch der Inventionen in vermarktbare Produkte. Umsetzungsschwächen der deutschen Industrie haben somit eine ihrer Ursachen in der Mitarbeiterführung. Ein Abbau dieser Schwächen kann nach japanischem Vorbild durch die stärkere Beteiligung der Mitarbeiter an der Entscheidungsvorbereitung erreicht werden.

Eine hohe Faktorladung von 0,747 wurde auch für die **Staatliche Technologieförderung** errechnet. Sieht man hinter dem Erfolgsfaktor die Rolle des MITI, so hat man ein weiteres typisch japanisches Merkmal des Innovationsmanagements erfaßt. Der Erfolgsfaktor besitzt nur die **Priorität 3**. Ein Abbau der deutschen Schwäche in diesem Bereich ist folglich nicht dringend. Dennoch ist dieser Erfolgsfaktor in einem ganzheitlichen Konzept für die Verbesserung der Innovationsfähigkeit der deutschen Industrie zu berücksichtigen.

Der dritte von drei **Priorität** 1-Haupterfolgsfaktoren, der mit 0,725 hoch auf den Faktor **Merkmale japanischen Innovationsmanagements** lädt, ist die **Sorgfältige Analyse der Zielmärkte**. Die Intensität, mit der japanische Unternehmen die Zielmärkte analysieren, wurde schon oben ausführlicher beschrieben. Für eine Positionsverbesserung der deutschen Industrie im Innovationsmanagement sind auch bei diesem Haupterfolgsfaktor verstärkte Bemühungen notwendig.

5.5.3 Durchführung und Interpretation der Faktorenanalyse „Produktion und Qualität"

Für die Faktorenanalyse im Untersuchungsfeld ***„Produktion und Qualität"*** wurden 35 Erfolgsfaktoren ausgewählt. Daraus wurden 11 Faktoren gebildet, die 86,6% der Varianz aller Erfolgsfaktoren in der Analyse erklären.

Der höchste Eigenwert wurde mit 6,53 für den Faktor **Industrielle Rahmenbedingungen** berechnet. Darunter laden einige wesentliche Standortvariablen mit der **Priorität 1** relativ hoch. Mit 0,882 weist der **Priorität 1**-Erfolgsfaktor **Flexible Gestaltung der Mehrarbeit** die höchste Ladung auf. Die **Fremdkapitalkosten/ Zinsbelastung** (Faktorladung 0,871) sowie die **Höhe der Lohnnebenkosten** (Faktorladung 0,870) sind zwei weitere **Priorität 1**-Erfolgsfaktoren, für die nur eine unwesentlich geringere Ladung ermittelt wurde. Die Gruppe der Standortvariablen wird durch den **Priorität 3**-Erfolgsfaktor **Umweltschutzauflagen** (Faktorladung 0,769) ergänzt.

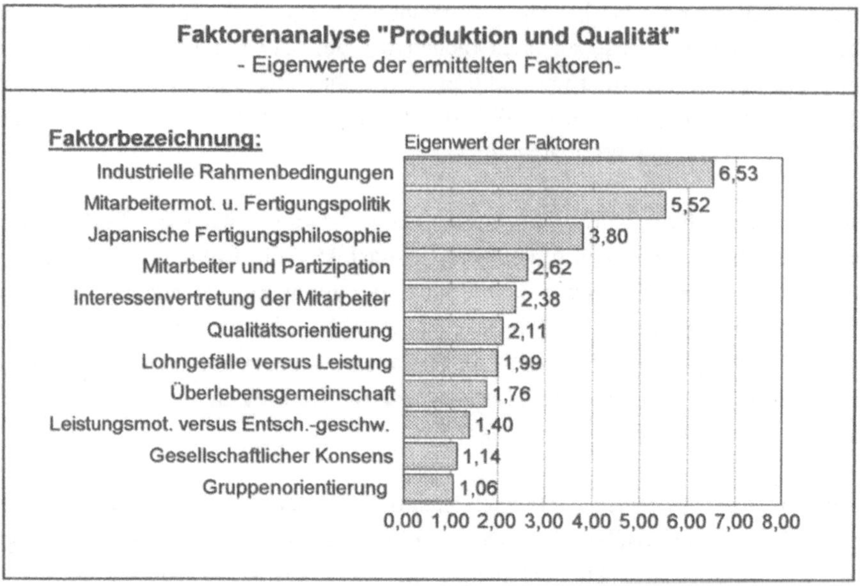

Abbildung 45: Eigenwerte in der Faktorenanalyse "Produktion und Qualität"

Anhand des hohen Eigenwertes des Faktors **Industrielle Rahmenbedingungen** sowie der hohen Priorität der Erfolgsfaktoren, die auf diesen Faktor laden, läßt sich der akute Handlungsbedarf für den Standort Deutschland feststellen. Alle Erfolgsfaktoren sind unternehmensexterner Natur. Sie verschließen sich folglich einer direkten Beeinflussung durch das einzelne Unternehmen. Um eine Verbesserung der Wettbewerbsposition zu erreichen, ist eine umfassendere Initiative unter Beteiligung des Staates und der Tarifparteien, wie sie in Kapitel 6 empfohlen wird, unabdingbar.

Aus der negativen Faktorladung von -0,575 des **Priorität II**-Haupterfolgsfaktors **Effizienz und Effektivität der Organisation** läßt sich die Aussage ableiten, daß die günstigen Standortbedingungen, wie sie beispielsweise in Japan gegeben sind, negativ mit der organisatorischen Effizienz korrelieren. Das heißt, günstige Standortbedingungen führen dazu, daß Unternehmen wenig Druck zur Verbesserung der organisatorischen Wirksamkeit verspüren. Die deutsche Industrie, die empirisch belegte Standortnachteile gegenüber den japanischen Unternehmen bei den oben genannten Erfolgsfaktoren aufweist, hat versucht, diese durch eine Steigerung der organisatorischen Wirksamkeit zu kompensieren (vgl. dazu auch *Steiger*, 1993, S. 1). Dadurch hat sie sich bezogen auf die **Effizienz und Effektivität der Organisation** gegenüber den japanischen Industrieunternehmen eine (knappe) Stärke erarbeitet.

Vor allem mit der **Höhe der Lohnnebenkosten** korreliert die **Effizienz und Effektivität der Organisation** schwach negativ (Korrelationskoeffizient -0,402). Ein Erklärungsansatz könnte darin liegen, daß die deutschen Unternehmen, die gegenüber den japanischen Unternehmen durch eine Schwäche bei den Lohnnebenkosten benachteiligt sind, diesen Nachteil durch eine optimierte Organisation auszugleichen versuchen. Das kann beispielsweise bedeuten, daß die Anzahl der Mitarbeiter reduziert wird, um die Lohnnebenkosten zu senken. Eine höhere Arbeitslosigkeit ist die volkswirtschaftliche Konsequenz.

Faktoren im Untersuchungsfeld "Produktion und Qualität" sowie die dazugehörigen Erfolgsfaktoren mit einer Faktorladung > 0,5

Industrielle Rahmenbedingungen:
- Flexible Gestaltung der Mehrarbeit (1; 0,882)
- Fremdkapitalkosten/Zinsbelastung (1; 0,871)
- Höhe der Lohnnebenkosten (1; 0,870)
- Umweltschutzauflagen (3; 0,769)
- **Effizienz und Effektivität der Organisation** (II; - 0,575)

Mitarbeitermotivation u. Fertigungspolitik:
- Gestaltung der Beschaffungslogistik (2; 0,870)
- Fertigung in globalen Schlüsselmärkten (2; 0,742)
- Identifikation der Mitarbeiter mit dem Unternehmen (1; 0,732)
- Gestaltung der Produktionslogistik (2; 0,574)
- **Geschw. d. Umsetzung nach e. Entscheidung**(1; 0,574)
- Höhe der Löhne (II; - 0,545)

Japanische Fertigungsphilosophie:
- Prozeßorientierung der Organisation (2; 0,840)
- **Wirtschaftlichkeit der Fertigung** (2; 0,815)
- Neuigkeitsgrad der Fertigungsanlagen (3; 0,793)
- **Flexibilität der Fertigung** (1; 0,609)
- **Kontinuierliche Verbesserung der Leistungserstellungsprozesse** (1; 0,562)

Mitarbeiter und Partizipation:
- Mitwirkungsmöglichkeit des Einzelnen bei der Entscheidungsvorbereitung (2; 0,879)
- Jahresarbeitszeit (2; 0,820)
- Beziehungen zwischen Zulieferern und OEM (1; 0,639)

Interessenvertretung der Mitarbeiter:
- Beziehungen zw. Unternehmen u. Gewerkschaften (1; 0,697)
- Rechtliche Stellung der Gewerkschaften (2; 0,696)
- Stellung u. Einflußnahme d. Mitarbeitervertretung (3; 0,678)

Qualitätsorientierung:
- Leistungsfähiges Qualitätssicherungssystem (1; 0,842)
- Qualitätsverantwortung des einzelnen Mitarbeiters (1; 0,737)
- **Hoher Qualitätsstandard der Produkte** (2; 0,654)

Lohngefälle versus Leistung:
- Lohngefälle zwischen Zulieferern und OEM (2; - 0,910)
- **Flexibilität der Fertigung** (1; 0,511)

Überlebensgemeinschaft:
- Flexib. d. Lohnniveaus durch Bonusregelungen (1; 0,910)
- Gruppenorientierung anstelle von Individualisierung (2; 0,545)

Leistungsmot. versus Entscheid.-geschw.:
- Dauer der Entscheidungsprozesse (I; 0,867)
- **Leistungsmot. u. -disziplin d. Beschäftigten** (1; - 0,510)

Gesellschaftlicher Konsens:
- Gesellschaftliches Konsensstreben (2; 0,863)

Gruppenorientierung:
- Umfang des Absentismus (1; 0,757)
- Gruppenorientierung anstelle von Individualisierung (2; - 0,543)

Legende: Die Klammern beinhalten die Werte (Priorität des Erfolgsfaktors; Faktorladung), Haupterfolgsfaktoren sind fett gedruckt.

Abbildung 46: Faktoren im Untersuchungsfeld "Produktion und Qualität"

Gleichzeitig erhöht sich aber auch die Belastung der verbleibenden Mitarbeiter und Führungskräfte, da häufig das gleiche Arbeitspensum von weniger Mitarbeitern zu bewältigen ist. Die erhöhte Arbeitsbelastung sowie die daraus resultierende gesunkene Stimmung und geringere Unternehmensbindung der Mitarbeiter werden, neben den schon in Kapitel 4.2.2.3 genannten Implementierungsproblemen, als Erfolgsbarrieren bei der Einführung von *Lean Management*-Konzepten gesehen (vgl. *Kleb*, 1994, S. 28).

Der Faktor **Mitarbeitermotivation und Fertigungspolitik** besitzt mit 5,52 den zweithöchsten Eigenwert. Darunter laden einerseits Erfolgsfaktoren, die die Fertigungspolitik eines Unternehmens kennzeichnen, hoch. Andererseits finden sich hier auch mitarbeiterbezogene Erfolgsfaktoren wieder. Zu den fertigungsbezogenen

Erfolgsfaktoren zählen die **Gestaltung der Beschaffungslogistik** (Faktorladung 0,870), die **Fertigung in globalen Schlüsselmärkten** (Faktorladung 0,742) sowie die **Gestaltung der Produktionslogistik** (Faktorladung 0,574). Bei allen drei Erfolgsfaktoren, die mit der **Priorität 2** versehen sind, wurden Schwächen der deutschen Industrie nachgewiesen.

Die hohe Ladung der drei Erfolgsfaktoren unter einem gemeinsamen Faktor macht den ganzheitlichen Charakter eines möglichen Verbesserungsansatzes für die deutschen Defizite im Bereich der Fertigung deutlich. Nicht auf einzelne Erfolgsfaktoren begrenzte Bemühungen lösen die Probleme der deutschen Industrie, sondern nur ein integrierter Ansatz, der alle Teilaspekte einer globalen Fertigungspolitik umfaßt.

Dazu gehört auch die Verbesserung der **Identifikation der Mitarbeiter mit dem Unternehmen.** Dieser **Priorität 1**-Erfolgsfaktor stellt die größte unternehmensinterne Schwäche der deutschen im Vergleich zur japanischen Industrie dar. Die fehlende Identifikation der Mitarbeiter kann sich auch in einer geringeren **Geschwindigkeit der Umsetzung nach einer Entscheidung (Priorität 1**-Haupterfolgsfaktor mit einer Faktorladung von 0,574) niederschlagen. Beide Erfolgsfaktoren korrelieren mit einem Wert von 0,531.

Die **Mitarbeitermotivation und Fertigungspolitik** wird weniger von der **Höhe der Löhne**, die nämlich mit -0,545 eine negative Faktorladung aufweist, beeinflußt. Eine extrinsische Motivation über die Lohnhöhe liefert demzufolge keine dauerhafte Problemlösung. Diese Erkenntnis deckt sich mit der „Zwei-Faktoren-Theorie" von Herzberg (vgl. z.B. *Steinmann/Schreyögg*, 1991, S. 425 ff.). Danach gehört die Entlohnung zu den *Hygiene-Faktoren*, die bei ausreichender Berücksichtigung lediglich zum Fortfall der Unzufriedenheit bei den Mitarbeitern führen. Zwar kann die Entlohnung kurzfristig eine hohe Zufriedenheit der Mitarbeiter bewirken, über einen längeren Zeitraum hinweg hält der Anreiz über den Lohn allein nicht an.

Dauerhafte Zufriedenheit kann nur über Arbeitsinhalte erzielt werden. Dazu gehört auch die Möglichkeit zur Persönlichkeitsentfaltung, die beispielsweise durch eine **Mitwirkungsmöglichkeit des Einzelnen bei der Entscheidungsvorbereitung** z.B. in Quality Circles (vgl. *Oess*, 1992, S. 38) geschaffen werden kann. Wie oben beschrieben ist diese Möglichkeit in deutschen Unternehmen jedoch schwächer als in japanischen Unternehmen entwickelt. Eine geringere **Identifikation der Mitarbeiter mit dem Unternehmen** scheint eine meßbare Folge zu sein.

Hinter dem Faktor **Japanische Fertigungsphilosophie** mit einem Eigenwert von 3,80 stehen einige wesentliche Aspekte des *Lean Management* und des *Kaizen* (vgl. dazu Kapitel 4.2.2). Dazu gehören die **Prozeßorientierung der Organisation** (Faktorladung

0,840), der **Priorität 1**-Haupterfolgsfaktor **Flexibilität der Fertigung** (Faktorladung 0,609) sowie der **Priorität 1**-Haupterfolgsfaktor **Kontinuierliche Verbesserung der Leistungserstellungsprozesse** (Faktorladung 0,562). Auch der **Priorität 2**-Haupterfolgsfaktor **Wirtschaftlichkeit der Fertigung** (Faktorladung 0,815) läßt sich noch dazuzählen.

Eine gewisse Korrelation (Korrelationskoeffizient 0,547) besteht zwischen der **Wirtschaftlichkeit der Fertigung** und der **Kontinuierlichen Verbesserung der Leistungserstellungsprozesse**. Eine höhere Prozeßwirtschaftlichkeit in der Fertigung geht folglich mit der Anwendung der *Kaizen*-Philosophie einher. Demgegenüber korrelieren die **Flexibilität der Fertigung** mit dem **Neuigkeitsgrad der Fertigungsanlagen** mit 0,438 deutlich stärker als mit der **Wirtschaftlichkeit der Fertigung** (Korrelationskoeffizient 0,287). Die Stärke japanischer Unternehmen bei der Fertigungsflexibilität geht einher mit einer Stärke beim Neuigkeitsgrad der Fertigungseinrichtungen. Das legt den Schluß nahe, daß japanische Investitionen in der Vergangenheit mit Blick auf die Fertigungsflexibilität getätigt wurden und weniger zur Verbesserung der Wirtschaftlichkeit.

Die Ergebnisse beim Faktor **Interessenvertretung der Mitarbeiter** mit einem Eigenwert von 2,38 sind sehr aufschlußreich. Die Erfolgsfaktoren **Beziehungen zwischen Unternehmen und Gewerkschaften** (Faktorladung 0,697), **Rechtliche Stellung der Gewerkschaften** (Faktorladung 0,696) und **Stellung und Einflußnahme der Mitarbeitervertretung** (Faktorladung 0,678) bilden das Feld der Mitarbeitervertretung umfassend ab.

Alle Erfolgsfaktoren der Untersuchung, die sich auf dieses Gebiet beziehen, laden auf den Faktor hoch. Bei allen Erfolgsfaktoren ist die deutsche Industrie schwächer als die japanische. Das größte Problem besteht beim **Priorität 1**-Faktor **Beziehungen zwischen Unternehmen und Gewerkschaften**. Hier besteht ein erheblicher Handlungsbedarf für die deutsche Industrie, um eine Verbesserung der relativen Position zu erreichen. Im Rahmen der Handlungsempfehlungen, die in Kapitel 6 erläutert werden, wird dieser Aspekt noch aufgegriffen.

Gleichermaßen homogen ist auch das Gesamtbild der Erfolgsfaktoren der Faktorenanalyse **Qualitätsorientierung**, die einen Eigenwert von 2,11 besitzt. Die Erfolgsfaktoren unter diesem Faktor sind entweder mit der **Priorität 1** versehen oder stellen Haupterfolgfaktoren dar. Das macht die relative Wichtigkeit des Faktors **Qualitätsorientierung** deutlich. Die Erfolgsfaktoren mit der **Priorität 1** weisen eine höhere Ladung auf den Faktor **Qualitätsorientierung** auf. Es sind dies ein **Leistungsfähiges Qualitätssicherungssystem** (Faktorladung 0,842) und die **Qualitätsverantwortung des einzelnen Mitarbeiters** (Faktorladung 0,737). Eine etwas geringere Faktorladung von 0,654 wurde für den Haupterfolgsfaktor **Hoher Qualitätsstandard der Produkte** errechnet.

Die Homogenität der genannten Erfolgsfaktoren unter diesem Faktor macht die Notwendigkeit eines ebenso geschlossenen Qualitätskonzepts deutlich. Dabei wurde eine schwache Korrelation zwischen einer hohen Produktqualität und der mitarbeiterbezogenen Qualitätsverantwortung ermittelt (Korrelationskoeffizient 0,408). Eine schwache Korrelation besteht auch zwischen der **Qualitätsverantwortung des einzelnen Mitarbeiters** und einem **Leistungsfähigen Qualitätssicherungssystem** (Korrelationskoeffizient 0,485). Die Bedeutung des Mitarbeiters für den Unternehmenserfolg wird an dieser Stelle ein weiteres Mal sichtbar. Ohne einen stärker mitarbeiterorientierten Führungsstil ist eine Verbesserung der deutschen Wettbewerbsposition beim Faktor **Qualitätsorientierung** nicht möglich. Auch die Veröffentlichungen zum *Total Quality Management* räumen dem Mitarbeiter im ganzheitlichen Qualitätskonzept einen hohen Stellenwert ein (vgl. u.a. *Oess*, 1991, S. 103 ff.; *Töpfer/Mehdorn*, 1993, S. 187 ff.).

5.5.4 Durchführung und Interpretation der Faktorenanalyse „Unternehmensführung und Mitarbeiterorientierung"

Die Faktorenanalyse im Untersuchungsfeld ***„Unternehmensführung und Mitarbeiterorientierung"*** wurde auf der Grundlage von 24 Erfolgsfaktoren durchgeführt. Daraus wurden 9 Faktoren extrahiert, die 79,0% der Varianz aller in die Analyse einbezogenen Erfolgsfaktoren erklären.

Der Faktor **Merkmale des japanischen Führungssystems** besitzt einen Eigenwert von 4,09. Wesentliche Erfolgsfaktoren, die typisch für das japanische Management sind, kennzeichnen diesen Faktor. Die höchste Faktorladung mit einem Wert von 0,764 liefert der **Priorität** 1-Haupterfolgsfaktor **Kontinuierliche Verbesserung der Leistungserstellungsprozesse**. Dieser Haupterfolgsfaktor korreliert schwach mit dem **Priorität** 1-Erfolgsfaktor **Qualitätsverantwortung des einzelnen Mitarbeiters** (Korrelationskoeffizient 0,474), der eine Faktorladung von 0,753 aufweist.

Die Korrelation beider Erfolgsfaktoren ist nachvollziehbar. Die kontinuierliche Verbesserung der eigenen Arbeit und des entsprechenden Arbeitsumfeldes gehört zu den Schlüsselaufgaben aller Mitarbeiter eines japanischen Industrieunternehmens auch auf der unteren Ebene[163]. Sollen die Schwächen der deutschen Industrie im Bereich der permanenten Prozeßverbesserung behoben werden, müssen die Führungskräfte das Qualitätsbewußtsein und die Qualitätsverantwortlichkeit des einzelnen Mitarbeiters durch gezielte Maßnahmen fördern.

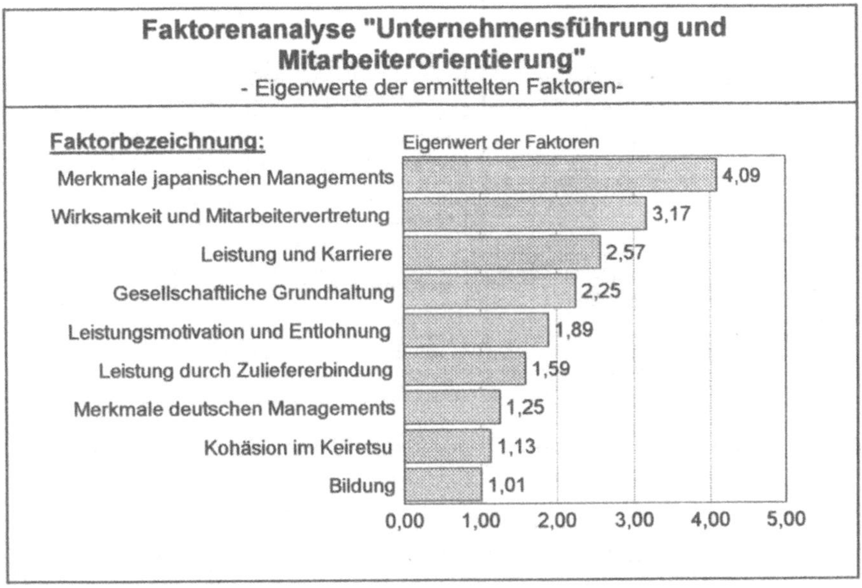

Abbildung 47: Eigenwerte in der Faktorenanalyse "Unternehmensführung und Mitarbeiterorientierung"

Ebenso typisch für das japanische Management ist das Ausmaß der **Prozeßorientierung der Organisation** (Faktorladung 0,662). Die oben erwähnte kontinuierliche Prozeßverbesserung setzt zunächst eine gründliche Analyse der Prozesse im Unternehmen voraus (vgl. *Shingo*, 1993, S. 201 ff., *Biehal*, 1994, S.43 ff., *Döcke*, 1992, S. 133 ff., *Imai*, 1992, S. 75 ff.). Speziell im Zusammenhang mit der Einführung von *Lean Management-* und *Total Quality Management*-Konzepten wird von der deutschen Industrie eine stärkere Prozeßorientierung gefordert. Voraussetzung dafür ist ein Paradigmenwechsel, sowohl bei den Führungskräften als auch bei den Mitarbeitern (vgl. dazu auch 4.2.2). Das klassische vertikal-hierarchische Denken muß einem horizontal-prozeßorientierten Denkansatz weichen. Diese Änderung im Denken, *„The Change of Mindset"* (*Kleb*, 1994, S. 21 f.), verursacht in deutschen Unternehmen derzeit erhebliche Friktionen (vgl. *Hirzel*, 1993, S. 73 ff.).

---

163 Vgl. dazu 4.2.2.1.1 *Die Kaizen-Philosophie als prägendes Element des Lean Management.*

Faktoren im Untersuchungsfeld "Unternehmensführung und Mitarbeiterorientierung" sowie die dazugehörigen Erfolgsfaktoren mit einer Faktorladung > 0,5

Merkmale japanischen Managements:
- **Kontinuierliche Verbesserung der Leistungserstellungsprozesse** (1; 0,764)
- Qualitätsverantw. d. einzelnen Mitarbeiters (1; 0,753)
- Prozeßorientierung der Organisation (2; 0,662)
- Geschwindigkeit der Umsetzung nach einer Entscheidung (1; 0,567)
- Mitwirkungsmöglichkeit des Einzelnen bei der Entscheidungsvorbereitung (2; 0,561)

Wirksamkeit u. Mitarbeitervertretung:
- Stellung u. Einflußn. d. Mitarbeitervertretung (3; 0,820)
- Rechtliche Stellung der Gewerkschaften (2; 0,757)
- Flexible Gestaltung der Mehrarbeit (1; 0,663)
- **Effizienz u. Effektivität d. Organisation** (II; 0,556)

Leistung und Karriere:
- Jahresarbeitszeit (2; 0,911)
- Höhe der Löhne (II; -0,701)
- Karrieregestaltung, hierarchischer Aufstieg (III; 0,574)

Gesellschaftliche Grundhaltung:
- Gesellschaftliches Konsensstreben (2; 0,882)
- Gruppenorient. anst. v. Individualisierung (2; 0,739)

Weitere Faktoren:

Leistungsmotivation und Entlohnung:
- **Leistungsmotivation und -disziplin der Beschäftigten** (1; 0,749)
- Flexibilisierung des Lohnniveaus durch Bonusregelungen (1; -0,741)
- Beziehungen zwischen Unternehmen und Gewerkschaften (1; 0,592)

Leistung durch Zuliefererbindung:
- **Umfang des Absentismus** (1; 0,784)
- **Geschwindigkeit der Umsetzung nach einer Entscheidung** (1; 0,591)
- Beziehungen zw. Zulieferern und OEM (1; 0,561)

Merkmale deutschen Managements:
- Dauer der Entscheidungsprozesse (I; 0,848)
- Entlohng d. Mitarb. a. Basis d. Leistgsbeurt. (III; 0,745)
- **Effizienz und Effektivität der Organisation** (II; 0,670)

Kohäsion im Keiretsu:
- Unt.-verflchtg. z. Absichrg v. Invest. (Keiretsu) (2; 0,942)
- Identifikation d. Mitarb. mit d. Unternehmen (1; 0,533)

Bildung:
- Qualität der Schul- und Berufsbildung (II; 0,851)

Legende: Die Klammern beinhalten die Werte (Priorität des Erfolgsfaktors; Faktorladung), Haupterfolgsfaktoren sind fett gedruckt.

Abbildung 48: Faktoren im Untersuchungsfeld "Unternehmensführung und Mitarbeiterorientierung"

Die **Mitwirkungsmöglichkeit des Einzelnen bei der Entscheidungsvorbereitung** (Faktorladung 0,561) sowie der **Priorität 1**-Haupterfolgsfaktor **Geschwindigkeit der Umsetzung nach einer Entscheidung** (Faktorladung 0,567) sind zwei weitere typisch japanische Managementmerkmale. Beide Merkmale korrelieren mit 0,503. Die partizipative Entscheidungsfindung, wie sie im Kapitel 4.2.1.2 für die japanischen Unternehmen ausführlich theoretisch beschrieben wurde, steht also in einem Zusammenhang mit der Umsetzungsgeschwindigkeit nach einer Entscheidung. Für die deutschen Unternehmen, die Verbesserungen bei der Umsetzungsgeschwindigkeit anstreben, ergibt sich folglich die Notwendigkeit einer Änderung des Führungsstils.

Der Faktor **Wirksamkeit und Mitarbeitervertretung** besitzt einen Eigenwert von 3,17. Darunter laden die Erfolgsfaktoren der Mitarbeiterinteressenvertretung, die **Stellung und Einflußnahme der Mitarbeitervertretung** (Faktorladung 0,820) sowie die **Rechtliche Stellung der Gewerkschaften** (Faktorladung 0,757) hoch. Beide Erfolgsfaktoren besitzen nur eine geringe bis durchschnittliche Priorität. Allerdings bestehen hier zwischen dem japanischen System der Betriebsgewerkschaften und dem deutschen System der Branchengewerkschaften klare Unterschiede. Die Unterschiede bestehen zum einen in der Art der rechtlichen Verankerung, wie sie in Deutschland gegeben ist. Zum anderen besteht in japanischen Unternehmen zwischen Management und Betriebsgewerkschaft (vgl. auch 4.1.4.5) eine außerordentlich sachliche und kooperative Grundhaltung. Beide Seiten sehen sich dem gemeinsamen Ziel verpflichtet, durch die Stabilität und das Wohlergehen des Unternehmens auch die

Arbeitsplatzsicherheit und den Wohlstand für die Mitarbeiter zu gewährleisten (vgl. *Kinias*, 1992, S. 50 f., *Kuwahara*, 1994, S. 294 ff.).

Neben den soeben beschriebenen Erfolgsfaktoren, die den Bereich der Mitarbeitervertretung beschreiben, laden aber auch der **Priorität** 1-Erfolgsfaktor **Flexible Gestaltung der Mehrarbeit** mit 0,663 sowie der Haupterfolgsfaktor **Effizienz und Effektivität der Organisation** mit 0,556 hoch auf den Faktor **Wirksamkeit und Mitarbeitervertretung**. Es ist nachvollziehbar, daß die Mitarbeiterinteressenvertretung und die Gewerkschaften einen Einfluß auf die **Flexible Gestaltung der Mehrarbeit** ausüben. Die Tarifverhandlungen in Deutschland beziehen sich auch auf diesen Gegenstand. Um die Schwäche der deutschen Industrie im globalen Wettbewerb zu beheben, gilt es, auch eine Lösung für die Flexibilisierung der Arbeitszeit zu finden.

Eine weitere Steigerung der **Effizienz und Effektivität der Organisation** deutscher Industrieunternehmen ist allein dadurch jedoch noch nicht sichergestellt. Eine Flexibilisierung der Mehrarbeit für deutsche Unternehmen nur von Nutzen sein, wenn gleichzeitig der Druck auf die Organisation erhalten bleibt, die Effizienz und Effektivität zu erhöhen. Dazu darf Mehrarbeit nur zum Ausgleich von Auftragsspitzen in konjunkturstarken Zeiten verwendet werden. Zum Regelfall darf der Einsatz von Mehrarbeit nicht werden.

5.5.5 Durchführung und Interpretation der Faktorenanalyse „Standort, Arbeit und Entlohnung“

Die Faktorenanalyse im Untersuchungsfeld ***„Standort, Arbeit und Entlohnung“*** wurde auf der Grundlage von 26 Erfolgsfaktoren durchgeführt. Auf dieser Basis wurden 9 Faktoren ermittelt, die 80,4% der Gesamtvarianz aller ausgewählten Erfolgsfaktoren repräsentieren.

Der Faktor **Industriefreundliches Klima** besitzt mit 5,05 den höchsten Eigenwert in der durchgeführten Faktorenanalyse. Auf den Faktor laden die **Priorität 1**-Haupterfolgsfaktoren **Flexible Gestaltung der Mehrarbeit** (Faktorladung 0,875), **Fremdkapitalkosten/Zinsbelastung** (Faktorladung 0,803) und **Höhe der Lohnnebenkosten** (0,585) hoch. Darüber hinaus wurden auch die **Rechtliche Stellung der Gewerkschaften**, die **Stellung und Einflußnahme der Mitarbeitervertretung** und die **Umweltschutzauflagen** diesem Faktor zugeordnet.

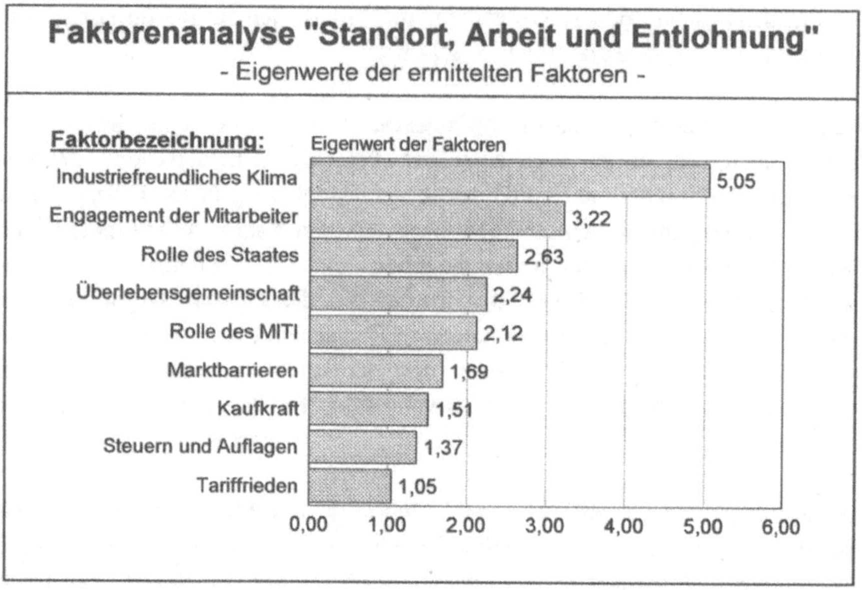

Abbildung 49: Eigenwerte in der Faktorenanalyse "Standort, Arbeit und Entlohnung"

Es läßt sich feststellen, daß die diesem Faktor subsumierten (Haupt-)Erfolgsfaktoren die japanische Unternehmensumwelt charakterisieren. Bei all diesen Erfolgsfaktoren weist die deutsche Unternehmensumwelt im Vergleich zur japanischen mehr oder weniger deutlich ausgeprägte und hoch gewichtete Schwächen auf. Bei den Diskussionen über die Arbeit und Entlohnung in Deutschland ist deshalb ein erweiterter Ansatz zu wählen. Nicht nur die Arbeitszeiten und die Entgelthöhe erfordern eine kritische Revision, sondern die industriebezogene Einstellung in einer wesentlich umfassenderen Form.

Der Faktor **Engagement der Mitarbeiter** weist einen Eigenwert von 3,22 auf. Auf diesen Faktor laden neben der **Jahresarbeitszeit** (Faktorladung 0,821) die beiden **Priorität** 1-Haupterfolgsfaktoren **Leistungsmotivation und -disziplin der Beschäftigten** (Faktorladung 0,811) und **Umfang des Absentismus** (Faktorladung 0,757) sehr hoch. Bei allen drei (Haupt-)Erfolgsfaktoren wurden empirisch erhebliche Schwächen der deutschen im Vergleich zur japanischen Industrie festgestellt. Die Notwendigkeit, Defizite bei diesem Faktor abzubauen, ist offenkundig. Da alle drei Erfolgsfaktoren unternehmensexterner Natur sind, wird eine kurzfristige Verbesserung durch einzelne Unternehmen nur sehr schwer möglich sein. Hier sind Staat, Gewerkschaften und Verbände gefordert, eine geistige Neuausrichtung anzusteuern und zu unterstützen.

Faktoren im Untersuchungsfeld "Standort, Arbeit und Entlohnung" sowie die dazugehörigen Erfolgsfaktoren mit einer Faktorladung > 0,5

Industriefreundliches Klima:
- **Flexible Gestaltung der Mehrarbeit (1; 0,875)**
- Umweltschutzauflagen (3; 0,866)
- **Fremdkaptitalkosten/Zinsbelast. (1; 0,803)**
- Rechtl. Stellung d. Gewerkschaften (2; 0,667)
- Stellung und Einflußnahme der Mitarbeitervertretung (3; 0,641)
- **Höhe der Lohnnebenkosten (1; 0,585)**

Engagement der Mitarbeiter:
- Jahresarbeitszeit (2; 0,821)
- **Leistungsmotivation und -disziplin der Beschäftigten (1; 0,811)**
- Umfang des Absentismus (1; 0,757)

Rolle des Staates:
- Qualität der Schul- und Berufsbildung (II; 0,856)
- Staatliche Bildungspolitik (III; 0,792)
- Staatliche Institutionen zur Steuerung der Wirtschaft (2; -0,708)
- **Beziehung zwischen Staat und Wirtschaft (1; -0,589)**

Weitere Faktoren:

Überlebensgemeinschaft:
- Wettbewerbsintens. i. Heimmarkt (3; 0,808)
- **Flexib. d. Lohnniv. d. Bonusreglgn (1; 0,600)**
- **Identif. d. Mitarb. m. d. Untern. (1; 0,568)**

Rolle des MITI:
- Staatliche Technologieförderung (3; 0,859)
- Gesellschaftliches Konsensstreben (2; 0,543)

Marktbarrieren:
- Verfügbarkeit natürl. Ressourcen (III; -0,849)
- Marktbarrieren z. Kontr. v. Importen (3; 0,604)

Kaufkraft:
- Kaufkraft im Heimmarkt (3; - 0,849)

Steuern und Auflagen:
- Untern.-besteuerung u. -abgaben (3; 0,852)
- Verwaltungsauflagen f. d. Industrie (3; 0,538)

Tariffrieden:
- Höhe der Löhne (II; 0,859)
- Gesellschaftliches Konsensstreben (2; 0,544)

Legende: Die Klammern beinhalten die Werte (Priorität des Erfolgsfaktors; Faktorladung), Haupterfolgsfaktoren sind fett gedruckt.

Abbildung 50: Faktoren im Untersuchungsfeld "Standort, Arbeit und Entlohnung"

5.5.6 *Durchführung und Interpretation der Faktorenanalyse „Japan AG" - Verflechtung und Außenbeziehungen der Unternehmen*

Die Faktorenanalyse im Untersuchungsfeld ***„Japan AG" - Verflechtung und Außenbeziehungen der Unternehmen*** wurde auf der Grundlage von 15 Erfolgsfaktoren durchgeführt. Daraus wurden 5 Faktoren extrahiert, die 66% der Gesamtvarianz aller ausgewählten Erfolgsfaktoren repräsentieren.

Mit 3,20 besitzt der Faktor **Interessenvertretung und Mitarbeiter** den höchsten Eigenwert. Auf den Faktor laden die Erfolgsfaktoren **Rechtliche Stellung der Gewerkschaften** (Faktorladung 0,792), **Beziehungen zwischen Unternehmen und Gewerkschaften** (Faktorladung 0,756) und **Stellung und Einflußnahme der Mitarbeitervertretung** (Faktorladung 0,743) vergleichbar hoch. Die Erfolgsfaktoren bildeten auch bei der Faktorenanalyse ***„Produktion und Qualität"*** einen gemeinsamen Faktor. Eine stabile Erfolgsfaktorenbeziehung zeigt sich auch bei diesen Variablen. Da eine Kommentierung im Rahmen der Analyse der ***„Produktion und Qualität"*** schon vorgenommen wurde, soll an dieser Stelle darauf verzichtet werden. In jedem Fall sind die Erfolgsfaktoren bei der Maßnahmenempfehlung für den Abbau der Schwächen der deutschen Industrie zu berücksichtigen.

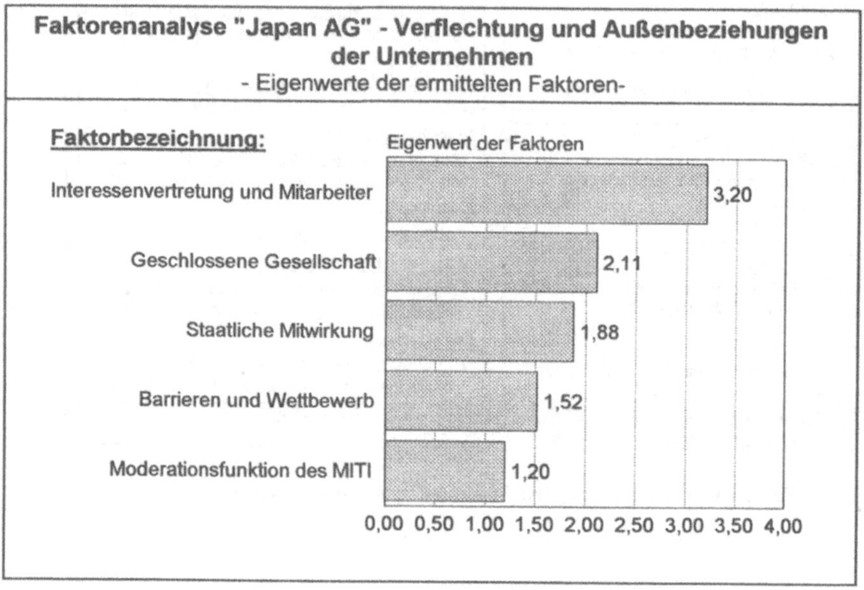

Abbildung 51: Eigenwerte der Faktorenanalyse "Japan AG"

Der Faktor **Geschlossene Gesellschaft** besitzt einen Eigenwert von 2,11. Die höchste Faktorladung weist der Erfolgsfaktor **Marktbarrieren zur Kontrolle von Importen** mit 0,700 auf. Eine annähernd gleiche Faktorladung wurde mit 0,691 für den **Priorität 1-Erfolgsfaktor Beziehungen zwischen Zulieferern und OEM** ermittelt. Auch die beiden weiteren Faktoren **Lohngefälle zwischen Zulieferern und OEM** (Faktorladung 0,607) und **Unternehmensverflechtung zur Absicherung von Investitionen und ihrer Finanzierung (Keiretsu)** (Faktorladung 0,554) sind wesentliche Merkmale der **Geschlossenen Gesellschaft**, wie sie sich aus der Sicht ausländischer Unternehmen in Japan darstellt.

Gerade auch die engen Bindungen zwischen den Zulieferern und den OEM sowie zwischen den Keiretsu-Mitgliedern, auf die schon in den Kapiteln 4.1.3.2 und 4.1.3.3 vertiefend eingegangen wurde, stellen Marktbarrieren dar, die für ausländische Unternehmen nur schwer zu durchschauen und bei einem Markteintritt noch schwerer zu überwinden sind (vgl. *Batzer/Laumer*, 1986a, S. 125).

Faktoren im Untersuchungsfeld "Japan AG - Verflechtung und Außenbeziehungen der Unternehmen" sowie die dazugehörigen Erfolgsfaktoren mit einer Faktorladung > 0,5

Interessenvertretung:

- Rechtliche Stellung der Gewerkschaften (2; 0,792)
- Beziehungen zwischen Unternehmen und Gewerkschaften (1; 0,756)
- Stellung und Einflußnahme der Mitarbeitervertretung (3; 0,743)

Geschlossene Gesellschaft:

- Marktbarrieren zur Kontrolle von Importen (3; 0,700)
- Beziehungen zwischen Zulieferern und OEM (1; 0,691)
- Lohngefälle zwischen Zulieferern und OEM (2; 0,607)
- Unternehmensverflechtung zur Absicherung von Investitionen und ihrer Finanzierung (Keiretsu) (2; 0,554)

Weitere Faktoren:

Staatliche Mitwirkung:

- Beziehung zwischen Staat und Wirtschaft (1; 0,799)
- Staatliche Institutionen zur Steuerung der Wirtschaft, z.B. MITI (2; 0,788)

Barrieren und Wettbewerb:

- Wettbewerbsintensität im Heimmarkt (3; 0,822)
- Identifikation der Mitarbeiter mit dem Unternehmen (1; 0,709)
- Marktbarrieren zur Kontrolle von Importen (3; -0,582)

Moderationsfunktion des MITI:

- Gesellschaftliches Konsensstreben (2; 0,861)
- Staatliche Technologieförderung (3; 0,681)
- Gruppenorientierung anstelle von Individualisierung (2; 0,520)

Legende: Die Klammern beinhalten die Werte (Priorität des Erfolgsfaktors; Faktorladung), Haupterfolgsfaktoren sind **fett** gedruckt.

Abbildung 52: Faktoren im Untersuchungsfeld "Japan AG"

Auf den Faktor **Staatliche Mitwirkung** (Eigenwert 1,88) laden die Erfolgsfaktoren **Beziehungen zwischen Staat und Wirtschaft** (Faktorladung 0,799) und **Staatliche Institutionen zur Steuerung der Wirtschaft** (Faktorladung 0,788) annähernd gleich hoch. Auf die enge Verflechtung zwischen Staat und Wirtschaft (vgl. *McMillan*, 1984, S. 62) in Japan wurde oben eingegangen (vgl. 4.1.2). Es ist fraglich, ob eine derartige Interessenverbindung für Deutschland als Vorbild dienen kann. Sicher ist jedoch, daß eine Intensivierung der Beziehungen zwischen Staat und Wirtschaft in vielerlei Hinsicht für die Verbesserung der relativen Wettbewerbsposition der deutschen im Vergleich zur japanischen Industrie notwendig ist.

5.5.7 Zusammenfassung der wesentlichen Ergebnisse der Faktorenanalysen

Die wesentlichen Ergebnisse, die im Rahmen der durchgeführten Faktorenanalysen ermittelt wurden, sollen nachfolgend zusammengefaßt werden.

Kernaussagen der Faktorenanalysen

zu 5.5.2 Faktorenanalyse „*Globales Marketing Management*":

- Im Rahmen der Globalisierung wird von den deutschen Industrieunternehmen ein integriertes Vorgehen gefordert, das international koordinierte Beschaffungs-, Fertigungs- und Marketingaktivitäten umfaßt.
- Die Innovationsfähigkeit der Unternehmen besitzt im „*Globalen Marketing Management*" einen hohen Stellenwert.
- Der Faktor **Determinanten japanischen Innovationsmanagements** beinhaltet wesentliche (Priorität 1-) Haupterfolgsfaktoren, bei denen die deutsche Industrie erhebliche Schwächen aufweist:
    - **Geschwindigkeit der Umsetzung nach einer Entscheidung,**
    - **Umsetzung neuer Technologien in marktreife Produkte,**
    - **Sorgfältige Analyse der Zielmärkte.**

zu 5.5.3 Faktorenanalyse „*Produktion und Qualität*":

- Bei den Erfolgsfaktoren, die den Faktor **Industrielle Rahmenbedingungen** kennzeichnen, läßt sich für den Standort Deutschland ein akuter Handlungsbedarf feststellen.
- Eine Erhöhung der Leistungsfähigkeit im Bereich der Fertigung erfordert von deutschen Unternehmen ebenfalls ein integriertes Vorgehen, das beschaffungs- und produktionslogistische Maßnahmen, globale Fertigungsaktivitäten und eine stärkere Mitarbeiterorientierung umfaßt.
- Die deutsche Industrie weist bei allen Erfolgsfaktoren, die auf den Faktor **Interessenvertretung der Mitarbeiter** hoch laden, Schwächen im Vergleich zur japanischen Industrie auf.
- Eine höhere Qualitätsorientierung fordert von der deutschen Industrie einen stärker mitarbeiterorientierten Führungsstil.

zu 5.5.4 Faktorenanalyse *„Unternehmensführung und Mitarbeiterorientierung"*:

- Wesentliche Merkmale des japanischen Führungssystems sind die (Haupt-) Erfolgsfaktoren **Kontinuierliche Verbesserung der Leistungserstellungsprozesse** und **Qualitätsverantwortung des einzelnen Mitarbeiters**. Hier besteht für die deutsche Industrie ein erheblicher Verbesserungsbedarf.
- Eine Beseitigung der Defizite bei der Umsetzungsgeschwindigkeit nach einer Entscheidung fordert von der deutschen Industrie eine stärkere Beteiligung des Einzelnen bei der Entscheidungsvorbereitung.

zu 5.5.5 Faktorenanalyse *„Standort, Arbeit und Entlohnung"*:

- Bei den (Haupt-)Erfolgsfaktoren, die den Faktor **Industrielles Klima** kennzeichnen, weist die deutsche im Vergleich zur japanischen Unternehmensumwelt erkennbare und zum Teil bedeutende Schwächen auf.
- Die gleiche Aussage gilt für den Faktor **Engagement der Mitarbeiter**, auf den die (Haupt-)Erfolgsfaktoren **Jahresarbeitszeit, Leistungsmotivation und -disziplin der Beschäftigten** und **Umfang des Absentismus** hoch laden.

zu 5.5.6 Faktorenanalyse *„Japan AG" - Verflechtung und Außenbeziehungen der Unternehmen*:

- Im Rahmen dieser Faktorenanalyse wurde für die Interessenvertretung der Mitarbeiter mit den gleichen Erfolgsfaktoren wie in 5.5.3 ein hoher Stellenwert ermittelt.
- Der Faktor **Geschlossene Gesellschaft**, der die *„Japan AG"* abbildet, wird durch die Marktbarrieren, die engen Bindungen zwischen den Keiretsu-Unternehmen sowie zwischen den Zulieferern und den OEM geprägt.

Die oben zusammengefaßten Aussagen werden bei der Entwicklung strategischer Handlungsempfehlungen zur Verbesserung der Wettbewerbsposition der deutschen Industrie in Kapitel 6 Berücksichtigung finden.

5.6 Empirische Befunde zur langfristigen Entwicklung des Wettbewerbs zwischen deutschen und japanischen Industrieunternehmen auf dem Weltmarkt

Für die strategische Ausrichtung der deutschen Industrie im globalen Wettbewerb mit japanischen Unternehmen ist nicht nur die Diagnose der aktuellen Situation erforderlich, sondern auch die Vorhersage der zukünftigen Entwicklung. Strategische Aktivitäten, die heute eingeleitet werden, entfalten erst in der Zukunft ihre volle Wirksamkeit. Diese Wirksamkeit ist in großem Maße davon abhängig, ob es gelingt, die zukünftige Markt- und Umweltsituation möglichst zutreffend zu antizipieren. Gelingt dies nicht, beruhen die Strategien auf falschen Prämissen und können schlimmstenfalls völlig fehlschlagen.

Im Rahmen der durchgeführten empirischen Studie wurden deshalb die Interviewpartner auch nach ihrer Meinung über die zukünftige Entwicklung des Wettbewerbs zwischen den deutschen und japanischen Industrieunternehmen befragt. Dabei wurde neben der zukünftigen Wettbewerbsintensität auch erhoben, in welchen geographischen Regionen und in welchen Branchen eine entsprechende Intensität zu erwarten ist.

Die Informationen wurden mit Hilfe offener Fragen, d.h. ohne die Vorgabe einer standardisierten Antwortmöglichkeit, erhoben. Das Abschöpfen des umfangreichen Wissens der Befragten sollte durch vorgegebene Antwortkategorien nicht eingeschränkt werden. Für die Auswertung wurden allerdings später Antwortklassen gebildet, denen die erhobenen Informationen dann zugeordnet wurden.

5.6.1 Prognostizierte Entwicklung der Wettbewerbsintensität zwischen deutschen und japanischen Industrieunternehmen

Die Antworten zur Prognose der zukünftigen Wettbewerbsintensität wurden in vier Klassen eingeteilt:

Der Wettbewerb zwischen deutschen und japanischen Industrieunternehmen wird zukünftig...

... zunehmen,
... gleich bleiben,

... abnehmen,
... branchenabhängig zu- oder abnehmen.

Von den 38 Befragten sind 86,8% (= 33 Befragte) der Auffassung, daß der ohnehin schon intensive Wettbewerb zwischen deutschen und japanischen Industrieunternehmen noch weiter zunehmen wird. Dabei wird befürchtet, daß die japanische Industrie ihre starke Wettbewerbsposition ausbauen wird.

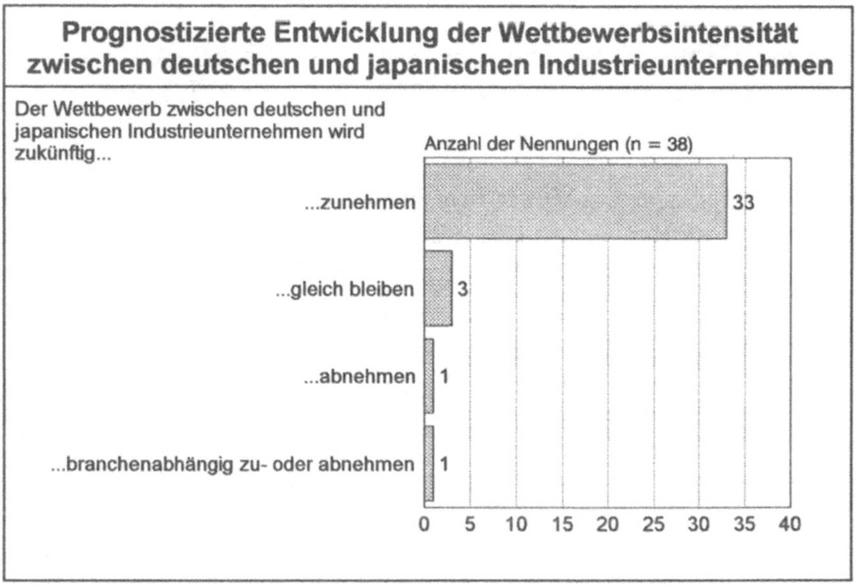

Abbildung 53: Entwicklung der Wettbewerbsintensität

Lediglich drei der 38 Befragten (7,9%) erwarten für die Zukunft keinen weiteren Anstieg der Wettbewerbsintensität. Um im internationalen Wettbewerb gegenüber Japan nicht zurückzufallen, wird den deutschen Industrieunternehmen empfohlen, die Managementanstrengungen deutlich zu verstärken.

Nur einer der Befragten sagt einen abnehmenden Wettbewerb voraus. Grund für diese Aussage ist die nach Meinung des Befragten schon heute aussichtslose Wettbewerbsposition der deutschen Industrieunternehmen bei den Spitzentechnologien. Die deutsche Industrie ist aufgrund ihres Technologierückstandes demnach nicht mehr in der Lage, gegen japanische Unternehmen bei den Spitzentechnologien Wettbewerb zu betreiben.

Eine branchenabhängig unterschiedliche Wettbewerbsentwicklung wird ebenfalls nur von einem Befragten angenommen. Eine erhebliche Intensivierung des Wettbewerbs wird für die Branchen prognostiziert, in denen die deutsche Industrie heute noch eine starke Weltmarktposition besitzt. Als Beispiele werden der Automobilbau, der Maschinenbau und die Chemieindustrie genannt (vgl. auch 5.6.3).

5.6.2 Zukünftige geographische Regionen mit intensivem Wettbewerb zwischen deutschen und japanischen Industrieunternehmen

Bei der Frage nach den geographischen Regionen, in denen der Wettbewerb zwischen deutschen und japanischen Industrieunternehmen zukünftig vornehmlich stattfinden wird, waren Mehrfachantworten möglich. Die 29 auf diese Frage Antwortenden gaben insgesamt 53 Nennungen zu den Regionen ab. Die Gesamtzahl der Nennungen wurde fünf verschiedenen Regionen zugeordnet.

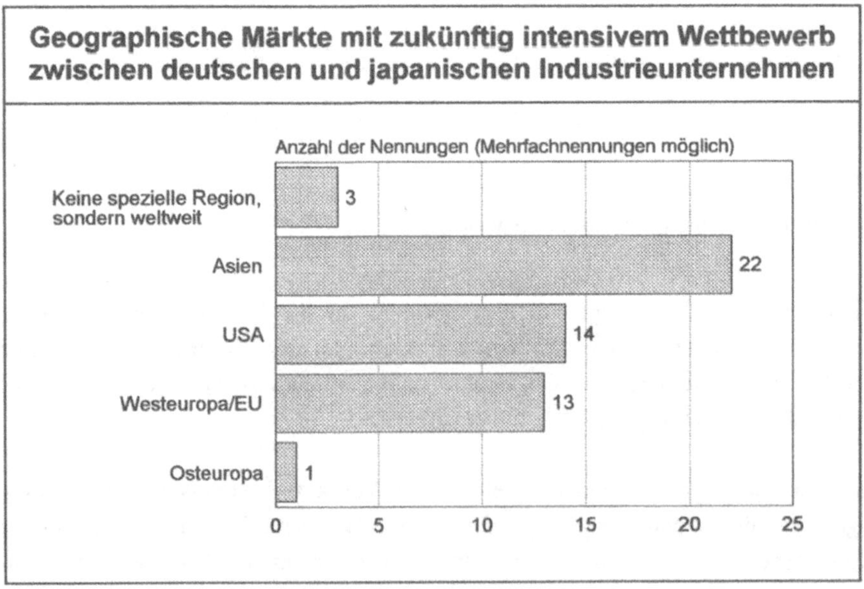

Abbildung 54: Geographische Wettbewerbsschwerpunkte

Nach der Auffassung der Befragten wird der Wettbewerb zwischen deutschen und japanischen Industrieunternehmen auch in Zukunft in der Triade stattfinden. Dabei ist der Begriff der Triade allerdings weiter zu fassen, als es Ohmae mit Japan, den USA und Europa getan hat (vgl. *Ohmae*, 1985, S. 143). Die Bedeutung der nachrückenden asiatischen Industrieländer ist inzwischen so hoch, daß sie ohne weiteres gemeinsam mit Japan zum asiatischen Teil der Triade zusammengefaßt werden können.

Immerhin 22 von 29 Personen (= 75,9%) sehen einen intensiven Wettbewerb zwischen Deutschland und Japan in der asiatischen Region. Daran wird die hohe Bedeutung Asiens im globalen Wettbewerb sichtbar. Einzelne Kommentare der Befragten lassen allerdings darauf schließen, daß der Markteintritt der deutschen Industrie in diesen Markt zu spät erfolgt. Der Wettbewerbsvorsprung, den die Japaner in dieser Region bereits heute erzielt haben, wird als fast uneinholbar beschrieben.

Mit 13 beziehungsweise 14 von 29 ist die Zahl der Befragten, die einen intensiven Wettbewerb in Westeuropa/EU beziehungsweise in den USA prognostizieren, annähernd gleich hoch. Zusammen mit den Antworten, die den Wettbewerbsschwerpunkt in Asien sehen, beziehen sich somit 49 von 53 Antworten auf die erweiterte Triade. Einen darüber hinausgehenden globalen Wettbewerb sagen nur drei der 29 Befragten voraus. Der Erfolg im globalen Wettbewerb entscheidet sich nach Auffassung der meisten Befragten also nicht in den Randregionen wie Afrika und Südamerika, sondern zum weitaus überwiegenden Teil in den Märkten der Triade.

Der osteuropäische Markt besitzt auch zukünftig nur einen geringen Stellenwert im deutsch-japanischen Wettbewerb. Nur einer der Befragten sieht hier eine intensivere Konfrontation der beiden Industrienationen voraus.

5.6.3 Zukünftige Branchen mit intensivem Wettbewerb zwischen deutschen und japanischen Industrieunternehmen

Auch bei der Frage nach den zukünftigen Wettbewerbsbranchen waren Mehrfachantworten möglich. Die 36 Befragten gaben insgesamt 94 Nennungen zu den Branchen ab, für die ein intensiver Wettbewerb zwischen deutschen und japanischen Industrieunternehmen vorhergesagt wird. Diese 94 Nennungen lassen sich auf acht verschiedene Branchen aufteilen.

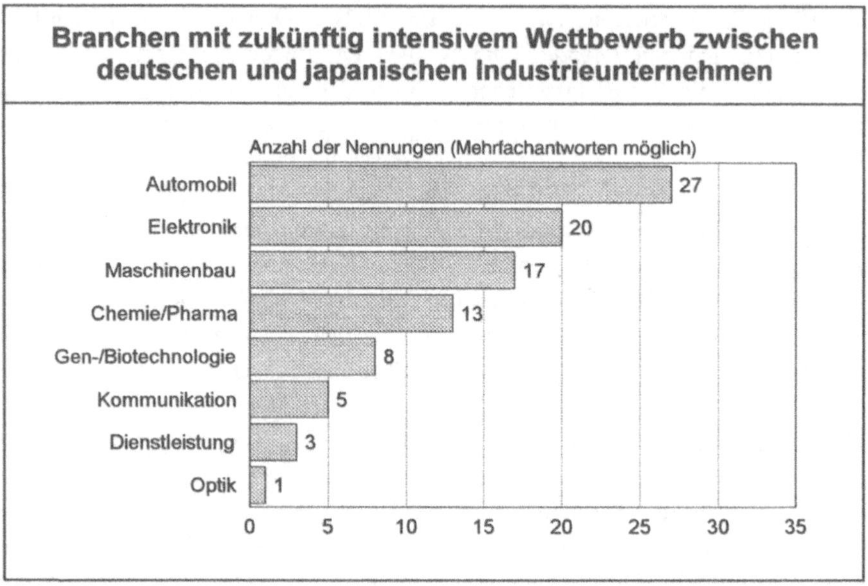

Abbildung 55: Zukünftige Wettbewerbsbranchen

Von den 36 Personen, die sich zu dieser Frage äußerten, nannten 27 (= 75,0%) die Automobilbranche im Zusammenhang mit der Wettbewerbsintensivierung. Der ohnehin schon im intensiven Wettbewerb stehenden Schlüsselbranche der deutschen Industrie steht nach Meinung der Befragten eine weitere Verschärfung bevor. Auch die deutsche Elektronikindustrie, die ebenfalls heute schon unter dem starken japanischen Wettbewerbsdruck leidet, wird sich noch intensiver mit den japanischen Konkurrenzunternehmen auseinandersetzen müssen. Mit 20 Nennungen (= 55,6% der Befragten) sind deutlich mehr als die Hälfte der Befragten dieser Meinung.

Weiteren deutschen Schlüsselbranchen wie dem Maschinenbau und der Chemie- und Pharmaindustrie wird es nicht anders ergehen. Immerhin noch 17 (= 47,2% der Befragten) beziehungsweise 13 (= 36,1% der Befragten) Nennungen beziehen sich auf eine Wettbewerbsintensivierung in diesen Branchen.

Die Anzahl der Nennungen, die sich auf die technologischen Zukunftsfelder Bio-/ Gentechnologie sowie Kommunikationstechnologie beziehen, ist schon deutlich geringer. Acht beziehungsweise fünf Nennungen entfallen auf diese Branchen. Einen intensiveren Wettbewerb im Bereich der Dienstleistungen sehen nur drei Befragte voraus. Für die Optik prognostiziert nur ein Befragter eine Wettbewerbsintensivierung.

5.7 Empirisch ermittelte strategische Handlungsempfehlungen zur Verbesserung der Wettbewerbsposition der deutschen Industrie

Im Rahmen einer ebenfalls offenen Fragestellung sollten die Interviewpartner Empfehlungen für die Verbesserung der Wettbewerbsposition der deutschen Industrie im globalen Wettbewerb abgeben. Dabei wurden Empfehlungen für die Gestaltung der externen Unternehmensumwelt und für die interne Neuausrichtung der Unternehmen unterschieden.

5.7.1 Empirisch ermittelte Empfehlungen zum Abbau der deutschen Schwächen bei den Erfolgsfaktoren der Unternehmensumwelt

Von den 39 antwortenden Personen wurden insgesamt 65 Empfehlungen zum Abbau von Schwächen in der Umwelt der deutschen im Vergleich zur japanischen Industrie gegeben. Zur Auswertung wurden die in der nachfolgenden Grafik abgebildeten Antwortklassen gebildet, denen anschließend die verschiedenen Empfehlungen zugeordnet wurden.

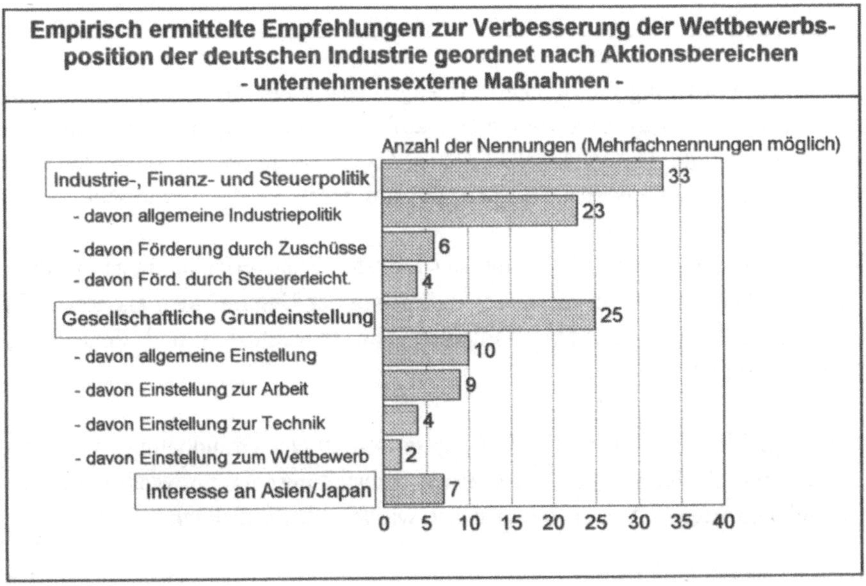

Abbildung 56: Expertenempfehlungen zur Verbesserung der deutschen Wettbewerbsposition bezogen auf unternehmensexterne Maßnahmen

Die Expertenempfehlungen bezüglich der unternehmensextern einzuleitenden Verbesserungsmaßnahmen konzentrieren sich auf zwei Schwerpunktbereiche, auf die staatliche Industrie-, Finanz- und Steuerpolitik mit 33 Nennungen (= 50,8%) sowie als weiteres auf die Grundeinstellung der Gesellschaft mit 25 Nennungen (= 38,5%). Aus der Sicht von sieben Befragten (= 10,8% der Nennungen) ist darüber hinaus eine intensivere Beschäftigung mit den Ländern Asiens notwendig.

Im Rahmen der staatlichen Industrie-, Finanz- und Steuerpolitik besitzt die allgemeine Industriepolitik mit 23 Nennungen das größte Gewicht. Die Empfehlungen zur allgemeinen Industriepolitik lassen sich wie folgt zusammenfassen:

Die häufigsten Empfehlungen zur allgemeinen Industriepolitik:

- 10 Nennungen:
  „Der Staat soll sich als Förderer der Wirtschaft und der Forschung verstehen und eine aktive Moderations- und Motivationsfunktion übernehmen."

- 9 Nennungen:
  „Der Staat soll die Vorarbeit für den Markteintritt durch eine erhöhte Präsenz „vor Ort" leisten und für einen freien Marktzugang sorgen."

Eine finanzielle Förderung der Industrie schlagen nur sechs der Antwortenden vor. Dabei sollen sich die Zuschüsse vor allem auf die Technologieförderung und die Internationalisierung der Unternehmen beziehen. Insbesondere für die Abwicklung von Großprojekten im Ausland werden staatlich subventionierte Kredite gewünscht.

Drei der vier Befragten, die zur Förderung der Industrie Steuererleichterungen fordern, sehen eine ganzheitliche Steuerreform zur Entlastung der Unternehmen als notwendig an. Nur einer hält eine selektive Förderung von Investitionen und Forschungsaktivitäten für sinnvoll.

Von den Empfehlungen, die sich auf die gesellschaftliche Grundhaltung beziehen, sehen zehn eine Änderung der allgemeinen Einstellung als notwendig an. Die diesbezüglich getroffenen Aussagen lassen sich wie folgt kennzeichnen:

Empfehlungen zur Änderung der allgemeinen Einstellung:

- 5 Nennungen:
  „Die Gesellschaft muß das Wertesystem ändern und das Anspruchsdenken abbauen."

- 3 Nennungen:
  „Die Gesellschaft soll auf der Grundlage eines gesunden Nationalismus globaler und weltoffener denken."

- 2 Nennungen:
  „Die Gesellschaft muß den Gemeinsinn und die Konsensbereitschaft erhöhen."

Die Empfehlungen der Befragten, die sich auf die Änderung der Einstellung zur Arbeit beziehen, sind relativ einheitlich. Die Befragten halten es zum einen für notwendig, daß die Gesellschaft zur Leistungs- und Arbeitsorientierung zurückfindet. Insbesondere im Vergleich mit den japanischen Beschäftigten kann das derzeitige Ausmaß an Freizeitorientierung in Deutschland nicht mehr gehalten werden. Die Befragten schlagen deshalb vor, keine weitere Verkürzung der tariflichen Arbeitszeit vorzunehmen, die Arbeitszeit zu flexibilisieren und bei den Lohnforderungen maßvoll zu bleiben.

Die Technikfeindlichkeit der deutschen im Vergleich zur japanischen Gesellschaft kritisieren 4 der Befragten. Ihre Empfehlungen sehen Maßnahmen zur Erhöhung der Technologieakzeptanz in der Bevölkerung vor. Dazu ist ein koordiniertes Vorgehen von Staat und Industrieunternehmen erforderlich.

Zwei der Befragten sind der Auffassung, die deutsche Industrie soll den Wettbewerb als Anreiz zur Leistungsverbesserung sehen. Dabei darf die Wettbewerbsorientierung jedoch nicht zu Lasten der Schwächeren in der Gesellschaft gehen.

Sich intensiver für Asien und Japan zu interessieren, empfehlen sieben Befragte der deutschen Industrie. Zum einen soll eine aktivere Informationspolitik der Medien über die Gesellschaftsstrukturen und die industrielle Leistungsfähigkeit der Länder in der asiatischen Region betrieben werden. Die Auseinandersetzung der deutschen Bevölkerung mit diesen Berichten, soll die Bereitschaft zu gesellschaftlichen Veränderungen fördern. Zum anderen sollen von der Industrie Maßnahmen eingeleitet werden, enger mit Unternehmen in der asiatischen Region zusammenzuarbeiten.

Dieser Schritt soll den Markteintritt in der Region erleichtern und darüber hinaus die Erfahrungen im Umgang mit der fremden Kultur erhöhen.

5.7.2 Empirisch ermittelte Empfehlungen zum Abbau der deutschen Schwächen bei den internen Erfolgsfaktoren

Die 39 antwortenden Personen gaben insgesamt 83 Empfehlungen dazu ab, wie die deutschen Industrieunternehmen im globalen Wettbewerb mit den japanischen Industrieunternehmen ihre Schwächen abbauen können. Die 83 Empfehlungen wurden den in der nachfolgenden Grafik abgebildeten Klassen zugeordnet.

Der eindeutige Schwerpunkt der empfohlenen Maßnahmen liegt im strategischen und globalen Marketing. Zusammengefaßt beziehen sich 58 der insgesamt 83 Empfehlungen (= 69,9%) auf die Teilaspekte des Marketings. Die große Anzahl der Verbesserungsempfehlungen macht den akuten Handlungsbedarf sichtbar, den die deutsche Industrie in diesem Bereich besitzt. Des weiteren werden die im Bereich der Stärken/Schwächen-Analyse ermittelten Ergebnisse auch an dieser Stelle nochmals bestätigt.

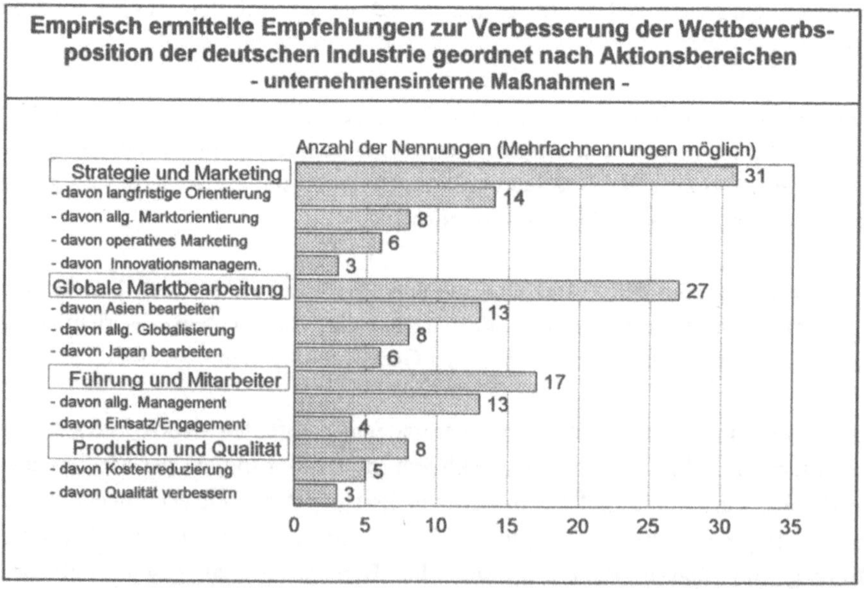

Abbildung 57: Expertenempfehlungen zur Verbesserung der deutschen Wettbewerbsposition bezogen auf unternehmensinterne Maßnahmen

Im Bereich Strategie und Marketing überwiegen die Empfehlungen, die von der deutschen Industrie ein langfristigeres Denken, Planen und Handeln fordern. Von 31 Empfehlungen, die sich auf Strategie und Marketing beziehen, beinhalten 14 den Ratschlag der Langfristorientierung. Nicht das auf die Erlangung des Einzelauftrages reduzierte Verhalten sichert langfristig den Unternehmenserfolg, sondern das strategisch kluge, auf dauerhafte Markterschließung angelegte Marketing.

Im Bereich der allgemeinen Marktorientierung lassen sich die Empfehlungen zu zwei Kernaussagen zusammenfassen:

Empfehlungen zur Verbesserung der allgemeinen Marktorientierung:

- 5 Nennungen:
  „Die deutsche Industrie muß die starke Technologieorientierung zugunsten einer stärkeren Marktorientierung aufgeben. Vor allem die Neigung zum „over-engineering" ist unbedingt abzubauen."

- 3 Nennungen:
  „Die deutsche Industrie muß frühzeitig und sorgfältig die Kundenbedürfnisse analysieren."

Anhand der aufgeführten Aussagen wird die Notwendigkeit einer sorgfältigen Analyse der Zielmärkte, die oben als eine der **Priorität 1**-Schwächen der deutschen Industrie ermittelt wurde, sichtbar. Die Analyse der Kundenbedürfnisse ist eine wesentliche Voraussetzung dafür, daß die einseitige Technologieorientierung aufgegeben wird. Nur wenn präzise erfaßt wurde, was genau das Kundenbedürfnis ist, läßt sich das genannte „over-engineering" vermeiden. Vor allem für die deutsche Investitionsgüterindustrie wurde festgestellt, daß sie durch eine zu reichhaltige Ausstattung der Produkte mit Zusatzfunktionen im Markt eher behindert wird. Der Kunde ist nicht bereit, für technische Ausstattungsmerkmale zu zahlen, die er im alltäglichen Produkteinsatz nicht oder nur selten benötigt (vgl. *Burkhardt*, 1992, S. 32 ff.)

Die Empfehlungen im operativen Marketing umfassen zum einen Vorschläge zur Gestaltung der Kontrahierungspolitik. Neben wettbewerbsfähigen Preisen soll die deutsche Industrie vor allem bei Großprojekten leistungsfähige Finanzierungsangebote unterbreiten können. Zum anderen beziehen sich die Ratschläge auf den persönlichen Verkauf und den Service. In diesen Bereichen soll eine langfristige, vertrauensvolle

Partnerschaft zwischen den internationalen Kunden und dem Vertrieb und Service des deutschen Anbieters aufgebaut und gepflegt werden. Nur ein Vertrauensverhältnis zum Kunden kann eine dauerhafte Kundenbindung sichern.
Im Rahmen des Innovationsmanagements wird vor allem eine Beschleunigung der Innovationsprozesse für notwendig erachtet. Nicht das Entwickeln von Produktideen, sondern die Umsetzung der Ideen in marktreife Produkte muß verbessert werden. Kritisiert wird, daß aufgrund eines fehlenden innovationsfreundlichen Klimas in den Unternehmen Ideen häufig „totgeredet" werden.

Für das globale Marketing deutscher Industrieunternehmen wird hauptsächlich die Bearbeitung des asiatischen Wirtschaftsraumes gefordert. Auch dem Mittelstand wird empfohlen, die Präsenz in den neuen asiatischen Märkten zu erhöhen. Dabei wird zum einen auf die Bedeutung der Volksrepublik China als Zukunftsmarkt hingewiesen. Zum anderen wird betont, daß die NICs (Newly Industrialized Countries) besonders ernst zu nehmen sind. Im globalen Wettbewerb werden die NICs in kurzer Zeit in der Lage sein, die Marktposition der etablierten Industrienationen anzugreifen.

Bei den allgemeinen Globalisierungsempfehlungen läßt sich die Notwendigkeit eines strategischen Internationalisierungskonzepts hervorheben. Von den acht Nennungen, die sich auf die Globalisierung beziehen, beinhalten sechs die Empfehlung, deutsche Industrieunternehmen sollen langfristige Internationalisierungsstrategien entwickeln. Zwei weitere Empfehlungen fordern eine intensivere Unterstützung der Auslandsgesellschaften durch die Stammhäuser der deutschen Unternehmen.

Auf eine intensivere Bearbeitung des japanischen Marktes beziehen sich sechs Empfehlungen. Dabei wird Japan als Maßstab für die Leistungsfähigkeit deutscher Industrieunternehmen angesehen. Die Unternehmen, die es schaffen, im japanischen Markt Fuß zu fassen, können auch auf allen anderen internationalen Märkten dauerhaft bestehen. Empfohlen wird aber gleichzeitig, Japan zu verstehen und nicht zu kopieren.

Von den 17 Vorschlägen, wie die deutsche Industrie ihre Führungs- und Mitarbeiterprobleme beseitigen kann, beinhalten 13 Vorschläge Empfehlungen für die Ausrichtung des Managements im allgemeinen. Der Schwerpunkt der Empfehlungen liegt bei der Mitarbeiterführung sowie Personal- und Führungskräfteentwicklung. Durch die Dezentralisierung der Entscheidungskompetenz und eine stärkere Mitarbeiterorientierung der Führungskräfte soll das Verhältnis zwischen Management und Mitarbeitern verbessert werden. Als Resultat wird eine höhere Mitarbeitermotivation erwartet. Regelmäßiger unternehmensinterner Arbeitsplatzwechsel (Job Rotation), der in Japan recht verbreitet ist (vgl. *Macharzina*, 1993, S. 408), soll eine funktionsübergreifende, vernetzte Sichtweise der Unternehmenszusammenhänge fördern. Die Entsendung jüngerer Mitarbeiter in die Auslandsgesellschaften soll einen höheren Kenntnisstand in bezug auf die Probleme des globalen Marketings ergeben.

Einen höheren persönlichen Einsatz und mehr Engagement bei der Arbeit empfehlen vier der Befragten den deutschen Industrieunternehmen. Vor allem die Umsetzungsprozesse sollen verbessert werden. Es wird den deutschen Unternehmen vorgeworfen, *„im Denken radikal, im Machen zurückhaltend"* zu sein.

Nur acht der insgesamt 83 Vorschläge für unternehmensinterne Maßnahmen zur Verbesserung der Wettbewerbsposition der deutschen Industrie beziehen sich auf die Produktion und Qualität. Der größte Teil davon, nämlich fünf Empfehlungen, stellen die Reduzierung der Fertigungskosten in den Vordergrund. Zu diesem Zweck soll die Verlagerung der Produktion in Länder mit geringeren Lohnkosten sowie die Frage „make or buy" intensiver geprüft werden. Eine Verbesserung der Produktqualität halten drei der Befragten für notwendig.

6. Strategische Handlungsempfehlungen zur Verbesserung der Wettbewerbsposition der deutschen Industrie

Auf der Grundlage der empirischen Untersuchungen sollen im weiteren strategische Handlungsempfehlungen zur Verbesserung der Position der deutschen Industrie im Vergleich mit ihren japanischen Wettbewerbern entwickelt werden. Dabei werden nur die Bereiche bearbeitet, bei denen die Veränderungen einen nachhaltigen Erfolg versprechen. Mit einer Konzentration auf diese Bereiche soll eine Verzettelung der Kräfte vermieden werden. Den Strategien wird dadurch insgesamt eine größere Hebelwirkung verliehen.

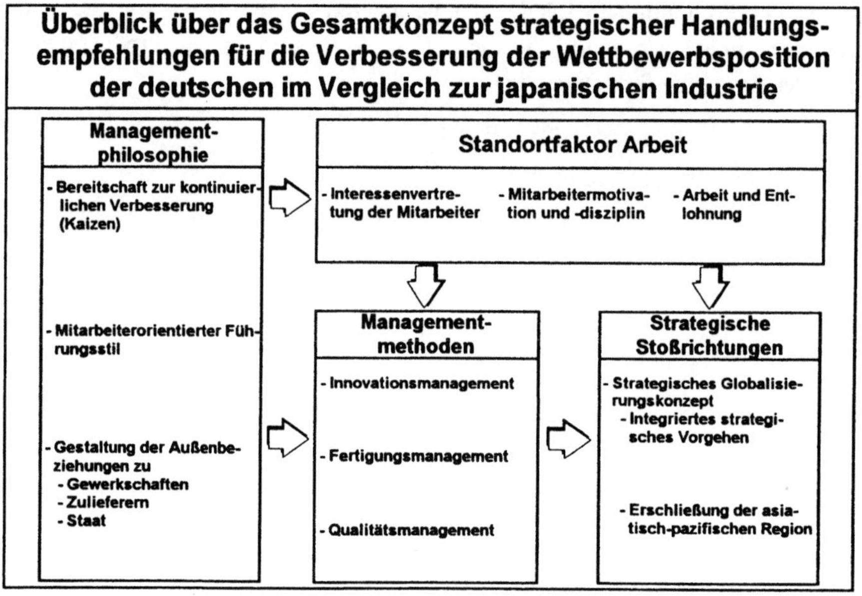

Abbildung 58: Das Gesamtkonzept strategischer Handlungsempfehlungen

Die Bereiche, für die die oben abgebildeten strategischen Handlungsempfehlungen entwickelt wurden, wurden im Rahmen der Stärken/Schwächen-Analyse sowie innerhalb der verschiedenen Faktorenanalysen identifiziert. Ein entsprechender Hinweis auf die relevanten Kapitel der empirischen Untersuchung erfolgt in der Fußnote am Anfang jedes Kapitels.

Es ist zu beachten, daß die einzelnen strategischen Handlungsfelder erhebliche Interdependenzen aufweisen. Das heißt, daß die einzelnen Handlungsfelder nicht, wie in der Grafik dargestellt, voneinander getrennte, monolithische Blöcke bilden, sondern eher umfassende Beziehungsnetzwerke darstellen. Auf die Interdependenzen wird in den einzelnen Abschnitten gesondert eingegangen.

Die strategischen Handlungsempfehlungen haben einen eher globalen Charakter. Sie grenzen die zu bearbeitenden Handlungsfelder in groben Zügen ein. Eine Verfeinerung der Empfehlungen in Form von detaillierten operativen Maßnahmenplänen wird im Rahmen dieser Arbeit nicht vorgenommen.

6.1 Veränderungen in der Managementphilosophie

Die japanische Managementphilosophie unterscheidet sich, wie in Kapitel 4.2.1 ausführlicher beschrieben, in vielfacher Hinsicht von der deutschen. Nicht alle Elemente dieser Philosophie wurden jedoch von den befragten Experten positiv bewertet. So wird beispielsweise das Senioritätsprinzip, das bei der Beförderung von Mitarbeitern in Japan zugrunde gelegt wird, gegenüber dem stärker leistungsbezogenen Ansatz der deutschen Industrie als geringfügig schwächer bewertet[164].

Andererseits wurden zum Teil erhebliche Schwächen in der Einstellung des deutschen Managements festgestellt. Diese liegen vor allem in der Bereitschaft zur kontinuierlichen Verbesserung, in der Gestaltung der Außenbeziehungen der Unternehmen und im Führungsstil begründet. In diesen Bereichen lassen sich Bausteine japanischer Unternehmensführung identifizieren, die auf deutsche Unternehmen übertragbar sind. Durch die Übertragung kann eine Reduzierung oder sogar ein weitgehender Abbau der Schwächen der deutschen Industrie im Bereich der Managementeinstellung bewirkt werden.

---

[164] Vgl. dazu die Ausprägung des Erfolgsfaktors *Karrieregestaltung und hierarchischer Aufstieg* im Stärken/ Schwächen-Profil in Kapitel 5.3.2.

6.1.1 Bereitschaft zur kontinuierlichen Verbesserung (Kaizen)[165]

In den Ausführungen des Kapitels 4.2.2.1.1 wurde *Kaizen* nicht als Führungsinstrument, sondern weit darüber hinausgehend als Führungs-Philosophie verstanden, die tief im Bewußtsein japanischer Führungskräfte und Mitarbeiter verankert ist. Der Haupterfolgsfaktor *Kaizen* wurde in einzelnen Faktorenanalysen als Baustein des typisch japanischen Managements ermittelt. In bezug auf die Fähigkeit, *Kaizen* als die permanente Bereitschaft zur kontinuierlichen Verbesserung täglich zu „leben", wurde die deutsche Industrie erheblich schwächer als die japanische eingeschätzt. Aufgrund der Verknüpfung von Gewichtung und Bewertung ergab sich die Notwendigkeit, diese Schwäche mit hoher Priorität abzubauen.

Kaizen hat erhebliche Auswirkungen auf alle anderen Handlungsfelder, für die im weiteren Verbesserungsmaßnahmen vorgeschlagen werden. Die innere Haltung, das Bestehende nicht als Endzustand zu akzeptieren, sondern als Ausgangspunkt für die Aufdeckung und Beseitigung von Schwachstellen anzusehen, ist die grundlegende Voraussetzung für die Umsetzung aller weiteren Handlungsempfehlungen.

Das setzt einen Wandel in der Grundeinstellung des Managements voraus. Nicht die einmaligen, spektakulären Veränderungen, *durchgesetzt* von einzelnen Führungskräften, entsprechen der *Kaizen*-Philosophie. Was diese Philosophie charakterisiert, ist eher der kontinuierliche Abbau einer Vielzahl kleiner Probleme und Schwächen unter Beteiligung aller Mitarbeiter.

Das deutsche Management muß deshalb seine Aufgabe darin sehen, den Gedanken der permanenten und kontinuierlichen Verbesserung in der gesamten Unternehmensorganisation fest zu verankern. Dazu muß das Management die *Kaizen*-Philosophie zunächst selbst zur Leitlinie des eigenen Handelns machen (vgl. *Imai*, 1992, S. 264 ff.; *Sebestyén*, 1994, S. 28 ff.). Nur wenn *Kaizen* in das gelebte Wertesystem des Managements integriert wird, besteht die Aussicht, daß es auch von den Mitarbeitern übernommen wird.

Der Nutzen einer Einführung der *Kaizen*-Philosophie ist vielfältiger Natur. Eine auf breiter Basis angestrebte Verbesserung wird friktionsfreier realisiert und bewirkt aufgrund der umfassenden Beteiligung der Mitarbeiter eine höhere Akzeptanz für Veränderungen als punktuell durchgeführte Verbesserungsprojekte, an denen nur

---

[165] Die Notwendigkeit der Beseitigung von Schwächen in diesem Handlungsfeld findet ihre empirische Fundierung in den folgenden Kapiteln:

- Stärken/Schwächen-Analyse:	5.2.1; 5.3.2
- Ermittlung des Handlungsbedarfs:	5.4.2
- Faktorenanalyse:	5.5.3; 5.5.4.

wenige Mitarbeiter beteiligt werden. Die Tatsache, daß kleine Veränderungen leichter realisiert werden können, bewirkt eine höhere Erfolgsquote bei der Umsetzung als bei spektakulären, weitreichenden Aktivitäten. Entsprechend höher ist deshalb auch die Motivation der Beteiligten, an einfacheren, überschaubareren *Kaizen*-Projekten mitzuwirken.

Die Einführung von *Kaizen* bedeutet eine umfassende Veränderung in der Gestaltung der Unternehmensführung. Eine erfolgreiche Implementierung kann jedoch nicht mit einer einmaligen Aktion sichergestellt werden. *Kaizen* muß erlernt werden. Probleme und Schwierigkeiten sind dabei unvermeidbar. Gerade da greift aber wieder der *Kaizen*-Gedanke. Die Probleme dürfen nicht verdeckt oder verschwiegen werden, sondern müssen nach japanischem Vorbild als *„Schätze"* betrachtet werden, die es zu finden gilt. Nur die gefundenen, aufgedeckten Probleme können beseitigt werden (vgl. *Imai*, 1992, S. 267). Voraussetzung für die Aufdeckung der Probleme ist die offene Kommunikation zwischen Vorgesetzten und Mitarbeitern, wie sie für japanische Unternehmen typisch ist.

Eine erfolgreiche Einführung von *Kaizen* setzt auf allen Ebenen eine kooperative, konsensorientierte Unternehmenskultur voraus. Eine derartige Kultur ist nur erreichbar, wenn Akzeptanzprobleme gegenüber der *Kaizen*-Philosophie beseitigt werden. Folgende Aktivitäten unterstützen nach der Auffassung von *Imai* die Akzeptanzbildung bei den Mitarbeitern (vgl. *Imai*, 1992, S. 259):

1. Ständiges Bemühen um Verbesserung der Arbeitsbeziehungen
2. Schwerpunkt auf Aus- und Weiterbildung der Mitarbeiter
3. Förderung der Entwicklung informeller Führer
4. Einführung von Gruppenarbeit z.B. in Form von Qualitätszirkeln
5. Förderung und Anerkennung von *Kaizen*-Bemühungen
6. Gestaltung der Arbeitsplätze unter Berücksichtigung der Wünsche der Mitarbeiter[166]
7. Soweit möglich, soziale Belebung des Arbeitsplatzes
8. Training der Vorgesetzten mit dem Ziel einer besseren Kommunikation mit den Mitarbeitern und einer umfassenderen Einbeziehung der Mitarbeiter
9. Disziplin am Arbeitsplatz

Anhand der dargestellten Determinanten wird deutlich, daß die Einführung der *Kaizen*-Philosophie in erheblichem Maße von der Einstellung der Führungskräfte und ihrem Führungsstil abhängt. Insofern ergibt sich eine Verknüpfung zum nachfolgenden Kapitel 6.1.2 *Mitarbeiterorientierter Führungsstil.* Darüber hinaus muß *Kaizen* von umfassenden Personalentwicklungsmaßnahmen begleitet werden. Diese dürfen nicht

---

[166] *Imai* sieht es als Zielsetzung an, Arbeitsplätze so zu gestalten, daß Mitarbeiter an ihnen Lebensziele realisieren können (vgl. *Imai*, 1992, S. 259).

den Charakter von Einmalaktionen haben, sondern müssen kontinuierlich und zielorientiert auf eine Verhaltensänderung der Mitarbeiter und der Vorgesetzten hinwirken.

6.1.2 Mitarbeiterorientierter Führungsstil[167]

Mitarbeiter in japanischen Unternehmen sind in starkem Maße am Prozeß der Entscheidungsvorbereitung beteiligt[168]. Insofern sind sie eher als *„Mitgestalter"* (*Zurflüh*, 1994, S. 49) denn als Mitarbeiter anzusehen. Im Rahmen der empirischen Untersuchung wurde die **Mitwirkungsmöglichkeit des Einzelnen bei der Entscheidungsvorbereitung** lediglich als Erfolgsfaktor mit der Priorität 2 eingestuft. Die Notwendigkeit, Schwächen in diesem Bereich abzubauen, ergibt sich für die deutsche Industrie jedoch aus den Ergebnissen der Faktorenanalysen.

So korreliert die **Mitwirkungsmöglichkeit des Einzelnen bei der Entscheidungsvorbereitung** mit der **Umsetzung von neuen Technologien in marktreife Produkte** (Korrelationskoeffizient 0,536) und der **Geschwindigkeit der Umsetzung nach einer Entscheidung** (Korrelationskoeffizient 0,503), beides Priorität 1-Schwächen der deutschen Industrie[169]. Will die deutsche Industrie Schwächen in der organisatorischen Wirksamkeit und im Innovationsmanagement beheben, ist eine umfassendere Beteiligung der Mitarbeiter am Entscheidungsprozeß unabdingbar.

Die Notwendigkeit einer Neugestaltung der Beziehungen zwischen Mitarbeitern und Management ergibt sich auch aus der Verknüpfung mit den anderen, in Abbildung 58 dargestellten Bereichen, für die unten weitere Handlungsempfehlungen entwickelt werden. So sind Verbesserungen der Mitarbeitermotivation und -disziplin sowie Veränderungen im Bereich Arbeit und Entlohnung nur in enger Abstimmung und Zusammenarbeit mit den Mitarbeitern möglich. Auch der Erfolg der Handlungsempfehlungen, die sich auf die Managementmethoden beziehen, ist nur auf der Grundlage einer stärkeren Einbeziehung der Mitarbeiter möglich.

---

[167] Die Notwendigkeit der Beseitigung von Schwächen in diesem Handlungsfeld findet ihre empirische Fundierung in den folgenden Kapiteln:

- Stärken/Schwächen-Analyse:	5.2.1; 5.2.2; 5.3.2
- Ermittlung des Handlungsbedarfs:	5.4.2
- Faktorenanalyse:	5.5.2; 5.5.3; 5.5.4.; 5.5.5

[168] Vgl. 4.2.1.2 *Entscheidungsfindung und -umsetzung.*

[169] Vgl. 5.5.2 *Durchführung und Interpretation der Faktorenanalyse „Globales Marketing Management"* und 5.5.4 *Durchführung und Interpretation der Faktorenanalyse „Unternehmensführung und Mitarbeiterorientierung"* .

Die Wettbewerbsfähigkeit der deutschen Unternehmen wird maßgeblich von der Fähigkeit des Managements abhängen, die Mitarbeiter nach japanischem Vorbild zu *„Mitgestaltern"* zu machen, d.h. sie aktiv an der strategischen Neuausrichtung der Unternehmen zu beteiligen. Eine wesentliche Voraussetzung für die Neugestaltung der Beziehungen zu den Mitarbeitern ist die Änderung des Selbstverständnisses der Führungskräfte. Das Management muß sich in wesentlich stärkerem Maße der Personalführungsaufgabe zuwenden.

Dazu ist es notwendig, den größten Teil des Tagesgeschäftes zu delegieren, um zeitliche Freiräme für die Mitarbeiterführung zu gewinnen (vgl. z.B. *Macharzina*, 1993, S. 414). Führungskräfte, die durch alltägliche operative Tätigkeiten zu stark belastet sind, können ihre Personalführungsaufgabe nicht mehr ausreichend wahrnehmen. Eine Beteiligung der Mitarbeiter an der Entscheidungsvorbereitung wird dann häufig als zeitraubend und belastend empfunden. Entscheidungen werden vor diesem Hintergrund autokratisch gefällt, was zu einer geringen Entscheidungsakzeptanz und daraus resultierend zu entsprechenden Umsetzungsproblemen führt.

Die japanischen Führungskonzepte, von der *Lean Production* über *Kaizen* bis hin zum *Total Quality Management*, gehen von einer erweiterten Beteiligungsmöglichkeit des Mitarbeiters bei der Gestaltung und Ausführung seiner Arbeit aus. Insbesondere die Erhöhung der Eigenverantwortung am Arbeitsplatz fördert die Bereitschaft der Mitarbeiter, sich in größerem Maße mit der Arbeit zu identifizieren (vgl. *Droege & Comp.*, 1993, S. 25). Auch in wirtschaftlich schwierigeren Zeiten suchen Mitarbeiter nach dem Sinn der Arbeit und wünschen ein umfassenderes Mitsprache- und Mitgestaltungsrecht (vgl. *Beyer/Fehr/Nutzinger*, 1994, S. 8).

Insofern weisen die Anforderungen des Managements an eine leistungsfähigere Unternehmensorganisation und die persönlichen Präferenzen der Mitarbeiter in die gleiche Richtung. Sowohl Management als auch Mitarbeiter streben eine höhere Mitarbeiterbeteiligung und -verantwortung im Rahmen der Leistungserstellung an.

Wesentliche Voraussetzung für die Nutzung der Potentiale, die sich aus dieser Annäherung unternehmerischer Erfordernisse und mitarbeiterbezogener Präferenzen ergeben, sind geeignete Maßnahmen der Personalführung sowie der Organisations- und Personalentwicklung. Insgesamt muß der notwendige Prozeß der Umorientierung zu einer Veränderung des gelebten Wertesystems aller Beteiligten, d.h. zu einer nachhaltigen Veränderung der Unternehmenskultur führen (vgl. *Beyer/Fehr/Nutzinger*, 1994, S. 8 f.).

Einen entscheidenden Beitrag zur Veränderung der Kultur können die Führungskräfte der deutschen Unternehmen leisten. Dabei müssen sie weniger manipulierend auf die

Mitarbeiter einwirken, als vielmehr eine offene, plurale und demokratische Kommunikationsbeziehung zu den Mitarbeitern aufbauen und pflegen (vgl. *Roth*, 1995, S. 38). Die Anforderungen an die Führungskräfte - sowohl bezogen auf den erforderlichen Zeitaufwand als auch bezogen auf die Führungsfähigkeit - sind ungleich höher als bei einem weniger mitarbeiterorientierten Führungsstil. Eine sorgfältige Prüfung der Eignung der Führungskräfte und eine substantielle Vorbereitung auf die neuen Herausforderungen sind deshalb unabdingbar.

Die Bedeutung der Unternehmenskultur und der Führung durch Zielvereinbarung sowie der Stellenwert von Führungsgesprächen - auch in Form eines direkten Feedbacks - werden in Zukunft nach einer empirischen Untersuchung von *Droege & Comp.* (vgl. Abbildung 59) weiter zunehmen.

Empirisch bestätigt wird auch, daß der Stellenwert der erweiterten Entscheidungsbefugnisse und der Mitarbeiterpartizipation zukünftig weiter wachsen wird. Deutsche Unternehmen, die Schwächen im internationalen Wettbewerb abbauen wollen, können dies folglich nur über eine entsprechende Einbeziehung aller Mitarbeiter und Führungskräfte erreichen. Dabei ist eine Kulturveränderung um so erfolgversprechender, je mehr Führungskräfte eine stärkere Mitarbeiterbeteiligung fordern und aktiv fördern (vgl. *Beyer/Fehr/Nutzinger*, 1993, S. 32).

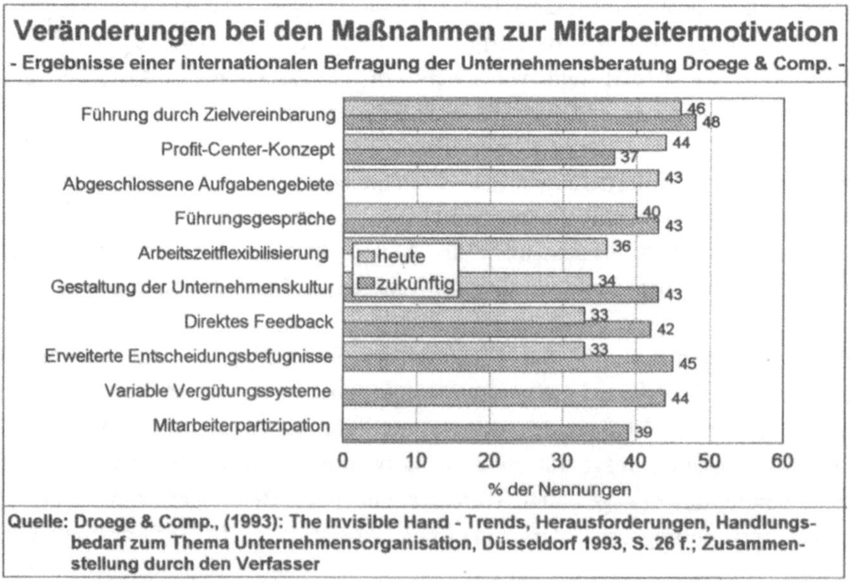

Abbildung 59: Maßnahmen zur Mitarbeitermotivation

Darüber hinaus entscheidet auch die langfristige Ausrichtung der Aktivitäten zur Kulturveränderung über den Erfolg der Bemühungen (vgl. *Lezius*, 1995, S. 54). Eine kurzfristige Einführung - u.U. sogar per Dekret - ist nicht möglich. Verhaltensänderungen benötigen sowohl bei Mitarbeitern als auch bei Führungskräften viel Zeit. Der Zeitbedarf für eine signifikante Änderung der Unternehmenskultur kann sechs bis fünfzehn Jahre betragen. Die zu erwartenden Kosten sind hoch. Die Wahrscheinlichkeit einer erfolgreichen Änderung liegt bei höchstens 50% (vgl. *Kieser*, 1986, S. 50). Vor diesem Hintergrund ist ein schneller Abbau der Schwächen im Bereich der Mitarbeiterorientierung nicht zu erwarten.

6.1.3 Aktive Gestaltung der Außenbeziehungen der Unternehmen[170]

Bei einer Analyse der empirischen Ergebnisse wird erkennbar, daß die deutsche Industrie im Vergleich zu ihren japanischen Wettbewerbern in einer „Beziehungskrise" steckt. Sowohl im Verhältnis zum Staat und zu den Gewerkschaften als auch in den Beziehungen zu den Lieferanten liegen erhebliche Verbesserungspotentiale begründet. Alle drei Beziehungsfelder wurden bei der Ermittlung des Handlungsbedarfs mit der Priorität 1 versehen. Eine Beseitigung der Defizite im Bereich der Außenbeziehungen der Unternehmen ist folglich aufgrund der hohen Bedeutung der Erfolgsfaktoren und der hier gemessenen Schwächen außerordentlich dringlich.

Eine Notwendigkeit zum Abbau der Beziehungsdefizite ergibt sich auch aus den Ergebnissen der Faktorenanalysen, vor allem im Kapitel 5.5.6 *„Japan AG - Verflechtung und Außenbeziehungen der Unternehmen"*. Die Vernetzung dieses Handlungsfeldes mit anderen Handlungsfeldern, für die im Rahmen des Gesamtkonzeptes Empfehlungen zum Abbau von Schwächen entwickelt werden, unterstreicht die Notwendigkeit von Maßnahmen.

Auch anhand eines Zitats wird der Handlungsbedarf zur Verbesserung der Außenbeziehungen der deutschen Unternehmen deutlich. *Seitz* sieht die Stärken der Japaner in der Überlegenheit der japanischen Eliten im Vergleich zu denen Deutschlands. *„Es sind vielmehr die politischen, wirtschaftlichen und*

---

[170] Die Notwendigkeit der Beseitigung von Schwächen in diesem Handlungsfeld findet ihre empirische Fundierung in den folgenden Kapiteln:

- Stärken/Schwächen-Analyse:	5.2.2; 5.3.1
- Ermittlung des Handlungsbedarfs:	5.4.1
- Faktorenanalyse:	5.5.3; 5.5.4.; 5.5.5; 5.5.6
- Empirisch ermittelte Empfehlungen:	5.7.1

gewerkschaftlichen Führungseliten [Japans], *die unseren Eliten überlegen sind. Und sie sind unseren Eliten überlegen, weil sie zusammenarbeiten und Japan in einem grundsätzlichen Konsens in die Zukunft steuern.* " (*Seitz*, 1992b, S. 8).

Die Neugestaltung der Unternehmensbeziehungen zu Staat und Gewerkschaften steht in einem engen Zusammenhang mit den Teilaspekten des Standortfaktors Arbeit. Nur über ein konzertiertes und konsensorientiertes Vorgehen der Tarifpartner und des Staates lassen sich nachhaltige Verbesserungen in diesem Handlungsfeld erzielen. Das klassische Muster der in Deutschland kontrovers und antagonistisch geführten Tarifkonflikte entspricht nicht mehr den Herausforderungen, die sich aus dem internationalen Wettbewerbsdruck einerseits und den nationalen Wirtschaftsproblemen - wie z.B. der steigenden Arbeitslosigkeit - andererseits ergeben. Erste Anzeichen deuten darauf hin, daß sich sowohl bei den Arbeitgeber- als auch bei den Arbeitnehmerverbänden eine Bereitschaft entwickelt, die verhärteten Positionen aufzugeben (vgl. *Weidenfeld*, 1995, S. 20 ff.).

Zwar haben in der Vergangenheit die Betriebsverfassung, die Mitbestimmung und das Konzept der Tarifverträge ihre Leistungsfähigkeit zur Erzielung ökonomischer Effizienz bei gleichzeitigem sozialen Ausgleich immer wieder bewiesen. Die wirtschaftliche Stabilität der Bundesrepublik Deutschland ist in großem Maße auch auf die Ausgestaltung der Beziehungen zwischen den Gewerkschaften und Arbeitgeberverbänden zurückzuführen.

Dennoch wurden in jüngerer Zeit von Arbeitgeberseite vor dem Hintergrund der Internationalisierung des Wettbewerbs zunehmend die zentralen Elemente der Tarifautonomie und der Mitbestimmung als wirtschaftshemmend kritisiert (vgl. *Empter/Kluge*, 1995, S. 11). Eine Verhärtung der Fronten bei den Verhandlungen um Lohnerhöhungen und Arbeitszeitverkürzungen war eine sichtbare Folge. Mit einer Verlagerung lohnintensiver Arbeitsplätze ins Ausland reagiert die Industrie auf die aus ihrer Sicht verschlechterten Standortbedingungen (vgl. *Henkel*, 1995, S. 25).

Eine Veränderung der Grundhaltung bei der Suche nach einem Interessenausgleich zwischen den deutschen Unternehmen und Mitarbeitern setzt ein hohes Maß an Kooperationsbereitschaft und Verantwortungsbewußtsein bei den jeweiligen Interessenvertretungen voraus. Nur wenn die ökonomischen und die sozialen Dimensionen bei der Neugestaltung der Arbeitsbeziehungen in den Unternehmen gleichermaßen berücksichtigt werden, können die im empirischen Teil dieser Arbeit ermittelten Schwächen der deutschen Industrie langfristig und dauerhaft abgebaut werden.

Beyer/Fehr/Nutzinger kommen auf der Grundlage ihrer empirischen Untersuchung zu dem Schluß, daß die vielfältigen Gestaltungs- und Einwirkungsmöglichkeiten der Tarifparteien bisher noch nicht ausgeschöpft sind. Sie fordern von den Unternehmen, den Gewerkschaften, den Betriebsräten und vom Staat die Schaffung eines generellen Klimas der Zusammenarbeit. Auf dieser Basis sollen betriebliche und überbetriebliche Initiativen zum Erhalt oder zur Verbesserung der Wettbewerbsfähigkeit des Wirtschaftsstandortes Deutschland entwickelt werden (vgl. *Beyer/Fehr/Nutzinger*, 1995, S. 22).

Durch einen engeren Austausch und eine stärkere Kooperation mit staatlichen Institutionen können weitere Standortbedingungen industriefreundlicher gestaltet werden. In diese Richtung zielen auch die in Kapitel 5.7.1 zusammengestellten, empirisch ermittelten Empfehlungen zur Verbesserung der Wettbewerbsposition der deutschen Industrie. Vor allem die allgemeine Industriepolitik, bei der der Staat die Moderations- und Motivationsfunktion übernimmt, bildet einen Schwerpunkt der Expertenempfehlungen.

Darüber hinaus bieten sich für den Staat weitere Verbesserungsansätze für eine Erhöhung der Standortattraktivität. Hierzu zählen vor allem ein leistungsförderndes Steuersystem sowie eine Reduzierung der Lohnnebenkosten. Speziell die Lohnnebenkosten wurden im Rahmen der empirischen Analyse als Priorität 1-Schwäche gegenüber der japanischen Industrie angesehen.

Für das einzelne Unternehmen ist es außerordentlich schwierig, wenn nicht sogar unmöglich, die Beziehungen zu Staat und Gewerkschaft auf der Makro-Ebene zu verbessern. Demzufolge ist es die Aufgabe der Wirtschaftsverbände, für einen Abbau der Schwächen auf dieser Ebene Sorge zu tragen. Die einzelnen Unternehmen können Verbesserungen lediglich auf der Mikro-Ebene, d.h. beispielsweise im Innenverhältnis zu den Betriebsräten, anstreben. Auf diesen Aspekt wird in Kapitel 6.2.1 näher eingegangen.

Einen direkten Einfluß auf die Qualität der Kontakte hat das einzelne Unternehmen jedoch bei der Gestaltung der Beziehungen zu den Lieferanten. Auch hier gilt es, das Prinzip der Konfrontation durch eine kooperative Einstellung zu ersetzen. Die Qualität der Beziehungen zwischen den deutschen Industrieunternehmen und den Zulieferern hat einen erheblichen Einfluß auf die gemeinsame internationale Wettbewerbsfähigkeit. Der Erfolg der im Bereich *Managementmethoden* aufgeführten strategischen Handlungsempfehlungen hängt in starkem Maße auch von den Lieferanten ab. Vor dem Hintergrund eines kooperativen Kunden-Lieferantenverhältnisses ist eine engere Zusammenarbeit beim Innovations- und Qualitätsmanagement sowie bei der

Implementierung leistungsfähiger Fertigungskonzepte eher denkbar (vgl. *Kummetsteiner*, 1992, S. 93 ff.).

Die Möglichkeiten einer engeren Zusammenarbeit sind vielfältiger Art. Sie reichen von einer Komplexitätsreduktion beim Kunden über ein gemeinsam betriebenes Target Costing bei Entwicklungsprojekten bis hin zu innovativen Logistik-Lösungen. Voraussetzung für die Nutzung der Möglichkeiten der Zusammenarbeit ist eine enge Kooperation zwischen Kunden und Lieferanten auf allen Ebenen der beteiligten Unternehmen.

Dabei sollte sich jedoch die Partnerschaft auch auf die Verteilung der Renditen beziehen. Im Durchschnitt weisen europäische Zulieferer deutlich niedrigere Renditen auf als ihre *Original Equipment Manufacturer (OEM)*. Demgegenüber erzielen japanische Zulieferer und OEM auf der Grundlage langfristiger partnerschaftlicher Beziehungen annähernd gleiche Renditen (vgl. *Arthur D. Little*, 1992, S. 151).

Die Vorstellungen, die Zulieferer im Bereich der Automobilindustrie bezüglich der Zusammenarbeit mit den Fahrzeugherstellern haben, wurden von den *Bossard Consultants* bei 102 Zulieferunternehmen in Deutschland empirisch erhoben.

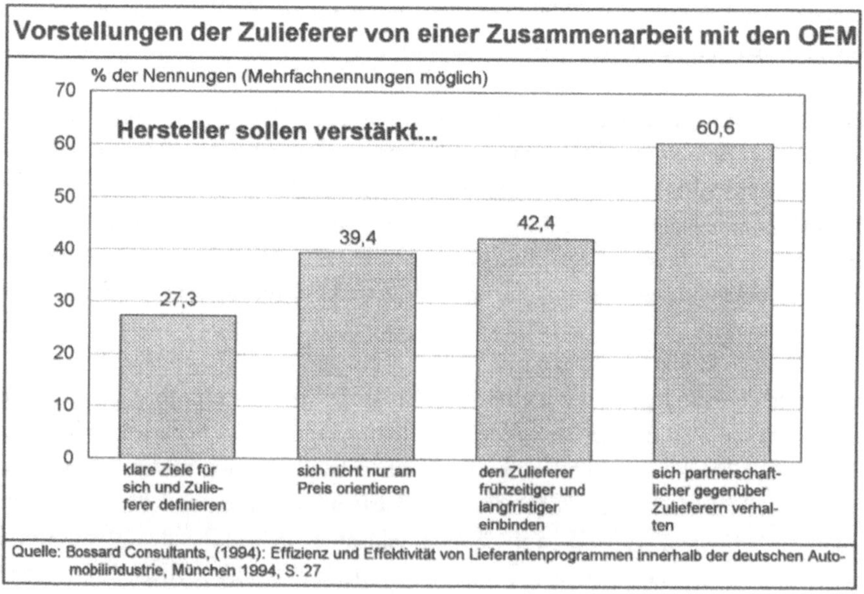

Abbildung 60: Zuliefererwünsche bezüglich einer Zusammenarbeit mit ihren Kunden

Insbesondere die partnerschaftliche und langfristige Zusammenarbeit steht im Vordergrund der Zuliefererwünsche an den OEM. Eine neue Kultur der Zusammenarbeit ist demzufolge - wie auch in der Gestaltung der Beziehungen zwischen Unternehmen, Staat und Gewerkschaften - von Nöten, um Schwächen der deutschen Industrie im Vergleich zur japanischen Industrie abzubauen.

Im Zusammenhang mit den strategischen Handlungsempfehlungen im Bereich der Mitarbeiterführung wurde bereits darauf hingewiesen, daß Kulturänderungen nur über größere Zeiträume erzielbar sind. Das gleiche gilt für die Neugestaltung der Außenbeziehungen der Unternehmen. Auch hier wird es darauf ankommen, langfristig und dauerhaft auf das gemeinsame Ziel einer partnerschaftlichen, konsensorientierten Zusammenarbeit hinzuwirken.

6.2 Anpassung des Standortfaktors Arbeit an die veränderten Wettbewerbsbedingungen

Der Standortfaktor Arbeit gewinnt durch die Einführung von Organisationsformen, die durch höhere Mitarbeiterbeteiligung und -verantwortung gekennzeichnet sind, eine neue Bedeutungsdimension. Das gilt beispielsweise bei der Einführung einer prozeßorientierten Organisation, bei der Einführung der *Kaizen*-Philosophie oder auch bei der Verlagerung der Qualitätsverantwortung an den Arbeitsplatz. Der hohe Stellenwert arbeitsbezogener Erfolgsfaktoren wird durch die empirischen Ergebnisse dieser Arbeit deutlich belegt.

In den arbeitsbezogenen Erfolgsfaktoren liegt ein entscheidendes Potential für den Erfolg innerbetrieblicher Veränderungsprozesse ebenso wie für marktgerichtete Aktionen des Unternehmens begründet (vgl. dazu auch *Fischer*, 1995, S. 571 ff.; *Morris/Brandon*, 1994, S. 319). Der Abbau von Schwächen beim Standortfaktor Arbeit ist in einer engen Verbindung mit den Handlungsempfehlungen in den Bereichen *Managementmethoden* und *strategische Stoßrichtungen* zu sehen. Eine höhere interne und externe Wirksamkeit zur Steigerung der Wettbewerbsfähigkeit deutscher Industrieunternehmen läßt sich durch flankierende Maßnahmen beim Standortfaktor Arbeit leichter realisieren. In diesem Kontext sind vor allem das Selbstverständnis der Mitarbeiterinteressenvertretung, die Mitarbeitermotivation und -disziplin sowie die Bereiche Arbeitszeit und Entlohnung den veränderten Anforderungen globalen Wettbewerbs anzupassen.

6.2.1 Neues Selbstverständnis der Mitarbeiter-Interessenvertretung[171]

Die Notwendigkeit von strategischen Handlungsempfehlungen, die sich auf einen Abbau der deutschen Schwächen im Bereich der Mitarbeiter-Interessenvertretung beziehen, ergibt sich hauptsächlich aus den im empirischen Teil durchgeführten Faktorenanalysen. Dabei zeichnet sich die Beziehung der Erfolgsfaktoren, die die Interessenvertretung der Mitarbeiter kennzeichnen, durch eine hohe Stabilität aus. Sowohl im Rahmen der Faktorenanalyse *Produktion und Qualität* (vgl. 5.5.3) als auch in der Faktorenanalyse *„Japan AG" - Verflechtung und Außenbeziehungen der Unternehmen* (vgl. 5.5.6) laden die Erfolgsfaktoren **Rechtliche Stellung der Gewerkschaften** (Priorität 2), **Beziehungen zwischen Unternehmen und Gewerkschaften** (Priorität 1) und **Stellung und Einflußnahme der Mitarbeitervertretung** (Priorität 3) auf den gleichen gemeinsamen Faktor **Interessenvertretung** hoch.

In zwei weiteren Faktorenanalysen (vgl. 5.5.4 und 5.5.5) wird die Vernetzung der Erfolgsfaktoren, die sich auf die Interessenvertretung beziehen, mit anderen Handlungsfeldern nachgewiesen. Dabei wird der Zusammenhang zwischen der Effizienz der Unternehmen sowie einem industriefreundlichen Klima einerseits und verschiedenen Erfolgsfaktoren der Mitarbeiterinteressenvertretung andererseits sichtbar.

Auf die Notwendigkeit einer Neuorientierung der Beziehungen zwischen Unternehmen und Gewerkschaften wurde bereits im Kapitel 6.1.3 hingewiesen. Nicht nur die Unternehmen, sondern auch die Gewerkschaften sind gefordert, ihre Einstellung gegenüber dem „Gegner" im Tarifkonflikt zu überdenken. *Porter* ist der Auffassung, daß der anhaltende Wohlstand das Verhalten der Gewerkschaften negativ beeinflußt. *„Die* [deutschen] *Gewerkschaften beschäftigen sich zunehmend damit, den Status quo zu wahren - als existiere die übrige Welt überhaupt nicht - und Barrieren zu errichten gegen Veränderungen."* (*Porter*, 1991, S. 736).

Dementsprechend werden nicht nur eine Veränderung der Unternehmenskultur und der Führungsphilosophie erforderlich, sondern auch eine kritische Hinterfragung und Veränderung des klassischen Rollenverständnisses der Gewerkschaften sowie des Betriebsrates. Die Kooperation muß die Konfrontation als Stil der tarifparteilichen Gespräche und Verhandlungen ersetzen. Einigungsbereitschaft und Konsensorientierung sollten das Bemühen um einen Interessenausgleich bestimmen und

---

[171] Die Notwendigkeit der Beseitigung von Schwächen in diesem Handlungsfeld findet ihre empirische Fundierung in den folgenden Kapiteln:

- Stärken/Schwächen-Analyse:	5.3.1; 5.3.2
- Ermittlung des Handlungsbedarfs:	5.4.1
- Faktorenanalyse:	5.5.3; 5.5.4.; 5.5.5; 5.5.6

allmählich das Beharren auf verhärteten Positionen und einen unergiebigen Ideologiedistput ersetzen. Nur mit einer partnerschaftlich-kooperativen Grundhaltung können Unternehmen, Betriebsräte und Gewerkschaften gemeinsam den volks- und betriebswirtschaftlichen Herausforderungen des internationalen (Standort-)Wettbewerbs dauerhaft begegnen.

Dazu gehört auf der Seite der Mitarbeitervertretung das Bemühen, die Motive und Beweggründe der Unternehmen um einen Erhalt der internationalen Wettbewerbsfähigkeit in das eigene Kalkül einzubeziehen. Mitarbeitervertretung und Unternehmen müssen erkennen, daß sie prinzipiell keine gegensätzlichen, sondern gleiche Interessen haben (vgl. *Seitz*, 1992b, S. 8). Beide wollen auf der Grundlage des betriebswirtschaftlichen Erfolgs eine stabile Unternehmenszukunft mit sicheren Arbeitsplätzen gewährleisten.

Insofern müßte eine Bereitschaft zur symbiotischen Zusammenarbeit zwischen Unternehmen, Betriebsräten und Gewerkschaften nach japanischem Vorbild realisierbar sein. *„Japanische Arbeitnehmer und ihre Gewerkschaften sind sich dessen bewußt, daß ein offener Konflikt über technologische Veränderungen und Arbeitsorganisation die Wettbewerbsfähigkeit der Firmen beeinträchtigen und verminderte Anreize zu Inlandsinvestitionen zur Folge haben kann; und dies könnte zu einem Rückgang der Beschäftigung führen."* (*Kuwahara*, 1994, S. 296). Diese Einstellung der Mitarbeiter und ihren Interessenvertretungen, von der Deutschland noch einiges entfernt ist, hat sich erst nach der ersten Ölkrise in Japan entwickelt (vgl. dazu auch *Kuwahara*, 1994, S. 296 ff.). Die Beschäftigungskrise in Deutschland könnte eine ähnliche Katalysatorfunktion erfüllen.

Nicht nur die gewerkschaftliche Rolle, sondern auch die Rolle des Betriebsrats ist in einer Arbeitsumgebung, die in vielerlei Hinsicht einem starken Wandel unterliegt, den veränderten Rahmenbedingungen anzupassen. Der Betriebsrat muß zukünftig in größerem Maße als bisher eine Aufgabe als *„Moderator und Organisator des Interessenausgleichs"* (*Beyer/Fehr/Nutzinger*, 1993, S. 20) zwischen Unternehmensleitung und Mitarbeitern erfüllen. Dabei geht es aus Sicht der Unternehmensleitung um weit mehr als um passiv erduldete betriebliche Mitbestimmung im Sinne eines „Auskommens" mit dem Betriebsrat (vgl. *Raupach*, 1991, S. 67).

Analog zu den stärker partizipativen Führungskonzepten des *Lean Management*, bei denen durch die Prozeßorientierung, die Verlagerung der Qualitätsverantwortung und die Einbindung in den *Kaizen*-Prozeß die Leistungspotentiale der Mitarbeiter aktiviert werden, müssen zukünftig auch in größerem Maße als bisher die Leistungspotentiale des Betriebsrats aktiv für die Erreichung gemeinsamer Zielsetzungen genutzt werden.

Der Betriebsrat kann aufgrund seiner Integrationskraft und seiner arbeitsbereichsübergreifenden Kommunikationsmöglichkeiten einerseits die Bedürfnisse, Meinungen und Erfahrungen der Mitarbeiter erfassen und gegenüber der Unternehmensführung artikulieren. Andererseits kann er die Strategien und Maßnahmen des Managements gegenüber den Mitarbeitern kommunizieren und dort aktiv Akzeptanz und Unterstützung herbeiführen (vgl. *Raupach*, 1991, S. 67; *Beyer/ Fehr/Nutzinger*, 1995, S. 21).

Im Vordergrund der Betriebsratsarbeit stehen nach diesem neuen Rollenverständnis

- die Intensivierung des Dialogs mit den Mitarbeitern,
- die konstruktive Auseinandersetzung mit neuen Arbeitsformen,
- die aktive Unterstützung organisatorischer und technischer Veränderungen und
- die intensive und kooperative Zusammenarbeit mit der Geschäftsleitung.

Empirischen Untersuchungen zufolge besteht über die Grundlinien der neu ausgerichteten Betriebsratsarbeit ein Einverständnis zwischen den Unternehmensleitungen und Betriebsräten (vgl. *Beyer/Fehr/Nutzinger*, 1993, S. 20). Es stellt sich die Frage, wie dieses grundsätzliche Einverständnis in eine praktische, alltäglich gelebte Zusammenarbeit umgesetzt werden kann.

Ein entscheidender Schritt besteht darin, auf Seiten des deutschen Managements eine andere Einstellung zum Nutzen der Betriebsratsarbeit zu entwickeln. In bezug darauf kann die japanische Mitbestimmungskultur als Modell dienen. Das Instrument der Mitbestimmung dient dort neben der Erzielung von Beschäftigungssicherheit und Verteilungsgerechtigkeit auch zur Erhöhung der Unternehmensproduktivität (vgl. *Raupach*, 1991, S. 66; *Fucini/Fucini*, 1993, S. 42 f.). Das sieht auch der japanische Arbeitgeberverband *Nikkeiren* so: *„Einerseits führt die Demokratisierung des Managements über die gemeinsame Förderung des Konsensus im Unternehmen zu einer Verbesserung und Stabilisierung der Beziehungen der Sozialpartner. Andererseits wird durch die Humanisierung der Arbeitswelt ... die Arbeitsmoral gesteigert. Beides zusammen bewirkt eine Steigerung der Produktivität und eine Durchsetzung von Effizienz.“* (*Nikkeiren Zenin Keiei Shoiinkai*, zitiert nach: *Raupach*, 1991, S. 66).

Nach diesem Grundverständnis wird in Japan die Betriebsgewerkschaft durch das Management aktiv in die Entscheidungsvorbereitung einbezogen. Würde der Betriebsrat auch in deutschen Unternehmen als produktivitätssteigernd statt -hemmend eingeschätzt, könnte ein regelmäßiges Konsultationssystem insgesamt zu einer friktionsfreien Umsetzung gemeinsam vorbereiteter Führungsentscheidungen beitragen. Mit der Unterstützung des Betriebsrats könnte aufgrund der höheren

Umsetzungsgeschwindigkeit nach der Entscheidung die Unternehmenseffizienz gesteigert werden.

Durch eine Distanzierung von den überkommenen Klischees einer unternehmensinternen „Opposition" zur Unternehmensleitung kann der Betriebsrat seinen Beitrag zu einer neuen Qualität in der Zusammenarbeit leisten. Für eine stärkere Beteiligung an der Entscheidungsfindung und am Interessenausgleich in der Unternehmung ist allerdings ein hohes unternehmerisches Grundverständnis und Verantwortungsbewußtsein des Betriebsrats unerläßlich. Mit dieser geänderten unternehmerischen Perspektive kann es durchaus erforderlich sein, daß der Betriebsrat aus der Sicht der Mitarbeiter unpopuläre, aber aus Sicht der Unternehmung notwendige Entscheidungen mittragen muß.

Diese geänderte Haltung des Betriebsrats darf von den Mitarbeitern des Unternehmens nicht als Opportunismus fehlverstanden werden. Erst durch verantwortungsbewußtes, interessenausgleichendes Handeln kann der Betriebsrat als akzeptierter Partner in eine Zusammenarbeit mit der Unternehmensführung eintreten. Nur über diese Partnerschaft kann dann auch sichergestellt werden, daß die mitarbeiterbezogenen Interessen bei den Unternehmensführungsentscheidungen angemessen berücksichtigt werden.

Es bleibt abzuwarten, ob über eine derartige inhaltliche Ausgestaltung der Zusammenarbeit angesichts der drängenden Probleme im Gesamtumfeld des Standortfaktors Arbeit Einigkeit erzielt werden kann. Das Bemühen von Unternehmen und Mitarbeiterinteressenvertretungen sollte jedoch - unabhängig von den derzeit noch unterschiedlichen Perspektiven - vom Aspekt der Kooperation, d.h. der Kultur *„Miteinander statt Gegeneinander"* (vgl. *Briam*, 1995, S. 23 ff.), bestimmt werden. Nur gemeinsam lassen sich die aus den Arbeitskosten und -zeiten sowie aus der hohen Arbeitslosigkeit resultierenden Probleme lösen. Alle Beteiligten müssen sich immer wieder bewußt machen, daß aus einer Konfrontation weder die Unternehmen noch die Mitarbeiterinteressenvertretungen dauerhaft und einseitig einen Nutzen ziehen können.

6.2.2 Höhere Mitarbeitermotivation und -disziplin[172]

Die beiden größten unternehmensexternen Schwächen der deutschen Industrie liegen in der Einstellung der Mitarbeiter zu Arbeit und Leistung begründet. Sowohl für den Haupterfolgsfaktor **Leistungsmotivation und -disziplin der Beschäftigten** (einziger externer Haupterfolgsfaktor) als auch für den Erfolgsfaktor **Umfang des Absentismus** wurde die Priorität 1 ermittelt. Der unternehmensinterne Priorität 1-Erfolgsfaktor **Identifikation der Mitarbeiter mit dem Unternehmen** läßt sich ebenfalls diesem Handlungsfeld zuordnen. Vor allem in der Faktorenanalyse *„Standort, Arbeit und Entlohnung"* wird der Stellenwert der aufgeführten Variablen durch eine hohe Ladung auf den Faktor *Engagement der Mitarbeiter* unterstrichen.

Darüber hinaus läßt sich die Notwendigkeit eines Abbaus der Schwächen beim Standortfaktor Arbeit anhand der empirisch ermittelten Empfehlungen zur Verbesserung der Wettbewerbsposition der deutschen Industrie belegen. Hier werden bei den unternehmensexternen Maßnahmen unter anderem eine Veränderung des Wertesystems und des Anspruchsdenkens sowie eine geänderte Einstellung zur Arbeit gefordert.

In dieser Arbeit wurde bisher die Notwendigkeit einer stärkeren Mitarbeiterbeteiligung im Zusammenhang mit der Einführung von *„schlanken"* Organisationsformen sowie von Gruppenarbeit und Qualitätsmanagement diskutiert. Die Delegation von Aufgaben, Kompetenzen und Verantwortung durch die Führungskräfte auf die Mitarbeiter ist die notwendige Konsequenz der produktivitäts- und qualitätsverbessernden Organisationsformen (vgl. dazu auch *Fischer*, 1995, S. 571 ff.).

Bisher nicht beleuchtet wurde der Aspekt der Bereitschaft und der Fähigkeit der Mitarbeiter, diese höhere Verantwortung auch zu übernehmen. Die hohe Qualität der Schul- und Berufsbildung der deutschen Mitarbeiter - eine der wenigen empirisch ermittelten Stärken der deutschen im Vergleich zur japanischen Industrie - schafft die fähigkeitsbezogenen Voraussetzungen für eine Übernahme höherer Verantwortung.

Eine aktivere Beteiligung an der Gestaltung der Unternehmensprozesse erfordert in größerem Umfang ein persönliches Engagement und einen stärkeren Arbeitseinsatz seitens der Mitarbeiter. Es kann allerdings kein realistisches Ziel sein, das hohe Maß an (unkritischer) Identifikation der japanischen Mitarbeiter mit dem Unternehmen auch von den deutschen Mitarbeitern zu erwarten. Dazu ist in Deutschland das Ausmaß der

---

[172] Die Notwendigkeit der Beseitigung von Schwächen in diesem Handlungsfeld findet ihre empirische Fundierung in den folgenden Kapiteln:

- Stärken/Schwächen-Analyse:	5.2.1; 5.2.2; 5.3.1; 5.3.2
- Ermittlung des Handlungsbedarfs:	5.4.1; 5.4.2
- Faktorenanalyse:	5.5.3; 5.5.5
- Empirisch ermittelte Empfehlungen:	5.7.1

Gruppenorientierung zu schwach, dagegen das Ausmaß der Individualisierung und Kritikbereitschaft zu stark entwickelt.

Wenn auch das japanische Mitarbeiterverhalten nicht auf deutsche Verhältnisse übertragbar ist, so ist dennoch anzustreben, daß zumindest der Beruf wieder stärker als Berufung verstanden wird. In einer individualistisch geprägten Kultur, die sich auch in den Umweltfaktoren der deutschen Industrie abbildet, erfolgt eine Verlagerung weg von dieser intrinsisch motivierten Einstellung zu Arbeit und Beruf. Der Beruf wird zunehmend *„... zum extrinsischen Instrument für die Verwirklichung von Freizeitinteressen ...“* (*Bleicher*, 1989, S. 80). Freizeitorientierung, fehlendes Engagement für ideelle Ziele, Sicherheitsstreben, Risiko- und Innovationsscheu sind sichtbare Auswirkungen und logische Konsequenz einer derartigen Einstellung zu Arbeit und Beruf (vgl. *Bleicher*, 1989, S. 80).

Der *Deutsche Industrie- und Handelstag* formuliert seine Kritik am Verlust traditioneller Arbeitstugenden sehr viel deutlicher:
*„... für diesen Verlust an **Arbeitsmoral** und **Arbeitstugenden** ist kennzeichnend, daß bei uns in weiten Kreisen der Arbeiterschaft die Arbeitszeit als die unerfreuliche Unterbrechung der eigentlichen wichtigen Lebensphase mißverstanden wird. Nichts scheint kennzeichnender für diesen Identifikationsverlust mit der beruflichen Leistung zu sein als die permanente Sucht nach Verkürzung der Arbeitszeit, die nichts anderes ist als eine Fluchtbewegung aus der individuellen Verantwortung zur gewerblichen und beruflichen Tätigkeit.“* (*Deutscher Industrie- und Handelstag*, 1992, S. 16).

Nach Auffassung des *Deutschen Industrie- und Handelstags* tragen die Unternehmen und Gewerkschaften durch ihre Tarifpolitik eine gemeinsame Mitschuld am Prozeß des zunehmenden Desengagements der Mitarbeiter (*Deutscher Industrie- und Handelstag*, 1992, S. 16). Hinzu kommt sicherlich, daß sich die Mitarbeiter - speziell in der jüngeren Zeit des starken Personalabbaus - als Manövriermaße innerhalb der Unternehmen sahen. Von einem Mitarbeiter, dem Illoyalität in schwierigen Konjunkturphasen durch die Unternehmensleitung vorgelebt wird, kann eine hohe Loyalität gegenüber dem Unternehmen und eine starke Identifikation mit dem Unternehmen nicht erwartet werden. Werden Mitarbeiter nicht als *„... neutrale Faktoren der Produktion gesehen, die geheuert und gefeuert werden können“*, sind im Gegenzug *„... Arbeitsethos und Identifikation mit dem eigenen Unternehmen traditionell hoch.“* (*Henzler/Späth*, 1993, S. 118).

Aus den Unternehmen müssen sich wieder feste *„Betriebsgemeinschaften“* (*Affemann*, 1991, S. 126 f.) entwickeln. Die Mitarbeiter sollten sich wieder dauerhaft in ein soziales Netzwerk integriert sehen, das ihnen das Bewußtsein vermittelt, daß es auf den Einzelnen ankommt. Ein auf diese Weise entstehendes Gemeinschaftsgefühl bildet die Grundlage für eine höhere Motivation sowie ein stärkeres Engagement und Verantwortungsbewußtsein. Geringere Fehlzeiten und eine niedrigere Fluktuationsrate sind die Konsequenz (vgl. *Affemann*, 1991, S. 126 f.).

Auf die Notwendigkeit und die Möglichkeiten einer Umorientierung der Unternehmen und Gewerkschaften wurde oben bereits hingewiesen. Doch auch die in den Unternehmen beschäftigten Mitarbeiter müssen ihre Grundeinstellung zur Arbeit und zur Leistung überdenken. Wohlstand und Freizeit müssen immer wieder neu erarbeitet werden. Nur international wettbewerbsfähige Unternehmen und Volkswirtschaften können ausreichend Arbeit und angemessene Entlohnung sicherstellen. Einen wesentlichen Beitrag zur Erhaltung dieser Wettbewerbsfähigkeit leistet jeder einzelne Mitarbeiter.

Es bleibt die Frage, wie eine Änderung der Einstellung der Mitarbeiter erreicht werden kann. Auch hier kommt es wieder auf ein enges Zusammenwirken von Unternehmen, Gewerkschaften und Staat an. Tradierte „Feindbilder" sind durch gemeinsam konzipierte und getragene Programme abzubauen. Polarisierende Tarifkonflikte müssen zukünftig vermieden werden. Mit konsensorientierten, konzertierten Aktionen sollte dagegen von den Tarifparteien und dem Staat eine partnerschaftliche Zusammenarbeit vor dem Hintergrund der gemeinsamen Zielsetzung des Erhalts der internationalen Wettbewerbsfähigkeit vorgelebt werden. Deutliche und sachliche Information über die Komplexität wirtschaftlicher Zusammenhänge und die Mechanismen internationalen Wettbewerbs sollten ideologisch geprägte Polemik ersetzen.

Es wird sicherlich nicht einfach sein, die perspektivenbedingte Kluft zwischen den Tarifparteien zu überwinden. Die dringende Notwendigkeit dazu wurde empirisch nachgewiesen. Bei der Überwindung dieser Kluft ist wie bei der Änderung der Einstellung der Mitarbeiter eine ausgeprägte Offenheit und Toleranz gegenüber anderen Meinungen erforderlich.

6.2.3 Anpassung von Arbeitszeiten und Entlohnung an veränderte Wettbewerbsbedingungen[173]

Im Rahmen der empirischen Bewertung der Arbeitszeiten und der Entlohnung wurden weniger die Jahresarbeitszeit und die Lohnhöhe der deutschen Industrie negativ bewertet als vielmehr die fehlende Flexibilität in beiden Bereichen. Sowohl die **Flexible Gestaltung der Mehrarbeit** als auch die **Flexibilisierung des Lohnniveaus durch Bonusregelungen** wurden neben der **Höhe der Lohnnebenkosten** als Priorität 1- Erfolgsfaktoren ermittelt. Demgegenüber wurde die **Jahresarbeitszeit**, bei der die deutsche Industrie eine sehr deutliche Schwäche gegenüber den japanischen Wettbewerbern aufweist, aufgrund einer niedrigen Gewichtung lediglich als Priorität 2-Erfolgsfaktor eingestuft. Bei der Höhe der direkten Löhne wurden die deutsche und die japanische Industrie sogar als nahezu gleichstark eingestuft. Insbesondere in der Faktorenanalyse *„Produktion und Qualität"* läßt sich ein Zusammenhang der **Flexiblen Gestaltung der Mehrarbeit** und der **Höhe der Lohnnebenkosten** mit der Attraktivität des industriellen Standortes nachweisen.

Über eine höhere Flexibilität der Arbeitszeit - vor allem im Bereich der Mehrarbeit - eine flexiblere Gestaltung der Entlohnung und einen Abbau der Lohnnebenkosten lassen sich folglich die auf diese Erfolgsfaktoren bezogenen Schwächen der deutschen gegenüber der japanischen Industrie abbauen. Die genannten Erfolgsfaktoren unterliegen größtenteils dem direkten Einfluß der Tarifparteien. Lediglich die gesetzlichen Personalzusatzkosten können durch die Tarifparteien nicht unmittelbar beeinflußt werden. Hier ist der Staat gefordert, das erreichte Kostenniveau[174] sukzessive zurückzuführen.

Gerade die Flexibilisierungsdiskussion wird in Deutschland - sowohl bezogen auf die Arbeitszeit als auch auf das Arbeitsentgelt - in jüngerer Zeit mit zunehmender Intensität geführt (vgl. u.a. *Murmann*, 1995, S. 7; *Rueß*, 1993, S. 14 ff.; *Steiger*, 1993, S. 1 u. 12; *o.V.*, 1994a, S. 1; *o.V.*, 1994b, S. 3). Dabei finden flexible Arbeitszeitmodelle und Teilzeitarbeit überwiegende Zustimmung. Allerdings vermutet das *Ifo-Institut* dahinter eher ein *„publizistisches Interesse"* und sieht derartige Modelle noch nicht als realitätsbestimmend an (vgl. *Rueß*, 1993, S. 15).

In bezug auf die Arbeitszeiten geht es neben einer Diskussion von Teilzeitarbeitsalternativen (vgl. *Blüm*, 1995, S. 3; *Engelen-Kefer*, 1995, S. 8 f.) primär um eine Abkoppelung von den Maschinenlaufzeiten (vgl. *Steiger*, 1993, S. 3;

---

[173] Die Notwendigkeit der Beseitigung von Schwächen in diesem Handlungsfeld findet ihre empirische Fundierung in den folgenden Kapiteln:

- Stärken/Schwächen-Analyse:	5.2.2; 5.3.1
- Ermittlung des Handlungsbedarfs:	5.4.1
- Faktorenanalyse:	5.5.3; 5.5.5

[174] Vgl. dazu auch den Vergleich der Lohnnebenkosten Deutschlands und Japans in Kapitel 4.1.4.3.

Weidenfeld, 1995, S. 23). Die wochenbezogene Arbeitszeit der Mitarbeiter kann dabei mit Hilfe von Schichtmodellen erheblich kürzer als die Maschinenlaufzeit bemessen werden. Eine derartige Trennung der Arbeits- und Maschinenlaufzeiten bietet den Industrieunternehmen deutliche Vorteile. Über längere Maschinenlaufzeiten kann eine höhere Anlagenauslastung und damit eine höhere Produktivität erzielt werden. Insgesamt würde sich die Trennung in einer günstigeren Kostenposition der deutschen Unternehmen niederschlagen, was der preislichen Wettbewerbsfähigkeit im internationalen Vergleich zugute käme.

Für die Industrieunternehmen gilt es, die bereits vorhandenen Möglichkeiten der Arbeitszeitflexibilisierung in enger Abstimmung mit den Betriebsräten zunächst auszuschöpfen. Von Gewerkschaften und Forschungsinstituten wird den deutschen Unternehmen vorgeworfen, noch zu stark den alten Arbeitszeitmustern verhaftet zu sein (vgl. *Rueß*, 1993, S. 15).

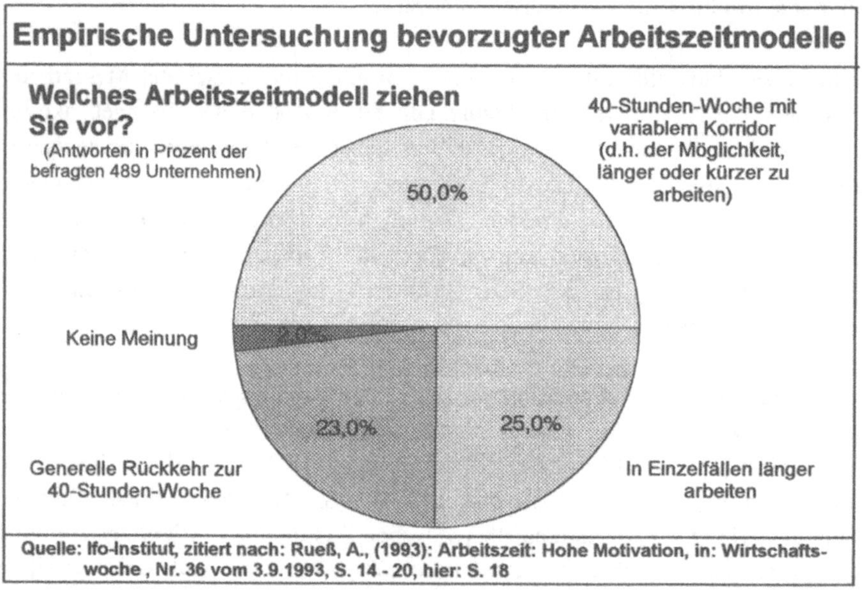

Abbildung 61: Bevorzugte Arbeitszeitmodelle

Die im Rahmen der empirischen Untersuchung festgestellten Schwächen beziehen sich aber weniger auf die Entkoppelung von Arbeits- und Maschinenlaufzeiten. Es geht vielmehr darum, Auslastungsspitzen und gegebenenfalls -täler mit den Möglichkeiten einer flexibleren Gestaltung der Mehrarbeit auszugleichen. Im Rahmen einer Befragung von 489 deutschen Unternehmen hat das *Ifo-Insitut* ermittelt, daß der weitaus größte Teil der Führungskräfte ein derart flexibles Arbeitszeitmodell - allerdings bei gleichzeitiger Wiedereinführung der 40-Stunden-Woche - bevorzugt.

Diese Art der Flexibilisierung besitzt eine besondere Bedeutung für die Unternehmen, die starken konjunkturzyklischen Schwankungen unterworfen sind[175]. In der Untersuchung des *Ifo-Instituts* bevorzugte ein dementsprechend hoher Anteil an Investitionsgüterunternehmen (67%), die eine hohe Konjunkturabhängigkeit zu verzeichnen haben, die 40-Stunden-Woche mit variablem Korridor.

Konjunkturabhängige Unternehmen haben außerordentlich große Kapazitätsanpassungsprobleme. In konjunkturellen Hochphasen ist die Ableistung eines höheren Überstundenvolumens notwendig, da zusätzlich eingestellte Mitarbeiter kurzfristig noch nicht ihre volle Wirksamkeit entfalten und in schwächeren Auslastungsphasen nur schwer freizusetzen wären. In Konjunkturtälern fehlt demgegenüber häufig Arbeit für die vorhandene Belegschaft. Ein kurzfristiger Belegschaftsabbau ist einerseits mit erheblichen Kosten sowie sozialen und imagebezogenen Problemen verbunden. Andererseits ist ein derartiger Abbau nicht sinnvoll, denn in Hochkonjunkturphasen würden die freigesetzten, qualifizierten Arbeitskräfte dem Unternehmen fehlen.

Eine Flexibilisierung der Mehrarbeit, die beispielsweise durch langfristig geführte Arbeitszeitkonten erreicht werden könnte, wäre ein denkbarer Lösungsansatz, der detaillierter zu prüfen wäre (vgl. dazu auch *Weidenfeld*, 1995, S. 20 ff.). Nach diesem Modell füllt der Mitarbeiter in Phasen hoher Auslastung ein Mehrarbeitszeitkonto, das er in Phasen geringerer Auslastung wieder abbaut. Den Unternehmen könnte dadurch die Möglichkeit eines flexiblen Kapazitätsausgleichs geschaffen werden. Zusätzlich kann über die zu führenden Arbeitszeitkonten die langfristige Einhaltung der tariflich vereinbarten Durchschnitts-Wochenarbeitszeit nachgewiesen werden.

Es ist zu beachten, daß die Einführung dieses Modells auch mit Problemen, deren detaillierte Untersuchung den Rahmen dieser Arbeit weit überschreiten würde, behaftet ist. So gilt es beispielsweise zu klären, ob ein längerfristiges Zeitguthaben, das im weiteren Sinne ein Geldguthaben des Mitarbeiters darstellt, verzinst wird. Desweiteren ist zu prüfen, ob die über dem vereinbarten Tarifdurchschnitt liegenden Zeiten mit einem Mehrarbeitszuschlag zu versehen sind. Darüber hinaus stellt sich die Frage, was mit einem Zeitguthaben geschieht, wenn ein Unternehmen aufgrund betriebswirtschaftlicher Probleme in seinem Bestand gefährdet ist. Dennoch sollten eine Einführung dieses Modells und auch anderer Möglichkeiten der flexiblen

[175] Hier läßt sich das Beispiel eines großen deutschen Maschinenbauunternehmens anführen, für das der Verfasser mehrere Jahre tätig war. Das Unternehmen stellt unter anderem Papiermaschinen her. Der Auftragswert einer derartigen Papiermaschine kann in der Nähe von 200 Mio. DM liegen. In konjunkturell bedingt guten Geschäftsjahren werden im Jahr sechs Aufträge dieser Größe abgewickelt, in schlechten Jahren lediglich zwei bis drei.

Arbeitszeitanpassung vorurteilsfrei und ideologieneutral untersucht werden, um den Vorteil, den die Japaner durch die Beschäftigung eines hohen Anteils von Zeit- und Teilzeitarbeitskräften bei der Beschäftigungsanpassung haben, ausgleichen zu können.

Erfahrungen einzelner Unternehmen mit flexibleren Arbeitszeitmodellen sind positiv. So ging die Mitarbeiter-Fluktuation bei *Mettler-Toledo*, einem schwäbischen Waagen-Hersteller, nach Einführung von Arbeitszeiten, die dem Arbeitsanfall angeglichen sind, gegen null. Die Absentismusquote fiel sogar unter drei Prozent, gegenüber sieben bis zehn Prozent bei vergleichbaren Unternehmen (vgl. *Biallo*, 1993, S. 12).

Empirisch ermittelt wurde auch - wie oben bereits erwähnt - die Notwendigkeit der Flexibilisierung des Lohnniveaus, die in Japan über die Bonusregelung erfolgt. Als Alternative dazu bietet sich für deutsche Unternehmen die Einführung von Erfolgsbeteiligungsmodellen für Mitarbeiter. Durch Mitarbeiter-Kapitalbeteiligung läßt sich in deutschen Unternehmen eine Basis für betriebswirtschaftliche Anpassungsprozesse bei Marktveränderungen aufbauen. Unternehmen, die bereits eine Mitarbeiter-Kapitalbeteiligung eingeführt haben, weisen empirischen Untersuchungen zufolge „*... ein höheres Eigenkapital, eine gestiegene Arbeitsproduktivität, einen höheren Pro-Kopf-Umsatz und eine verbesserte Kapitalrentabilität*“ (*Lezius*, 1995, S. 55) auf.

Aus der Beteiligung der Mitarbeiter am Produktivvermögen leiten sich eine stärkere unternehmerische Initiative und eine höhere Leistungsmotivation der Mitarbeiter ab. Zugleich wird das klassische Arbeitgeber-Arbeitnehmer-Konfliktfeld aufgelöst und ein partnerschaftliches Denken in Konsenskategorien vor dem Hintergrund einer gemeinsamen Interessenlage angeregt (vgl. *Lezius*, 1995, S. 54 f.). Eine hohe Loyalität der Mitarbeiter gegenüber den Unternehmen und geringere Fluktuationsraten wären weitere positive Konsequenzen einer umfassenderen Mitarbeiterbeteiligung.

Sowohl bei der Flexibilisierung der Arbeitszeiten als auch bei der Mitarbeiterbeteiligung sind die Unternehmen, die Betriebsräte und die Tarifparteien, d.h. die Arbeitgeberverbände und die Gewerkschaften gefordert. Nur wenn alle beteiligten Parteien in einer vertrauensvollen Zusammenarbeit und offen für neue Lösungen auf ein gemeinsames Ziel hinarbeiten, wird eine Steigerung der Wettbewerbsfähigkeit der deutschen im Vergleich zur japanischen Industrie möglich sein. Die gemeinsamen Bemühungen müssen dabei von dem Gedanken der Sicherung des **Arbeits**-Standortes Deutschland getragen sein.

Nicht nur die Unternehmen stehen im internationalen Wettbewerb um Marktanteile, sondern auch Volkswirtschaften konkurrieren miteinander, nämlich um Arbeitsplätze (vgl. *Henkel*, 1995, S. 25). Nur wenn in Deutschland der Produktionsfaktor *Arbeit* qualitativ und preislich wettbewerbsfähig ist, kann einer weiteren Verlagerung von Fertigungsstätten (und damit Arbeitsplätzen) ins Ausland entgegengewirkt werden.

6.3 Beseitigung von Defiziten bei den Managementmethoden

Die japanischen Managementmethoden wurden in Kapitel 4.2 ausführlicher dargestellt. Speziell die unter dem Begriff *Lean Management* zusammengefaßten Methoden fanden in den vergangenen Jahren starke Beachtung. Die Einführung der *Kaizen*-Philosophie, die dem begrifflichen Umfeld des *Lean Management* zugeordnet wird, wurde bereits in Kapitel 6.1.1 zur Beseitigung von Schwächen der deutschen Industrie empfohlen.

Weitere Handlungsempfehlungen beziehen sich vor allem auf die in der empirischen Untersuchung festgestellten Defizitbereiche des Innovationsmanagements sowie des Fertigungs- und Qualitätsmanagements. Die Umsetzung der Handlungsempfehlungen, die sich auf die Managementphilosophie und den Standortfaktor Arbeit beziehen, ist eine bedeutende Voraussetzung für die Veränderung der Managementmethoden. Eine Ursache dafür liegt in der stärkeren Mitarbeiterbeteiligung, auf die diese Managementmethoden aufbauen.

Eine weitere große deutsche Schwäche, die in der empirischen Untersuchung als Priorität 1-Haupterfolgsfaktor ermittelt wurde, hat einen erheblichen Einfluß auf das Gelingen der Veränderung der Managementmethoden, nämlich die **Geschwindigkeit der Umsetzung nach einer Entscheidung**. Es ist die Aufgabe des deutschen Managements, eine Reduzierung dieser Schwäche im Vergleich zu den japanischen Wettbewerbern zu erreichen. Hierzu sind Akzeptanz gegenüber getroffenen Entscheidungen, Loyalität gegenüber dem Unternehmen und seinen Führungskräften und ein hohes Maß an Engagement und Disziplin der beteiligten Mitarbeiter erforderlich.

Auf die Möglichkeiten, durch einen partizipativen Führungsstil, durch Mitarbeiter-Erfolgsbeteiligung oder auch durch eine kooperative Zusammenarbeit zwischen den Unternehmen und den Interessenvertretungen derartige Attribute bei den Beschäftigten zu fördern, wurde in den vorhergehenden Kapiteln hingewiesen. Angesichts der hohen praktischen Bedeutung der Umsetzungsgeschwindigkeit - vor allem im Innovationsmanagement[176] - sollte der Nachteil der aufgrund umfassenderer Mitarbeiterbeteiligung längeren Entscheidungsvorbereitungsphasen in Kauf genommen werden. Wie es das japanische Vorbild bei diesem Aspekt verdeutlicht, wird dieser zeitliche Nachteil durch die schnellere Umsetzungsgeschwindigkeit überkompensiert.

6.3.1 Beseitigung von Defiziten im Innovationsmanagement[177]

Wie im empirischen Teil dieser Arbeit nachgewiesen, weist die deutsche Industrie gegenüber den japanischen Wettbewerbern erhebliche Schwächen im Bereich des Innovationsmanagements auf. Insbesondere bei der **Umsetzung von neuen Technologien in marktreife Produkte**, einem Priorität 1-Haupterfolgsfaktor, macht sich diese Schwäche besonders bemerkbar. Darüber hinaus ist eine deutliche Schwäche auch beim Priorität 2-Haupterfolgsfaktor **Management der Innovationsprozesse**, der nur knapp außerhalb des Priorität 1-Bereichs liegt, vorhanden.

Es ist offensichtlich, daß die deutsche Industrie in einer „Umsetzungsfalle" steckt. Die Voraussetzungen für Innovationen sind in Deutschland vergleichsweise günstig. Die deutsche Industrie verfügt über fachlich gut qualifizierte Ingenieure und Naturwissenschaftler, die zur selbständigen Problemlösung in der Lage sind (vgl. *Wiesner*, 1992, S. 26). Die Umsetzung dieses Vorteils läßt jedoch einige Defizite erkennen. Die Stärken der deutschen Industrie, die in der **Kreativität der Forschung und Entwicklung** (Priorität II-Stärke) und in der **Dauer der Entscheidungsprozesse** (Priorität I-Stärke) liegen, werden nicht oder nicht schnell genug für die Erstellung marktfähiger Leistungen genutzt.

Die Gründe dafür sind vielfältiger Natur. Die Ursachen liegen einerseits in den im Vergleich zu Japan um rund 500 Stunden kürzeren Jahresarbeitszeiten der deutschen Entwickler (vgl. dazu auch *Ernst*, 1992b, S. 42; *o.V.*, 1994b, S. 3) sowie in der oben erwähnten geringeren Umsetzungsgeschwindigkeit in deutschen Unternehmen. Andererseits verzögern vor allem Abstimmungsprobleme bei der Zusammenarbeit in

---

[176] Vgl. 4.2.3 *Innovationsmanagement*.

[177] Die Notwendigkeit der Beseitigung von Schwächen in diesem Handlungsfeld findet ihre empirische Fundierung in den folgenden Kapiteln:

- Stärken/Schwächen-Analyse:	5.2.1; 5.3.2
- Ermittlung des Handlungsbedarfs:	5.4.2
- Faktorenanalyse:	5.5.2

Teams, insbesondere zwischen Marketing und Technik (vgl. *Wolfrum*, 1994, S. 1017 f.), Entwicklungsprojekte unnötig.

Darüber hinaus fehlt insbesondere konservativen, starr hierarchisch gegliederten Unternehmen der deutschen Industrie die Innovationsbereitschaft. Die Struktur dieser Unternehmen ist auf die Abwicklung von Routineaufgaben zugeschnitten. Ihre Aufbau und Ablauforganisation muß die Innovation - eine typische Nicht-Routineaufgabe - als störend empfinden (vgl. *Hauschildt*, 1986, S. 65). In derartigen Unternehmen unterdrücken die vielfältigen Widerstände einer innovationsfeindlichen Kultur das Entstehen und die Umsetzung erfolgversprechender Ideen und Inventionen in marktfähige Leistungen (vgl. dazu auch *Macharzina*, 1993, S. 569 f. und S. 572; *Kieser*, 1986, S. 43 und S. 45 f.; *Berth*, 1993a, S. 280 ff.).

Ein leistungsfähiges Innovationsmanagement setzt eine innovationsfreundliche oder -fördernde Unternehmenskultur und einen dementsprechenden Führungsstil als zentrale Erfolgsparameter voraus. Innovative Unternehmen schätzen die Fähigkeiten und die Motivation der Mitarbeiter höher ein als weniger innovative Unternehmen (vgl. *Töpfer*, 1986, S. 559). In „... *kaum einem anderen Unternehmensbereich steht die Leistungsfähigkeit in einem so direkten Verhältnis zur Kreativität und Kompetenz der Mitarbeiter, wie auf dem Gebiet der Forschung und Entwicklung.*" (*Bullinger*, 1990, S. 4).

Jedoch nicht nur die Kreativität, das Fähigkeitspotential, die Motivation und das Engagement der Mitarbeiter fördern die Innovationsbereitschaft einer Organisation. Erst eine entsprechende Unternehmenskultur und der Führungsstil des Managements schaffen ein Klima, in dem sich innovative Mitarbeiter entfalten können und sogar aktiv und zielgerichtet gefördert werden (vgl. dazu *Berth*, 1993b, S. 1; *Stoff*, 1990, S. 12 ff.).

Innovationsfördernde Unternehmenskulturen zeichnen sich durch einige wesentliche Merkmale aus. So sind in erfolgreich innovierenden Unternehmen Kreativität und Innovation als erstrebenswerte Ziele fest im gelebten Wertesystem verankert. Innovative Leistungen werden ausgezeichnet, Fehlschläge werden tolerant behandelt. Innovative Mitarbeiter oder Gruppen erhalten Freiräume und Unterstützung bei der Durchführung von Innovationsprojekten. Besonders erfolgreiche Mitarbeiter in Innovationsprojekten werden als Motor für weitere Projekte gezielt eingesetzt und mit umfassenden Ressourcen und Kompetenzen ausgestattet. (vgl. *Fuchs*, 1992, S. 42; *Kieser*, 1986, S. 47 f.; *Bürgel/Haller/Binder*, 1995, S. 9 f.). In einer innovationsfreundlichen Kultur besteht eine hohe Bereitschaft zum Lernen am Arbeitsplatz. Viele japanische Unternehmen erarbeiten sich neue Technologien auf der Grundlage des

Lernens aus der Produktion und für die Produktion, insbesondere mit Hilfe der oben beschriebenen Qualitätszirkel (vgl. *Itami*, 1992, S. 59; *Botskór*, 1990, S. 16).

In einer konservativen Organisation läßt sich ein innovatives Verhalten nicht „anordnen". Die Veränderung einer innovationsfeindlichen in eine innovationsfreundliche Unternehmenskultur „*... ist eine der schwierigsten Innovationen*" (*Kieser*, 1986, S. 50) und mit einem erheblichen Zeitbedarf und vielen Schwierigkeiten verbunden (vgl. *Morris/Brandon*, 1994, S. 118 f.). Voraussetzung für das Gelingen dieses Wandels ist ein volles Bekenntnis der Unternehmensleitung zu der Kulturänderung. Darüber hinaus muß die Einführung der neuen Kultur mit einem konkreten Anlaß verbunden sein und durch konkrete Handlungsprogramme, die auf die bestehende Kultur aufbauen, unterstützt werden.

Eine innovationsfreundliche Kultur mit hochmotivierten Mitarbeitern allein gewährleistet allerdings den Innovationserfolg noch nicht. Sie kann eher als „Nährboden" für Innovationen verstanden werden. Innovationserfolg wird auch, wie die nachfolgende Abbildung zeigt, durch eine Zielmarktanalyse, die zukünftige Verbraucherwünsche antizipiert sowie durch den virtuosen Einsatz von Managementmethoden und eine Ressourcenallokation, die die Zukunftsträchtigkeit von Innovationen erkennt und berücksichtigt, sichergestellt.

Abbildung 62: Erfolgsdeterminanten von Produktinnovationen

Die deutsche Industrie muß demzufolge für ein erfolgreicheres Innovationsmanagement zunächst ihre Defizite im Bereich der Marktforschung beheben. Die **Sorgfältige Analyse der Zielmärkte** wurde als der wichtigste Haupterfolgsfaktor im internationalen Wettbewerb ermittelt. Hier weist die deutsche Industrie eine Priorität 1-Schwäche im Vergleich mit der japanischen Industrie auf, die ihre Informationen vor allem aus einem engen Kontakt mit den Kunden bezieht (vgl. *Itami*, 1992, S. 59 f.).

Speziell bei sehr weitreichenden Innovationen stößt die Zielmarktforschung deutscher Unternehmen auf Schwierigkeiten. Mitunter ist ein konkreter Bedarf für diese Innovationen, da vergleichbare Problemlösungen noch nicht vermarktet werden, nur schwer erfaßbar. Derartige Innovationen schaffen sich häufig ihren Markt selbst, ihre Absatzentwicklung im Zeitverlauf ist nur mit großer Ungenauigkeit zu prognostizieren (vgl. *Dietz*, 1986, S. 79). Dennoch sind die Entscheidungen im Innovationsmanagement durch eine sorgfältige Erfassung der Markt- und Technologieentwicklung inhaltlich zu fundieren. Allerdings müssen die quantitativen Methoden der Marktforschung regelmäßig durch unternehmerisches Gespür und Risikobereitschaft ergänzt werden.

Ein erfolgreiches Innovationsmanagement erfordert auch ein leistungsfähiges Projekt-, Kosten- und Zeitmanagement sowie Teamarbeit und kurze Entscheidungswege. Darüber hinaus wird die Kompetenz des Managements beim Bewältigen von Konflikten und Krisen im Innovationsprozeß und insbesondere auch beim Überwinden von Innovationsbarrieren[178] besonders gefordert.

Vor allem die Auflösung der schwerwiegenden Disharmonien zwischen der F&E und dem Marketing[179], die aus mangelndem gegenseitigen Verständnis resultieren, fordert vom Management ein hohes Maß an Koordination und konstruktiver Konfliktbewältigung. Dabei würde die Kompromißbildung - das Finden des *„kleinsten gemeinsamen Nenners"* (*Wolfrum*, 1994, S. 1018) - zum unerwünschten Effekt der Beschränkung der Innovationskraft des Unternehmens führen. Folglich liegt nicht in der Kompromißbildung ein Ansatz für die Konfliktlösung. Die Begrenzung der Divergenzen zwischen F&E und Marketing sollte vielmehr durch formale Koordinationsmaßnahmen - von der Einbeziehung aller Betroffener in den Planungsprozeß bis hin zur Bildung interdisziplinär besetzter Teams (vgl. *Gerpott/Servatius*, 1990, S. 17) - bei gleichzeitig weitgehender Erhaltung der Innovationskraft sichergestellt werden (vgl. *Wolfrum*, 1994, 1018 ff.).

Dabei läßt sich ein Konsens - auch zwischen Technik und Marketing - nicht zwangsverordnen. Nur der Wille zur offenen, unvoreingenommenen Kommunikation

---

[178] Vgl. dazu auch *Staudt*, 1986, S. 601 ff.

[179] Eine tiefergehende Analyse der Konfliktursachen zwischen F&E und Marketing liefert *Manns*, 1992, S. 17 ff.

unterstützt die Konsensentstehung. Dieser Wille kann durch regelmäßige *Job Rotation* und räumliche Nähe der interdisziplinär besetzten Teams in Großraumbüros gefördert werden (vgl. *Bürgel/Haller/Binder*, 1995, S. 8 f.). Konsensbildung darf jedoch nicht zu einer dauerhaften Gleichschaltung des Blickfeldes der Gruppenmitglieder führen. Ein Verlust an Kreativität sowie Vorurteile und Ablehnung gegenüber neuen Anregungen von Außenstehenden wären die denkbare Konsequenz einer zu starken Gruppenkohäsion (vgl. *Stoff*, 1990, S. 12 f.).

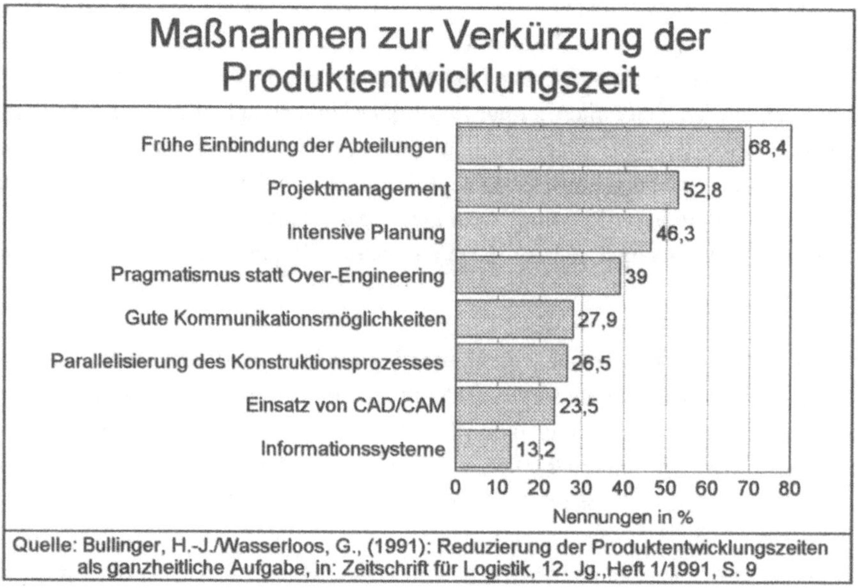

Abbildung 63: Maßnahmen zur Verkürzung der Produktentwicklungszeit

Auf die große Bedeutung der Zeit im Innovationsprozeß wurde in 4.2.3 schon hingewiesen[180]. Vor allem die frühe Einbindung aller betroffenen Abteilungen, ein präzises Projektmanagement und eine intensive Projektplanung führen, wie die empirische Untersuchung von *Bullinger/Wasserloos* (vgl. Abbildung 63) zeigt, zu einer Verkürzung der Produktentwicklungszeit.

---

[180] Der Zeitwettbewerb bei den Innovationen ist nicht problemlos. Augrund der Tatsache, daß die Vermarktungszeiten der Produkte immer kürzer werden, ist die Amortisation der Entwicklungskosten und Fertigungsinvestitionen nicht immer sichergestellt. *Backhaus/Gruner*, 1994, S. 19 ff., plädieren deshalb für eine *„Entschleunigung statt Beschleunigung"* (*o.V.*, 1994c, S. K 1). Eine Entschleunigung der Innovationsprozesse ist allerdings nur schwer zu realisieren. Der Innovationsführer würde in diesem Falle auf die Nutzung der Vorteile verzichten, die sich aus seiner temporären Monopolposition im Markt ergäben. Der Innovationsfolger würde durch eine Verzögerung seines Innovationsprozesses die Zeit des temporären Monopols des Innovationsführers verlängern. In beiden Fällen würde eine Verzögerung der Innovationsprozesse zu erheblichen Nachteilen für die verzögernden Unternehmen führen.

Darüber hinaus schaffen ein koordiniertes Vorgehen beim *Simultaneous Engineering* bei gleichzeitig diszipliniertem Änderungsmanagement sowie die Beseitigung zeitraubender Abstimmungs- und Entscheidungsprozesse weitere Vorteile im Zeitwettbewerb (vgl. *Seifert/Steiner*, 1995, S. 16 ff.; *Geschka*, 1993, S. 78 ff.; *Bullinger*, 1990, S. 4). Dabei muß jedoch sichergestellt werden, daß die Kürzung der Innovationszeiten nicht zu einer Verschlechterung der Produktqualität führt (vgl. *Reiss*, 1992, S. 62). Der Zeitvorteil darf somit auf keinen Fall durch eine Kürzung der Testphasen erkauft werden. Die Dauer der Testphasen ist so zu bemessen, daß eine marktfähige Qualität der neuentwickelten Produkte mit hoher Sicherheit gewährleistet werden kann.

Auch die Übernahme externer Innovationen kann zu einer Beschleunigung der Innovationsprozesse beitragen[181] (vgl. dazu auch *Beyer/Beyer*, 1994, S. 149 ff.; *Fuchs*, 1990, S. 44). Gemeinsam mit der Einführung des *Target Costing* leistet die Übernahme externer Innovationen auch einen Beitrag zur Kostenreduzierung von Entwicklungsprojekten (vgl. *Albach/de Ray/Rojas*, 1991, S. 319; *Fischer*, 1993, S. 151 ff.).

In diesem Zusammenhang sind auch die Chancen, die eine frühzeitige Einbindung der Lieferanten bietet, zu nutzen. Zulieferer verfügen über produktbezogene Spezialkenntnisse. Durch eine Integration des Zulieferers in den Innovationsprozeß lassen sich diese Spezialkenntnisse abschöpfen. Die Abschöpfung des externen Lieferanten-Know-hows bewirkt eine Beschleunigung der Innovationsprozesse und eröffnet zusätzlich Möglichkeiten zur Projektkostenreduzierung (vgl. *Seifert/Steiner*, 1995, S. 16 ff.; *Geschka*, 1993, S. 80).

Das Gelingen einer derartigen Zusammenarbeit erfordert enge und vertrauensvolle Beziehungen zwischen den Zulieferern und den mit Innovationen befaßten Unternehmen. Dazu muß vor allem das Innovationen schaffende Unternehmen den Lieferanten als Partner betrachten und respektieren[182]. Eine einseitige, auf die Reduzierung der Zulieferpreise verengte Sichtweise wird den hohen Anforderungen, die aus einem integrierten Innovationsansatz resultieren, nicht mehr gerecht.

Für deutsche Industrieunternehmen kommt es darauf an, ein funktionierendes Innovationsmanagement in solchen Phasen zu entwickeln, in denen sie weder unter Zeit- noch unter Kostendruck stehen. Innovationen kosten viel Zeit und Geld (vgl. *Hauschildt*, 1986, S. 68). Ist beides nicht verfügbar, kann eine Innovation nicht erfolgreich durchgeführt werden. Zur kurzfristigen Bewältigung von Unternehmenskrisen eignet sich das Innovieren also nicht, obwohl gerade in diesen Unternehmenssituationen die Bereitschaft zu Veränderungen am ausgeprägtesten ist.

---

[181] Vgl. dazu auch die Gegenüberstellung deutscher und japanischer externer und interner Innovationszeiten und -kosten in Kapitel 4.2.3.

[182] Vgl. dazu auch 6.1.3 *Aktive Gestaltung der Außenbeziehungen der Unternehmen.*

Nur mit *„Innovationskontinuität“* (*Kramer*, 1987, S. 288) können deutsche Industrieunternehmen im Wettbewerb gegen japanische Unternehmen auf den Weltmärkten dauerhaft ausreichende Gewinne erzielen.

6.3.2 Beseitigung von Defiziten im Fertigungsmanagement[183]

Vor allem in bezug auf den Priorität 1-Haupterfolgsfaktor **Flexibilität der Fertigung** besitzt die deutsche gegenüber der japanischen Industrie Schwächen. Zusätzlich weisen die deutschen Industrieunternehmen bei allen anderen fertigungsbezogenen Erfolgsfaktoren, mit Ausnahme des **Neuigkeitsgrades der Fertigungsanlagen** (Priorität 3), Priorität 2-Schwächen gegenüber Japan auf. Die Priorität 2-Schwächen liegen in den nachfolgenden Erfolgsfaktoren begründet:

- **Prozeßorientierung der Organisation**[184],
- **Gestaltung der Beschaffungslogistik,**
- **Gestaltung der Produktionslogistik,**
- **Geringe Fertigungstiefe,**
- **Wirtschaftlichkeit der Fertigung** (Haupterfolgsfaktor),
- **Fertigung in globalen Schlüsselmärkten.**

Im Rahmen der Faktorenanalyse *„Produktion und Qualität“* laden die meisten der oben genannten (Haupt-)Erfolgsfaktoren auf den gemeinsamen Faktor **Japanische Fertigungsphilosophie** hoch. Zusätzlich wird die Vernetzung mit den Erfolgsfaktoren, auf die sich die strategischen Handlungsempfehlungen zur Beseitigung der Defizite beim Standortfaktor Arbeit und bei der Managementphilosophie beziehen, im Rahmen der Faktorenanalyse sichtbar.

Bei einer näheren Betrachtung der (Haupt-)Erfolgsfaktoren, die auf den Faktor **Japanische Fertigungsphilosophie** hoch laden, lassen sich wesentliche Elemente des Toyota-Produktionssystems identifizieren[185]. Es wurde bereits auf die Probleme einer

---

[183] Die Notwendigkeit der Beseitigung von Schwächen in diesem Handlungsfeld findet ihre empirische Fundierung in den folgenden Kapiteln:

- Stärken/Schwächen-Analyse:	5.2.1; 5.2.2; 5.3.2
- Ermittlung des Handlungsbedarfs:	5.4.2
- Faktorenanalyse:	5.5.3; 5.5.4

[184] Dieser Erfolgsfaktor bezieht sich nicht ausschließlich auf die Gestaltung der Produktion, sondern ist eher als ganzheitliches Organisationsgestaltungsprinzip anzusehen. Weil jedoch auch die Produktion in entscheidendem Maße von der Prozeßorientierung betroffen ist, wird der Erfolgsfaktor unter dieser Überschrift bearbeitet.

[185] Vgl. dazu 4.2.2 *Lean Management - ein (japanisches ?) Gestaltungsmodell für Organisation, Logistik, Produktion und Qualität.*

Einführung der *Lean Production* und des *Lean Management* hingewiesen. Vor dem Hintergrund der deutschen kulturellen Gegebenheiten ist ein schlichtes Kopieren dieser Konzepte nicht sinnvoll und möglich. Darüber hinaus ist es zumindest fraglich, ob eine ganzheitliche Übertragung im Sinne des Imitierens grundsätzlich empfehlenswert ist. Durch Imitation lassen sich Wettbewerbsdefizite zwar reduzieren, ein Wettbewerbsvorsprung ist auf diesem Wege jedoch nicht aufzubauen.

Andererseits ist die deutsche Industrie vor dem Hintergrund der empirisch belegten Schwächen genötigt, Aktionen zum Abbau dieser Schwächen einzuleiten. Dazu sind im Einzelfall die Elemente des japanischen Fertigungskonzepts auf ihre Kompatibilität mit der deutschen Fertigungsausrichtung zu überprüfen. Einzelelemente des japanischen Fertigungsmanagements können vor dem Hintergrund einer derartigen Überprüfung selektiv implementiert werden.

Einer der zentralen Vorteile des japanischen Fertigungsmanagements liegt in der Konsequenz der Anwendung *„typisch japanischer"* Fertigungsmethoden (vgl. *Hesse*, 1993, S. 15) sowie in der kontinuierlichen Verbesserung dieser Methoden nach der *Kaizen*-Philosophie. Speziell die *Kaizen*-Philosophie, deren Einführung schon in 6.1.1 empfohlen wurde, stellt eine wesentliche Erfolgsvoraussetzung bei der Implementierung neuer Fertigungskonzepte dar. Die grundlegende und tiefgreifende Änderung von Fertigungsmethoden, wie sie beispielsweise bei der Einführung einer Prozeßorganisation gegeben ist, ist mit einer unternehmensbezogenen Kulturänderung - dem häufig erwähnten *Paradigmenwechsel* (vgl. u.a. *Eversheim*, 1995, S. 3; *Servatius*, 1994, S. 111; *Morris/Brandon*, 1994, S. 83 ff.) - vergleichbar. Wie schon beschrieben, beanspruchen derartige Kulturänderungen jedoch sehr viel Zeit und Managementkapazität. Ad hoc-Umstellungen mit schnellen Erfolgen sind deshalb nahezu ausgeschlossen. Erfolgreiche Umstellungsprozesse setzen ein kontinuierliches und konsequentes Vorgehen nach der *Kaizen*-Philosophie voraus.

Durch die Einführung einer prozeßorientierten Fertigung kann die deutsche Industrie Schwächen bei dem Erfolgsfaktor **Prozeßorientierung der Organisation** abbauen. Die Prozeßorientierung bietet vor allem den Vorteil der Produktivitätssteigerung durch selbstoptimierende Regelkreise zwischen den einzelnen Prozeßkettenelementen. Die Verantwortung für die Optimierung wird dorthin delegiert, wo die Wertschöpfung stattfindet (vgl. *Kuhn/ Pielok*, 1994, S. 40 f.; *Jungmann*, 1992, S. 171).

Diese Abkehr vom klassischen funktionsorientierten Organisationsverständnis fordert von den Mitarbeitern ein hohes Maß an Selbständigkeit, persönlichem Einsatz und Qualifikation. *„Die Mitarbeiter sind es, die den neuen Betriebsablauf „zum Laufen bringen"; kein neuer Prozeßentwurf läßt sich gegen den Widerstand der Mitarbeiter durchsetzen."* (*Morris/Brandon*, 1994, S. 319).

Die Voraussetzungen für die Übernahme weitreichenderer Steuerungs- und Ausführungsaufgaben durch die Mitarbeiter sind mit der hohen Qualität der Schul- und Berufsbildung in Deutschland grundsätzlich gegeben. Einer 1991 veröffentlichten empirischen Untersuchung der *Harvard Business Review* bei 12.000 Führungskräften zufolge liegt der Erfolg deutscher Unternehmen in der Qualifikation der Mitarbeiter begründet (vgl. *Moss Kanter*, 1991, S. 155).

Dennoch sind zusätzliche Qualifikations- und Motivationsmaßnahmen notwendig. Das Ausmaß der erforderlichen Personalentwicklungsmaßnahmen darf angesichts der tiefgreifenden Veränderungen, die durch eine prozeßorientierte Organisation angestoßen werden, nicht unterschätzt werden. Allerdings sollte auch bedacht werden, daß die höhere Eigenverantwortung beim Mitarbeiter letztlich auch zu einer höheren Arbeitszufriedenheit beiträgt (vgl. *Jungmann*, 1992, S. 164).

Hier ergibt sich eine Rückkopplung zu den strategischen Handlungsempfehlungen, die sich auf den Standortfaktor Arbeit beziehen. Die höhere Arbeitszufriedenheit, die sich in einer prozeßorientierten Organisation ergeben kann, bewirkt auch eine höhere Motivation und Disziplin der Mitarbeiter.

Die Gestaltung einer Fertigungsorganisation nach dem Prozeßketten-Prinzip erfordert auch - wie in 6.1.2 beschrieben - eine Veränderung des Führungsstils. Voraussetzungen für die neue Organisation sind ein stark partizipativer Führungsstil mit umfassender Delegation von Aufgaben, Kompetenzen und Verantwortung auf die Mitarbeiterebene sowie die Förderung einer teamorientierten Zusammenarbeit zwischen den Prozeßkettenelementen (vgl. *Jungmann*, 1992, S. 163). Der Vorgesetzte übernimmt in größerem Umfang die Aufgabe eines Moderators bei der Entwicklung von Problemlösungen und bei der Beseitigung von Konflikten.

Maßnahmen zum Abbau der Schwächen im Bereich der Beschaffungs- und Produktionslogistik lassen sich aus den *Just-in-Time-* und *Kanban*-Konzepten[186] des Toyota-Produktionssystems ableiten. Diese Konzepte werden zwar in vielen Unternehmen der deutschen Industrie heute schon angewendet, doch sollte *Just-in-Time* nicht nur - wie weit verbreitet (vgl. *Schmidt*, 1995, S. 5) - als externes Zulieferlogistik-Konzept verstanden werden, sondern als umfassender Ansatz zur Optimierung innerbetrieblicher Abläufe. Nur mit diesem Grundverständnis lassen sich ein kontinuierlicher Materialfluß und eine Verstetigung der Arbeitslast als Voraussetzungen für eine wirtschaftlichere Fertigung erzielen.

In bezug auf die Reduzierung der Fertigungstiefe sind deutsche Industrieunternehmen gegenüber den japanischen Wettbewerbern im Nachteil. Zum einen besteht eine derart

---

[186] Vgl. 4.2.2.1.3 *Verstetigung der Arbeitslast.*

enge Zulieferbindung, wie sie in den vertikalen Keiretsus und bei Subcontracting-Unternehmen in Japan gegeben ist, in der deutschen Industrie nur selten. Zum anderen können japanische Unternehmen das bestehende starke Lohngefälle auf den verschiedenen Zulieferstufen im eigenen Land nutzen[187]. Aufgrund der Flächentarifverträge existiert ein derart ausgeprägtes Lohngefälle in der deutschen Industrie nicht (vgl. dazu auch *Schneider*, 1994, S. 29). Vorteile der Fertigungstiefenreduzierung können in der deutschen Industrie nur aufgrund der Spezialisierung der deutschen Zulieferunternehmen und den dadurch bedingten Losgrößenvorteilen erzielt werden. Ein niedrigeres Lohnniveau bei den Zulieferern kann die deutsche Industrie nur durch die internationale Beschaffung aus Niedriglohnländern nutzen.

In diesen Kontext kann auch die **Fertigung in globalen Schlüsselmärkten** eingeordnet werden. Zwar kann die Globalisierung der Fertigung ebenso aus dem Blickwinkel einer dauerhaften Markterschließung und eines Überwindens von Markteintritts-barrieren betrachtet werden, doch ergeben sich daraus auch Möglichkeiten zur Nutzung von Lohnkostenvorteilen und Wechselkursverschiebungen.

Die dargestellten strategischen Handlungsempfehlungen müssen vor dem Hintergrund der Notwendigkeit gesehen werden, gleichzeitig die Fertigungsflexibilität und -wirtschaftlichkeit der deutschen Industrie zu verbessern. Zwar führt die deutsche Industrie in vielen Industriezweigen eine Einzelfertigung nach Kundenwunsch durch, doch sind in diesem Fall die Kosten und - als Konsequenz daraus - die Preise zu hoch (vgl. dazu auch *Burkhardt*, 1992, S. 32 ff.; *Brödner/Schultetus*, 1992, S. 12 f.). Bei deutschen Unternehmen, die auf der Basis der Massenproduktion fertigen, bestehen flexibilitätsbezogene Defizite (vgl. *Seitz*, 1992b, S. 7). Mit ihrem Produktionskonzept der flexiblen Massenfertigung haben die japanischen Unternehmen im internationalen Preiswettbewerb - auch empirisch nachweisbare[188] - deutliche Vorteile. Das Konzept der flexiblen Massenfertigung entspricht dem Toyota Produktionskonzept. Dabei bildet die Fertigung auf der Grundlage kleiner Lose keine Alternative zur Massenfertigung, sondern zur lediglich zur Fertigung großer Lose. Die Flexibilität wird nicht durch die Abschaffung der Massenfertigung, sondern durch die Fertigung kleiner Lose innerhalb einer Massenfertigung - deshalb *flexible Massenfertigung* - erzielt (vgl. *Shingo*, 1993, S. 52 ff.).

Viele der produktionsbezogenen strategischen Handlungsempfehlungen befinden sich derzeit in deutschen Unternehmen in der Einführungsphase. Bedenkt man, daß Toyota nach dem zweiten Weltkrieg mehrere Jahrzehnte benötigte, um sein Produktions-

---

[187] Vgl. dazu auch 4.1.3.3 *Subcontracting in Japan.*

[188] Vgl. 5.4.2 *Ermittlung des Handlungsbedarfs der deutschen Industrie bezogen auf unternehmensinterne Schwächen.* Die preisliche Wettbewerbsfähigkeit (Haupterfolgsfaktor) ist eine Priorität 1-Schwäche der deutschen Industrie.

konzept kontinuierlich auf- und auszubauen (vgl. *Womack/Jones/Roos*, 1992, S. 53 ff.), ist es sicherlich noch zu früh, spektakuläre Erfolge zu erwarten. Es bleibt zu hoffen, daß die deutsche Industrie auch während der sich aktuell abzeichnenden wirtschaftlichen Aufschwungphase konsequent an der Beseitigung ihrer Schwächen gegenüber den japanischen Wettbewerbern weiterarbeitet.

6.3.3 Beseitigung von Defiziten im Qualitätsmanagement[189]

Die Qualitätsdefizite der deutschen im Vergleich zur japanischen Industrie liegen vor allem in den beiden Priorität 1-Erfolgsfaktoren **Qualitätsverantwortung des einzelnen Mitarbeiters** und in der **Leistungsfähigkeit des Qualitätssicherungssystems** begründet. In bezug auf den Haupterfolgsfaktor **Hoher Qualitätsstandard der Produkte** wurde die deutsche Industrie dagegen nur geringfügig schwächer als die japanische bewertet. Aufgrund der hohen Gewichtung erhielt diese Schwäche jedoch immerhin noch die Priorität 2.

Alle drei (Haupt-)Erfolgsfaktoren laden in der Faktorenanalyse *„Produktion und Qualität"* auf den gemeinsamen Faktor **Qualitätsorientierung** hoch. Zusätzlich konnte eine positive Korrelation zwischen der **Qualitätsverantwortung des einzelnen Mitarbeiters** und der **Leistungsfähigkeit des Qualitätssicherungssystems** sowie dem **Hohen Qualitätsstandard der Produkte** ermittelt werden. Daraus folgt, daß ein Abbau der deutschen Schwächen beim Faktor **Qualitätsorientierung** ohne eine stärkere Mitarbeiterbeteiligung nicht möglich ist. Auch in diesem strategischen Aktionsfeld ist die Vernetzung mit den Empfehlungen zum Abbau der Schwächen beim Standortfaktor Arbeit und bei der Managementphilosophie damit empirisch untermauert.

Wenn auch die produktbezogenen Qualitätsdefizite im Vergleich zu Japan nicht so ausgeprägt sind, muß die deutsche Industrie dennoch die Leistungsfähigkeit der Qualitätssicherung weiter erhöhen. Ein Nachlassen in den Bemühungen würde bedeuten, daß die japanische Industrie auf der Grundlage der bereits implementierten Qualitätssicherungsmethoden ihren knappen Vorsprung weiter ausbauen könnte. Die

---

[189] Die Notwendigkeit der Beseitigung von Schwächen in diesem Handlungsfeld findet ihre empirische Fundierung in den folgenden Kapiteln:

- Stärken/Schwächen-Analyse:	5.2.1; 5.2.2; 5.3.2
- Ermittlung des Handlungsbedarfs:	5.4.2
- Faktorenanalyse:	5.5.3; 5.5.4

Konsequenz wäre eine relative Verschlechterung des *Made-in-Images* der deutschen Industrie, das, wie in 3.5 ausgeführt, derzeit noch mit dem Japans vergleichbar ist.

Einen Abbau der Schwächen beim Faktor **Qualitätsorientierung** kann die deutsche Industrie durch die Einführung eines integrierten Qualitätskonzeptes nach dem Vorbild des *Total Quality Management*, das in Kapitel 4.2.2.1.2 bereits ausführlicher erläutert wurde, erzielen. Dabei muß eine proaktive Fehlervermeidung durch den einzelnen Mitarbeiter auf der jeweiligen Wertschöpfungsstufe die Fehlernachbesserung am Ende der Wertschöpfungskette ersetzen (vgl. *Macharzina*, 1993, S. 597).

Das große Interesse, das dem *Total Quality Management* seitens der deutschen Industrie entgegengebracht wird, läßt darauf schließen, daß sich die Unternehmen der Dringlichkeit von Qualitätsverbesserungsmaßnahmen bewußt sind. Die begonnene Einführung des *Total Quality Management* muß konsequent und zügig fortgesetzt werden.

Dabei hängt eine erfolgreiche Einführung vor allem von der Berücksichtigung der folgenden Grundprinzipien ab (vgl. *Stürzl*, 1993, S. 44 ff.):

1. Delegation der Verantwortung für die Arbeitsverrichtung und -ergebnisse an den einzelnen Mitarbeiter im Wertschöpfungsprozeß,
2. Qualitäts- und Effektivitätskontrolle durch den Mitarbeiter „vor Ort" ersetzt das System der Endkontrolle,
3. Offene Kommunikation zwischen den Mitarbeitern sowie zwischen Mitarbeitern und Vorgesetzten; Transparenz betrieblicher Entscheidungs- und Kommunikationswege,
4. Kooperative Teamarbeit in selbstverantwortlichen Arbeitsgruppen,
5. Mitarbeiter- und Kundenorientierung.

Die aufgeführten Grundprinzipien lassen ein weiteres Mal die große Bedeutung eines stärker mitarbeiterorientierten Führungsstils sowie einer hohen Einsatzbereitschaft und Motivation der Mitarbeiter im Kontext der strategischen Handlungsempfehlungen erkennen.

Darüber hinaus hat auch ein Vorgehen nach dem Grundsatz der kontinuierlichen Verbesserung (*Kaizen*) einen nachhaltigen Einfluß auf die Erfolgschancen während der *TQM*-Einführung und ebenso auf die Erfolgswirksamkeit nach der *TQM*-Institutionalisierung (vgl. *Wildemann*, 1994b, S. 145 f.). Wie die Leistungsfähigkeit des japanischen Fertigungsmanagements sind auch die positiven Ergebnisse bei den Qualitätskennziffern nach der *Kaizen*-Philosophie über viele Jahre hinweg erzielt worden. Zwar können die deutschen Unternehmen die in Japan gewonnenen, vielfach veröffentlichten Erfahrungen nutzen und so Zeiteinsparungseffekte erzielen, doch wird im Fall der *TQM*-Einführung ebenfalls ein entsprechend zeitaufwendiger Paradigmenwechsel erforderlich sein (vgl. *Morris/Brandon*, 1994, S. 112 ff.).

6.4 Strategische Ausrichtung im globalen Wettbewerb

Die Globalisierungsstrategien japanischer Unternehmen werden von einigen Autoren - wie in 4.2.4 ausführlicher beschrieben - als zentrales Erfolgspotential der japanischen Industrie im internationalen Wettbewerb eingeschätzt. Als besondere Stärken der japanischen Unternehmen werden in diesem Zusammenhang regelmäßig die sorgfältige Marktforschung, die wirkungsvollen Markteintrittsstrategien sowie die Ausdauer und Geduld bei der Marktbearbeitung, auch wenn sich Gewinne erst langfristig einstellen, herausgestellt.

Bei den deutschen Unternehmen wurden in der empirischen Untersuchung erhebliche Defizite bei den Globalisierungsstrategien, insbesondere in bezug auf das integrierte (und) strategische Vorgehen bei der Internationalisierung sowie bei der Bearbeitung der asiatisch-pazifischen Region, gegenüber der japanischen Industrie festgestellt. Zur Verbesserung der globalen Wettbewerbsposition der deutschen im Vergleich zur japanischen Industrie ist ein Abbau dieser Schwächen unerläßlich. Das machen auch die in Kapitel 5.7.2 zusammengefaßten, empirisch ermittelten Empfehlungen deutlich.

6.4.1 Integrierte Globalisierungsstrategien[190]

Von den vier im Bereich der Globalisierungsstrategien festgestellten Schwächen mit der Priorität 1 beziehen sich drei, nämlich die **Sorgfältige Analyse der Zielmärkte**, die **Wirksamkeit der Markteintrittsstrategien** und die **Wettbewerbsfähigkeit der Preise**, auf Haupterfolgsfaktoren. Die vierte Priorität 1-Schwäche, die **Strategien der**

[190] Die Notwendigkeit der Beseitigung von Schwächen in diesem Handlungsfeld findet ihre empirische Fundierung in den folgenden Kapiteln:

- Stärken/Schwächen-Analyse:	5.2.1; 5.2.2; 5.3.2
- Ermittlung des Handlungsbedarfs:	5.4.2
- Faktorenanalyse:	5.5.2
- Empirisch ermittelte Empfehlungen:	5.7.2

globalen Marktbearbeitung, liegt mit einem Gewichtungsfaktor von 1,54 nur sehr knapp außerhalb des Bereichs der Haupterfolgsfaktoren[191].

Im Rahmen der Faktorenanalyse *„Globales Marketing Management"* wurde für den Faktor **Integriertes Globalisierungskonzept** der mit Abstand größte Eigenwert errechnet. Darunter luden einige wesentliche strategische und operative Marketing-Erfolgsfaktoren sowie die produktionsbezogenen Erfolgsfaktoren **Fertigung in globalen Schlüsselmärkten** und **Gestaltung der Beschaffungslogistik** sehr hoch. Die höchste Faktorladung wiesen ein **Leistungsfähiges, globales Servicenetz** und ein **Leistungsfähiger, globaler Vertrieb**, beides Priorität 2-Erfolgsfaktoren, auf.

Die Kombination der verschiedenen Erfolgsfaktoren läßt den Schluß zu, daß eine erfolgreiche Internationalisierung die Integration marketing-, beschaffungs- und fertigungspolitischer Gesichtspunkte zu einem umfassenden strategischen Globalisierungskonzept erfordert. Das erfordert eine Abkehr von der ethnozentrischen, exportorientierten Sichtweise (vgl. dazu auch *Perlmutter*, 1972, S. 56 ff.; *Becker*, 1993, S. 277; *Meffert*, 1994, S. 270 f.), die einer empirischen Untersuchung der Zeitschrift *highTech* zufolge in vielen deutschen Unternehmen noch dominiert (vgl. dazu *Fuchs*, 1991, S. 53).

Diese Sichtweise stellt das Ausgangsniveau auf dem Entwicklungspfad der Globalisierung dar. Unternehmen auf dieser niedrigsten Stufe der Globalisierung decken die Auslandsmärkte ausschließlich durch Exporte ab. In den Zielmärkten werden Vertriebs- und, wo erforderlich, auch Serviceorganisationen aufgebaut. Eine internationale oder globale Beschaffung findet nicht oder nur sporadisch statt (vgl. *Henzler*, 1992, S. 85).

Nach den Ergebnissen der Faktorenanalyse sind die globalen Märkte jedoch nicht nur aus dem Blickwinkel der Auslastung vorhandener Fertigungskapazitäten oder der situativen Nutzung von Absatzmöglichkeiten zu sehen. Die dauerhafte Erschließung globaler Zielmärkte erfordert vielmehr die Entwicklung eines wesentlich umfassenderen, geozentrischen Marketingkonzeptes (vgl. *Perlmutter*, 1972, S. 56 ff.; *Becker*, 1993, S. 278; *Meffert*, 1994, S. 271 f.). Dazu gehört auch die aktive Nutzung der Chancen, die sich aus der globalen Beschaffung und Fertigung ergeben. Letzlich sind in einem integrierten Globalisierungskonzept nicht nur die vertriebspolitischen Fragestellungen zu klären. Weit darüber hinausgehend ist im Rahmen eines integrierten Konzeptes zu entscheiden, was die Unternehmen selbst fertigen, ob sie den Eigenfertigungsanteil im In- oder Ausland erstellen und ob auf die Vorteile des

---

[191] Als Haupterfolgsfaktoren werden in dieser Arbeit die Erfolgsfaktoren bezeichnet, für die auf einer fünfstufigen Rating-Skala von 1 (sehr wichtig) bis 5 (völlig unwichtig) ein Gewichtungsfaktor kleiner als 1,50 ermittelt wurde.

„global sourcing" zurückgegriffen werden soll (vgl. dazu auch *Backhaus/Hilker*, 1994, S. 189).

Deutsche Industrieunternehmen müssen folglich, um die Schwächen gegenüber der japanischen Industrie abzubauen, auf globalen Märkten alle Stufen der Leistungserstellung zu einer optimierten Wertschöpfungskette zusammenführen. Ein derartig integriertes Konzept schließt die Erschließung von Kostenvorteilen durch globale Beschaffungs- und Fertigungsaktivitäten ein und kann darüber hinaus sogar die Abschöpfung von Know-how durch F&E-Aktivitäten in High-Tech-Märkten beinhalten (vgl. *Seitz*, 1992b, S. 8). Die Auswirkungen einer Globalisierung nach diesem Muster reichen von einer höheren preislichen Wettbewerbsfähigkeit bis hin zu einer größeren Technologiekompetenz sowie zusätzlich zu Zeit- und Kostenvorteilen im Innovationsmanagement.

Eine erfolgreiche Globalisierung bleibt nicht nur den deutschen Großunternehmen vorbehalten. Auch mittelständische Unternehmen können - nach einer Untersuchung von *Simon* bei 39 deutschen Mittelständlern (vgl. *Simon*, 1992, S. 115 ff. und 1993, S. B 7) - erfolgreich Globalisierungskonzepte entwickeln und in eine Weltmarktführerschaft umsetzen[192]. Das im Vergleich zum Wettbewerb stärkste deutsche Unternehmen in der Stichprobe weist einen relativen Marktanteil von 10 aus (vgl. *Simon*, 1992, S. 119).

Der Erfolg dieser Unternehmen ergibt sich aus einer Kombination technischer Kernkompetenzen mit einem integrierten Globalisierungskonzept. Die in der Untersuchung von *Simon* aufgeführten, erfolgreichen Mittelständler weisen die folgenden Gemeinsamkeiten in ihrer strategischen Ausrichtung auf (vgl. *Simon*, 1992, S. 115 ff. und 1993, S. B 7; *Laumer*, 1992, S. 22):

- Konzentration auf und Besetzung von Marktnischen
- Intergriertes Globalisierungskonzept mit einem dichten Netz von Tochtergesellschaften, die auch Produktionsaufgaben erfüllen
- Enger Kundenkontakt aller Unternehmensfunktionen von der F&E bis zum Kundendienst
- Zielmarktorientierte Produktentwicklung auf der Basis eines engen Kundenkontaktes
- Ausgeprägte Technikkompetenz der Führungskräfte
- Starke Mitarbeiterorientierung und positives Verhältnis zwischen Arbeitgebern und Arbeitnehmern

---

[192] Im Rahmen der empirischen Untersuchung, die die Grundlage der vorliegenden Arbeit bildet, wurden in Japan mittelständische deutsche Unternehmen angetroffen, die selbst in diesem schwierigen Markt eine (deutliche) Marktführerposition erobert hatten.

Bei genauerer Betrachtung ist festzustellen, daß die erfolgreichen Mittelständler einige der strategischen Handlungsempfehlungen dieser Arbeit bereits umgesetzt haben. Neben der integrierten Vorgehensweise bei der Globalisierung sind das vor allem ein erfolgreiches, zielmarktorientiertes Innovationsmanagement sowie ein stärker mitarbeiterorientierter Führungsstil, der sich im positiven Verhältnis zwischen Mitarbeitern und Führungskräften niederschlägt.

Erst durch die globale Nutzung der Chancen in Absatz- und Beschaffungsmärkten erreichen deutsche Unternehmen, wie oben beschrieben, die höchste Form der Globalisierung (vgl. *Henzler*, 1992, S. 85 ff.). Der Aufbau einer integrierten, alle Unternehmensaktivitäten umfassenden, globalen Organisation muß auf der Grundlage sorgfältiger Absatz- und Beschaffungs-Zielmarktanalysen vorbereitet werden. Nur vor dem Hintergrund dieser Analysen lassen sich die Attraktivität der Zielmärkte präzise bestimmen, die Markteintrittsbarrieren eingrenzen und die Markteintrittsfenster und -strategien festlegen.

Speziell in bezug auf die **Sorgfältige Analyse der Zielmärkte** weist die deutsche Industrie jedoch eine ihrer größten Schwächen im Vergleich zu ihren japanischen Wettbewerbern auf[193]. Will die deutsche Industrie Fehler beim Markteintritt vermeiden oder das Risiko des Scheiterns an den Markteintrittsbarrieren einschränken, muß sie ihre Fähigkeiten im Bereich der Zielmarktanalyse verbessern und den Aufwand dafür deutlich erhöhen.

Vor allem für mittelständische Unternehmen, die ihre Globalisierungsentscheidungen informatorisch fundieren wollen, sollten die Verbände, die Auslandshandelskammern und auch staatliche Institutionen (z.B. *Bundesstelle für Außenhandelsinformationen*) ihr bereits vorhandenes Informationsangebot erweitern. Auf diese Weise können die Vorteile, die die japanischen Unternehmen in den *Sogo Shosha* hinsichtlich der Marktforschungsfunktion besitzen[194], zumindest teilweise ausgeglichen werden.

Eine sorgfältige informatorische Vorbereitung der Globalisierungsentscheidungen benötigt Zeit. Darüber hinaus wird beim Aufbau einer derartigen Organisation umfassende Managementkapazität gebunden. Aussagen über den Markteintrittserfolg des Unternehmens lassen sich erst einige Zeit nach dem Markteintritt treffen. Ein Globalisierungskonzept kann deshalb nur sukzessiv umgesetzt werden. Die Vorteile, die ihre japanischen Wettbewerber in der Globalisierung derzeit noch vorweisen, können deutsche Unternehmen somit kurzfristig nicht kompensieren. Dementsprechend ist die im Rahmen der empirischen Untersuchung ermittelte Empfehlung zu befolgen, die deutsche Industrie solle bei ihren Marketingaktivitäten langfristig

---

[193] Vgl. 5.4.2 *Ermittlung des Handlungsbedarfs der deutschen Industrie bezogen auf unternehmensinterne Schwächen.*

[194] Vgl. 4.1.3.4 *Funktion und Einfluß der Sogo Shosha.*

denken, planen und handeln[195]. Nur mit einem auf Dauer angelegten strategischen Globalisierungskonzept können deutsche Unternehmen die oben dargestellten Stärken ihrer japanischen Wettbewerber ausgleichen.

6.4.2 Erschließung der asiatisch-pazifischen Region[196]

Die Notwendigkeit einer Erschließung der asiatisch-pazifischen Region durch die deutsche Industrie läßt sich vor allem aus den Prognosen und Empfehlungen der im Rahmen der empirischen Studie befragten Experten ableiten. Der asiatische Markt wird mit deutlichem Abstand vor den USA und Westeuropa als zukünftiges Wettbewerbszentrum sowie als pazifisches Pendant zur Europäischen Union angesehen. Diese inzwischen allgemein akzeptierte Auffassung läßt sich anhand vieler Veröffentlichungen belegen (vgl. u.a. *Abegglen*, 1994; *Fallows*, 1994; *Roßbach*, 1994; *Hilpert*, 1992; *Kim*, 1990).

Für deutsche Unternehmen bietet die Region

- wahrscheinlich für die nächsten Jahrzehnte die einzigen Märkte mit dauerhaft hohen Wachstumsraten,
- völlig neue Impulse im Bereich der Spitzentechnologien, die dort mit großer kommerzieller Energie entwickelt werden,
- eine Möglichkeit, sich auf den zukünftigen globalen Wettbewerb mit den nachwachsenden asiatischen Industrienationen vorzubereiten (vgl. *Machetzki*, 1994, S. 40).

Japan wurde in dieser Region schon früh eine Führungsrolle zugesprochen[197] (vgl. *Heiduk*, 1985, S. 15 ff.). Entsprechend weit ist die Markterschließung der japanischen Industrieunternehmen in dieser Region fortgeschritten (vgl. *o.V.*, 1993h, S. 14). Die japanischen (und die US-amerikanischen) Direktinvestitionen haben dem asiatischen Teil des pazifischen Raumes entscheidende Wachstumsimpulse verliehen (vgl.

---

[195] Vgl. 5.7.2 *Empirisch ermittelte Empfehlungen zum Abbau der deutschen Schwächen bei den internen Erfolgsfaktoren.*
[196] Die Notwendigkeit der Beseitigung von Schwächen in diesem Handlungsfeld findet ihre empirische Fundierung in den folgenden Kapiteln:
- Wettbewerbsprognose: 5.6.2
- Empirisch ermittelte Empfehlungen: 5.7.1; 5.7.2

[197] Dabei wird auch das „*Modell der Fluggänse*" verwendet. Dieses Bild beschreibt „*... die gestaffelte Aufholjagd, in der die NIEs Japan, die ASEAN-Staaten den NIEs und China den ASEAN-Staaten hinterherjagen.*" (*Hilpert*, 1993b, S. 22).

Hilpert/Ruppert/Aoki/Tachiki, 1992, S. 5 ff.; *Frese/Laier*, 1991, S. 9; *Shinkai*, 1990, S. 27 ff.). Aufgrund der starken Position, die Japan im pazifischen Raum aufgebaut hat, wird gar die Frage diskutiert, ob dort eine Yen-Zone entsteht (vgl. *Iwasaki*, 1991, S. 161 ff.; *Hilpert*, 1993b, S. 21 f.).

Deutsche Unternehmen - vor allem die der Großindustrie - haben zwar ihre Aktivitäten in der asiatisch-pazifischen Region verstärkt, doch reichen diese Bemühungen keinesfalls aus, den großen Vorsprung der japanischen Wettbewerber nur annähernd aufzuholen[198]. Vor dem Hintergrund der starken Marktposition Japans in Asien und des großen Marktwachstums in dieser Region sind die empirisch ermittelten Expertenempfehlungen, die eine intensivere Bearbeitung Asiens durch die deutsche Industrie als notwendig erachten[199], begründet und nachvollziehbar.

Die Bearbeitung der asiatisch-pazifischen Region durch deutsche Unternehmen wird nicht nur durch die große räumliche Distanz erschwert. Auch die *„kulturelle Distanz"* (vgl. dazu auch *Weggel*, 1991, S. 41 ff., *Roland Berger & Partner*, 1993, S. 19 ff.) führt häufig dazu, daß deutsche Unternehmen auf eine Marktbearbeitung verzichten oder nach ersten negativen Erfahrungen aufgeben. Grund dafür ist eine auf die kurzfristige Erringung des Einzelauftrages verengte Sichtweise vieler deutscher Unternehmen, die die Marktbearbeitung der asiatisch-pazifischen Region oft nur unzureichend vorbereiten und meist nicht langfristig genug angelegen (vgl. *o.V.*, 1993i, S. 7). Stellen sich Umsätze und Gewinne nicht kurzfristig ein, wird dann häufig die weitere Marktbearbeitung eingestellt.

Die deutsche Industrie sollte bei der Erschließung der asiatisch-pazifischen Region ihren Planungshorizont verlängern. Geschäftsbeziehungen mit asiatischen Geschäftspartnern werden im allgemeinen mit erheblichem Zeitaufwand angebahnt. Nur mit einem hohen Einsatz personeller und finanzieller Mittel ist langfristig ein nennenswerter „Return" zu erwarten (vgl. *Machetzki*, 1994, S. 40). Schon vor der Entscheidung für die Marktbearbeitung sollte dem Management deutscher Unternehmen klar sein, daß mit einmaligen Geschäftsreisen und Messeteilnahmen eine dauerhafte Markterschließung nicht sichergestellt werden kann. Zwar stellt die Messeteilnahme insbesondere für mittelständische Unternehmen eine Möglichkeit der Markterkundung und Kontaktanbahnung dar (vgl. *Klein/Ernst-Motz*, 1995, o. S.), doch kann dies nur der erste, einleitende Schritt einer Markterschließung sein, in die auch Überlegungen einer regionalen Fertigung einzubeziehen sind. Zu einer Fertigung in der

---

[198] Vgl. dazu auch 3.2 *Anteile der deutschen und der japanischen Industrie am Welthandel* (insbesondere die Abbildung der *Marktanteile deutscher und japanischer Unternehmen nach Regionen (1994)*).
[199] Von den 27 Empfehlungen zur globalen Marktbearbeitung bezogen sich 13 auf Asien, 6 auf Japan und 8 auf die allgemeinen Globalisierungsaktivitäten (in der Triade).

asiatisch-pazifischen Region gibt es nach *Zimmermann*[200] keinen Ersatz (vgl. *Deutsche Industrie- und Handelskammer in Japan*, 1992b, o. S.).

Vor dem Hintergrund des hohen Zeit-, Personal- und Mittelaufwandes, der für die Erschließung der asiatisch-pazifischen Wachstumsmärkte erforderlich ist, muß eine Markteintrittsentscheidung informatorisch sorgfältig vorbereitet und fest in ein geschlossenes strategisches Konzept eingebunden werden. Nach einer empirischen Untersuchung von *Ruppert* zählen die Kenntnis von Mentalität und Landesspezifika, die Kenntnis der asiatischen Geschäftspraktiken sowie marktspezifische Produktkenntnisse zu den wichtigsten Determinanten einer erfolgreichen Geschäftstätigkeit in der asiatisch-pazifischen Region (vgl. *Ruppert*, 1992, S. 71). Erst auf der Grundlage dieser Kenntnisse kann eine inter- und intranationale Segmentierungsentscheidung und darauf basierend eine Festlegung der regionalen Wertschöpfung sowie eine Entscheidung für die Standardisierung oder die Differenzierung des Marketing-Mix erfolgen.

Auch hier wird ein weiteres Mal deutlich, wie dringlich die Beseitigung der deutschen Priorität 1-Schwächen bei den Haupterfolgsfaktoren **Sorgfältige Analyse der Zielmärkte** und **Wirksamkeit der Markteintrittsstrategien** ist. Dabei stehen die deutschen Unternehmen allerdings vor der Crux, daß schon die Informationsbeschaffung über die relevanten Märkte mit einem hohen Personal- und Mitteleinsatz verbunden ist. Grund dafür ist zum einen die für eine Marktanalyse „vor Ort" zu überbrückende räumliche Distanz. Zum anderen erschweren die außerordentliche Heterogenität der Märkte sowie ihr Mangel an Transparenz und ihr hoher Fremdheitsgrad, der auf unterentwickelte Informationssysteme sowie Sprach- und Schriftbarrieren zurückzuführen ist, eine fundierte Vorbereitung der Markteintrittsentscheidung (vgl. *Machetzki*, 1994, S. 40; *Raya*, 1992, S. 111 ff.; *Hilpert/Ruppert/ Aoki/Tachiki*, 1992, S. 15).

Vor allem bei der Informationsversorgung, aber auch weit darüber hinaus, können die Botschaften, die Bundesstelle für Außenhandelsinformationen, die Außenhandelskammern der deutschen Wirtschaft sowie eine Reihe von Wirtschafts- und Forschungsinstituten eine Hilfestellung leisten (vgl. dazu *Presse- und Informationsamt der Bundesregierung*, 1994, S. 209; *Raya*, 1992, S. 115 ff.). Es gibt deutliche Anzeichen dafür, daß der Staat seine Bedeutung für die Verbesserung der Wettbewerbsposition der deutschen Industrie erkannt hat. So will das *Bundesministerium für Wirtschaft* folgende Schwerpunkte bei der Gestaltung der Wirtschaftsbeziehungen mit den ASEAN-Staaten herausstellen:

- Unterstützung der deutschen Wirtschaft auf politischer Ebene

[200] Die Aussagen entstammen dem Vortrag, den *Zimmermann*, Vorsitzender des Außenwirtschaftsausschusses des ZVEI, während der 4. Asien-Pazifik-Konferenz der deutschen Außenhandelskammern 1992 in Seoul gehalten hat.

- Verbesserung des Marktzugangs in der Region
- Bereitstellung von Ausfuhrbürgschaften über Hermes
- Kapitalanlagegarantien zur Unterstützung von Direktinvestitionen
- Ausbau der Informations- und Beratungseinrichtungen
- Verstärkte Durchführung von Auslandsmessen (vgl. *Bundesministerium für Wirtschaft*, 1994, S. 1)

Die beabsichtigte Unterstützung der deutschen Wirtschaft reicht nach dieser Erklärung erkennbar über die reine Informationsversorgung hinaus. Vor allem die finanziellen Maßnahmen in Form von Hermesbürgschaften und Kapitalanlagegarantien können für mittelständische Unternehmen das Markteintrittsrisiko wesentlich verringern.

Auch die deutschen Außenhandelskammern, die traditionell einen sehr engen Kontakt zu der deutschen Industrie in den Auslandsmärkten pflegen, können beim Markteintritt wertvolle Unterstützung leisten, die von der Informationssammlung über die Strategieberatung bis hin zur Messeunterstützung reicht.

Verglichen mit dem konzentrierten japanischen Auftreten in der Region - neben den Botschaften und Konsulaten wird die japanische Industrie vor allem durch die *JETRO*, die *Sogo Shosha* und die großen Banken unterstützt - kann die deutsche Präsenz keineswegs zufriedenstellen. Die lokale Präsenz deutscher Institutionen in den asiatischen Märkten sollte deutlich verstärkt werden. Darüber hinaus bedarf es auch - nach empirischen Untersuchungen bei deutschen Industrieunternehmen - einer qualitativen und quantitativen Verbesserung in bezug auf das bereits vorhandene Informations- und Beratungsangebot (vgl. *Ruppert*, 1992, S. 90). Dazu sollte ein konzentriertes und koordiniertes Vorgehen zur Nutzung von Synergien zwischen den in Asien vertretenen deutschen Institutionen angestrebt werden. Schon heute wird nämlich ein Wirkungsgradverlust aufgrund zersplitterten Vorgehens kritisiert (vgl. dazu auch *Deutsche Industrie- und Handelskammer in Japan*, 1992b, o.S.; *Hilpert u.a.*, 1992, S. 373 ff.).

Gerade bei der Bearbeitung der asiatisch-pazifischen Region wird der Wert eines effizienten weltweiten Vertriebsnetzes deutlich, das die japanische Industrie in den *Sogo Shosha* besitzt. Eine derartige Vertriebsorganisation fehlt vor allem den kleineren und mittleren deutschen Unternehmen (vgl. auch *Kraus*, 1990, S. 9). Für einen Markteintritt bieten sich diesen Unternehmen eine Reihe unterschiedlicher Strategiealternativen an, die in Abhängigkeit von dem geplanten Auslandsengagement sorgfältig auf ihre Eignung zu prüfen sind:

- **Vergabe von Lizenzen:**
  Diese Strategiealternative bietet die Möglichkeit, ohne eigene Marktbearbeitung am Wachstum der Region zu partizipieren. Problematisch ist dabei die Kontrolle der Lizenzvereinbarungen und die Patentabsicherung.

- **Export mit Unterstützung deutscher Handelshäuser in der Region:**
  Ein derartiges Vorgehen würde zwar den zeit- und kostenaufwendigen Aufbau einer eigenen Vertriebsorganisation überflüssig machen, doch ist das deutsche Händlernetz, inbesondere kleinere Händler betreffend, in der Region noch nicht ausreichend entwickelt (vgl. dazu *Böttcher*, 1991, S. 288).

- **Kooperationenalternativen zur Erschließung der asiatisch-pazifischen Region:**
  - Aufbau einer gemeinsamen Vertriebsorganisation mit weiteren deutschen mittelständischen Unternehmen.
  - Kooperationen mit etablierten großen deutschen Unternehmen in der Region, die schon über eine Vertriebsorganisation verfügen.
  - Kooperation mit einem etablierten regionalen Partner, der schon eine Vertriebsorganisation besitzt.

  Die Kooperationen sind dann möglich und sinnvoll, wenn eine Produktkompatibilität gegeben und eine Produktkonkurrenz ausgeschlossen ist.

- **Eigenständige Marktbearbeitung:**
  - Nutzung der Möglichkeiten deutscher Industrieparks (z.B. *Hakusan bei Yokohama*). Der Aufbau eines dichteren Netzes deutscher Industrieparks würde die Marktbearbeitung der asiatisch-pazifischen Region durch deutsche Unternehmen wesentlich erleichtern.
  - Völlig eigenständige Bearbeitung, ggf. mit dem Aufbau einer regionalen Fertigung in Abhängigkeit von den Marktchancen und der Kapitalkraft des markteintretenden deutschen Unternehmens.

Es ist zu beachten, daß insbesondere die Markterschließung in einer Kooperation nicht komplikationsfrei ist. Einer empirischen Untersuchung von *Raffée/Eisele* zufolge agieren nur etwa 50% der geschlossenen internationalen Joint Ventures erfolgreich. Hauptursachen für das Scheitern sind strategische und kulturelle Gegensätze zwischen den kooperierenden Unternehmen (vgl. *Raffée/Eisele*, 1994, S. 17 ff.)[201].

Besonders die Abschöpfung technischen Know-hows durch einen regionalen Kooperationspartner ist eine der Hauptgefahren einer Allianz (vgl. *Schütte*, 1991, S.

---

[201] Eine detaillierte Darstellung der Konfliktfelder deutsch-japanischer Joint-Ventures in Japan liefern *Bukhari/ Wurche* (1991).

273 f.). Nachdem der Kooperationspartner sich das technische Know-how im Rahmen der Zusammenarbeit angeeignet hat, erfolgt häufig eine Auflösung der Allianz und eine alleinige Weiterbearbeitung des Marktes durch den regionalen, ehemaligen Kooperationspartner.

Es stellt sich die Frage, ob vor dem Hintergrund der vielfältigen Problemquellen eine Markterschließung in einer derartigen Kooperation überhaupt empfehlenswert ist und als Ersatz für eine eigenständige Marktbearbeitung gelten kann. Diese Frage kann nur auf der Grundlage einer Analyse der Wettbewerbsposition des eintretenden deutschen Unternehmens beantwortet werden. Ist diese so stark, daß ein Markteintritt allein geschafft werden kann, sollte das selbständige Vorgehen bevorzugt werden. Andernfalls ist die Kooperation auch mit regionalen asiatischen Partnern als Form des Markteintritts ernsthaft zu prüfen. Dabei sollte jedoch die Gefahr einer Reduzierung der eigenen Wettbewerbsfähigkeit in Form eines Know-how-Abflusses durch Maßnahmen des Patentschutzes und durch vertragliche Regelungen aktiv reduziert werden.

Die große Markt- und Umweltheterogenität der Länder in der asiatisch-pazifischen Region sowie die unterschiedlichen wettbewerblichen Fähigkeiten der deutschen Unternehmen, die einen Markteintritt in dieser Region beabsichtigen, lassen eine generell gültige Aussage über die „richtige" Markteintritts- und -bearbeitungsstrategie nicht zu. Für die deutschen Unternehmen bedeutet das, auf der Grundlage sorgfältig erhobener Markt- und Umweltinformationen und der richtigen Einschätzung der eigenen Potentiale situativ eine unternehmensbezogene Entscheidung zu fällen. Dabei sind die „weichen" kulturellen Determinanten, die in diesem asiatischen Raum eine hohe Bedeutung besitzen, zu berücksichtigen. Im Falle eines Markteintritts sollte eine Adaption an die kulturellen Gepflogenheiten erfolgen, wenn eine erfolgreiche Marktbearbeitung nicht von vornherein erschwert werden soll (vgl. dazu auch *Kumar/Steinmann*, 1990, S. 132; *Töpfer/Schneidewind*, 1991, S. 38).

7. Zusammenfassung und Ausblick

Das Ziel der vorliegenden Arbeit war es, auf der Grundlage einer empirischen Fundierung strategische Handlungsempfehlungen für die deutsche Industrie im globalen Wettbewerb mit japanischen Industrieunternehmen zu entwickeln.

Nach einem kurzen Rückblick auf die japanische Geschichte wurde zunächst die aktuelle Position der deutschen und japanischen Industrie auf den Weltmärkten dargestellt. In diesem Zusammenhang wurde sichtbar, daß die deutsche Industrie derzeit noch einen höheren Weltmarktanteil als die japanische aufweist. Bedenklich ist jedoch die Schwäche der deutschen Industrie bei den Hochtechnologie-Exporten. Darüber hinaus stellen auch die starke Europaabhängigkeit und der geringe Marktanteil in den Triade-Märkten Nordamerikas und vor allem Asiens wesentliche Schwachpunkte der deutschen Industrie im globalen Wettbewerb dar.

Die umfassende Darstellung der japanischen Unternehmens-, Markt- und Umweltbedingungen in Kapitel 4 liefert einerseits einen Überblick über die Erfolgspotentiale, die die starke Position japanischer Unternehmen auf den Weltmärkten mitbeeinflußt haben. Andererseits bildet diese Darstellung auch die Grundlage für die Auswahl der Erfolgsfaktoren, die in der empirischen Untersuchung in Kapitel 5 verwendet wurden. Anhand der Beschreibung der japanischen Erfolgsdeterminanten sollte darüber hinaus sichtbar werden, wie komplex und vielschichtig die Ursachen für den japanischen Erfolg sind. Die typische Ausprägung des japanischen Unternehmensumfeldes, das sich von dem deutscher Unternehmen in vielerlei Hinsicht erheblich unterscheidet, hat die Gestaltung der Aufbau- und Ablauforganisation der japanischen Unternehmen entscheidend geprägt. Vor allem die andersartigen Umfeldbedingungen erschweren die Übertragung japanischer Organisations- und Führungsmethoden auf deutsche Unternehmen.

Im Rahmen der empirischen Untersuchung der deutschen im Vergleich zur japanischen Position auf den Weltmärkten in Kapitel 5 wurden zunächst die strategischen Haupterfolgsfaktoren im globalen Wettbewerb ermittelt. Dabei fiel auf, daß zwölf von dreizehn Haupterfolgsfaktoren unternehmensinterner Natur sind, d.h durch die Unternehmensleitung aktiv gestaltet werden können. Der Erfolg im globalen Wettbewerb hängt demzufolge - auch wenn die Diskussion in Deutschland sich derzeit eher auf die Standortfaktoren bezieht - in weit überwiegendem Maße von den Fähigkeiten der deutschen Unternehmen und weniger von den Standortbedingungen ab. Die erfolgsnotwendigen Fähigkeiten liegen dabei vor allem im Marketing- und Innovationsmanagement, im Fertigungs- und Qualitätsmanagement sowie in der Führung und Organisation der Unternehmen begründet.

Außerordentlich negativ aus Sicht der deutschen Industrie fiel die Erstellung des empirisch fundierten Stärken/Schwächen-Profils aus. Sowohl bezogen auf die unternehmensexternen als auch auf die unternehmensinternen Erfolgsfaktoren ist die deutsche Wettbewerbsposition im Vergleich mit der japanischen Industrie außerordentlich schwach. Sicherlich würde ein Vergleich der deutschen Position mit anderen Industrienationen weniger negativ ausfallen, doch findet gerade mit der japanischen Industrie ein intensiver Wettbewerb um Marktanteile in den weltweiten Schlüsselmärkten und -branchen statt. Will die deutsche Industrie in diesem Wettbewerb erfolgreich sein, müssen die Schwächen gegenüber den japanischen Wettbewerbern abgebaut werden.

Um den Handlungsbedarf der deutschen Industrie nach Dringlichkeit zu ordnen, wurden die Ergebnisse der Erfolgsfaktorengewichtung mit dem Stärken/Schwächen-Profil verknüpft. Daraus ergab sich ein Katalog von unternehmensexternen und - internen Schwächen, die von der deutschen Industrie mit höchster Priorität abgebaut werden sollten. Der ebenfalls ermittelte Katalog deutscher Stärken, die auszubauen oder zu halten sind, fiel im Vergleich zu den Schwächen deutlich knapper aus.

Die Stärken und Schwächen der deutschen Industrie wurden mit Hilfe mehrerer Faktorenanalysen auf wenige Hintergrundgrößen reduziert. Diese Hintergrundgrößen stellen die Handlungsfelder dar, auf die sich die deutsche Industrie beim Abbau der Schwächen beziehungsweise Ausbau der Stärken konzentrieren sollte. Dieses gebündelte Vorgehen verleiht den einzuleitenden Maßnahmen gegenüber dem auf Einzelfaktoren bezogenen Vorgehen eine größere Durchschlagskraft.

Die empirische Studie wird mit einer Prognose der befragten Experten zur langfristigen Wettbewerbsentwicklung zwischen der deutschen und japanischen Industrie sowie mit Handlungsempfehlungen für die deutsche Industrie von diesen Experten abgeschlossen.

Im Kapitel 6 wurde auf der Basis der empirischen Ergebnisse ein geschlossenes Konzept strategischer Handlungsempfehlungen zur Verbesserung der Wettbewerbsposition der deutschen Industrie erstellt. Dieses Konzept beinhaltet Empfehlungen, die sich auf eine Veränderung der Managementphilosophie, der Managementmethoden und der strategischen Stoßrichtungen beziehen. Darüber hinaus wurden auch Vorschläge zur Verbesserung der Position bezogen auf den Standortfaktor Arbeit entwickelt.

Es muß betont werden, daß ein schneller Erfolg bei der Umsetzung der Handlungsempfehlungen nicht erwartet werden kann. Viele dieser Empfehlungen erfordern eine grundsätzliche Einstellungs- und Kulturänderung auf allen Ebenen.

Dazu gehören der Bereich der Beziehungen zwischen den Unternehmen, den Mitarbeiterinteressenvertretungen und dem Staat ebenso wie die Einstellung und Motivation der Führungskräfte und Mitarbeiter. Derartige Einstellungs- und Kulturänderungen erfordern sehr viel Zeit, Ausdauer und Engagement aller Beteiligten.

Zusätzlich muß das Verständnis für die Notwendigkeit von Veränderungen gegeben sein. Dieses Verständnis ist erfahrungsgemäß in Krisensituationen am größten. Das zeigt die große Bereitschaft der deutschen Industrie zur Einführung des *Lean Managements* zu Beginn der Konjunkturkrise Anfang der neunziger Jahre.

Inzwischen wird jedoch zunehmend auf die Schwäche der japanischen Industrie verwiesen, um die Notwendigkeit interner Anpassungsmaßnahmen bei der deutschen Industrie in Frage zu stellen. Die Diskussionen verlagern sich wieder mehr auf die Gestaltung des Standortfaktors Arbeit. Die temporäre Schwäche der japanischen Industrie sollte aber nicht fehlinterpretiert werden. Japanische Unternehmen passen sich derzeit mit großem Druck den geänderten wirtschaftlichen Rahmenbedingungen an. Es ist damit zu rechnen, daß sie erheblich gestärkt aus der Krise hervorgehen werden. Ein Nachlassen der deutschen Industrie bei den Bemühungen um eine Stärkung der eigenen Wettbewerbsfähigkeit würde sich in einer weiteren Verschlechterung der ohnehin im Vergleich zur japanischen Industrie schon sehr schwachen Position auswirken.

Will die deutsche Industrie ihre Position als weltweit zweitgrößte Exportnation auch zukünftig halten, sollte sie weiterhin kontinuierlich an der Verbesserung der eigenen Leistungsfähigkeit arbeiten. Ein Verweis auf die Schwäche der japanischen Industrie lenkt nur von den eigenen Schwächen ab, beseitigt diese jedoch nicht. Sie leistet eher der Untätigkeit und Selbstgefälligkeit Vorschub. Diese Eigenschaften sind den Japanern fremd. Nach der in dieser Arbeit umfassend beschriebenen *Kaizen*-Philosophie, deren Einführung in deutsche Unternehmen im Rahmen der Handlungsempfehlungen vorgeschlagen wurde, bemühen sich die japanischen Unternehmen permanent um eine weitere Steigerung ihrer ohnehin schon hohen Leistungsfähigkeit.

Literaturverzeichnis

Aaker, D. A., (1988): Strategic Market Management, 2. Aufl., New York 1988

Abegglen, J. C., (1993): Kaisha: The Driving Forces in Japan's Competitive Success, EC Executive Training Programme in Japan (ETP 12), Tokyo 1993

Abegglen, J. C., (1994): Sea Change - Pacific Asia as the New World Industrial Center, New York 1994

Abegglen, J. C., Stalk, G., Kaisha: Das Geheimnis des japanischen Erfolgs, Düsseldorf/Wien 1986

Abell, D. F., Hammond, J. S., (1979): Strategic Market Planning - Problems and Analytical Approaches, Englewood Cliffs 1979

Adami, G., (1990): Wertmaßstäbe in Gesellschaft und Wirtschaft, in: Frankfurter Allgemeine Zeitung GmbH, Informationsdienste, Japan Perspektiven: Wirtschaft, Gesellschaft, Markt, Frankfurt 1990, S. 44 - 52

Adami, N. R., (1994a): Was ist „Japanität"?, in: Esser, M., Kobayashi, K., (Hrsg.), Kaishain - Personalmanagement in Japan, Göttingen 1994, S. 21 - 30

Adami, N. R., (1994b): Die Gruppe und der Einzelne - zu einigen Grundstrukturen der japanischen Gesellschaft, in: Esser, M., Kobayashi, K., (Hrsg.), Kaishain - Personalmanagement in Japan, Göttingen 1994, S. 50 - 59

Affemann, R., (1991): Made in Europa. Gestalten mit Führungskultur, Erlangen u.a. 1991

Albach, H., (1990): Japanischer Geist und internationaler Wettbewerb, in: ZfB, 60. Jg., Heft 4/1990, S. 369 - 382

Albach, H., de Pay, D., Rojas, R., (unter Mitarbeit von Albruschat, J.), (1991): Quellen, Zeiten und Kosten von Innovationen - Deutsche Unternehmen im Vergleich zu ihren japanischen und amerikanischen Konkurrenten, in: ZfB, 61. Jg., Heft 3/1991, S. 309 - 324

Alexander, P.-J., (1994): Struktur und Ziele des japanischen Bildungswesens - ein Modell für Deutschland?, in: Esser, M., Kobayashi, K., (Hrsg.), Kaishain - Personalmanagement in Japan, Göttingen 1994, S. 60 - 89

Allen, G. C., (1981): The Japanese Economy, Fakenham 1981

Amling, F. J., (1993): Industriestandort Bundesrepublik Deutschland: Standortqualität und internationale Wettbewerbsfähigkeit; eine Zwischenbilanz zur aktuellen Standortdiskussion, Franfurt am Main u.a. 1993

Arthur D. Little, (1992): Förderungsmaßnahmen zur Wettbewerbsfähigkeit von Automobilzulieferern in Baden-Württemberg, Endbericht an das Lenkungsgremium, Wiesbaden 1992

Aznarez, J., (1993): Japanisches Bildungssystem in der Krise: Wenn die Disziplin die Kreativität verdrängt, in: Süddeutsche Zeitung, Nr. 168 v. 24./25.07.93, S. 8

Backhaus, K., (1992): Investitionsgütermarketing, 3. überarb. Aufl., München 1992

Backhaus, K., Erichson, B., Plinke, W., Weiber, R., (1994): Multivariate Analysemethoden, 7., vollst. überarb. u. erw. Aufl., Berlin u.a. 1994

Backhaus, K., Gruner, K., (1994): Epidemie des Zeitwettbewerbs, in: Backhaus, K., Bonus, H., (Hrsg.), Die Beschleunigungsfalle oder der Triumph der Schildkröte, Stuttgart 1994, S. 19 - 46

Backhaus, K., Hilker, J., (1994): Die Triade als Absatzmarkt des deutschen Maschinenbaus, in: DBW, 54. Jg., Heft 2/1994, S. 175 - 192

Baetge, J., (1993): Wirtschafts- und Sozialkybernetik, in: Gablers Wirtschaftslexikon, 13. vollst. überarbeitete Aufl., Wiesbaden 1993, S. 3839 - 3840

Bagger, Th., (1993): „Strategische Technologien", internationale Wirtschaftskonkurrenz und staatliche Intervention, Baden-Baden 1993

Ballon, R. J., (1986a): Wirtschaftliche Entscheidungsprozesse, in: Barloewen, C. von, Werhahn-Mees, K., (Hrsg.), Japan und der Westen, Bd. 2, Frankfurt 1986, S. 45 - 71

Ballon, R. J., (1986b): Die Rekrutierung japanischer Manager, in: Simon, H., (Hrsg.), Markterfolg in Japan, Wiesbaden 1986, S. 309 - 342

Ballon, R. J., (1992): Total Quality Control (TQC), EC Executive Training Programme in Japan (ETP 12), Tokyo 1992

Ballon, R. J., (1993a): The Salary System, EC Executive Training Programme (ETP 12), Tokyo 1993

Ballon, R. J., (1993b): Decision Making versus Problem Solving, EC Executive Training Programme (ETP 12), Tokyo 1993

Bandow, M., (1993): Die administrative Elite Japans und ihr Verhältnis zur Liberal-Demokratischen Partei, in: Pohl, M., (Hrsg.), Japan - Politik und Wirtschaft 1992/93, Hamburg 1993, S. 100 - 116

Batzer, E., Laumer, H., (1986a): Deutsche Unternehmen im Japangeschäft - Markterschließungsstrategien und Distributionswege, Ifo-Institut für Wirtschaftsforschung, München 1986

Batzer, E., Laumer, H., (1986b): Japan - ein schwieriger Markt?, Distributionssystem und Handelspraktiken als Importbarrieren, in: Ifo-Institut für Wirtschaftsforschung, (Hrsg.), Japan - Analysen und Prognosen, Nr. 4/1986, S. 8 - 18

Becker, J., (1993): Marketing-Konzeption - Grundlagen des strategischen Marketing-Managements, 5. verb. u. erg. Aufl., München 1993

Berekoven, L., (1985): Internationales Marketing, 2. erw. u. verb. Aufl., Herne/Berlin 1985

Becker, J., (1993): Marketing-Konzeption: Grundlagen des strategischen Marketing-Managements, 5., verb. u. erg. Aufl., München 1993

Berg, H., (1982): Internationale Wettbewerbsfähigkeit und nationale Wirtschaftspolitik, in: Besters, H., (Hrsg.), Internationale Wettbewerbsfähigkeit bei unterschiedlichen Sozialordnungen, Baden-Baden 1982, S. 14 - 31

Berndt, R., (1992): Marketing, Bd. 1: Käuferverhalten, Marktforschung und Marketing-Prognosen, 2., verb. Aufl., Berlin u.a. 1992

Berndt, R., (1991): Marketing, Bd. 3: Marketing-Management, Berlin u.a. 1991

Berth, R., (1993a): Erfolg - Überlegenheitsmanagement: 12 Mind-Profit Strategien mit ausführlichem Testprogramm, Düsseldorf u.a. 1993

Berth, R., (1993b): Viele Instanzen, ein Übermaß an Kontrolle und zuwenig Chaos, in: Blick durch die Wirtschaft, 1.4.1993, S. 1

Beutel, P., Schubö, W., (1983), SPSS 9 - Statistik-Programm-System für die Sozialwissenschaften, Stuttgart/New York 1983

Beyer, G., Beyer, M., (1994): Innovations- und Ideenmanagement, Düsseldorf u.a. 1994

Beyer, H., Fehr, U., Nutzinger, H. G., (1993): Vorteil Unternehmenskultur: Partnerschaftlich handeln - den Erfolg mitbestimmen, Gütersloh 1994

Beyer, H., Fehr, U., Nutzinger, H. G., (1995): Elemente einer zukunftsorientierten Unternehmenskultur - Ableitungen aus dem Forschungsprojekt, in: Empter, St., Kluge, N., (Hrsg.), Unternehmenskultur in der Praxis, Gütersloh 1995, S. 19 - 22

Biallo, H., (1993): Flexible Arbeitszeiten im Mittelstand: Jeder kommt, wann er will, in: VDI Nachrichten, Nr. 46 vom 19. November 1993, S. 12

Biehal, F., (1994): Alles dreht sich um den Primärprozeß, in: Glasl, F., Brugger, E., (Hrsg.), Der Erfolgskurs schlanker Unternehmen, Wien u.a. 1994, S. 43 - 50

Bito, M., Watanabe, A., (o.J.), Chronologie der japanischen Geschichte, Tokyo ohne Jahresangabe

Bleicher, K., (1989): Chancen für Europas Zukunft: Führung als internationaler Wettbewerbsfaktor, Frankfurt 1989

Bleymüller, J., Gehlert, G., Gülicher, H., (1979): Statistik für Wirtschaftswissenschaftler, München 1979

Blüm, N., (1995): Editorial, in: TopBusiness, Report 1, Flexibilisierung der Arbeitswelt, Januar 1995, S. 3

Böhmer, R., (1994): Swatch-Auto - Diskrete Hinweise, in: Wirtschaftswoche (1994), Nr. 52 vom 22.12.94, S. 51 - 54

Bösenberg, D., Metzen, H., (1992): Lean Management - Vorsprung durch schlanke Konzepte, Landsberg 1992

Böttcher, S., (1991): Die deutsch-japanischen Wirtschaftsbeziehungen werden enger: Deutscher Mittelstand nach Japan, in: Schneidewind, D., Töpfer, A., (Hrsg.), Der asiatisch-pazifische Raum: Strategien und Gegenstrategien von Unternehmen, Landsberg 1991, S. 277 - 292

Bossard Consultants, (1994): Effizienz und Effektivität von Lieferantenprogrammen innerhalb der deutschen Automobilindustrie, München 1994

Botskór, I., (1990): Technologiepolitik in Japan, Bonn 1990

Bowonder, B., Miyake, T., (1990): An Analysis of the Competitiveness of the Japanese Computer Industry, in: World Competition, Law and Economic Review, Vol. 14, Nr. 2/1990, S. 39 - 65

Brian, K.-H., (1995): Miteinander statt Gegeneinander - Anforderungen an die innerbetriebliche Kooperation, in: Empter, St., Kluge, N., (Hrsg.), Unternehmenskultur in der Praxis, Gütersloh 1995, S. 23 - 28

Brödner, P., Schultetus, W., (1992): Erfolgsfaktoren des japanischen Werkzeugmaschinenbaus - Studie des RKW, der IGM und des VDW, Eschborn 1992

Bürgel, H. D., Haller, Ch., Binder, M., (1995): Die japanische Konkurrenz - Anstöße für Überlegungen zur Effektivitäts- und Effizienzsteigerung des westlichen F&E-Prozesses, in: ZfB-Ergänzungsheft 1/1995, S. 1 - 26

Bürger, P., (1990): Arbeitsmarkt und Personalrekrutierung, in: Frankfurter Allgemeine Zeitung GmbH, Informationsdienste, Japan Perspektiven: Wirtschaft, Gesellschaft, Markt, Frankfurt 1990, S. 172 - 181

Bukhari, I., Wurche, S., (1991): Konfliktfelder beim Management von deutsch-japanischen Joint Ventures in Japan, Nürnberg 1991

Bullinger, H.-J., (1990): Die Lebensdauer eines Produkts ist schon kürzer als seine Entwicklungszeit, in: Handelsblatt Dokumentation, Just-in-Time bei der Produktentwicklung, Düsseldorf 1990, S. 3 - 4

Bullinger, H.-J., Wasserloos, G., (1991): Reduzierung der Produktentwicklungszeiten als ganzheitliche Aufgabe, in: Zeitschrift für Logistik, 12. Jg., Heft 1/ 1991 , S. 7 - 13

Bundesministerium für Forschung und Technologie, (1992): Zur technologischen Wettbewerbsfähigkeit der deutschen Industrie, Pressedokumentation 38/92 vom 11.12.92

Bundesministerium für Forschung und Technologie, (1993): Bundesbericht Forschung 1993, Bonn 1993

Bundesministerium für Wirtschaft, (1978): Leistung in Zahlen '77, Bonn 1978

Bundesministerium für Wirtschaft, (1994a): Wirtschaft in Zahlen '94, Bonn 1994

Bundesministerium für Wirtschaft, (1994b): Neuere Entwicklungen und Perspektiven für Direktinvestitionen, Bonn 1994

Bundesministerium für Wirtschaft, (1994c): Rexrodt für verstärkte wirtschaftliche Zusammenarbeit mit den ASEAN-Staaten, Pressemitteilung, Bonn, 16.3.1994

Bundesstelle für Außenhandelsinformationen (BfAI), (1992a): Geschäftspartner Japan, Köln 1992

Bundesstelle für Außenhandelsinformationen (BfAI), (1992b): Japan - Allgemeine Einfuhrvorschriften, Köln 1992

Burkhardt, R., (1992): Ein neues Marketing-Gefühl - Investitionsgüter-Studie von Droege & Comp., Backhaus/Weiber, in: TopBusiness (1992), Nr. 9, S. 18 - 34

Burkhardt, R., Schäfer, G., (1992): Eine Branche spant ab, in: TopBusiness (1992), Nr.4, S. 16 - 22

Burstein, D., (1992): Yen! - Die japanische Herausforderung, München 1992

Burstein, D., (1993): Good bye Nippon - Das Ende der japanischen Vorherrschaft, München 1993

Buzzell, R.D., Gale, B.T., (1989): Das PIMS-Programm, Wiesbaden 1989

Cheung, F., (1991): Automobilindustrie: Survival of the Fittest, in: UBM Unternehmensberatung München, (Hrsg.), Japan-Studie - Hat Europa noch eine Chance gegen die japanische Wirtschaftsoffensive?, München 1991, S. 48 - 50

Clark, G., (1994): Japanisches Management - Instinkt und Feudalismus als kulturelle Grundlagen, in: Esser, M., Kobayashi, K., (Hrsg.), Kaishain - Personalmanagement in Japan, Göttingen 1994, S. 90 - 99

Commerzbank AG, (1993): Japan: Wie wird man Ichiban - die Nummer eins?, Tokyo 1993

Coulmas. F., (1993): Das Land der rituellen Harmonie - Japan: Gesellschaft mit beschränkter Haftung, Frankfurt/New York 1993

Dannenberg, J., (1991): Europas Maschinenbau unter Druck, in: UBM Unternehmensberatung München, (Hrsg.) , Japan-Studie - Hat Europa noch eine Chance gegen die japanische Wirtschaftsoffensive?, München 1991, S. 51 - 57

Demes, H., (1991): Determinanten des Entgelts in Japan, in: Deutsche Industrie und Handelskammer in Japan, (Hrsg.), Personalwesen in Japan, Tokyo 1991, S. 71 - 91

Deutscher Bildungsrat, (1992): Strukturplan für das Bildungswesen - Elementarbereich, in: Grossmann, W., (Hrsg.), Kindergarten und Pädagogik - Grundlagentexte zur deutsch-deutschen Bestandsaufnahme, Weinheim/Basel 1992, S. 56 - 67

Deutsche Industrie- und Handelskammer in Japan, (1992a): Japan für Gewinner - Erfahrungen deutscher Zulieferer in der japanischen Automobilindustrie, Tokyo 1992

Deutsche Industrie- und Handelskammer in Japan, (1992b): Die deutsche Wirtschaft in Asien: Verpaßte Chancen und Handlungserfordernisse, Tokyo 1992

Deutsche Industrie- und Handelskammer in Japan (1993a): Japan: Wie wird man Ichiban - Die Nummer Eins; Studie der Commerzbank AG, Tokyo 1993

Deutsche Industrie- und Handelskammer in Japan, (1993b): Japan: Wirtschaft in Zahlen, Ausgabe 1993, Tokyo 1993

Deutsche Industrie und Handelskammer in Japan, Boston Consulting Group, (1993): Keine Angst vor Japan, Tokyo 1993

Deutscher Industrie- und Handelstag, (1992): Japanische Herausforderung - Antworten der deutschen Wirtschaft, Bonn 1992

Deutscher Industrie- und Handelstag, (1995): Außenhandel und Wettbewerbsfähigkeit 1995, Bonn 1995

Deutsches Institut für Betriebswirtschaft (DIB), (1993): Internationale BVW-Statistik, Arbeitsgemeinschaften Vorschlagswesen, Frankfurt 1993

Dietz, P., (1986): Schwachstellen im Innovationsmanagement, in: Staudt, E., (Hrsg.), Das Management von Innovationen, Frankfurt 1986, S. 76 - 84

Diller, H., Lücking, J., (1993): Die Resonanz der Erfolgsfaktorenforschung beim Management von Großunternehmen, in: ZfB, 63. Jg. (1993), Nr. 12, S. 1229 - 1249

Dodwell Marketing Consultants, (1993): Industrial Groupings in Japan, 1993/94, The Anatomy of the Keiretsu, 10. Auflage, Tokyo 1993

Döcke, M., (1992): Total Quality - Erfolg mit Prozeßmanagement, in: Burckhardt, W., (Hrsg.), Schlank, intelligent und schnell: so führen Sie Ihr Unternehmen zur Hochleistung, Wiesbaden 1992, S. 133 - 143

Dohnanyi, K. von, (1969): Japanische Strategien oder das deutsche Führungsdefizit, München 1969

Dolles, H., (1994): Netzwerk mit Prinzipien, in: Absatzwirtschaft, Nr. 1, Januar 1994, S. 26 - 29

Douglas, S. P., Craig, C. S., (1992): Advances in International Marketing, in: International Journal of Research in Marketing, North-Holland, Nr. 9/1992, S. 291 - 318

Droege & Comp., (1993): The Invisible Hand: Trends, Herausforderungen, Handlungsbedarf zum Thema Unternehmensorganisation, Düsseldorf 1993

Dülfer, E., (1992): Internationales Management in unterschiedlichen Kulturbereichen, 2., verb. Aufl., München/Wien 1992

Dunst, K.H., (1983): Portfolio Management, 2. verb. Aufl., Berlin/New York 1983

Ederer, G., (1992): Das leise Lächeln des Siegers, 4. Aufl., Düsseldorf u.a. 1992

Eggimann, F., (1994): Japanische Unternehmen auf dem Weg in die Zukunft, in: io Management Zeitschrift, 63. Jg., Nr. 10/1994, S. 47 - 48

Eglau, H.O., (1994): Absturz hausgemacht, in: DIE ZEIT, (1994), Nr. 19 vom 06.05.94, S. 19 - 20

Eguchi, Y., (1986): Japanische Gruppenmentalität und ökonomische Konflikte, in: Barloewen, C. von, Werhahn-Mees, K., (Hrsg.), Japan und der Westen, Band 2, Frankfurt 1986, S. 181 - 190

Ehrke, M., (1993): Wie offen ist die japanische Wirtschaft?, in: Forschungsinstitut der Friedrich-Ebert-Stiftung, (Hrsg.), Vierteljahresberichte, Nr. 133, 1993, S. 259 - 270

Einsel, R., (1990): Patente und Gebrauchsmuster, in: Frankfurter Allgemeine Zeitung GmbH, Informationsdienste, Japan Perspektiven: Wirtschaft, Gesellschaft, Markt, Frankfurt 1990, S. 158 - 171

Ekusa, A., (1992): Japans müde Kinder, in: JETRO-Informationen, Juli/August 1992, Hamburg 1992, S. 6 - 8, Artikel erschienen in: Journal of Japanese Trade & Industrie, Vol. 11, No. 3, (Japan's Bleary-eyed Children, S. 33)

Eli, M., (1988): Japans Wirtschaft im Griff der Konglomerate, Frankfurt 1988

Eli, M., (1991): Strategien zur Erschließung des japanischen Marktes, in: Ifo-Institut für Wirtschaftsforschung, (Hrsg.), Japan - Analysen und Prognosen, Nr. 65/66/1991, S. 27 - 42

Eli, M., (1993): Der Staat als Impulsgeber und Förderer der Wirtschaft in Japan und Süd-Korea, in: Draguhn, W., (Hrsg.), Neue Industriekulturen im pazifischen ASIEN, Hamburg 1993, S. 165 - 187

Emmot, B., (1993): Japans Global Reach, London 1993

Empter, St., Kluge, N., (1995): Vorteil Unternehmenskultur - Entwicklung und Gestaltung eines praxisorientierten Dialoges, in: Empter, St., Kluge, N., (Hrsg.), Unternehmenskultur in der Praxis, Gütersloh 1995, S. 11 - 17

Engelen-Kefer, U., (1995): Forderungen des DGB zu Teilzeit- und Flexi-Modellen, in: TopBusiness, Report 1, Flexibilisierung der Arbeitswelt, Januar 1995, S. 8 - 9

Ernst, A., (1988): Dauerbeschäftigung und Flexibilität in Japan - Beschäftigungspolitik japanischer Unternehmen in Rationalisierungs- und Krisenphasen, München 1988

Ernst, A., (1989): Subkontraktbeziehungen in der industriellen Zulieferung in Japan, in: Ifo-Schnelldienst, 42. Jg., Heft 5/6 vom 22.2.89, S. 9 - 24

Ernst, A., (1990): Japans formale Investitionshemmnisse im internationalen Vergleich, in: Ifo-Institut für Wirtschaftsforschung, (Hrsg.), Japan - Analysen und Prognosen, Nr. 45, März 1990, S. 1 - 4

Ernst, A., (1992a): Amtliche Arbeitszeitdaten liegen unter der tatsächlich geleisteten Arbeitszeit, in: Ifo-Institut für Wirtschaftsforschung, (Hrsg.), Japan - Analysen und Prognosen, Nr. 68, Februar 1992, S. 7 - 9

Ernst, A., (1992b): Forscher und Entwickler in Japan und Deutschland, in: Ifo-Schnelldienst, Nr. 4-5/1992, S. 25 - 42

Ernst, A., Hilpert, H.-G., (1990): Japans Direktinvestitionen in Europa - Europas Direktinvestitionen in Japan, Ifo-Institut für Wirtschaftsforschung, München 1990

Ernst, A., Laumer, H., (1989): Struktur und Dynamik der mittelständischen Wirtschaft in Japan, Hamburg 1989

Ernst, A., Wiesner, G., (1994): Japans technische Intelligenz - Personalstrukturen und Personalmanagement in Forschung und Entwicklung, Ifo-Studien zur Japanforschung 7, München 1994

Esser, M., (1994): KAISHAIN - der Japaner und sein Unternehmen, in: Esser, M., Kobayashi, K., (Hrsg.), KAISHAIN - Personalmanagement in Japan, Göttingen/Stuttgart 1994, S. 3 - 18

Esser, M., Nakajima, F., (1994): Prinzipien japanischen Personalmanagements, in: Esser, M., Kobayashi, K., (Hrsg.), KAISHAIN - Personalmanagement in Japan, Göttingen/Stuttgart 1994, S. 139 - 158

Eversheim, W., (1995): Prozeßorientierte Unternehmensorganisation, Berlin u.a. 1995

Fallows, J., (1994): Looking at the Sun - The Rise of the New East Asian Economic and Political System, New York/Toronto 1994

Feser, H.D., (1990): Technologische Wettbewerbsfähigkeit und internationaler Handel, in: Feser, H.D., (Hrsg.) Technologische Entwicklung und internationale Wettbewerbsfähigkeit, Regensburg 1990, S. 1 - 37

Fischer, H., (1995): Beitrag der Personalführung zur Unternehmensstrategie und Unternehmenspolitik, in: Siegwart, H. et al., (Hrsg.), Unternehmenspolitik und Unternehmensstrategie, Stuttgart u.a. 1995, S. 571 - 591

Fischer, T. M., (1993): Kostenmanagement strategischer Erfolgsfaktoren, München 1993

Frentz, M. H., (1993): Globale Entwicklung und zukünftiger Anspruch des strategischen Managements multinationaler japanischer Konzerne, in: DBW, 53. Jg., Nr. 1/1993, S. 27 - 48

Frese, D., Laier, H., (1991): Asien/Pazifik: Wachstumsmärkte für den Maschinenbau, Frankfurt 1991

Freter, H., (1983): Marktsegmentierung, Stuttgart u.a. 1983

Fritz, W., (1994): Die Produktqualität - ein Schlüsselfaktor des Unternehmenserfolgs, in: ZfB, 64. Jg., Heft 8/1994, S. 1045 - 1062

Fruin, M., (1992): The Japanese Enterprise System, New York 1992

Fuchs, H. J., (1990): Forschung und Entwicklung: Gefährlicher Zeitpoker, in: High-Tech, Nr. 4/1990, S. 40 - 44

Fuchs, H. J., (1991): Fülle der Fakten, in: highTech, März/1991, S. 50 - 53

Fucini, J. J., Fucini, S., (1993): Arbeiten für die Japaner, Landberg 1993

Fuji, K., (1994): Industriepolitik in Japan, in: ZfB, 64. Jg., Heft 2/1994, S. 143 - 152

Fumihiro, G., Kazutomo, I., (1990): The Theoretical Basis of Industrial Policy, Research Institute of International Trade and Industry, Tokyo 1990

Gablers Wirtschaftslexikon, (1993): 10., vollst. überarbeitete Aufl., Wiesbaden 1993

Gábor Sebestyén, O., (1994): Management-"Geheimnis" Kaizen - Der japanische Weg zur Innovation, Wien 1994

Gandow, A., (1993): Das MITI im Visier - Japans politische Kultur im Wandel, in: Handelsblatt (1993), Nr. 247 vom 22.12.93, S. 2

Gaukel, F., Bardelli, G., (1994): Einführung der Prozeßorientierung in einem mittelständischen Unternehmen, in: io Management Zeitschrift, 63. Jg., Heft 5/1994, S. 34 - 36

Georg, St., (1992): Die institutionellen Rahmenbedingungen der japanischen Börse, in: Adami, N. R., (Hrsg.), Münchner japanischer Anzeiger, Heft 1-2/ 1992, S. 8 - 19

Geschka, H., (1993): Wettbewerbsfaktor Zeit: Beschleunigung von Innovationsprozessen, Landsberg 1993

Glos, M., (1992): Der Staat darf nicht die Märkte der Zukunft bestimmen, in: VDI-Nachrichten, Nr. 24 vom 12.6.1992, S. 16

Goerdeler, C. D., (1986): Die japanischen Gewerkschaften, in: Deutsche Gesellschaft für Natur- und Völkerkunde Ostasiens, (Hrsg.), Staat und Gesellschaft Japans, OAG aktuell, Nr. 26, Tokyo 1986, S. 25 - 46

Goering, R.W., (1992): Lean Company: Ständige kleine Verbesserungen sind auch ein großer Erfolg, in: Blick durch die Wirtschaft vom 15.4.92, S. 7

Granstrand, O., Sjölander, S., (1992): Internationalization and Diversification of Multi-technology Corporations, in: Granstrand, O., Hakanson, L., Sjölander, S., (Hrsg.), Technology Management and International Business, Chichester u.a. 1992, S. 181 - 207

Gries, T., Hentschel, C., (1994): Internationale Wettbewerbsfähigkeit - was ist das?, in: Wirtschaftsdienst 1994/VIII, S. 416 - 422

Groth, U., Kammel, A., (1993): 13 Stolpersteine vor dem schlanken Unternehmen, in: Harvard Business Manager, 15. Jg. (1993), Heft 1, S. 115 - 122

Härtel, H.-H., (1994/95): Standortqualität, Wirtschaftswachstum und internationale Wettbewerbsfähigkeit, in: Kantzenbach, E., Mayer, O.G., (Hrsg.), Deutschland im internationalen Standortwettbewerb, Baden-Baden 1994/95, S. 13 - 20

Hagan Kuwayama, P., (1994): The Post-Bubble Japanese Economy, in: Stein, H. von, (Hrsg.), Banken in Japan heute, Frankfurt 1994, S. 379 - 393

Hamel, G., Prahalad, C. K., (1989): „Strategic Intent" - aber jetzt gegen die Japaner, in: Harvard Manager, Strategie und Planung, Bd. 3, S. 14 - 26, ursprünglich veröffentlicht in: Harvard Business Review, Nr. 3, Mai/Juni 1989

Hara, R., (1992): Research and Development in the Manufacturing Industry, EC Executive Training Programme in Japan (ETP 12), Tokyo 1992

Haseloff, W. O., Marketing für Innovationen, Savosa TI 1989

Hauschildt, J., (1986): Das Innovationsbewußtsein, in: Staudt, E., (Hrsg.), Das Management von Innovationen, Frankfurt 1986, S. 62 - 68

Heger-Wesselowsky, Ch., (1992): Handelspraktiken in der japanischen Warendistribution und ihre wettbewerbsrechtliche Problematik, in: Ifo-Institut für Wirtschaftsforschung, (Hrsg.), Japan - Analysen und Prognosen, Nr. 78/ 1992, S. 1 - 16

Heiduk, G., (1985): Die Entwicklung des Pazifik-Raumes - Eine wirtschaftshistorische Interpretation, in: ders., (Hrsg.), Japan als führende Wirtschaftsmacht in einem zukünftigen pazifischen Weltwirtschaftszentrum, Baden-Baden 1985, S. 15 - 17

Hemmer, E., (1994): Personalzusatzkosten in der westdeutschen Wirtschaft, in: Institut der deutschen Wirtschaft Köln, (Hrsg.), iw-trends, 21. Jg., Nr. 1/1994 S. 53 - 62

Henderson, B. D., (1994): Noch einmal: Die Erfahrungskurve, in: Bolko v. Oetinger, (Hrsg.): Das Boston Consulting Group Strategie-Buch, 2. Aufl. Düsseldorf u.a. 1994, S. 432 - 436

Henkel, H.-O, (1995): Deutschlands erfolgreichstes Exportgut: der Arbeitsplatz, in: Welt am Sonntag, Nr. 32 vom 6.8.1995, S. 25

Henzler, H. A., (1992): Die Globalisierung von Unternehmen im internationalen Vergleich, in: ZfB-Ergänzungsheft 2/1992, S. 83 - 98

Henzler, H. A., Späth, L., (1993): Sind die Deutschen noch zu retten?, München 1993

Hess, J., (1992): Hersteller und Zulieferer müssen die Japaner gemeinsam kontern, in: Handelsblatt Nr. 41 vom 27.02.92

Hesse, R., (1993): Vorkapitel des deutschen Herausgebers: Lean Production - Schlagwort oder Erfolgswort?, in: Shingo, S., Das Erfolgsgeheimnis der Toyota Produktion, 2. Aufl., Landsberg 1993, S. 11 - 25

Hesslinger, H., (1994): Neue Wege im Bereich Produktinnovation: antizipieren statt reagieren, in: io Management Zeitschrift, 63. Jg., Nr. 5/1994, S. 64 - 68

Heuser, J. U., (1994): Versagt das große Vorbild?, in: Die Zeit (1994), Nr. 46 vom 11.11.94, S. 29

Hilpert, H. G., (1992): APEC - Das Entstehen eines pazifischen Pendants zur EG?, in: Ifo Schnelldienst, Nr. 14/1992, S. 14 - 29

Hilpert, H. G., (1993a): Unternehmensverflechtungen und Managementmethoden: Organisationsvorsprünge japanischer Maschinenbauer, schriftliche Fassung des Vortrages während des Ifo Symposiums: Japans Herausforderung an den deutschen Maschinenbau, Frankfurt 1993

Hilpert, H. G., (1993b): Die wirtschaftliche Verflechtung Japans mit der asiatisch-pazifischen Region - Yen-Block in Asien?, in: Ifo Schnelldienst, Nr. 3/ 1993, S. 14 - 31

Hilpert, H. G., unter Mitarbeit von **Ernst, A., Gälli, A., Herrmann, A., Sherman, H.**, (1992): Wirtschaftliche Integration und Kooperation im asiatisch-pazifischen Raum, Ifo-Studien zur Japanforschung 5, München 1992

Hilpert, H. G., Ruppert, W., Aoki, A., Tachiki, D. S., (1992): Marktstrategien deutscher und japanischer Unternehmen in der asiatisch-pazifischen Region, Ifo-Studien zur Japanforschung 6, München 1992

Hirschmeier, J., (1986): Grundlagen des japanischen Arbeitsethos: Die Firma als Schicksalsgemeinschaft, in: Barloewen, C. von, Werhahn-Mees, K., (Hrsg.), Japan und der Westen, Bd. 2, Frankfurt 1986, S. 270 - 285

Hiromatsu, T., (o.J.), Japans wirtschaftliche Entwicklung, Tokyo ohne Jahresangabe

Hirzel, M., (1993): Lean Management muß in den Köpfen der Manager beginnen, in: io Management Zeitschrift, 62. Jg., Nr. 2 (1993), S. 73 - 77

Hoff, K. G. von den, (1991): Mikroelektronik - Schlüssel zur Technologieführerschaft, in: UBM Unternehmensberatung München, (Hrsg.), Japan-Studie - Hat Europa noch eine Chance gegen die japanische Wirtschaftsoffensive?, München 1991, S. 18 - 23

Hoffritz, J., (1994): Teamarbeit - Einmal im Monat, in: Wirtschaftswoche, Nr. 44 vom 27.10.94, S. 108 - 110

Hofmann, R., (1992): Japaner wenden sich immer mehr von ihrer eigenen Lean Production ab, in: VDI-Nachrichten (1992), Nr. 39 vom 25.9.92, S. 9

Horowitz, J., (1990): Service entscheidet: im Wettbewerb um den Kunden, 3. Aufl., Frankfurt/New York 1990

Huckemann, St., Suntum, U. van, (1994): Beschäftigungspolitik im internationalen Vergleich, Eine Studie im Auftrag der Bertelsmann Stiftung, Gütersloh 1994

HWWA - Institut für Wirtschaftsforschung, (1984): Internationale Wettbewerbsfähigkeit und strukturelle Anpassungserfordernisse, Ergänzungsband 3 zum HWWA-Strukturbericht 1983, Hamburg 1984

Ide, M., (1994): The Japanese Financial System and the Competitiveness of Large Japanese Companies, in: Stein, H. von, (Hrsg.), Banken in Japan heute, Frankfurt 1994, S. 403 - 448

Ikeda, M., (1990): A Comparative Study of Subcontracting Systems, in: Shibagaki, K., u.a., (Hrsg.), Japanese and European Management, 2. Auflage, Tokyo 1990, S. 132 - 147

Imai, M., (1992): KAIZEN - Der Schlüssel zum Erfolg der Japaner im Wettbewerb, 2. Aufl., München 1992

Inohara, H., (1993): Labor Movement and Labor Unions, EC Executive Training Programme in Japan (ETP 12), Tokyo 1993

Inoue, K., (1993): Geschichte Japans, Frankfurt/New York 1993

Institut der deutschen Wirtschaft Köln, (1992): Japan: Ein anspruchsvoller Markt, in: Wirtschaft und Produktivität, Nr. 11/1992, S. 4

Institut der deutschen Wirtschaft Köln, (1995): Zahlen zur wirtschaftlichen Entwicklung der Bundesrepublik Deutschland, Köln 1995

Ishihara, Sh., (1992): Wir sind die Weltmacht: Warum Japan die Zukunft gehört, Bergisch Gladbach 1992

Itami, H., (1992): Technologie: Warum Nippon die Nase vorn hat, in: Wirtschaftswoche, Nr. 39 vom 18.9.1992, S. 59 - 62

Iwasaki, H., (1991): Ist ein Yen-Block möglich?, in: Schneidewind, D., Töpfer, A., (Hrsg.), Der asiatisch-pazifische Raum: Strategien und Gegenstrategien von Unternehmen, Landsberg 1991, S. 161 - 177

iwd-Informationsdienst des Instituts der deutschen Wirtschaft, (1994a): Stichwort: Das japanische Bonussystem, Nr. 6 vom 10.2.94, S. 2

iwd-Informationsdienst des Instituts der deutschen Wirtschaft, (1994b): Personalzusatzkosten: Jetzt bei 85 Prozent, Nr. 8 vom 24.2.94, S. 8

iwd-Informationsdienst des Instituts der deutschen Wirtschaft, (1994c): Lohnstückkosten Westdeutschland: Im harten Wettbewerb, Nr. 32 vom 11. August 1994, S. 6 - 7

iwd-Informationsdienst des Instituts der deutschen Wirtschaft, (1994d): Bezahlte Freizeit, Nr. 32 vom 11.8.94, S. 1

iwd-Informationsdienst des Instituts der deutschen Wirtschaft, (1994e): Unternehmensbesteuerung: Fragliche Methode, Nr. 8 vom 24.2.94, S. 4 - 5

iwd-Informationsdienst des Instituts der deutschen Wirtschaft, (1994f): Japans Außenhandel: Nippon rechnet sich reich, Nr. 8 vom 24.2.94, S. 2

Jackson, P., Ashton, D., (1994): ISO 9000 - Der Weg zur Zertifizierung, Landsberg/ Lech 1994

Jäckel, H., Nagel, S. H., (1994): Kaizen - oder: Wer immer strebend sich bemüht, in: Glasl, F., Brugger, E., (Hrsg.), Der Erfolgskurs Schlanker Unternehmen, Wien u.a. 1994, S. 51 - 59

James, B. G., (1990): Wirtschaftsmacht Japan - Das Trojanische Pferd, Freiburg 1990

Japan Automobile Manufacturers Associaton (JAMA), (1994): Daten und Fakten 1994/95, Bonn 1994

Japan External Trade Organization (JETRO), (1993a): NIPPON 1993 - Business Facts & Figures, Tokyo 1993

Japan External Trade Organization (JETRO), (1993b): JETRO White Paper on International Trade 1993, Tokyo 1993

Japan External Trade Organization (JETRO), (1993c): JETRO White Paper on Foreign Direct Investment, Tokyo 1993

Japan External Trade Organization (JETRO), (1994): JETRO White Paper on Foreign Direct Investment, Tokyo 1994

Japan Human Relations Association, (1994): CIP-Kaizen-KVP - Die kontinuierliche Verbesserung am Produkt und Prozeß, Landsberg/Lech 1994

Japan Institute for Social and Economic Affairs - Keizai Koho Center (1993): Japan 1993 - An International Comparison, Tokyo 1993

Japan Trade and Industry Publicity Inc., (1992): MITI Handbook 1992, Tokyo 1992

Jens, U., (1993a): Schwäche der Industrie: Keine Marktverwertung, in: Handelsblatt, Nr. 37 vom 23.2.1993, S. 5

Jens, U., (1993b): Standortpolitik: Die fundamentale Innovationsschwäche kann zum Abstieg Deutschlands führen, in: Handelsblatt, Nr. 224 vom 19./20.11. 1993, S. 6

Johansson, J. K., Nonaka, I., (1987): Market Research the Japanese way, in: Harvard Business Review, Mai-Juni 1987, Heft 3, S. 16 - 22

Johnson, Ch., (1983): Ministry of International Trade and Industry, in: Kodansha Encyclopedia of Japan, Band 5, Tokyo 1983, S. 189 - 191

Jungblut, M., (1981): Die sieben Geheimnisse des Erfolgs - Japans Wirtschaft, in: Gaul, R., Grunenberg, N., Jungblut, M., (Hrsg.), Japan-Report, München 1981, S. 34 - 107

Jungmann, E., (1992): Lean Production - neue Konzepte zur Qualitätssteigerung, in: Burckhardt, W., (Hrsg.), Schlank, intelligent und schnell, Wiesbaden 1992, S. 155 - 171

Jürgens, U., (1992): In Japan stößt die „Lean Production" bereits an ihre Grenzen, in: Blick durch die Wirtschaft vom 19.5.1992, S. 7

Kähler, W.-K., (1994): SPSS für Windows, Braunschweig/Wiesbaden 1994

Kalthoff, O., (1991): Auslandsstrategien asiatisch-pazifischer Unternehmen und Verteidigungs- oder Kooperationsstrategien deutscher Unternehmen in der Triade, in: Schneidewind, D., Töpfer, A., (Hrsg.), Der asiatisch-pazifische Raum: Strategien und Gegenstrategien von Unternehmen, Landsberg 1991, S. 41 - 58

Kamiske, G. F., Hummel, Th. G. C., Malorny, Ch., Zoschke, M., (1994): Quality Function Deployment - oder das systematische Überbringen der Kundenwünsche, in: Marketing - ZFP, Heft 3/1994, S. 181 - 190

Kandaouroff, A., (1994): Qualitätskosten - Eine theoretisch-empirische Analyse, in: ZfB, 64. Jg., Heft 6/1994, S. 765 - 786

Kang, T. W., (1991): Gaishi - Enthüllungen eines Top-Insiders über japanische Unternehmenskultur, Wien 1991

Kappaun, B., (1991): Gewerkschaften und die soziale Frage in Japan, in: Deutsche Industrie- und Handelskammer in Japan, (Hrsg.), Personalwesen in Japan Tokyo 1991, S. 25 - 42

Kappler, M., (1991): Der Büroautomationsmarkt - eine japanische Erfolgsstory, in: UBM Unternehmensberatung München, (Hrsg.), Japan-Studie - Hat Europa noch eine Chance gegen die japanische Wirtschaftsoffensive?, München 1991, S. 29 - 32

Keidanren, (1992): Keidanren - 1991, EC Executive Training Programme in Japan (ETP 12), Tokyo 1992

Kessler, M., (1992): Internationaler Technologiewettbewerb: eine theoretische Untersuchung, Heidelberg 1992

Kieser, A., (1986): Unternehmenskultur und Innovation, in: Staudt, E., (Hrsg.), Das Management von Innovationen, Frankfurt 1986, S. 42 - 50

Kim, Y.-Y., (1990): Die asiatische Pazifikregion: Entstehung eines neuen Weltwirtschaftsraumes, Frankfurt u.a. 1990

Kimura, H., (1992): The Enterprise Groups, EC Executive Training Programme in Japan (ETP 12), Tokyo 1992

Kinias, C., (1992): Mythos Japan und die Realität der „Lean Production", in: io Management Zeitschrift, 61. Jg., Nr. 3 (1992), S. 48 - 51

Kleb, R.-H., (1994): Trends und Erfahrungen zum Lean Management - Wyatt-Studie mit führenden multinationalen Unternehmen, Düsseldorf 1994

Kleb, R.-H., Svoboda, M., (1994a): Trends und Erfahrungen im Lean Management, Teil 1, in: zfo, Heft 4/1994, S. 249 - 254

Kleb, R.-H., Svoboda, M., (1994b): Trends und Erfahrungen im Lean Management, Teil 2, in: zfo, Heft 5/1994, S. 299 - 304

Klein, Ch., Ernst-Motz, A., (1995): Markteintritt für den Mittelstand, in: TopBusiness, Januar 1995, S. 60 - 65

Klenner, W., (1990): Administrative Guidance: Barrieren und Chancen für ausländische Unternehmen, in: Frankfurter Allgemeine Zeitung GmbH, Informationsdienste, Japan Perspektiven: Wirtschaft, Gesellschaft, Markt, Frankfurt 1990, S. 57 - 62

Klodt, H., (1992): Deutsches MITI? Nein danke!, in: Institut der deutschen Wirtschaft, (Hrsg.), Unternehmen und Gesellschaft, 26. Jg., Nr. 4/1992, S. 19 - 21

Knust, C., (1995): Japans Autoindustrie: Die Samurais verlieren Boden, in: Frankfurter Allgemeine Zeitung, Nr. 138 vom 17.6.95, S. 11

Kohno, A., (1992): The Nature of the 1991 - 1992 Economic Recession, schriftl. Fassung des Vortrags während des EC Executive Training Programme in Japan (ETP 12) in Tokyo am 5.11.92

Kolatek, C., (1992): Die Innovationsgeschwindigkeit als Wettbewerbsvorteil japanischer Unternehmen, in: Adami, N. R., (Hrsg.), Münchner japanischer Anzeiger, Heft 1-2/1992, S. 31 - 39

Kosaka, M., „Japan's Choices" Study Group, (1989): Japan's Choices - New Globalism and Cultural Orientations in an Industrial State, London 1989

Kotabe, M., Duhan, D. F., (with Smith, D. K., jr., Wilson, R. D.), (1991): The Perceived Veracity of PIMS Strategy Principles in Japan: An Empirical Inquiry, in: Journal of Marketing, 55. Jg., Januar 1991, S. 26 - 41

Kotler, Ph., (1986): Die asiatische Herausforderung, Landsberg 1986

Kotler, Ph., (1992): How the Japanese keep Costs low, Unterlage zum Seminar „Kotler on Marketing", Management Centre Europe, London 1992, S. 71

Kotler, Ph., Bliemel, F., (1992): Marketing-Management, 7., vollst. neu erarb. und erw. Aufl., Stuttgart 1992

Koyama, A., (1991): Eigenarten des japanischen Managements, in: Zeitschrift für betriebswirtschaftliche Forschung, 43. Jg., Nr. 3/1991, S. 275 - 284

Krall, M., (1994): Multiple Keiretsu-Überkreuzverflechtungen und ihre Wirkung auf die Aktienkursfindung und Unternehmensfinanzierung, in: Stein, H. von, (Hrsg.), Banken in Japan heute, Frankfurt 1994, S. 549 - 565

Kramer, F., (1987): Innovative Produktpolitik, Berlin u.a. 1987

Kraus, W., (1990): Germany and Japan in the International Economy: The Meaning of Growth and Structural Change in the Pacific Region from a German and European Point of View, in: Hax, H. et al., (Hrsg.), Pacific Cooperation from the Japanese and the German Viewpoint, Berlin u.a. 1990, S. 1 - 25

Kraus-Weysser, F., (1995): Die japanische Provokation - Nippons Wirtschaftskrieg gegen den Westen, Berlin/Frankfurt 1995

Kreft, H., (1993): Die Keiretsu: Rückgrat der japanischen Wirtschaft, in: Pohl, M., (Hrsg.), Japan - Politik und Wirtschaft 1992/93, Hamburg 1993, S. 288 - 302

Kreitz-Sandberg, S., (1994): Jugend in Japan, Rheinfelden/Berlin 1994

Krogh, H., (1993): Gefährliche Kreuzung, in: Manager Magazin (1993), Nr. 2, S. 127 - 132

Kühn, R., (1993): Das „Made-in-Image" Deutschlands im internationalen Vergleich, in: Marketing, ZFP (1993), Nr. 2, S. 119 - 127

Kuhn, A., Pielok, Th., (1994): Produktivitäts-Management mit Hilfe von Prozeßketten, in: Wildemann, H., (Hrsg.), Qualität und Produktivität, Frankfurt 1994, S. 26 - 42

Kumar, N. B., Steinmann, H., (1990): Die internationale Managementstrategie in Niederlassungen deutscher Unternehmen in Japan - Ergebnisse einer empirischen Untersuchung, in: Welge, M. K., (Hrsg.), Globales Management: Erfolgreiche Strategien für den Weltmarkt, Stuttgart 1990, S. 117 - 133

Kummetsteiner, W., (1992): Die Hochleistungsfabrik - das schlanke Geheimnis der „Hidden Champions", in: Burckhardt, W., (Hrsg.), Schlank, intelligent und schnell, Wiesbaden 1992, S. 73 - 101

Kunkies-Schwientek, I., (1990): Wege zum japanischen Markt - unterschiedliche Markteintrittsstrategien deutscher Unternehmen in Japan, Berlin 1990

Kurwan, H.-J., (1990): Das Distributionswesen, in: Frankfurter Allgemeine Zeitung GmbH, Informationsdienste, Japan Perspektiven: Wirtschaft, Gesellschaft, Markt, Frankfurt 1990, S. 93 - 96

Kuwahara, Y., (1994): Arbeit und Kapital in Japan: Betriebsgewerkschaften als Teil der Unternehmen, in: Esser, M., Kobayashi, K., (Hrsg.), KAISHAIN - Personalmanagement in Japan, Göttingen 1994, S. 294 - 303

Laumer, H., (1992): Neubesinnung auf eigene Stärken, in: Ifo-Institut für Wirtschaftsforschung, Japan - Analysen und Prognosen, Nr. 76 vom Oktober 1992, S. 16 - 24

Leder, M., (1990): Innovationsmanagement - Ein Überblick, in: Albach, H., (Hrsg.), Innovationsmanagement - Theorie und Praxis im Kulturvergleich, Wiesbaden 1990, S. 1 - 54

Leimbach, A., (1993): Schlanke Produktion: Kein Crash-Programm für Krisenzeiten, in: VDI-Nachrichten (1993), Nr. 34 vom 27.08.93, S. 10

Lezius, M., (1995): Teilhabe und Mitverantwortung als Beitrag zum Strukturwandel, in: Empter, St., Kluge, N., (Hrsg.), Unternehmenskultur in der Praxis, Gütersloh 1995, S. 53 - 57

Lilge, H., (1979): Deutschland von 1955 - 1963, in: ders., (Hrsg.), Deutschland 1945 - 1963, 11. veränderte Neuauflage, Bremen 1979, S. 153 - 329

Linhart, S., (1984): The Myth of the Diligent Japanese Worker, zitiert nach: Bairy, M., Work Motivation, EC Executive Training Programme in Japan (ETP 12), Tokyo 1993

Link, F. J., (1992): Westdeutscher Maschinenbau unter Anpassungsdruck, Institut der deutschen Wirtschaft, Köln 1992

Link, F. J., (1993): Lohnstückkosten im internationalen Vergleich, in: Institut der deutschen Wirtschaft Köln, (Hrsg.), iw-trends, 20. Jg., Nr. 3/1993, S. 49 - 60

Lins, U., (1984): Das japanische Bildungswesen, Deutsch-Japanisches Wirtschaftsförderungsbüro, (Hrsg.), Reihe Japanwirtschaft, Heft 18, Düsseldorf 1984

Lücke, W., (1988): Das Management-Oktogon - Ein Vergleich: Japanisches und deutsches Management, in: Busse von Colbe, W., u.a., (Hrsg.), Betriebswirtschaftslehre in Japan und Deutschland, Stuttgart 1988, S. 192 - 207

Macharzina, K., (1993): Unternehmensführung, Wiesbaden 1993

Machetzki, R., (1991): Japan: Der „Marsch zum Gipfel", in: Pohl, M., (Hrsg.), Japan 1990/91 - Politik und Wirtschaft, Hamburg 1991, S. 264 - 293

Machetzki, R., (1993a): Japan in der Krise? - Von der Neigung zum Wunschdenken, in: Institut für Asienkunde (Hrsg.), Japan - Wirtschaft, Politik, Gesellschaft, Juni 1993, S. 80 - 87

Machetzki, R., (1993b): Japans Unternehmen: Zukunftsprobleme durch Erfolg?, in: Institut für Asienkunde (Hrsg.), Japan - Wirtschaft, Politik, Gesellschaft, August 1993, S. 188 - 194

Machetzki, R., (1994): Herausforderung des Westens: Asiens Aufstieg in der Weltwirtschaft, in: Wirtschaftshandbuch Asien-Pazifik 1994, 39. Ausg., Hamburg 1994, S. 15 - 41

Majima, I., (1994): JIT - Kostensenkung durch Just-In-Time Production, München 1994

Makino, N., Hoshino, Y., (1991): Weltmacht am Wendepunkt - Krise und Perspektive der Hochtechnologie aus japanischer Sicht, München 1991

Mansfield, E., (1988): The Speed and Cost of Industrial Innovation in Japan and the United States, External vs. Internal Technology, in: Management Science, 34. Jg., Heft 10/1988, S. 1157 - 1168

March, R.M., (1994): Der ehrenwerte Kunde Japan: Marketing und Verkauf im Japan der 90er Jahre, Landsberg 1994

Maurer, R., (1994): Die Exportstärke der deutschen Industrie - Weltmarktspitze trotz technologischen Rückstands?, in: Siebert, H., (Hrsg.), Die Weltwirtschaft, Heft 3/1994, S. 308 - 319

Maury, R., (1991): Die japanischen Manager: wie sie denken, wie sie handeln, wie sie Weltmärkte erobern, Wiesbaden 1991

McMillan, C.J., (1984): The Japanese Industrial System, Berlin u.a. 1984

Meckel, A., (1981): Japanische Geschäftsmentalität, Deutsch-Japanisches Wirtschaftsförderungsbüro, (Hrsg.), Reihe Japanwirtschaft, Heft 12, Düsseldorf 1981

Meckel, A., (1993): Die Gestaltung der deutsch-japanischen Wirtschaftsbeziehungen aus der Sicht der JAMA, in: Meinig, W., (Hrsg.), Automobilwirtschaft - Marketing und Vertrieb: Europa - USA - Japan, Wiesbaden 1993, S. 135 - 150

Meffert, H., (1993): Marketing - Grundlagen der Absatzpolitik, Nachdruck der 7., überarb. u. erw. Aufl., Wiesbaden 1993

Meffert, H., (1994): Marketing Management - Analyse, Strategie, Implementierung, Wiesbaden 1994

Meid, K.-H., (1982): Japans Gewerkschaften, in: Deutsch-Japanisches Wirtschaftsförderungsbüro, (Hrsg.), Reihe Japanwirtschaft, Heft 14, Düsseldorf 1982

Meier, B., (1992): Wettbewerb als Chance - Antworten auf die japanische Herausforderung, Institut der deutschen Wirtschaft Köln, (Hrsg.), Beiträge zur Wirtschafts- und Sozialpolitik, Nr. 200, Köln 1992

Meister, H., (1993): Organisation des Lean Management, in: zfo, Heft 1/1993, S. 6 - 8

Meyer, C., (1992): Das japanische Leitbild läßt viele Fragen offen, in: VDI-Nachrichten (1992), Nr. 36 vom 4.9.92, S. 29

Michel, H., (1989): Mit Japan im Wettbewerb, Frankfurt 1989

Michel, J., (1994): Standort D - Bibliographie zur internationalen Wettbewerbsfähigkeit der deutschen Wirtschaft, ZBW, 2. erw. Aufl., Kiel: Inst. für Weltwirtschaft, 1994

Minderlein, M., (1989): Markteintrittsbarrieren und Unternehmensstrategie, Wiesbaden 1989

Ministry of International Trade and Industry (MITI), (1990): Background Information: International Trade and Industrial Policy in the 1990s, Tokyo 1990

Miwa, Y., (1992): The Subcontracting System in Japan: A Critical Survey, in: Japanese Economic Studies, Winter 1991-92/Vol. 20, Nr. 2, S. 39 - 52

Mock, W., (1992): Projektionen westlicher Hoffnung: Japans Aufbruch in die Freizeitgesellschaft, in: VDI-Nachrichten (1992), Nr. 37 vom 11.9.92, S. 3

Moore Kenrick, D., (1988): Where Communism Works: The Success of Competitive-Communism in Japan, Rutland, Vt./Tokyo 1988

Morgan, J. C., Morgan, J. J., (1994): Strategien für den Absatzmarkt Japan, Landsberg 1994

Mori, A., Albach, H., (1988): Das Finanzierungsverhalten japanischer und deutscher Unternehmen, in: Busse von Colbe, W., u.a., (Hrsg.), Betriebswirtschaftslehre in Japan und Deutschland, Stuttgart 1988, S. 103 - 145

Morris, D., Brandon, J., (1994): Revolution im Unternehmen - Reengineering für die Zukunft, Landsberg 1994

Moss Kanter, R., (1991): Transcending Business Boundaries: 12,000 World Managers View Change, in: Harvard Business Review, May-June 1991, S. 151 - 164

Müller-Seip, B., (1992): Handel nach Japan, Ein Marktbericht des Instituts für Marktberatung, Deutsche Industrie- und Handelskammer in Japan, Tokyo 1992

Müri, P., (1994): Prozeßorientierung - der Schlüssel zum neuen Mangement, in: io Management Zeitschrift, 63. Jg., Heft 5/1994, S. 27 - 30

Murata, K., Harrison, A., (1991): How to Make Japanese Management Methods Work in the West, Hants/England und Brookfield/Vt./USA 1991

Murmann, K., (1995): Teilzeitarbeit für Flexibilisierung nutzen, in: TopBusiness, Report 1, Flexibilisierung der Arbeitswelt, Januar 1995, S. 6 - 7

Nagel, K., (1989): Die 6 Erfolgsfaktoren des Unternehmens, 3. Aufl., Landsberg 1989

Nagel, K., (1991): Das System der Erfolgsfaktoren - Konzept und methodische Umsetzung in der Praxis, in: Bullinger, H.J., (Hrsg.), Handbuch des Informationsmanagements im Unternehmen, München 1991, S. 999 - 1027

Nakajima, S., (1995): Management der Produktionseinrichtungen, Frankfurt/New York 1995

Nakamura, T., (1992): Keiretsu and Japanese Trading Companies in Japanese Capitalism, Sumitomo Corporation, Research Department, Tokyo 1992

Nanto, D., (1990): Japan's Industrial Groups - The Keiretsu, Congressional Research Service, The Library of Congress, Washington 1990

Natusch, J., (1995): Abstieg vom Himmel: Japans Wirtschaft im Umbruch, Manuskript der 3sat-Dokumentation „Japan im Umbruch", Mainz 1995

Nishiguchi, T., (1989): The New Modes of Subcontracting, Excerpts from D.Phil. thesis entitled „Strategic Dualism", Oxford University 1989, S. 199 - 220

Nishiguchi, T., Fruin, M. W., (1991): Assembler-Supplier Interfaces: Managing Auto Components Development, (Draft), INSEAD, Fontainebleau 1991

Nitsch, F., (1994): Vorwort des Übersetzers, in: Majima, I., JIT - Kostensenkung durch Just-in-Time Production, München 1994

Nolte, D., (1992): Das Phänomen Japan - Erklärungsansätze der überragenden Wettbewerbsstärke am Beispiel der japanischen Automobilindustrie, in: WSI-Mitteilungen, Nr. 1/1992, S. 34 - 42

Nora, D., (1993): Das Yen-Kartell: Japans globale Wirtschaftsstrategien, Hamburg 1993

Odrich, B., (1993a): Japan probt revolutionäre Methoden, in: VDI-Nachrichten (1993), Nr. 15 vom 16.4.93, S. 4

Odrich, B., (1993b): Japans Werkzeugmaschinenbau in der Krise, in: VDI-Nachrichten (1993), Nr. 5 vom 5.2.93, S. 4

Odrich, B., (1993c): „Japan ist der schwierigste Markt der Welt", in: Frankfurter Allgemeine Zeitung, Nr. 44 vom 22.2.93, S. 15

Odrich, B., (1993d): Der „richtige" Preis für das neue Produkt, in: Blick durch die Wirtschaft, 36. Jg., 24.2.1993, S. 1

Odrich, B., (1994): Japans Industriepolitik wandelt sich - Zur Rolle des MITI, in: Frankfurter Allgemeine Zeitung (1994), Nr. 143 vom 23.6.94, S. 14

Odrich, P., (1993a): Japanischer Unternehmensalltag aus europäischer Sicht, Frankfurt 1993

Odrich, P., (1993b): Was sich vom japanischen Marketing lernen läßt, in: VDI-Nachrichten, Chancen, Märkte und Media, Heft 1/1993, S. 3

Odrich, P., (1993c): Wie japanische Unternehmen Marketing betreiben, in: VDI-Nachrichten, Nr. 13 vom 2.4.1993, S.13

Oess, A., (1991): Total Quality Management: die ganzheitliche Qualitätsstrategie, 2., erw. Aufl., Wiesbaden 1991

Oess, A., (1992): KAIZEN und Quality Circle, in: Bungard, W., Wiendieck G., Zink, K.J., (Hrsg.), Qualitätszirkel im Umbruch, Ludwigshafen 1992, S. 29 - 39

Ohmae, K., (1985): Die Macht der Triade - Die neue Form weltweiten Wettbewerbs, Wiesbaden 1985

Oppenländer, K. H., (1993): Der deutsche Maschinenbau - Risiken und Chancen zwischen gestern und morgen, Vortrag, gehalten am 24.05.1993 beim VDMA in Frankfurt, ifo Institut für Wirtschaftsforschung, München 1993

Organisation for Economic Co-operation and Development (OECD-Documents), (1994a): Manufacturing Performance: A Scoreboard of Indicators, Paris 1994

Organisation für wirtschaftliche Zusammenarbeit und Entwicklung (OECD), (1994b): OECD Wirtschaftsausblick, Ausgabe 55 (Juni 1994), Paris 1994

Organisation for Economic Co-operation and Development, (1994c): The OECD Jobs Study, Paris 1994

Orlowski, D., (1982): Die internationale Wettbewerbsfähigkeit einer Volkswirtschaft, Göttingen 1982

Oshio, T., (1981): Unterschiede in den Lebensauffassungen zwischen den Japanern und den Deutschen, Vortrag in Bonn am 14. Dezember 1981

Ostasiatischer Verein e.V., (1993): Wirtschaftshandbuch Asien-Pazifik 1993, Hamburg 1993

Ostasiatischer Verein e.V., (1994): Wirtschaftshandbuch Asien-Pazifik 1994, Hamburg 1994

Ouchi, W. G., (1981): Theory Z - How American Business can meet the Japanese Challenge, Reading, Mass. 1981

o.V., (1988): Kleine Einführung in die japanische Wirtschaft, Deutsch-Japanisches Wirtschaftsförderungsbüro, (Hrsg.), Düsseldorf 1988

o.V., (1992): Urlaub ist für Japans Angestellte ein heikles Thema, in: Blick durch die Wirtschaft, 20.7.1992, S. 1

o.V., (1993a): Fernöstliche Rezepte waren oft ungeeignet - Ernüchterung gegenüber Japan-Methoden, in: Handelsblatt vom 11./12.9.93, S. 14

o.V., (1993b): Brauchen wir ein MITI?, in: Japaninfo, 14. Jg., Nr. 15 vom 8.11.93

o.V., (1993c): Toyota wants lower winter bonuses, in: The Japan Times vom 29.10.93, S. 16

o.V., (1993d): Summer bonuses fall for the first time, in: The Japan Times vom 1.11.93, S. 2

o.V., (1993e): Arbeitskosten international, in: Steinle, P., (Hrsg.), Landesreport aktuell, 13. Jg., Nr. 9/1993, S. 5 - 7

o.V., (1993f): Fujitsu erprobt neue Formen der Entlohnung, in: Frankfurter Allgemeine Zeitung, Nr. 86 vom 14.4.93, S. 24

o.V., (1993g): Lifetime Employment: A Hit or a Myth?, in: Focus Japan, Vol. 20, Nr. 3, Tokyo, März 1993, S. 1 - 2

o.V., (1993h): Die asiatischen Märkte werden für Japan immer bedeutsamer, in: Frankfurter Allgemeine Zeitung, Nr. 20 vom 25.1.1993, S. 14

o.V., (1993i): Asien / Der Ostasiatische Verein sieht deutsche Fehler: „Schlechte Vorbereitung, zu kurzfristiges Denken", in: Handelsblatt, Nr. 43 vom 3.3.93, S. 9

o.V., (1994a): Gewerkschaftskampagne gegen Arbeitszeitflexibilisierung, in: Handelsblatt, Nr. 212 vom 2.11.1994, S. 1

o.V., (1994b): Der klassische Tarifvertrag hat sich jetzt überlebt, in: Handelsblatt, Nr. 48 vom 9.3.94, S. 3

o.V., (1994c): Entschleunigung statt Beschleunigung, in: Handelsblatt, Nr. 45 vom 18./ 19.11.1994, S. K 1

o.V., (1995a): Westdeutsche Lohnstückkosten am höchsten, in: Frankfurter Allgemeine Zeitung, Nr. 135 vom 13.6.95, S. 17

o.V., (1995b): Nippons Lack blättert, in: Wirtschaftswoche, Nr. 7 vom 9.2.95, S. 9

Panskus, G., (1993): Der Wettbewerb zwingt zum Umschalten, in: Gablers Magazin, Nr. 4/1993, S. 12 - 16

Pape, W., (1980): Gyoseishido: Administrative Anleitungen in der japanischen Wirtschaft, Deutsch-Japanisches Wirtschaftsförderungsbüro, Reihe Japanwirtschaft, Heft 10, Düsseldorf 1980

Pascale, R. T., Athos, A. G., (1981): The Art of Japanese Management, New York 1981

Pauer, E., (1985): Japan - Deutschland; Wirtschaft und Wirtschaftsbeziehungen im Wandel, Deutsch-Japanisches Wirtschaftsförderungsbüro, (Hrsg.), Reihe Japanwirtschaft, Heft 19, Düsseldorf 1985

Pauer, E., (1992): Der Technologietransfer nach Japan - Strukturen und Strategien, in: Pauer, E., (Hrsg.), Technologietransfer Deutschland - Japan, München 1992, S. 48 - 72

Pauly, U., (1991): Die kulturhistorischen Hintergründe der wirtschaftlichen Erfolge Japans, in: Adami, N.R., Pauly, U., (Hrsg.), Ideal und Wirklichkeit, München 1991, S. 98 - 111

Perlmutter, H. V., (1972): The Tortuos Evolution of the Multinational Corporation, in: Kapoor, A., Grub, P. D., (Hrsg.), The Multinational Enterprise in Transition, Princeton/N. Y. 1972, S. 53 - 66

Pernicky, R., (1989): „Schneller werden" in Entwicklung, Produktion und Vertrieb: Wege zu rechenbaren Wettbewerbsvorteilen, Vorlage zu den Hamburger Unternehmergesprächen mit Arthur D. Little am 30.01.89, Hamburg 1989

Peters, T. J., Waterman, R. H., (1984), Auf der Suche nach Spitzenleistungen, 10. Aufl., Landsberg 1984

Pfeiffer, W., Weiß, E., (1992): Lean Management - Grundlagen der Führung und Organisation industrieller Unternehmen, Berlin 1992

Pohl, M., (1993a): Die Parteien Japans, in: Pohl, M., (Hrsg.), Japan - Politik und Wirtschaft 1992/93, Hamburg 1993, S. 67 - 99

Pohl, M., (1993b): Japan und Südkorea - Vorbilder wirtschaftlichen Erfolgs im nordostpazifischen Asien, in: Draguhn, W., (Hrsg.), Neue Industriekulturen im pazifischen Asien, Hamburg 1993, S. 82 - 92

Pohl, M., (1994): Traditionelle Elemente der japanischen Demokratie: Zwischen Finanzpolitik und Finanzierung von Politik, in: Stein, H. von, (Hrsg.), Banken in Japan heute, Frankfurt 1994, S. 19 - 41

Porter, M.E., (1990): The Competitive Advantage of Nations, in: Harvard Business Review, März/April 1990, S. 73 - 93

Porter, M. E., (1991): Nationale Wettbewerbsvorteile - Erfolgreich konkurrieren auf dem Weltmarkt, München 1991

Porter, M. E., (1992): Wettbewerbsstrategie, 7. Aufl., Frankfurt/New York 1992

Presse- und Informationsamt der Bundesregierung, (1993): Asien - Konzept der Bundesregierung, Aktuelle Beiträge zur Wirtschafts- und Finanzpolitik Nr. 24 vom 20.10.1993

Presse- und Informationsamt der Bundesregierung, (1994): Eine Offensive für Asien, in: Bulletin, Nr. 23 vom 9.3.1994, S. 209

Pümpin, C., (1986): Management strategischer Erfolgspositionen - Das SEP-Konzept als Grundlage wirkungsvoller Unternehmungsführung, 3. überarb. Aufl., Bern/Stuttgart 1986

Rack, H., (1995): Japan braucht für die Erholung noch zwei bis drei Jahre, in: Welt am Sonntag, Nr. 30 vom 23.7.1995, S. 33 und 35

Rack, H., Schwarzer, U., (1992): Der große Irrtum, in: Manager Magazin (1992), Nr. 7, S. 74 - 82

Raffee, H., (1979): Marketing und Umwelt, Stuttgart 1979

Raffée, H., (1987): Modernes Marketing - Konzeption und Instrumente, Seminarunterlage zum IHK-Unternehmerseminar, Baden-Baden 1987

Raffée, H., Eisele, J., (1994): Joint Ventures - Nur die Hälfte floriert, in: Harvard Business Manager, Nr. 3/1994, S. 17 - 22

Raupach, J., (1991): Betriebliche Mitbestimmung in japanischen Unternehmen, in: Deutsche Industrie- und Handelskammer in Japan, (Hrsg.), Personalwesen in Japan, Tokyo 1991, S. 43 - 70

Raya, D. M., (1992): Umwelt- und Marktanalysen in Südostasien, Wiesbaden 1992

Redaktion Japan Brief; Kurwan, H.-J., (1990): Vom Nachzügler zur Supermacht, in: Frankfurter Allgemeine Zeitung GmbH, Informationsdienste, Japan-Perspektiven: Wirtschaft, Gesellschaft, Markt, Frankfurt 1990, S. 16 - 22

Reiss, M., (1992): Mit Blut, Schweiß und Tränen zur schlanken Organisation, in: Harvard Manager, Nr. 2/1992, S. 57 - 62

Rexin, M., (1979): Die Jahre 1945 - 1949, in: Lilge, H., (Hrsg.), Deutschland 1945 - 1963, 11. veränderte Neuauflage, Bremen 1979, S. 3 - 67

Roland Berger & Partner, Simon, H., Bauer, B., Jägeler, F., (1993): Auf der Suche nach Europas Stärken: Managementkulturen und Erfolgsfaktoren, Landsberg 1993

Rose, M., (1994): Ein einfaches Steuersystem für Deutschland, in: HWWA - Institut für Wirtschaftsforschung, (Hrsg.), Wirtschaftsdienst, Nr. VIII/1994, S. 423 - 432

Roßbach, H., (1994): Märkte von morgen, Delphi-Studie der Zeitschrift Absatzwirtschaft und der Studenteninitiative Marketing zwischen Theorie und Praxis e.V., Hamburg 1994

Roth, S., (1995): Unternehmenskultur und Effizienz, in: Empter, St., Kluge, N., (Hrsg.), Unternehmenskultur in der Praxis, Gütersloh 1995, S. 31 - 39

Rothacher, A., (1992): Langfristige Planung und aggressives Marketing: Japanisches Management als Herausforderung für Europa, in: Blick durch die Wirtschaft, Nr. 188 vom 29.9.1992, S. 7

Rueß, A., (1993): Arbeitszeit: Hohe Motivation, in: Wirtschaftswoche, Nr. 36 vom 3.9.1993, S. 14 - 20

Ruppert, W., (1992): Unternehmensstrategien und Marktposition deutscher Unternehmen in der asiatisch-pazifischen Region, in: Ifo-Studien zur Japanforschung 6, München 1992, S. 49 - 94

Sachverständigenrat zur Begutachtung der gesamtwirtschaftlichen Entwicklung, (1993): Zeit zum Handeln - Antriebskräfte stärken, Jahresgutachten 1993 /94, Stuttgart 1993

Satori, A., (1992a): Ein Niemand - der Kollaps des Finanzmarktes zieht die Industrie mit sich: Nippons Technologieführerschaft ist in Gefahr., in: Wirtschaftswoche (1992), Nr. 17 vom 17.4.94, S. 27 -34

Satori, A., (1992b): Suche nach Harmonie - Die Unternehmen überdenken ihre weltweit gelobten Managementkonzepte, in: Wirtschaftswoche (1992), Nr. 50, S. 82 - 85

Satow, T., (1992): A View of Service Attitudes in Japanese Business, in: Johnson and Associates, (Hrsg.), Global Management - Annual Review of International Management Practice, 8. Jg., Brüssel 1992, S. 117 - 122

Schelbert-Syfrig, H., Inderbitzin, W., (1982): Internationale Wettbewerbsfähigkeit, Diessenhofen 1982

Schmelzer, H. J., Buttermilch, K.-H., (1988): Reduzierung der Entwicklungszeiten in der Produktentwicklung als ganzheitliches Problem, in: Brockhoff, K., Picot, A., Urban, Ch., (Hrsg.), Zeitmanagement in Forschung und Entwicklung, ZfbF, Sonderheft 23, Düsseldorf 1988, S. 43 - 73

Schmidt, I., Engelke, H., (1989): Marktzutrittsschranken und potentieller Wettbewerb, in: Wirtschaftswissenschaftliches Studium, Heft 9/1989, S. 399 - 404

Schmidt, St., (1995): Vorwort, in: Nakajima, S., Management der Produktionseinrichtungen, Frankfurt/New York 1995

Schmitt, U., (1992): Der Goldrausch ist vorbei - Krisentage in Japan und die Bedeutung einer Rezession (fast) ohne Arbeitslosigkeit, in: Frankfurter Allgemeine Zeitung (1992), Nr. 204 vom 2.9.92, S. 10

Schneider , D., (1994): Rahmenbedingungen und konzeptionelle Grundlagen, in: Schneider, D., Baur, C., Hopfmann, L., (Hrsg.), Re-Design der Wertekette durch make or buy, Wiesbaden 1994, S. 13 - 124

Schneider, W., (1982): Internationale Wettbewerbsfähigkeit aus der Sicht des Unternehmens, in: Besters, H., (Hrsg.), Internationale Wettbewerbsfähigkeit bei unterschiedlichen Sozialordnungen, Baden-Baden 1982, S. 32 - 50

Schneidewind, D., (o.J.): Entscheidungsprozesse in japanischen Unternehmen, in: Deutsch-Japanisches Wirtschaftsförderungsbüro, (Hrsg.), Reihe Japanwirtschaft, Heft 8, Düsseldorf ohne Jahresangabe

Schneidewind, D., (1991): Beobachtungen zur Entscheidungsfindung in japanischen Unternehmen, in: ZfB, 61. Jg, Heft 3/1993, S. 291 - 308

Schneidewind, D., (1994): Jishu Kanri - Ein japanisches Erfolgsgeheimnis, Wiesbaden 1994

Scholz, Ch., (1994): Lean Management, in: Wirtschaftswissenschaftliches Studium, Nr. 4/1994, S. 180 - 186

Schoppe, S., (1991): Kompendium der internationalen Betriebswirtschaftslehre, München/Wien 1991

Schröder, Ch., (1994): Industrielle Arbeitskosten im internationalen Vergleich 1970 - 1993, in: Institut der deutschen Wirtschaft Köln, (Hrsg.), iw-trends, 21. Jg., Nr. 2/1994, S. 57 - 66

Schröder, Ch., (1995): Industrielle Arbeitskosten im internationalen Vergleich 1970 - 1994, in: Institut der deutschen Wirtschaft Köln, (Hrsg.), iw-trends, 22. Jg., Vorabdruck der Nr. 2/1995,

Schubert, V., (1992): Innen und Außen - Familie und Kindergarten in Japan, in: Büttner, Ch., Elschenbroich, D., Ende, A., (Hrsg.), Kinderkulturen, Weinheim/Basel 1992, S. 106 - 115

Schubert, V., (1994): Leistungsdruck und Klassenzimmerkultur, in: Mehl, H., Meyer, H., (Hrsg.), Vertraute Fremde - Anmerkungen zur Kultur, Politik und Pädagogik in Japan und Deutschland, München 1994, S. 102 - 116

Schütte, H., (1991): Strategische Allianzen mit japanischen Firmen, in: Schneidewind, H., Töpfer, A., (Hrsg.), Der asiatisch-pazifische Raum: Strategien und Gegenstrategien von Unternehmen, Landsberg 1991, S. 251 - 275

Schwarzacher, L., (1991): Japan heute, Zürich/Wiesbaden 1991

Schwarzer, U., (1994): Land des Hechelns, in: Manager Magazin (1994), Nr. 6, S. 93 - 98

Schwelien, M., (1994): Standort Japan, 40 m², in: DIE ZEIT, Nr. 5 vom 28.01.1994, S. 11 - 12

Seifert, H., Steiner, M., (1995): F+E: Schneller, schneller, schneller, in: Harvard Business Manager, 17. Jg., Nr. 2/1995, S. 16 - 22

Seitz, K., (1992a): Wird Europa zur technologischen Kolonie der Japaner?, in: VDI-Nachrichten, Nr. 23 vom 5.6.1992, S. 12

Seitz, K., (1992b): Die japanische Herausforderung, in: Institut der deutschen Wirtschaft Köln, (Hrsg.), Unternehmen und Gesellschaft 4, 26. Jg., Juni 1992, S. 3 - 10

Seitz, K., (1992c): Die japanisch-amerikanische Herausforderung, 4. Aufl., München 1992

Servatius, H.-G., (1994): Reengineering-Programme umsetzen, Stuttgart 1994

Shichihei, Y., (1986): Der Geist des japanischen Kapitalismus, in: Staudt, E., (Hrsg.), Das Management von Innovationen, Frankfurt 1986, S. 51 - 62

Shingo, S., (1993): Das Erfolgsgeheimnis der Toyota-Produktion, 2. Aufl., Landsberg/ Lech 1993

Shinkai, Y., (1990): How Can Japan Contribute to the Asian-Pacific Countries? - A Summary, in: Hax, H. et al., (Hrsg.), Pacific Cooperation from the Japanese and the German Viewpoint, Berlin u.a. 1990, S. 27 - 30

Shimizu, R., (1994): Eine Typologie japanischer Top-Manager, in: Esser, M., Kobayashi, K., (Hrsg.), Kaishain - Personalmanagement in Japan, Göttingen 1994, S. 304 - 315

Shimizu, T., (1988): Japanisches Management: Wandlungen und Internationalisierung, in: Busse von Colbe, W., u.a., (Hrsg.), Betriebswirtschaftslehre in Japan und Deutschland, Stuttgart 1988, S. 173 - 191

Sikander Khan, (1988): Success and Failure of Japanese Companies' Export Ventures in High-tech Industries, Stockholm 1988

Simon, H., (1986): Eintrittsbarrieren und Eintrittsstrategien im japanischen Markt, in: Simon, H., (Hrsg.), Markterfolg in Japan, Wiesbaden 1986, S. 53 - 73

Simon, H., (1988): Schaffung und Verteidigung von Wettbewerbsvorteilen, in: Simon, H., (Hrsg.), Wettbewerbsvorteile und Wettbewerbsfähigkeit, Stuttgart 1988, S. 1 - 17

Simon, H., (1992): Lessons from Germany's Midsize Giants, in: Harvard Business Review, March-April 1992, S. 115 - 123

Simon, H., (1993): Im Ausland den eigenen Kräften vertrauen, in: Frankfurter Allgemeine, Nr. 129 vom 7.6.1993, Verlagsbeilage „Deutsche Wirtschaft", S. B 7

Sohn, K.-H., (1994): Lean Management, Düsseldorf u.a. 1992

Sommerlatte, T., (1992): Unternehmen zu Hochleistungsorganisationen entwickeln - wie und warum?, in: Burckhardt, W., (Hrsg.), Schlank, intelligent und schnell, Wiesbaden 1992, S. 11 - 35

Stackelberg, K. von, (1991): Internationale Wettbewerbsfähigkeit bei zunehmenden intra-industriellen Handelsbeziehungen mit Schwellenländern, Berlin 1991

Stalk, G., (1988): Zeit - die entscheidende Waffe im Wettbewerb, in: Harvard Manager, Innovationsmanagement, Band 2, Hamburg 1988, S. 48 - 57

Statistisches Bundesamt, (1994a): Zahlenkompaß 1994, Wiesbaden 1994

Statistisches Bundesamt, (1994b): Statistisches Jahrbuch 1994, Wiesbaden 1994

Staudt, E., (1986): Innovationsdynamik und Innovationswiderstände, in: ders., (Hrsg.), Das Management von Innovationen, Frankfurt 1986, S. 601 - 610

Stechow, A. von, (1993): Binnen- und außenwirtschaftliche Entwicklung Japans in 1992, in: Pohl, M., (Hrsg.), Japan 1992/93, Hamburg 1993, S. 235 - 287

Steger, U., (1986): Die Einheit von technischer und sozialer Innovation, in: Staudt, E., (Hrsg.), Das Management von Innovationen, Frankfurt 1986, S. 34 - 42

Steiger, H., (1993): Unternehmer fordern längere Wochenarbeitszeit, in: VDI Nachrichten, Nr. 46 vom 19.11.93, S. 1 und 12

Steinmann, H., Schreyögg, G., (1991): Management - Grundlagen der Unternehmensführung, 2., durchgesehene Aufl., Wiesbaden 1991

Stoff, W.-D., (1990): Nur in günstiger Organisationskultur haben Innovationen Markterfolg, in: Handelsblatt Dokumentation, Just-in-Time bei der Produktentwicklung, Düsseldorf 1990, S. 12 - 14

Strauss, B., (1994): Total Quality Management und Marketing, in: Marketing - ZFP, Heft 3/1994, S. 149 - 159

Streib, F., (1992): Das japanische Unternehmen als Überlebensgemeinschaft - Mensch und Unternehmen im Netzwerkkapitalismus, in: Commerzbank: Länderbericht Japan, Tokyo 1992, S. 1 - 10

Streib, F., (1994): Das japanische Unternehmen als Überlebensgemeinschaft - Mensch und Unternehmen im Netzwerkkapitalismus, in: Stein, H. von, (Hrsg.), Banken in Japan heute, Frankfurt 1994, S. 43 - 58

Streib, F., Ellers, M., (1994): Der Taifun - Japan und die Zukunft der deutschen Industrie, Hamburg 1994

Streib, F., Hörstel, M., (1990): Japan als globale Finanzmacht, in: Frankfurter Allgemeine Zeitung GmbH, Informationsdienste, Japan Perspektiven: Wirtschaft, Gesellschaft, Markt, Frankfurt 1990, S. 28 - 38

Stürzl, W., (1993): Lean Production in der Praxis, 2. Aufl., Paderborn 1993

Sugahisa, Sh., (1994): Wettbewerbspolitik in Japan, in: ZfB, 64. Jg., Heft 2/1994, S. 153 - 166

Sugihara, Y., (1993): Career Development in Japan, EC Executive Training Programme in Japan, Tokyo 1993

Suzaki, K., (1994): Die ungenutzten Potentiale: Neues Management im Produktionsbetrieb, München/Wien 1994

Tachiki, D. S., Aoki, A., (1992): Foreign Direct Investment: Japanese Global Strategies in the Asia-Pacific and the EC, in: Hilpert, H. G. et al., Marktstrategien deutscher und japanischer Unternehmen in der asiatisch-pazifischen Region, Ifo Studien zur Japanforschung, München 1992, S. 175 - 205

Tacke, W., (1991): Präsentation einer EMNID-Umfrage zum Thema „Made-in-Images", in: Kahrmann, V., Sauerland, D., (Hrsg.), Made in Germany - Die internationale Wettbewerbsfähigkeit der deutschen Wirtschaft, Stuttgart u.a. 1991, S. 29 - 35

Takahashi, Y., (1988): Die Liberalisierung des Finanzmarktes in Tokyo und ihre Auswirkungen auf die japanischen Unternehmen, in: Busse von Colbe, W., u.a., (Hrsg.), Betriebswirtschaftslehre in Japan und Deutschland, Stuttgart 1988, S. 157 - 170

Takeshita, T., (1990): The Concept of Holiday in Different Parts of the World, in: Shibagaki, K., u.a., (Hrsg.), Japanese and European Management, 2. Aufl., Tokyo 1990, S. 73 - 87

Takeuchi, H., (1986): Die globalstrategische Rolle des japanischen Marktes, in: Simon, H., (Hrsg,), Markterfolg in Japan, Wiesbaden 1986, S. 15 - 35

Tamaki, H. H., (1993): Japanese Distribution System, EC Executive Training Programme in Japan (ETP 12), Tokyo 1993

Tasker, P., (1987): Japan von innen - Macht und Reichtum eines neuen Wirtschaftsimperiums, München 1988

Taylor, D., (1984): Learning from the Japanese, in: Department of Employment Gazette, London, Juni 1984

The International Society for Educational Information, (1989): Japan von Heute, Tokyo 1989

The Japan Institute of Labour, (1992): Japanese Working Life Profile - Labor Statistics 1992-93, Tokyo 1992

Thiele, P., (1994): Gesellschaftlich-politische Einflußfaktoren für Banken und das Bankgeschäft in Japan, in: Stein, H. von, (Hrsg.), Banken in Japan heute, Frankfurt 1994, S. 3 - 16

Thurow, L., (1993): Kopf an Kopf - Wer siegt im globalen Wirtschaftskrieg zwischen Europa, Japan und den USA?, Düsseldorf u.a. 1993

Töpfer, A., (1984): Innovationsmanagement, in: Wieselhuber, N., Töpfer, A., (Hrsg.), Strategisches Marketing, Landsberg/Lech 1984, S. 391 - 407

Töpfer, A., (1986): Innovationsmarketing, in: Staudt, E., (Hrsg.), Das Management von Innovationen, Frankfurt 1986, S. 544 - 560

Töpfer, A., Mehdorn, H., (1993): Total Quality Management - Anforderungen und Umsetzung im Unternehmen, Neuwied u.a. 1993

Töpfer, A., Schneidewind, H., (1991): Strategische Ansatzpunkte für den Unternehmenserfolg auf asiatisch-pazifischen Märkten, in: Schneidewind, D., Töpfer, A., (Hrsg.), Der asiatisch-pazifische Raum: Strategien und Gegenstrategien von Unternehmen, Landsberg 1991, S. 9 - 39

Truijens, Th., (1993): Standortentscheidungen japanischer Produktionsunternehmen in Europa, Konstanz 1993

Überla, K., (1977): Faktorenanalyse, Nachdr. d. 2. Aufl., Berlin u.a. 1977

Uchiyama, Y., (1986): Japans Stellung in der Weltwirtschaft, in: Barloewen, C. von, Werhahn-Mees, K., (Hrsg.), Japan und der Westen, Band 2, Frankfurt 1986

Uemura, K., (1992): General Trading Companies, EC Executive Training Programme in Japan (ETP 12), Tokyo 1992

Vahlefeld, H. W., (1992): Japan - Herausforderung ohne Ende, Stuttgart 1992

van der Linde, C., (1992): Deutsche Wettbewerbsvorteile, Düsseldorf u.a. 1992

Verband der Automobilindustrie e.V. (VDA), (1995): Wichtige Zahlen über Lage und Entwicklung in den Fachbereichen der Automobilindustrie 1993 und 1994, Frankfurt 1995

Verband der Chemischen Industrie (VCI), (1994a): Strukturwandel in der chemischen Industrie, Frankfurt 1994

Verband der Chemischen Industrie (VCI), (1994b): Chemiewirtschaft in Zahlen, Frankfurt 1994

Verband Deutscher Maschinen- und Anlagenbau e.V. (VDMA), (1992): Statistisches Handbuch für den Maschinenbau, Frankfurt 1992

Verband Deutscher Maschinen- und Anlagenbau e.V. (VDMA), (1994): Statistisches Handbuch für den Maschinenbau, Frankfurt 1994

VDMA - German Machinery and Plant Manufacturers Association, Japan Liaison Office, (1992): Der Maschinenbau in Japan, Tokyo 1992

Vidal, M., (1995): Strategische Pioniervorteile, in: ZfB-Ergänzungsheft, Nr. 1/1995, S. 43 - 58

Vieweg, H.-G., (1991): Der Werkzeugmaschinenbau: Eine Wettbewerbsanalyse für die gesamtdeutsche Branche, in: ifo Schnelldienst 21/91, München 1991, S. 22 - 29

Vieweg, H.-G., (1993): Maschinenbau: Vorübergehende Schwäche oder existentielle Krise, in: ifo Schnelldienst (1993), Nr. 10, Seite 11 - 21

Vieweg, H.-G., Hilpert, H. G., (1992): Analyse der Wettbewerbsposition des deutschen Maschinenbaus - Werkzeugmaschinen, Gutachten des Ifo Instituts im Auftrag des Bundesministeriums für Wirtschaft, München 1992

Vieweg, H.-G., Hilpert, H. G., (1993): Japans Herausforderung an den deutschen Maschinenbau, Berlin/München 1993

Vogel, E. F., (1980): Japan as Number One: Lessons for America, Harvard University Press 1980

Volk, H., (1993): Kaizen - nicht Wunder oder Geheimwaffe, nur viel Gemeinsamkeit, in: io Management Zeitschrift, 62. Jg., Nr. 2/1993, S. 78 - 79

Wahl, Y., (1991): Von der Zuckertüte zum Doktorhut - Das japanische Bildungssystem, in: Japan Magazin, 2. Jg., Nr. 10/1991, S. 6 - 10

Warnecke, H. J., Hüser, M., (1992): Lean Production - eine kritische Würdigung, in: Angewandte Arbeitswissenschaft, Nr. 131, 1992, S. 1

Wassermann, O., (1994): Das Intelligente Unternehmen, Düsseldorf 1994

Watanabe, C., Honda, Y., (1991): Inducing power of Japanese technological innovation - mechanism of Japan's industrial science and technology policy, in: Japan and the World Economy, Vol. 3 (1991), North-Holland 1991, S. 361 - 390

Watanabe, C., Honda, Y., (1992): Japanese industrial science & technology policy in the 1990s - MITI's role at a turning point, in: Japan and the World Economy, Vol. 4 (1992), North-Holland 1992, S. 47 - 67

Weber, M. R., (1989): Erfolgreiches Service-Management - Die gewinnbringende Vermarktung von Dienstleistungen, Landsberg 1989

Weggel, O., (1991): Kultur- und Wertvorstellungen im asiatisch-pazifischen Raum, in: Schneidewind, D., Töpfer, A., (Hrsg.), Der asiatisch-pazifische Raum: Strategien und Gegenstrategien von Unternehmen, Landsberg 1991, S. 41 - 58

Weidenfeld, U., (1995): Tarifpolitik - Rücken zur Wand, in: Wirtschaftswoche, 49. Jg., Nr. 32 vom 3.8.1995, S. 20 - 22

Wetlaufer, S., (1995): Das Team, das keines war, in: Harvard Business Manager, 17. Jg., Heft 2/1995, S. 125 - 129

White, M., (1987): The Japanese Educational Challenge, Tokyo 1987

Wiesner, G., (1992): Personalmanagement in Forschung und Entwicklung: Ein Vergleich zwischen der japanischen und der deutschen Industrie, in: Ifo-Schnelldienst, Nr. 11/1992, S. 9 - 26

Wildemann, H., (1988): Reorganisation von Produktion und Zulieferung zur Einführung von Just-in-Time, in: ders. (Hrsg.), Just-In-Time Produktion + Zulieferung, Tagungsbericht, Stuttgart 1988, S. 1 - 58

Wildemann, H., (1990): Kosten, Qualität, Zeit und Flexibilität gegen die Konkurrenten ausspielen, in: Handelsblatt Dokumentation, Just-in-Time bei der Produktentwicklung, Düsseldorf 1990, S. 10 - 12

Wildemann, H., (1994a): Schaffung von Kundennutzen durch Qualitätssicherungsmaßnahmen, in: ders., (Hrsg.), Qualität und Produktivität, Frankfurt 1994, S. 43 - 54

Wildemann, H., (1994b): Unternehmensweite Einführung von Qualitätskonzeptionen, in: ders., (Hrsg.), Qualität und Produktivität, Frankfurt 1994, S. 133 - 146

Wolferen, K. van, (1989): The Enigma of Japanese Power - People and Politics in a Stateless Nation, London 1989

Wolfrum, B., (1994): Schnittstellenprobleme zwischen F&E und Marketing im Innovationsmanagement, in: WISU, 23. Jg., Heft 12/1994, S. 1016 - 1022

Womack, J. P., Jones, D. T., Roos, D., (1992): Die zweite Revolution in der Autoindustrie - Konsequenzen aus der weltweiten Studie aus dem Massachusetts Institute of Technology, 5. Aufl., Frankfurt/New York 1992

Woronoff, J., (1981): Japan - The Coming Economic Crisis, 3. Aufl., Tokyo 1981

Yamamoto, Sh., (1986): Ursprünge der japanischen Arbeitsethik, in: Barloewen, C. von, Werhahn-Mees, K., (Hrsg.), Japan und der Westen, Bd. 2, Frankfurt 1986, S. 95 - 129

Yamamoto, Ch., Blume, G., (1993): Druck und Drill, in: Die Zeit (1993), Nr. 11 vom 12.3.93, S. 36

Yamazawa, I., (1990): Economic Development and International Trade - The Japanese Model, Honolulu 1990

Yasuda, Y., (1994): Mitarbeiterkreativität in Japan, Landsberg 1994

Yoshi, T., (1982): Japan's Challenge to the U.S.: Industrial Policies and Corporate Strategies, in: Columbia Journal of World Business (1982), Vol. 17., S. 87 - 95

Yoshida, J., (1988): Produktinnovation in Japan - Ein Weg zum ganzheitlichen Produktmarketing, Wien 1988

Yoshitomi, M., (1990): Economic Functions of Keiretsu (Business Groups) in Japan, Drafted for Insights of Institute for International Economics, Washington 1990

Zentralverband Elektrotechnik- und Elektronikindustrie e.V. (ZVEI), (1995a): Japan - Fabrikumsatz der Elektroindustrie (MITI Census of Manufacturers - Report by Commodities), Frankfurt 1995

Zentralverband Elektrotechnik- und Elektronikindustrie e.V. (ZVEI), (1995b): Produktionsbericht für die Elektrotechnik- und Elektronikindustrie, 3. Vierteljahr 1994, Frankfurt 1995

Zimmermann, A., (1992): Markterschließungsstrategien der japanischen Investitionsgüterindustrie am Beispiel der Elektroindustrie, Deutsche Industrie- und Handelskammer in Japan, Tokyo 1992

Zink, K. J., (1992): Quality Circles und Total Quality Management, in: Bungard, W., Wiendeck, G., Zink, K. J., (Hrsg.), Qualitätszirkel im Umbruch, Ludwigshafen 1992, S. 17 - 28

Zürn, P., (1987): Japan zwischen Yen und Zen, Landsberg 1987

Zurflüh, R., (1994): Japan: Die Mitarbeiter sind Mitgestalter, in: io Management Zeitschrift, 63. Jg., Nr. 10/1994, S. 49 - 50

ANHANG

ANHANG I

Liste der Interviewpartner zur Ermittlung eines Stärken/Schwächen-Profils deutscher im Vergleich zu japanischen Industrieunternehmen

Amelung, Gerold, Dr.	Deputy Consul General of the Federal Republik of Germany, Consulate General, Kobe	Strukturiertes Interview mit Fragebogen
Arai, Shunzo	Director, International Information Division, Japan External Trade Organization, (JETRO), Tokyo	Strukturiertes Interview mit Fragebogen
Bosse, Friederike	Wiss. Mitarbeiterin, Japan-Abteilung des Instituts für Asienkunde, Hamburg	Strukturiertes Interview mit Fragebogen
Braun, Rüdiger W., Prof. Dr.	Director Research, Bayer Yakuhin, Ltd., Osaka	Strukturiertes Interview mit Fragebogen
Brueggemann, Richard A.,	Executive Managing Director, Impex Chemicals Ltd., Osaka	Strukturiertes Interview mit Fragebogen
Edelmann, Peter	Bereichsleiter Hydrodynamische Bremsen, Voith Turbo GmbH , Crailsheim, Vice President, Nippon Retarder Systems, Osaka	Strukturiertes Interview mit Fragebogen
Cap, Peter, Dr.	General Representative, GMN Representative Office East Asia, Kyoto	Strukturiertes Interview mit Fragebogen
Christians, Alice	President, K.K. ALICE, Kobe	Freies Interview

Finckh, Werner R.	Executive Training Program of the EC 1992/93 (ETP 12)	Strukturiertes Interview mit Fragebogen
Gotterbarm, Peter	Chief Controller, Administration & Finance Department, Wagner Spraytech Japan LTD, Osaka,	Strukturiertes Interview mit Fragebogen
Graumann, Jörg	President, Nihon Schering K.K., Osaka	Strukturiertes Interview mit Fragebogen
Hilpert, Hanns Günther	Senior Researcher, German-Japanese Studies Center ifo Institute, München	Strukturiertes Interview mit Fragebogen Freies Interview
Kajita, Takuji	Adviser, Impex Chemicals Ltd., Osaka	Strukturiertes Interview mit Fragebogen
Kamei, Hirokazu	Economist, International Economics Division, LTCB Research Institute, Inc., Tokyo	Freies Interview
Kawaguchi, Tsutomu	Director, Research & Development Department, Daikin Mfg. Co., Ltd., Osaka	Freies Interview
Kawakita, Atsushi	Senior Economist, Industrial Research Division II, LTCB Research Institute, Inc., Tokyo	Strukturiertes Interview mit Fragebogen
Keller, Armin	Audi Marketing Department, Volkswagen Audi Nippon KK, Tokyo	Strukturiertes Interview mit Fragebogen
Kläring, Rainer	Director, Nippon Retarder System Co., Ltd., Osaka	Strukturiertes Interview mit Fragebogen

Kneip, Axel	President, Senior Representative Henkel KGaA for Japan, Henkel Hakasui Corporation, Osaka	Strukturiertes Interview mit Fragebogen
Kreft, Heinrich, Dr.	Counsellor, Deputy Director of the Economic and Commercial Division, Embassy of the Federal Republic of Germany, Tokyo	Freies Interview
Kriegbaum, Herbert, Dr.	Abteilungsleiter Statistik und Konjunktur, Verband Deutscher Maschinen- und Anlagenbau e.V., Frankfurt	Strukturiertes Interview mit Fragebogen
Lautenbach, Helmut	Managing Director, Krupp Widia Japan Ltd., Kobe	Strukturiertes Interview mit Fragebogen
Leichert, Wilfried	Consul, Consulate General of the Federal Republic of Germany, Kobe	Strukturiertes Interview mit Fragebogen
Licht, Wolfgang	President, Taprogge Japan Co., Ltd., Kobe	Strukturiertes Interview mit Fragebogen
Martsch, Silvia	Senior Researcher, German-Japanese Studies Center, ifo Institute, München	Strukturiertes Interview mit Fragebogen Freies Interview
Mechler, Arno	Manager, Sick Optex Co., Ltd., Kyoto	Strukturiertes Interview mit Fragebogen
Mishiro, Yasuharu	Researcher, Industrial Research Division II, LTCB Research Institute, Inc., Tokyo	Freies Interview

Morikami, Kokichi	Chief, International Project Department, Daikin Mfg. Co., Ltd., Osaka	Freies Interview
Müller-Seip, Bodo	Institutsleiter, Institut für Marktberatung der Deutschen Industrie- und Handelskammer in Japan (DIHKJ), Tokyo	Strukturiertes Interview mit Fragebogen
Nakanishi, Minoru	President, Representative Director, Groz-Beckert Japan K.K., Osaka	Strukturiertes Interview mit Fragebogen
Noppe, Andre	General Manager Hüls Japan Ltd., Osaka	Strukturiertes Interview mit Fragebogen
Ohno, Yoshinori	President, Sumitomo Yale Co., Ltd., Nagoya	Freies Interview
Olroth, Joern	Managing Director, Olroth & Co., Ltd., Kobe	Freies Interview
Renner, Volker	General Manager After Sales, Stuttgart Truck and Bus Sales Co., Ltd. (STB), Mercedes Benz, Tokyo	Strukturiertes Interview mit Fragebogen
Ritter, Lutz	Marketingleiter, Jungheinrich AG, Hamburg	Strukturiertes Interview mit Fragebogen
Rövekamp, Frank	Commercial Manager, Keiper Recaro Japan Co., Ltd., Kyoto	Strukturiertes Interview mit Fragebogen
Sato, Yoshio	Senior Researcher, German Machinery and Plant Manufacturers Association (VDMA), Tokyo	Strukturiertes Interview mit Fragebogen

Schaffer, Karl	Hauptabteilungsleiter Verkauf, Groz-Beckert, Albstadt	Strukturiertes Interview mit Fragebogen
Schües, M. D.	Representative Director, Schlafhorst Japan Co., Ltd., Osaka	Strukturiertes Interview mit Fragebogen
Seki, Masamori	Director, General Manager, Sales Center III, Henkel Hakasui Corporation, Osaka	Strukturiertes Interview mit Fragebogen
Streib, Folker	General Manager, Commerzbank AG, Tokyo	Freies Interview
	Präsident der Deutschen Industrie- und Handelskammer Japan, Tokyo	
Sugiyama, Jun-Ichi	General Manager, Engineering Department, Sumitomo Yale Co., Ltd., Nagoya	Strukturiertes Interview mit Fragebogen
Tamura, Nanai	Geschäftsführer, Nippon Carl Duisberg Gesellschaft e.V., Tokyo	Strukturiertes Interview mit Fragebogen
Trapp, Wolfgang	Geschäftsführer Logistik, ALNO-Möbelwerke, Pfullendorf	Freies Interview
Vogt, Erdmann R.G.	General Manager, Deutsche Bank AG, Osaka	Strukturiertes Interview mit Fragebogen
Vieweg, Hans-Günther, Dr.	Leiter des Referats Maschinenbau, ifo Institut, München	Strukturiertes Interview mit Fragebogen

Watanabe, Chihiro, Dr.	Deputy Director-General for Technology Development, Agency for Industrial Science and Technology (AIST), Ministry of International Trade and Industry (MITI), Tokyo	Freies Interview
Wellbrock, Jürgen	First Secretary of the Economic and Commercial Department, Embassy of the Federal Republic of Germany, Tokyo	Strukturiertes Interview mit Fragebogen
Widmaier, Sandra	Manager, TÜV Rheinland Japan Ltd., Tokyo	Strukturiertes Interview mit Fragebogen
Wittich, Holger	President, Akane-Gruppe Tokyo	Strukturiertes Interview mit Fragebogen
Wussing, Wilhelm	Vice President, Representative Director, Nippon Boehringer Ingelheim Co., Ltd., Boehringer Ingelheim Corporation East Asia, Kawanishi	Strukturiertes Interview mit Fragebogen
Zeissner, Hans-Dieter	Sales Manager West Japan, Lufthansa German Airlines, Osaka	Freies Interview Strukturiertes Interview mit Fragebogen

ANHANG II

Verwendeter Fragebogen

Fragebogen zur Ermittlung eines Stärken/Schwächen-Profils deutscher imVergleich zu japanischen Industrieunternehmen im Rahmen einer Befragung ausgewählter Experten

Name des Befragten:..

Unternehmen/Institution:...

Funktion des Befragten:..

Datum der Befragung:...

Ort der Befragung:..

Text der Einleitung:

Sehr geehrter Herr .../Sehr geehrte Frau ...,

angesichts der weltweit schwierigen Wirtschaftssituation mit einem intensiven Wettbewerb zwischen deutschen und japanischen Industrieunternehmen gilt es, für die deutsche Industrie Strategien aus der Krise zu finden.

Dazu ist es zunächst erforderlich die Wettbewerbsposition der deutschen Industrieunternehmen genauer zu bestimmen, um gezielte Maßnahmen zur Verbesserung der Wettbewerbsfähigkeit entwickeln zu können.

Wir haben Sie in diesem Zusammenhang angesprochen, weil wir glauben, daß Sie vor dem Hintergrund Ihrer Erfahrungen dazu einen wesentlichen Beitrag leisten können.

Wir werden Ihnen im weiteren einige Fragen stellen. Sie können davon ausgehen, daß Ihre Antworten vertraulich behandelt werden und nur anonymisiert in die Auswertung eingehen. Die Befragung wird nach rund zwei Stunden abgeschlossen sein.

Frage 1:

Um die weltweite Wettbewerbsfähigkeit der deutschen und japanischen Industrie einschätzen zu können, müssen zunächst die relevanten Erfolgsfaktoren eingegrenzt und anschließend in bezug auf ihre Bedeutung für die globale Wettbewerbsfähigkeit der beiden Industrien bewertet werden.

Nachfolgend sind einige Erfolgsfaktoren aufgezählt. Nicht alle Erfolgsfaktoren sind im globalen Wettbewerb gleich wichtig. Wie wichtig sind nach Ihrer Meinung die nachfolgend aufgeführten Erfolgsfaktoren? *(Mit dem Befragten die Liste der Erfolgsfaktoren durcharbeiten und jeweils die Wichtigkeit bewerten lassen.)*

Zur Bewertung der globalen Wettbewerbsfähigkeit ist dieser Faktor ...	sehr wichtig				völlig unwichtig
Gesellschaftliche und kulturelle Umweltfaktoren:					
- Leistungsmotivation und -disziplin der Beschäftigten	O	O	O	O	O
- Gruppenorientierung anstelle von Individualisierung	O	O	O	O	O
- Gesellschaftliches Konsensstreben	O	O	O	O	O
- Qualität der Schul- und Berufsbildung	O	O	O	O	O
Staatliche und wirtschaftliche Umweltfaktoren:					
- Beziehung zwischen Staat und Wirtschaft	O	O	O	O	O
- Staatliche Institutionen zur Steuerung der Wirtschaft (z.B. MITI)	O	O	O	O	O
- Staatliche Technologieförderung	O	O	O	O	O
- Staatliche Bildungspolitik	O	O	O	O	O
- Verwaltungsauflagen für die Industrie	O	O	O	O	O
- Marktbarrieren zur Kontrolle von Importen	O	O	O	O	O
- Unternehmensbesteuerung und -abgaben	O	O	O	O	O
- Fremdkapitalkosten, bzw. Zinsbelastung	O	O	O	O	O
- Unternehmensverflechtung zur Absicherung von Investitionen und ihre Finanzierung	O	O	O	O	O
- Umweltschutzauflagen	O	O	O	O	O
- Rechtliche Stellung der Gewerkschaften	O	O	O	O	O
- Beziehungen zwischen Unternehmen und Gewerkschaften	O	O	O	O	O

- 2 -

Zur Bewertung der globalen Wettbewerbsfähigkeit ist dieser Faktor ...	sehr wichtig				völlig unwichtig
- Beziehung zwischen Zulieferern und OEM (Original Equipment Manufacturer)	O	O	O	O	O
- Lohngefälle zwischen Zulieferern und OEM	O	O	O	O	O
- Jahresarbeitszeit	O	O	O	O	O
- Flexible Gestaltung der Mehrarbeit	O	O	O	O	O
- Umfang des Absentismus	O	O	O	O	O
- Höhe der Löhne	O	O	O	O	O
- Höhe der Lohnnebenkosten	O	O	O	O	O
- Flexibilisierung des Lohnniveaus durch Bonusregelungen	O	O	O	O	O
- Marktvolumen im Heimmarkt	O	O	O	O	O
- Wettbewerbsintensität im Heimmarkt	O	O	O	O	O
- Kaufkraft im Heimmarkt	O	O	O	O	O
- Verfügbarkeit von natürlichen Ressourcen	O	O	O	O	O
Unternehmensbezogene Faktoren:					
- Effizienz und Effektivität der Organisation	O	O	O	O	O
- Prozeßorientierung der Organisation	O	O	O	O	O
- Mitwirkungsmöglichkeit des Einzelnen bei der Entscheidungsvorbereitung	O	O	O	O	O
- Dauer der Entscheidungsprozesse	O	O	O	O	O
- Geschwindigkeit der Umsetzung nach einer Entscheidung	O	O	O	O	O
- Identifikation der Mitarbeiter mit dem Unternehmen	O	O	O	O	O
- Stellung und Einflußnahme der Mitarbeitervertretung (Betriebsrat)	O	O	O	O	O
- Karrieregestaltung, hierarchischer Aufstieg	O	O	O	O	O
- Entlohnung der Mitarbeiter auf Basis der Leistungsbeurteilung	O	O	O	O	O
- Kreativität der F+E	O	O	O	O	O
- Management der Innovationsprozesse	O	O	O	O	O
- Gestaltung der Beschaffungslogistik	O	O	O	O	O
- Gestaltung der Produktionslogistik	O	O	O	O	O
- Geringe Fertigungstiefe	O	O	O	O	O
- Flexibilität der Fertigung	O	O	O	O	O
- Neuigkeitsgrad der Fertigungsanlagen	O	O	O	O	O
- Leistungsfähiges Qualitätssicherungssystem	O	O	O	O	O
- Qualitätsverantwortung des einzelnen Mitarbeiters	O	O	O	O	O
- Wirtschaftlichkeit der Fertigung	O	O	O	O	O
- Kontinuierliche Verbesserung der Leistungserstellungs-Prozesse	O	O	O	O	O

Zur Bewertung der globalen Wettbewerbsfähigkeit ist dieser Faktor ...	sehr wichtig				völlig unwichtig
- Präzise Marktsegmentierung	O	O	O	O	O
- Sorgfältige Analyse der Zielmärkte	O	O	O	O	O
- Wirksamkeit der Markteintrittsstrategien	O	O	O	O	O
- Strategien der globalen Marktbearbeitung	O	O	O	O	O
- Fertigung in globalen Schlüsselmärkten	O	O	O	O	O
- Umsetzung von neuen Technologien in marktreife Produkte	O	O	O	O	O
- Abgestimmtes Marketing-Mix	O	O	O	O	O
- Wettbewerbsfähige Preise	O	O	O	O	O
- Optimale Befriedigung des Kundennutzens durch die Produkte/das Produktprogramm	O	O	O	O	O
- Hoher Qualitätsstandard der Produkte	O	O	O	O	O
- Globales, integriertes Kommunikationskonzept	O	O	O	O	O
- Leistungsfähiger, globaler Vertrieb	O	O	O	O	O
- Leistungsfähiges, globales Service-Netz	O	O	O	O	O
- Hohe Eigenkapitalquote	O	O	O	O	O
- Hoher Umsatz pro Mitarbeiter	O	O	O	O	O
- Hohe Wertschöpfung je Mitarbeiter	O	O	O	O	O
- Hohe Umsatzrendite	O	O	O	O	O

Ist nach Ihrer Auffassung die Liste der Erfolgsfaktoren vollständig? Falls nicht, nennen Sie bitte die Faktoren, die Sie noch ergänzen möchten. *(Die vom Befragten zusätzlich genannten Erfolgsfaktoren unten notieren und ebenfalls bewerten lassen!)*

-	O	O	O	O	O
-	O	O	O	O	O
-	O	O	O	O	O
-	O	O	O	O	O
-	O	O	O	O	O
-	O	O	O	O	O
-	O	O	O	O	O

Frage 2:
Bei der Frage 1, die Sie soeben beantwortet haben, ging es um die Wichtigkeit der einzelnen Erfolgsfaktoren zur Bewertung der globalen Wettbewerbsfähigkeit der deutschen und japanischen Industrie.

Im weiteren geht es nun darum, die konkrete Bewertung der Wettbewerbsfähigkeit der deutschen Industrie im Vergleich zur japanischen Industrie vorzunehmen. Die Bewertung soll anhand der Ihnen bereits aus Frage 1 bekannten Erfolgsfaktoren durchgeführt werden.

Dabei liegt die Position der japanischen Industrie in der Mitte der Bewertungsskala. Die deutsche Industrie ist im Vergleich dazu zu bewerten. Dabei bedeutet ein Kreuz links von der Mittelposition, daß die deutsche Industrie in bezug auf den betreffenden Erfolgsfaktor von Ihnen stärker oder viel stärker eingeschätzt wird. Ein Kreuz rechts von der Mittelposition bedeutet, daß Sie die deutsche Industrie in bezug auf den betreffenden Erfolgsfaktor schwächer oder viel schwächer einschätzen. *(Dem Befragten eine Liste der Erfolgsfaktoren vorlegen und diese gemeinsam mit ihm durcharbeiten!)*

In bezug auf diesen Faktor ist die deutsche Industrie ... als die japanische.	viel stärker				viel schwächer
Gesellschaftliche und kulturelle Umweltfaktoren:					
- Leistungsmotivation und -disziplin der Beschäftigten	O	O	O	O	O
- Gruppenorientierung anstelle von Individualisierung	O	O	O	O	O
- Gesellschaftliches Konsensstreben	O	O	O	O	O
- Qualität der Schul- und Berufsbildung	O	O	O	O	O
Staatliche und wirtschaftliche Umweltfaktoren:					
- Beziehung zwischen Staat und Wirtschaft	O	O	O	O	O
- Staatliche Institutionen zur Steuerung der Wirtschaft (z.B. MITI)	O	O	O	O	O
- Staatliche Technologieförderung	O	O	O	O	O
- Staatliche Bildungspolitik	O	O	O	O	O
- Verwaltungsauflagen für die Industrie	O	O	O	O	O
- Marktbarrieren zur Kontrolle von Importen	O	O	O	O	O
- Unternehmensbesteuerung und -abgaben	O	O	O	O	O
- Fremdkapitalkosten, bzw. Zinsbelastung	O	O	O	O	O
- Unternehmensverflechtung zur Absicherung von Investitionen und ihre Finanzierung	O	O	O	O	O
- Umweltschutzauflagen	O	O	O	O	O
- Rechtliche Stellung der Gewerkschaften	O	O	O	O	O
- Beziehungen zwischen Unternehmen und Gewerkschaften	O	O	O	O	O
- Beziehung zwischen Zulieferern und OEM (Original Equipment Manufacturer)	O	O	O	O	O
- Lohngefälle zwischen Zulieferer und OEM	O	O	O	O	O

In bezug auf diesen Faktor ist die deutsche Industrie ... als die japanische.	viel stärker				viel schwächer
- Jahresarbeitszeit	O	O	O	O	O
- Flexible Gestaltung der Mehrarbeit	O	O	O	O	O
- Umfang des Absentismus	O	O	O	O	O
- Höhe der Löhne	O	O	O	O	O
- Höhe der Lohnnebenkosten	O	O	O	O	O
- Flexibilisierung des Lohnniveaus durch Bonusregelungen	O	O	O	O	O
- Marktvolumen im Heimmarkt	O	O	O	O	O
- Wettbewerbsintensität im Heimmarkt	O	O	O	O	O
- Kaufkraft im Heimmarkt	O	O	O	O	O
- Verfügbarkeit von natürlichen Ressourcen	O	O	O	O	O
Unternehmensbezogene Faktoren:					
- Effizienz und Effektivität der Organisation	O	O	O	O	O
- Prozeßorientierung der Organisation	O	O	O	O	O
- Partizipativer Führungsstil	O	O	O	O	O
- Mitwirkungsmöglichkeit des Einzelnen bei der Entscheidungsvorbereitung	O	O	O	O	O
- Dauer der Entscheidungsprozesse	O	O	O	O	O
- Geschwindigkeit der Umsetzung nach einer Entscheidung	O	O	O	O	O
- Identifikation der Mitarbeiter mit dem Unternehmen	O	O	O	O	O
- Stellung und Einflußnahme der Mitarbeitervertretung (Betriebsrat)	O	O	O	O	O
- Karrieregestaltung, hierarchischer Aufstieg	O	O	O	O	O
- Entlohnung der Mitarbeiter auf Basis der Leistungsbeurteilung	O	O	O	O	O
- Kreativität der F+E	O	O	O	O	O
- Management der Innovationsprozesse	O	O	O	O	O
- Gestaltung der Beschaffungslogistik	O	O	O	O	O
- Gestaltung der Produktionslogistik	O	O	O	O	O
- Geringe Fertigungstiefe	O	O	O	O	O
- Flexibilität der Fertigung	O	O	O	O	O
- Neuigkeitsgrad der Fertigungsanlagen	O	O	O	O	O
- Leistungsfähiges Qualitätssicherungssystem	O	O	O	O	O
- Qualitätsverantwortung des einzelnen Mitarbeiters	O	O	O	O	O
- Wirtschaftlichkeit der Fertigung	O	O	O	O	O
- Kontinuierliche Verbesserung der Leistungserstellungs-Prozesse	O	O	O	O	O
- Sorgfältige Analyse der Zielmärkte	O	O	O	O	O
- Präzise Marktsegmentierung	O	O	O	O	O
- Wirksamkeit der Markteintrittsstrategien	O	O	O	O	O

- 6 -

In bezug auf diesen Faktor ist die deutsche Industrie ... als die japanische.	viel stärker				viel schwächer
- Strategien der globalen Marktbearbeitung	O	O	O	O	O
- Fertigung in globalen Schlüsselmärkten	O	O	O	O	O
- Umsetzung von neuen Technologien in marktreife Produkte	O	O	O	O	O
- Abgestimmtes Marketing-Mix	O	O	O	O	O
- Wettbewerbsfähige Preise	O	O	O	O	O
- Optimale Befriedigung des Kundennutzens	O	O	O	O	O
durch die Produkte/das Produktprogramm	O	O	O	O	O
- Hoher Qualitätsstandard der Produkte	O	O	O	O	O
- Globales, integriertes Kommunikations-konzept	O	O	O	O	O
- Leistungsfähiger, globaler Vertrieb	O	O	O	O	O
- Leistungsfähiges, globales Service-Netz	O	O	O	O	O
- Hohe Eigenkapitalquote	O	O	O	O	O
- Hoher Umsatz pro Mitarbeiter	O	O	O	O	O
- Hohe Wertschöpfung je Mitarbeiter	O	O	O	O	O
- Hohe Umsatzrendite	O	O	O	O	O
-	O	O	O	O	O
-	O	O	O	O	O
-	O	O	O	O	O
-	O	O	O	O	O
-	O	O	O	O	O
-	O	O	O	O	O
-	O	O	O	O	O

In Frage 1 und 2 haben Sie Ihre Meinung zur Wettbewerbsposition der deutschen im Vergleich zur japanischen Industrie dargestellt. Zusätzlich interessiert uns noch, wie Sie die weitere Entwicklung im Wettbewerbsumfeld der beiden Länder prognostizieren und welche Empfehlungen Sie daraus ableiten.

Frage 3:
Wie wird sich der Wettbewerb zwischen deutschen und japanischen Unternehmen auf dem Weltmarkt langfristig entwickeln?

....

Frage 4:
Auf welchen Märkten und in welchen Branchen wird der Wettbewerb nach Ihrer Meinung besonders intensiv sein?

....

Frage 5:
Welche strategischen und operativen Empfehlungen geben Sie der deutschen Industrie, um im Wettbewerb bestehen zu können?

....

Frage 6:
Welchen Beitrag können Staat und Gesellschaft leisten, um die Position der deutschen Industrie zu stärken?

....

Zum Abschluß möchte ich Sie um einige Informationen zu Ihrer Person und Ihrem Unternehmen / Ihrer Institution bitten. Ich versichere Ihnen, daß diese Informationen anonymisiert nur im Rahmen dieser Studie verwendet werden.

Frage 7:
Wieviel Jahre Erfahrung haben Sie persönlich in der Zusammenarbeit mit japanischen Unternehmen oder Institutionen?:

....

Frage 8:
Wieviel Jahre davon haben Sie in Japan verbracht?: ....

Frage 9:
Welches waren Ihre Aufgaben in der Zusammenarbeit mit den japanischen Unternehmen oder Institutionen?:

....

Frage 10:
Wie lange ist Ihr Unternehmen / Ihre Institution schon in Japan tätig?:

....

Frage 11:
In welcher Form bearbeiten Sie den japanischen Markt ? Welcher Art ist Ihre Zusammenarbeit mit japanischen Unternehmen oder Institutionen? *(z.B. Joint Venture, Lizenz, Import,...)*

....

Frage 12:
Wieviel Mitarbeiter hat Ihr Unternehmen / Ihre Institution?:

- in Japan:.. - weltweit:..

Frage 13:
Wieviel Umsatz erzielte Ihr Unternehmen 1992?:

- in Japan:.. - weltweit:..

Frage 14:
In welcher Branche ist Ihr Unternehmen überwiegend tätig? Was ist die Aufgabe Ihrer Institution?

....

Frage 15:
Wie würden Sie die Erfahrungen in der Zusammenarbeit mit Japanern zusammenfassen?:

- aus Unternehmenssicht / aus Sicht der Institution:..

....

....

- aus persönlicher Sicht:...

....

....

Vielen Dank für Ihre Mitarbeit!

ANHANG III

Häufigkeiten und Mittelwerte der empirischen Untersuchung

Gewichtung der externen Erfolgsfaktoren (Standortfaktoren)							
		Anzahl der Nennungen					
Gesellschaftliche und kulturelle Umwelt	Anzahl gesamt	sehr wichtig (1)	wichtig (2)	durchschn. wichtig (3)	unwichtig (4)	völlig unwichtig (5)	Mittelwert (arithmet.)
Gruppenorientierung anst. v. Individualisierung	39	8	17	9	3	2	2,33
Gesellschaftliches Konsensstreben	39	5	13	14	4	3	2,67
Qualität der Schul- und Berufsbildung	39	19	14	3	2	1	1,77
Gewerkschaften, Tarife und Mitarbeiter							
Leistungsmotivation u. -disziplin d. Beschäftigten	39	32	6	-	1	-	1,23
Umfang des Absentismus	39	14	18	5	2	-	1,87
Jahresarbeitszeit	39	6	19	12	2	-	2,26
Flexible Gestaltung der Mehrarbeit	39	10	25	3	1	-	1,87
Höhe der Löhne	39	12	21	3	2	1	1,95
Höhe der Lohnnebenkosten	39	16	20	2	-	1	1,72
Flexib. des Lohnniveaus durch Bonusregelungen	39	13	18	5	3	-	1,95
Lohngefälle zwischen Zulieferern und OEM	39	6	22	5	6	-	2,28
Rechtliche Stellung der Gewerkschaften	39	4	17	8	9	1	2,64
Beziehungen zwischen Unternehmen und Gewerkschaften	39	14	18	5	2	-	1,87

Gewichtung der externen Erfolgsfaktoren (Standortfaktoren)							
		Anzahl der Nennungen					
Staatliche Einflußnahme	Anzahl gesamt	sehr wichtig (1)	wichtig (2)	durchschn. wichtig (3)	unwichtig (4)	völlig unwichtig (5)	Mittelwert (arithmet.)
Beziehungen zwischen Staat und Wirtschaft	38	7	26	5	-	-	1,95
Staatl. Inst. zur Steuerung der Wirtschaft	38	8	17	5	7	1	2,37
Staatliche Technologieförderung	38	8	19	7	4	-	2,18
Staatliche Bildungspolitik	39	11	17	8	3	-	2,08
Verwaltungsauflagen für die Industrie	39	7	14	7	8	3	2,64
Unternehmensbesteuerung und -abgaben	39	10	20	6	3	-	2,05
Umweltschutzauflagen	39	8	21	6	4	-	2,15
Markt- und Wettbewerbsbedingungen							
Marktbarrieren zur Kontrolle von Importen	38	5	8	8	11	6	3,13
Marktvolumen im Heimmarkt	39	9	16	8	5	1	2,31
Kaufkraft im Heimmarkt	39	8	14	11	5	1	2,41
Wettbewerbsintensität im Heimmarkt	39	12	16	5	5	1	2,15
Beziehungen zwischen Zulieferern und OEM	39	13	23	3	-	-	1,74
Unternehmensverflechtung zur Absicherung von Investitionen und ihrer Finanzierung (Keiretsu)	37	6	17	13	1	-	2,24

Gewichtung der externen Erfolgsfaktoren (Standortfaktoren)							
		Anzahl der Nennungen					
Sonstige externe Erfolgsfaktoren	Anzahl gesamt	sehr wichtig (1)	wichtig (2)	durchschn. wichtig (3)	unwichtig (4)	völlig unwichtig (5)	Mittelwert (arithmet.)
Fremdkapitalkosten, Zinsbelastung	39	13	18	6	2	-	1,92
Verfügbarkeit von natürlichen Ressourcen	39	3	9	10	14	3	3,12

Gewichtung der unternehmensinternen Erfolgsfaktoren							
		Anzahl der Nennungen					
Führung, Mitarbeiter, Organisation	Anzahl gesamt	sehr wichtig (1)	wichtig (2)	durchschn. wichtig (3)	unwichtig (4)	völlig unwichtig (5)	Mittelwert (arithmet.)
Effizienz und Effektivität der Organisation	38	25	13	-	-	-	1,34
Prozeßorientierung der Organisation	38	17	16	4	1	-	1,71
Mitwirkungsmöglichk. d. Einz. b. d. Entsch.-vorb.	39	8	26	2	3	-	2,00
Dauer der Entscheidungsprozesse	39	12	18	6	3	-	2,00
Geschw. d. Umsetzung nach einer Entscheidung	38	24	12	1	1	-	1,45
Identifikation der Mitarb. mit dem Unternehmen	39	14	18	5	2	-	1,87
Stellung u. Einflußnahme d. Mitarbeitervertretung	39	2	19	9	9	-	2,64
Karrieregestaltung, hierarchischer Aufstieg	39	4	19	11	5	-	2,44
Entlohnung d. Mitarb. a. Basis d. Leistungsbeurt.	39	7	22	5	5	-	2,21

Gewichtung der unternehmensinternen Erfolgsfaktoren							
		Anzahl der Nennungen					
Logistik und Fertigung	Anzahl gesamt	sehr wichtig (1)	wichtig (2)	durchschn. wichtig (3)	unwichtig (4)	völlig unwichtig (5)	Mittelwert (arithmet.)
Gestaltung der Beschaffungslogistik	39	12	23	4	-	-	1,80
Gestaltung der Produktionslogistik	39	15	21	3	-	-	1,69
Geringe Fertigungstiefe	39	9	8	15	4	3	2,59
Flexibilität der Fertigung	39	23	14	1	1	-	1,49
Neuigkeitsgrad der Fertigungsanlagen	39	6	17	7	8	1	2,51
Wirtschaftlichkeit der Fertigung	39	26	11	2	-	-	1,39
Kontin. Verbess. d. Leistungserstellungsprozesse	39	21	17	1	-	-	1,49
Fertigung in globalen Schlüsselmärkten	39	6	18	12	3	-	2,31
Qualität und Qualitätssicherung							
Hoher Qualitätsstandard der Produkte	39	27	10	2	-	-	1,36
Leistungsfähiges Qualitätssicherungssystem	39	23	13	2	1	-	1,51
Qualitätsverantwortung d. einzelnen Mitarbeiters	39	22	15	1	1	-	1,54

Gewichtung der unternehmensinternen Erfolgsfaktoren							
		Anzahl der Nennungen					
Innovationsmanagement	Anzahl gesamt	sehr wichtig (1)	wichtig (2)	durchschn. wichtig (3)	unwichtig (4)	völlig unwichtig (5)	Mittelwert (arithmet.)
Kreativität der Forschung und Entwicklung	39	24	12	1	2	-	1,51
Management der Innovationsprozesse	39	27	11	1	-	-	1,33
Umsetzg v. neuen Techn. in marktr. Produkte	39	30	8	1	-	-	1,26
Internat. Management u. Marketing							
Präzise Marktsegmentierung	39	17	16	3	3	-	1,80
Sorgfältige Analyse der Zielmärkte	39	31	8	-	-	-	1,21
Wirksamkeit der Markteintrittsstrategien	39	24	14	-	-	-	1,41
Strategien der globalen Marktbearbeitung	39	23	13	1	2	-	1,54
Abgestimmtes Marketing-Mix	38	12	19	5	2	-	1,97
Wettbewerbsfähige Preise	39	23	14	2	-	-	1,46
Globales, integriertes Kommunikationskonzept	39	9	18	7	5	-	2,21
Leistungsfähiger, globaler Vertrieb	39	17	16	3	3	-	1,80
Leistungsfähiges, globales Service-Netz	39	18	15	5	1	-	1,72
Optimale Befriedigung des Kundennutzens durch die Produkte/das Produktprogramm	39	28	10	1	-	-	1,31

Stärken und Schwächen der deutschen im Vergleich zur japanischen Industrie bezogen auf externe Erfolgsfaktoren							
		Anzahl der Nennungen					
Gesellschaftliche und kulturelle Umwelt	Anzahl gesamt	D ist viel stärker (1)	D ist stärker (2)	D ist gleichstark (3)	D ist schwächer (4)	D ist viel schwächer (5)	Mittelwert (arithmet.)
Gruppenorientierung anst. v. Individualisierung	40	1	-	-	12	27	4,60
Gesellschaftliches Konsensstreben	40	1	1	6	13	19	4,20
Qualität der Schul- und Berufsbildung	39	9	21	3	6	-	2,15
Gewerkschaften, Tarife und Mitarbeiter							
Leistungsmotivation u. -disziplin d. Beschäftigten	40	1	-	7	16	16	4,15
Umfang des Absentismus	40	-	-	-	13	27	4,68
Jahresarbeitszeit	40	-	2	2	9	27	4,53
Flexible Gestaltung der Mehrarbeit	40	1	1	1	16	21	4,38
Höhe der Löhne	39	-	9	24	5	1	2,95
Höhe der Lohnnebenkosten	40	-	1	3	25	11	4,15
Flexib. des Lohnniveaus durch Bonusregelungen	40	-	1	7	21	11	4,05
Lohngefälle zwischen Zulieferern und OEM	37	-	-	2	19	16	4,38
Rechtliche Stellung der Gewerkschaften	40	-	3	4	15	18	4,20
Beziehungen zwischen Unternehmen und Gewerkschaften	39	-	1	1	19	18	4,39

Stärken und Schwächen der deutschen im Vergleich zur japanischen Industrie bezogen auf externe Erfolgsfaktoren							
		Anzahl der Nennungen					
Staatliche Einflußnahme	Anzahl gesamt	D ist viel stärker (1)	D ist stärker (2)	D ist gleichstark (3)	D ist schwächer (4)	D ist viel schwächer (5)	Mittelwert (arithmet.)
Beziehungen zwischen Staat und Wirtschaft	40	-	1	2	21	16	4,30
Staatl. Inst. zur Steuerung der Wirtschaft	39	-	-	1	14	24	4,59
Staatliche Technologieförderung	38	1	4	12	18	3	3,47
Staatliche Bildungspolitik	39	4	19	8	7	1	2,54
Verwaltungsauflagen für die Industrie	34	2	5	8	16	3	3,38
Unternehmensbesteuerung und -abgaben	38	-	6	14	15	3	3,40
Umweltschutzauflagen	39	1	2	9	20	7	3,77
Markt- und Wettbewerbsbedingungen							
Marktbarrieren zur Kontrolle von Importen	40	-	1	5	21	13	4,15
Marktvolumen im Heimmarkt	39	-	2	6	22	9	3,97
Kaufkraft im Heimmarkt	40	2	6	7	24	1	3,40
Wettbewerbsintensität im Heimmarkt	39	-	9	10	14	6	3,44
Beziehungen zwischen Zulieferern und OEM	39	-	-	2	18	19	4,44
Unternehmensverflechtung zur Absicherung von Investitionen und ihrer Finanzierung (Keiretsu)	39	-	1	3	21	14	4,23

Stärken und Schwächen der deutschen im Vergleich zur japanischen Industrie bezogen auf externe Erfolgsfaktoren							
		Anzahl der Nennungen					
Sonstige externe Erfolgsfaktoren	Anzahl gesamt	D ist viel stärker (1)	D ist stärker (2)	D ist gleichstark (3)	D ist schwächer (4)	D ist viel schwächer (5)	Mittelwert (arithmet.)
Fremdkapitalkosten, Zinsbelastung	37	1	1	4	16	15	4,16
Verfügbarkeit von natürlichen Ressourcen	40	4	22	14	-	-	2,25

Stärken und Schwächen der deutschen im Vergleich zur japanischen Industrie bezogen auf interne Erfolgsfaktoren							
		Anzahl der Nennungen					
Führung, Mitarbeiter, Organisation	Anzahl gesamt	D ist viel stärker (1)	D ist stärker (2)	D ist gleichstark (3)	D ist schwächer (4)	D ist viel schwächer (5)	Mittelwert (arithmet.)
Effizienz und Effektivität der Organisation	39	1	18	8	11	1	2,82
Prozeßorientierung der Organisation	38	-	5	5	19	9	3,84
Mitwirkungsmöglichk. d. Einz. b. d. Entsch.-vorb.	39	1	3	7	18	10	3,85
Dauer der Entscheidungsprozesse	39	12	21	3	2	1	1,95
Geschw. d. Umsetzung nach einer Entscheidung	40	-	3	2	20	15	4,18
Identifikation der Mitarb. mit dem Unternehmen	39	-	1	1	18	19	4,41
Stellung u. Einflußnahme d. Mitarbeitervertretung	40	-	6	7	19	8	3,73
Karrieregestaltung, hierarchischer Aufstieg	39	3	16	10	9	1	2,72
Entlohnung d. Mitarb. a. Basis d. Leistungsbeurt.	39	1	25	9	3	1	2,44

Stärken und Schwächen der deutschen im Vergleich zur japanischen Industrie bezogen auf interne Erfolgsfaktoren							
		Anzahl der Nennungen					
Logistik und Fertigung	Anzahl gesamt	D ist viel stärker (1)	D ist stärker (2)	D ist gleichstark (3)	D ist schwächer (4)	D ist viel schwächer (5)	Mittelwert (arithmet.)
Gestaltung der Beschaffungslogistik	37	-	6	7	15	9	3,73
Gestaltung der Produktionslogistik	40	-	2	5	28	5	3,90
Geringe Fertigungstiefe	40	-	1	3	28	8	4,08
Flexibilität der Fertigung	39	-	2	2	28	7	4,03
Neuigkeitsgrad der Fertigungsanlagen	37	-	6	12	16	3	3,43
Wirtschaftlichkeit der Fertigung	39	1	2	5	25	6	3,85
Kontin. Verbess. d. Leistungserstellungsprozesse	40	-	1	3	21	15	4,25
Fertigung in globalen Schlüsselmärkten	39	-	3	6	15	15	4,08
Qualität und Qualitätssicherung							
Hoher Qualitätsstandard der Produkte	40	1	9	11	15	4	3,30
Leistungsfähiges Qualitätssicherungssystem	40	1	2	3	24	10	4,00
Qualitätsverantwortung d. einzelnen Mitarbeiters	40	-	2	2	19	17	4,28

Stärken und Schwächen der deutschen im Vergleich zur japanischen Industrie bezogen auf interne Erfolgsfaktoren							
		Anzahl der Nennungen					
Innovationsmanagement	Anzahl gesamt	D ist viel stärker (1)	D ist stärker (2)	D ist gleichstark (3)	D ist schwächer (4)	D ist viel schwächer (5)	Mittelwert (arithmet.)
Kreativität der Forschung und Entwicklung	40	3	22	6	7	2	2,58
Management der Innovationsprozesse	38	-	4	6	17	11	3,92
Umsetzg v. neuen Techn. in marktr. Produkte	40	-	1	2	18	19	4,38
Internat. Management u. Marketing							
Präzise Marktsegmentierung	39	2	5	8	20	4	3,49
Sorgfältige Analyse der Zielmärkte	40	-	3	5	17	15	4,10
Wirksamkeit der Markteintrittsstrategien	40	-	2	5	23	10	4,03
Strategien der globalen Marktbearbeitung	40	-	4	2	17	17	4,18
Abgestimmtes Marketing-Mix	37	-	4	11	16	6	3,65
Wettbewerbsfähige Preise	40	-	1	8	19	12	4,05
Globales, integriertes Kommunikationskonzept	39	-	4	13	19	3	3,54
Leistungsfähiger, globaler Vertrieb	40	1	4	13	20	2	3,45
Leistungsfähiges, globales Service-Netz	40	1	4	5	28	2	3,65
Optimale Befriedigung des Kundennutzens durch die Produkte/das Produktprogramm	40	1	3	5	22	9	3,88

ANHANG IV

Erfolgsfaktoren, die in die Faktorenanalysen aufgenommen wurden

zu 5.5.2: Faktorenanalyse „*Globales Marketing Management*“

unternehmensexterne Erfolgsfaktoren	unternehmensinterne Erfolgsfaktoren
* Leistungsmotivation und -disziplin der Beschäftigten * Gruppenorientierung anstelle von Individualisierung * Gesellschaftliches Konsensstreben * Qualität der Schul- und Berufsbildung * Staatliche Bildungspolitik * Staatliche Institutionen zur Steuerung der Wirtschaft (z.B. MITI) * Unternehmensverflechtungen zur Absicherung von Investitionen und ihrer Finanzierung (Keiretsu) * Beziehungen zwischen Zulieferern und OEM (Original Equipment Manufacturer) * Lohngefälle zwischen Zulieferern und OEM (Original Equipment Manufacturer) * Marktvolumen im Heimmarkt * Kaufkraft im Heimmarkt * Wettbewerbsintensität im Heimmarkt * Verfügbarkeit von natürlichen Ressourcen	* Management der Innovationsprozesse * Umsetzung von neuen Technologien in marktreife Produkte * Gestaltung der Beschaffungslogistik * Gestaltung der Produktionslogistik * Wirtschaftlichkeit der Fertigung * Fertigung in globalen Schlüsselmärkten * Hoher Qualitätsstandard der Produkte * Präzise Marktsegmentierung * Sorgfältige Analyse der Zielmärkte * Wirksamkeit der Markteintrittsstrategien * Strategien der globalen Marktbearbeitung * Abgestimmtes Marketing-Mix * Wettbewerbsfähige Preise * Optimale Befriedigung des Kundennutzens durch die Produkte/ das Produktprogramm * Globales, integriertes Kommunikationskonzept * Leistungsfähiger, globaler Vertrieb * Leistungsfähiges, globales Service-Netz

zu 5.5.3: Faktorenanalyse „*Produktion und Qualität*“

unternehmensexterne Erfolgsfaktoren	unternehmensinterne Erfolgsfaktoren
* Leistungsmotivation und -disziplin der Beschäftigten * Gruppenorientierung anstelle von Individualisierung * Gesellschaftliches Konsensstreben * Qualität der Schul- und Berufsbildung * Fremdkapitalkosten, Zinsbelastung * Unternehmensverflechtungen zur Absicherung von Investitionen und ihrer Finanzierung (Keiretsu) * Beziehungen zwischen Zulieferern und OEM (Original Equipment Manufacturer) * Lohngefälle zwischen Zulieferern und OEM (Original Equipment Manufacturer) * Umweltschutzauflagen * Umfang des Absentismus * Jahresarbeitszeit * Flexible Gestaltung der Mehrarbeit * Höhe der Löhne * Höhe der Lohnnebenkosten * Flexibilisierung des Lohnniveaus durch Bonusregelungen * Rechtliche Stellung der Gewerkschaften * Beziehungen zwischen Unternehmen und Gewerkschaften	* Effizienz und Effektivität der Organisation * Prozeßorientierung der Organisation * Mitwirkungsmöglichkeit des Einzelnen bei der Entscheidungsvorbereitung * Dauer der Entscheidungsprozesse * Geschwindigkeit der Umsetzung nach einer Entscheidung * Identifikation der Mitarbeiter mit dem Unternehmen * Stellung und Einflußnahme der Mitarbeitervertretung (Betriebsrat) * Gestaltung der Beschaffungslogistik * Gestaltung der Produktionslogistik * Geringe Fertigungstiefe * Flexibilität der Fertigung * Neuigkeitsgrad der Fertigungsanlagen * Wirtschaftlichkeit der Fertigung * Kontinuierliche Verbesserung der Leistungserstellungsprozesse (Kaizen) * Fertigung in globalen Schlüsselmärkten * Hoher Qualitätsstandard der Produkte * Leistungsfähiges Qualitätssicherungssystem * Qualitätsverantwortung des einzelnen Mitarbeiters

zu 5.5.4: Faktorenanalyse „*Unternehmensführung und Mitarbeiterorientierung*"

unternehmensexterne Erfolgsfaktoren	unternehmensinterne Erfolgsfaktoren
* Leistungsmotivation und -disziplin der Beschäftigten * Gruppenorientierung anstelle von Individualisierung * Gesellschaftliches Konsensstreben * Qualität der Schul- und Berufsbildung * Umfang des Absentismus * Jahresarbeitszeit * Flexible Gestaltung der Mehrarbeit * Höhe der Löhne * Höhe der Lohnnebenkosten * Rechtliche Stellung der Gewerkschaften * Beziehungen zwischen Unternehmen und Gewerkschaften * Unternehmensverflechtungen zur Absicherung von Investitionen und ihrer Finanzierung (Keiretsu) * Beziehungen zwischen Zulieferern und OEM (Original Equipment Manufacturer)	* Effizienz und Effektivität der Organisation * Prozeßorientierung der Organisation * Mitwirkungsmöglichkeit des Einzelnen bei der Entscheidungsvorbereitung * Dauer der Entscheidungsprozesse * Geschwindigkeit der Umsetzung nach einer Entscheidung * Identifikation der Mitarbeiter mit dem Unternehmen * Stellung und Einflußnahme der Mitarbeitervertretung (Betriebsrat) * Karrieregestaltung, hierarchischer Aufstieg * Entlohnung der Mitarbeiter auf Basis der Leistungsbeurteilung * Qualitätsverantwortung des einzelnen Mitarbeiters * Kontinuierliche Verbesserung der Leistungserstellungsprozesse (Kaizen)

zu 5.5.5: Faktorenanalyse „*Standort, Arbeit und Entlohnung*"

unternehmensexterne Erfolgsfaktoren	unternehmensinterne Erfolgsfaktoren
* Leistungsmotivation und -disziplin der Beschäftigten * Gesellschaftliches Konsensstreben * Qualität der Schul- und Berufsbildung * Beziehungen zwischen Staat und Wirtschaft * Staatliche Institutionen zur Steuerung der Wirtschaft (z.B. MITI) * Staatliche Technologieförderung * Staatliche Bildungspolitik * Verwaltungsauflagen für die Industrie * Unternehmensbesteuerung und -abgaben * Umweltschutzauflagen * Marktbarrieren zur Kontrolle von Importen * Marktvolumen im Heimmarkt * Kaufkraft im Heimmarkt * Wettbewerbsintensität im Heimmarkt * Umfang des Absentismus * Jahresarbeitszeit * Flexible Gestaltung der Mehrarbeit * Höhe der Löhne * Höhe der Lohnnebenkosten * Rechtliche Stellung der Gewerkschaften * Beziehungen zwischen Unternehmen und Gewerkschaften * Fremdkapitalkosten, Zinsbelastung * Verfügbarkeit von natürlichen Ressourcen * Flexibilisierung des Lohnniveaus durch Bonusregelungen	* Identifikation der Mitarbeiter mit dem Unternehmen * Stellung und Einflußnahme der Mitarbeitervertretung (Betriebsrat)

zu 5.5.6: Faktorenanalyse „„*Japan AG" - Verflechtung und Außenbeziehungen der Unternehmen*"

unternehmensexterne Erfolgsfaktoren	unternehmensinterne Erfolgsfaktoren
* Leistungsmotivation und -disziplin der Beschäftigten * Gesellschaftliches Konsensstreben * Gruppenorientierung anstelle von Individualisierung * Beziehungen zwischen Staat und Wirtschaft * Staatliche Institutionen zur Steuerung der Wirtschaft (z.B. MITI) * Staatliche Technologieförderung * Marktbarrieren zur Kontrolle von Importen * Wettbewerbsintensität im Heimmarkt * Rechtliche Stellung der Gewerkschaften * Beziehungen zwischen Unternehmen und Gewerkschaften * Unternehmensverflechtungen zur Absicherung von Investitionen und ihrer Finanzierung (Keiretsu) * Beziehungen zwischen Zulieferern und OEM (Original Equipment Manufacturer) * Lohngefälle zwischen Zulieferern und OEM (Original Equipment Manufacturer)	* Identifikation der Mitarbeiter mit dem Unternehmen * Stellung und Einflußnahme der Mitarbeitervertretung (Betriebsrat)

Wirtschaftswissenschaftliche Beiträge

Band 97: U. Schiller, Vertikale Unternehmensbeziehungen, 1994, ISBN 3-7908-0774-5

Band 98: S. Huschens, Zur Modellierung der Erwartungsbildung in makroökonomischen Modellen, 1994, ISBN 3-7908-0776-1

Band 99: T. Gerhards, Theorie und Empirie flexibler Wechselkurse, 1994, ISBN 3-7908-0780-X

Band 100: K. Morasch, Strategische Allianzen, 1994, ISBN 3-7908-0783-4

Band 101: N. Lamar, Makroökonomische Konvergenz und Währungssystem, 1994, ISBN 3-7908-0784-2

Band 102: G.M. Winkler, Entscheidungen und Präferenzen, 1994, ISBN 3-7908-0786-9

Band 104: C. Fantapié Altobelli, Kompensationsgeschäfte im internationalen Marketing, 1994, ISBN 3-7908-0801-6

Band 105: R. Wagner, Die Grenzen der Unternehmung, 1994, ISBN 3-7908-0812-1

Band 106: H. Richter, Marktorientierte Neugestaltung des Einkommensteuersystems, 1995, ISBN 3-7908-0819-9

Band 107: M. Graff, Bildung und technischer Fortschritt als Determinanten wirtschaftlicher Entwicklung, 1995, ISBN 3-7908-0820-2

Band 109: T. Kuhn, Theorie des kommunalen Finanzausgleichs, 1995, ISBN 3-7908-0828-8

Band 110: B. Schaden, Effektive Kapitalsteuerbelastung in Europa, 1995, ISBN 3-7908-0831-8

Band 111: G. Georgi, Job Shop Scheduling in der Produktion, 1995, ISBN 3-7908-0833-4

Band 112: V. Kaltefleiter, Die Entwicklungshilfe der Europäischen Union, 1995, ISBN 3-7908-0838-5

Band 113: B. Wieland, Telekommunikation und vertikale Integration, 1995, ISBN 3-7908-0849-0

Band 114: D. Lucke, Monetäre Strategien zur Stabilisierung der Weltwirtschaft, 1995, ISBN 3-7908-0856-3

Band 115: F. Merz, DAX-Future-Arbitrage, 1995, ISBN 3-7908-0859-8

Band 116: T. Köpke, Die Optionsbewertung an der Deutschen Terminbörse, 1995, ISBN 3-7908-0870-9

Band 117: F. Heinemann, Rationalisierbare Erwartungen, 1995, ISBN 3-7908-0888-1

Band 118: J. Windsperger, Transaktionskostenansatz der Entstehung der Unternehmensorganisation, 1996, ISBN 3-7908-0891-1

Band 119: M. Carlberg, Deutsche Vereinigung, Kapitalbildung und Beschäftigung, 1996, ISBN 3-7908-0896-2

Band 120: U. Rolf, Fiskalpolitik in der Europäischen Währungsunion, 1996, ISBN 3-7908-0898-9

Band 121: M. Pfaffermayr, Direktinvestitionen im Ausland, 1996, ISBN 3-7908-0908-X

Band 122: A. Lindner, Ausbildungsinvestitionen in einfachen gesamtwirtschaftlichen Modellen, 1996, ISBN 3-7908-0912-8

Band 123: H. Behrendt, Wirkungsanalyse von Technologie- und Gründerzentren in Westdeutschland, 1996, ISBN 3-7908-0918-7

Band 124: R. Neck, Wirtschaftswissenschaftliche Forschung für die neunziger Jahre, 1996, ISBN 3-7908-0919-5

Band 125: G. Bol, G. Nakhaeizadeh, K.-H. Vollmer (Hrsg.) Finanzmarktanalyse und -prognose mit innovativen quantitativen Verfahren, 1996, ISBN 3-7908-0925-X

Band 126: R. Eisenberger, Ein Kapitalmarktmodell unter Ambiguität, 1996, ISBN 3-7908-0937-3

Band 127: M.J. Theurillat, Der Schweizer Aktienmarkt, 1996, ISBN 3-7908-0941-1

Band 128: T. Lauer, Die Dynamik von Konsumgütermärkten, 1996, ISBN 3-7908-0948-9

Band 129: M. Wendel, Spieler oder Spekulanten, 1996, ISBN 3-7908-0950-0

Band 130: R. Olliges, Abbildung von Diffusionsprozessen, 1996, ISBN 3-7908-0954-3

GPSR Compliance

The European Union's (EU) General Product Safety Regulation (GPSR) is a set of rules that requires consumer products to be safe and our obligations to ensure this.

If you have any concerns about our products, you can contact us on ProductSafety@springernature.com

In case Publisher is established outside the EU, the EU authorized representative is:

Springer Nature Customer Service Center GmbH
Europaplatz 3
69115 Heidelberg, Germany

Batch number: 10815974

Printed by Printforce, the Netherlands